Martin Mittwede · Spirituelles Wörterbuch Sanskrit – Deutsch

ॐ

Martin Mittwede

Spirituelles Wörterbuch Sanskrit – Deutsch

Sathya Sai Vereinigung e.V.

Einbandgestaltung: Dorothee und Detlef Saalfeld
Zeichnung des Ganesha: Sai Mira

Die Deutsche Bibliothek verzeichnet diese Publikation
in der Deutschen Nationalbibliografie; detaillierte bibliografische Daten
sind im Internet über http://dnb.ddb.de abrufbar.

ISBN 978-3-932957-02-4

7. Auflage 2010

Sathya Sai Vereinigung e.V., Buchzentrum, Grenzstr. 43, 63128 Dietzenbach
Herstellung: !PS Paul Schrader Print + Media Service, 53757 Sankt Augustin

„Sanskrit ist eine unsterbliche Sprache;
ihre Stimme ist ewig;
ihr Ruf geht durch die Jahrhunderte.
In sie eingebettet ist die Grundlage
aller Sprachen der Welt."

Sathya Sai Baba in „Sathya Sai Vāhinī"

Vorwort

„Die himmlischen und die irdischen Dinge
sind ein so weites Reich,
daß die Organe aller Wesen zusammen
es nur erfassen mögen . . .“

J. W. v. Goethe

Seit dem Altertum hat es viele Kontakte zwischen Indien und Europa gegeben. Manche Waren und Kulturgüter haben im Laufe der Jahrhunderte ihre Reise in die eine oder andere Richtung angetreten. In der Epoche der Romantik begann die systematische Forschung, die den Reichtum der indischen Kultur, der philosophischen und religiösen Lehren zu erschließen begann und eine große Begeisterung weckte. Auch wenn Indien nach wie vor faszinierend wirkt und inzwischen die Touristen den Subkontinent erobern, ist das allgemeine Bild, was man sich von Indien macht, bisher recht undifferenziert und von vielen Vorurteilen gekennzeichnet.

Wörterbücher erschließen den Zugang zu anderen Sprachen und damit auch zu anderen Kulturen. Indem sie übersetzen, übernehmen sie eine Vermittlungsfunktion zwischen zwei Traditionsströmen und verändern dadurch beide; denn jede Erläuterung interpretiert und verändert die Begriffe der Geberkultur, indem sie diese in neue Assoziationszusammenhänge stellt, und keine Übersetzung kommt dem Original gleich. Die Empfängerkultur hingegen wird durch das Neue, welches ihr zugänglich gemacht wird, ebenfalls verändert.

Das vorliegende „Spirituelle Wörterbuch Sanskrit – Deutsch“ liefert nicht nur wörtliche Bedeutungen, sondern auch Erläuterungen zu Religion und Mythologie, zu Philosophie und Ethik. Es versucht damit, den Zugang zur indischen Kultur zu erleichtern und das Verständnis für die Vielfältigkeit ihrer Traditionsströmungen zu fördern.

Spirituelle Erkenntnis ist nach der Tradition des Yoga immer mit Gewaltlosigkeit und Toleranz gekoppelt. Sie ist frei von dogmatischer Enge und Verurteilung Andersdenkender. Sie ist aber nicht frei von einem eigenen Standpunkt, der auch konsequent vertreten werden kann. Spirituelle Erkenntnis ist wie alle andere Erkenntnis vielfältig: Ebenso wie materielle Gegenstände von verschiedenen Seiten betrachtet werden können, können auch geistige Tatsachen aus unterschiedlichen Perspektiven angeschaut werden, ohne daß man dabei sagen kann, daß die eine Seite unrecht haben muß, wenn die andere Seite recht hat. Die Wahrheitsfrage muß selbstverständlich gestellt werden. Sie wird ihre Lösung aber nicht in der Verabsolutierung einzelner Standpunkte finden.

Ob ein Mensch sich einer bestimmten Weltanschauung zuwendet oder nicht, hängt von vielerlei äußeren und inneren Faktoren ab. Angesichts der sich ständig lockernden Traditionsbindungen gewinnt die persönliche Entscheidung eine größere Bedeutung, als dies in früheren Epochen der Fall war. Der eine Mensch wird sich mehr zu einer Lehre der Nichtzweiheit (advaita) und der andere mehr zu einer Lehre der Zweiheit (dvaita) hingezogen fühlen, der dritte folgt einem wie auch immer gearteten Mittelweg zwischen diesen beiden Extremen. Ähnliche Vorgänge lassen sich im Abendland in Bezug auf die platonischen und die aristotelischen Strömungen, sowie andere Geistesrichtungen beobachten.

Derjenige, welcher fähig ist, die Spannung auszuhalten, die zwischen seinem und einem andersartigen Standpunkt besteht, und zu ahnen beginnt, daß die Dinge tatsächlich auch anders gesehen werden können, als er selbst es tut, bewegt sich auf dem Weg wirklicher Toleranz und versteht, daß auch die geistig-spirituelle Welt Vielfältigkeit in sich zuläßt.

In einer Zeit, in der nach wie vor Menschen wegen ihres Glaubens, ihrer Rasse usw. verfolgt und gequält werden, ist es notwendig, den Geist des Verstehens in sich und im Umgang mit anderen zu stärken. Spirituelle Entwicklung beinhaltet, innewohnende Fehler und Schwächen anzunehmen, aber nicht bei ihnen stehenzubleiben. Sie bedarf der intensiven Arbeit am eigenen Charakter und der tiefen Erforschung der eigenen Handlungsmotive, damit nicht eines Tages der Feind doch wieder außen gesucht und gefunden wird.

Das vorliegende Wörterbuch möchte eine Hilfestellung für die persönliche Auseinandersetzung mit der indischen Kultur und Anregungen für ein vertieftes Studium geben. Allen Mitarbeitern, die bei der Entstehung dieses Buches tatkräftig mitgewirkt haben, sei hiermit herzlich gedankt.

Janmāshtamī 1992
Martin Mittwede

Vorwort zur erweiterten Auflage

Die rege Nachfrage nach dem spirituellen Wörterbuch Sanskrit – Deutsch zeigt, daß sich immer mehr Menschen vertieft mit der indischen Kultur und ihrer spirituellen Tradition auseinandersetzen wollen.
Die Vielzahl der Namen und die mythologischen Kämpfe zwischen Göttern und Dämonen mögen vielleicht verwirrend wie ein indischer Dschungel erscheinen. Letztlich zieht sich aber durch diese Geschichten ein roter Faden, der auf die Entwicklungsmöglichkeiten des menschlichen Bewußtseins hinweist. Der Sieg über einen Dämon wird auch im Innern der Seele errungen, die in ihrem Streben die Hilfe göttlicher Kräfte erlangt.
So besitzt jeder Mythos unterschiedliche Dimensionen, die man sich schrittweise erschließen kann. Wer aufmerksam die Struktur solcher Mythen untersucht, wird feststellen, daß sich viele Motive auch in anderen Kulturen als der indischen finden lassen.
Diese Erkenntnis kann das Bewußtsein der Einheit stärken, wobei gleichzeitig klar wird, daß das keine Eintönigkeit bedeutet. Wenn die Vielfalt der kulturellen Traditionen mit der Einheit zusammen gedacht und erfahren werden kann, dann kann eine Toleranz entstehen, die wirklich lebenspraktisch ist.
Bei der Ergänzung des Wortschatzes habe ich wieder von verschiedenen Seiten Hilfe erfahren, für die ich mich bedanken möchte. Stellvertretend für alle anderen ist hier Maria Helga Zawadil zu nennen, die sich unermüdlich engagiert.

Januar 1999
Martin Mittwede

Einführung

In vielen Veröffentlichungen, die sich mit Indien und dessen kulturellen Traditionen befassen, tauchen Begriffe aus dem *Sanskrit*, der alten Kultursprache Indiens, auf, die ohne Erläuterungen oft kaum verständlich sind. Ausgehend von den Werken von *Shrī Sathya Sai Baba*, den Niederschriften seiner Reden und anderer Quellen haben wir solche Begriffe gesammelt und mit Erklärungen versehen.

Das vorliegende Wörterbuch bietet Wörter aus den Bereichen Religion und Philosophie, insbesondere Gottes- bzw. Götternamen, Namen der Hauptpersonen der epischen Literatur, Fachbegriffe des *Yoga, Vedānta* und anderer philosophischer Systeme, Namen von Texten und andere Begriffe, die für die Praxis spirituellen Lebens bedeutsam sind. Zusätzlich sind einige Redewendungen und berühmte Textzitate, sowie einige Wörter aus neuindischen Sprachen aufgenommen worden.

Im Zuge der indischen Kulturentwicklung haben viele *Sanskrit*-Wörter verschiedene Bedeutungen angenommen, die aber oft einen inneren Zusammenhang besitzen. In der Regel werden zu jedem Wort zunächst die wörtlichen Bedeutungen angegeben, denen dann symbolische oder spirituelle Aspekte folgen. Die Betonung liegt dabei nicht so sehr auf den historischen Zusammenhängen, sondern auf dem inneren Gehalt der Begriffe.

In den Erläuterungen wird häufig der Begriff „Gott“ verwendet, der hier etwas erläutert werden soll: Grundlage aller Erklärungen im Wörterbuch ist die Annahme, daß eine geistig-spirituelle Realität existiert und daß die Weisen und Seher (*Rishi*) aller Kulturtraditionen Zugang zu dieser Dimension des Lebens gehabt und in Form von textlichen Überlieferungen und anderen Kulturzeugnissen von ihren Erfahrungen berichtet haben. Der Gottesbegriff, von dem wir ausgegangen sind, umfaßt nicht nur den persönlichen Gott, sondern auch seinen unpersönlichen Aspekt, mittels dessen er sich als ein universales, allgegenwärtiges Sein in seiner Schöpfung ausgebreitet hat. Er ist persönlich und unpersönlich zugleich, ist der transzendente Weltenherr, der über aller Schöpfung steht (*īshvara*), ist die allgegenwärtige Einheit, die allem innewohnt (*brahman*), und ist der ewige Begleiter der menschlichen Seele auf ihrem Weg zurück zu ihm (*paramātman*). Uns ist klar, daß dieser Gottesbegriff – wie alle anderen auch – nur eine begrenzte Facette seiner Wirklichkeit wiederzugeben vermag. Immerhin ermöglicht er aber, viele Erfahrungen von Menschen zusammenzufassen und uns näher zu bringen.

Da unsere Sammlung auch nach wie vor weit von einer vollständigen Erfassung wichtiger Begriffe entfernt ist, bitten wir die aufmerksamen Leser, uns die fehlenden Wörter, die ihnen auffallen, mitzuteilen. Am Ende des Buches befindet sich ein Vordruck, der dafür verwandt werden kann.

Die für dieses Wörterbuch benutzten Werke sind im Verzeichnis der Quellen am Ende des Buches nachzulesen.

Schreibweise

Ursprünglich sind die vedischen Texte nur mündlich überliefert worden, da es besonders auf die richtige Aussprache der Klangschwingungen ankam. Im Laufe der Zeit haben sich aber zahlreiche Schriftsysteme in Indien entwickelt, von denen die *Devanāgarī*-Schrift heute die gebräuchlichste ist.

Wir verwenden gemäß den Transliterationsprinzipien der deutschsprachigen Bibliotheken eine vereinfachte Umschrift der *Devanāgarī*, die als Sonderzeichen nur die drei gedehnt gesprochenen Vokale ā, ī und ū enthält, die von den Kurzvokalen a, i und u zu unterscheiden sind. Damit ist in der Regel eine eindeutige Identifikation des Originalwortes möglich.

In den englischsprachigen indischen Ausgaben der Werke von und über*Sathya Sai Baba* werden viele *Sanskrit*-Wörter ungenau wiedergegeben oder sind durch Druckfehler entstellt. Wenn ein solches Wort aus einer englischen Ausgabe im vorliegenden Buch nicht gleich auffindbar ist, sollte der Leser auf folgende abweichende Schreibweisen achten: aa erscheint in diesem Buch als ā, ee oder ea als ī, ou als au, oo als ū, w oft als v. In vielen Wörtern wird ein h an falscher Stelle geschrieben (vor allem nach t, d, c und b), andererseits fehlt es manchmal (meist nach dem s). Am Wortende haben wir oft das nicht zum Wortstamm gehörige m weggelassen, oder ein a hinzugefügt, wie es der *Sanskrit*-Aussprache (im Gegensatz zu neuindischen Sprachen) entspricht. Auch waren andere kleine Veränderungen notwendig, um zu einer einheitlichen Wiedergabe zu gelangen. Im Zweifelsfall sollte der Wortklang weiterhelfen: Zum Beispiel erscheinen hier aatmatathwa als *ātmatattva*, chiththa als *citta*, bhoomi als *bhūmi*, hitha als *hita*, sakthi als *shakti* (= Kraft, nicht zu verwechseln mit *sakti* = Anhaften), santhi als *shānti*, soukhyam als *saukhya* usw.

In der *Devanāgarī*-Schrift gibt es keine Differenzierung in Groß- und Kleinschreibung; daher werden in der Umschrift alle *Sanskrit*-Wörter unter Berücksichtigung der folgenden Ausnahmen kleingeschrieben. Die Namen Gottes, sonstige Eigennamen, Namen von Texten, Textgattungen, Philosophiesystemen und Wissenschaften, sowie Wörter, die einen Satz oder eine Überschrift beginnen, erhalten die Großschreibung. Ebenfalls großgeschrieben werden ins Deutsche übernommene Sanskritbegriffe *wie Ashram, Avatar, Cakra, Guru, Karma, Mantra, Rishi, Swami, Yoga* und *Yogi*.

D	W	V*
अ	a	a
आ	ā	ā
इ	i	i
ई	ī	ī
उ	u	u
ऊ	ū	ū
ऋ	ṛ	ri
ॠ	ṝ	ri
ऌ	ḷ	li
ए	e	e
ऐ	ai	ai
ओ	o	o
औ	au	au
क	ka	ka
ख	kha	kha
ग	ga	ga
घ	gha	gha
ङ	ṅa	na
च	ca	ca
छ	cha	cha
ज	ja	ja
झ	jha	jha
ञ	ña	na
ट	ṭa	ta

D	W	V*
ठ	ṭha	tha
ड	ḍa	da
ढ	ḍha	dha
ण	ṇa	na
त	ta	ta
थ	tha	tha
द	da	da
ध	dha	dha
न	na	na
प	pa	pa
फ	pha	pha
ब	ba	ba
भ	bha	bha
म	ma	ma
य	ya	ya
र	ra	ra
ल	la	la
व	va	va
श	śa	sha
ष	ṣa	sha
स	sa	sa
ह	ha	ha
अं	aṃ	am
अः	aḥ	ah

* D: Devanāgarī, W: Wissenschaftliche Umschrift, V: Vereinfachte Umschrift

Aussprache der Sanskritwörter

Die Vokale ā, ī, ū sowie e und o sind immer lang (wie in Rat, Sieg, Zug, See und Dom).

c = tsch (kla*tsch*en), j = dsch (engl. *j*oy), s = ss (Wa*ss*er), sh = sch (ein Laut zwischen *sch* und *s* wie in Stein), v = w *(W*ort), y = j *(j*eder)

Das h in bh, ch, dh, gh, jh, ph, th ist als ein deutlich hörbarer Hauchlaut zu sprechen (z.B. *budd-hi)*.

Die Betonung richtet sich nach der Länge der Vokale; bei längeren Wörtern liegt die Betonung auf der drittletzten Silbe, wenn die vorletzte kurz ist (z.B. *sā́dhana, vā́sanā, sā́ttvika)*. Wenn die vorletzte Silbe lang ist (durch Länge oder mehrere aufeinanderfolgende Konsonanten), trägt sie den Ton (z.B. *ānánda, bhāvaróga, ahamkā́ra)*.

Anordnung und Behandlung der Stichwörter

Im Hauptteil des Buches sind die Stichwörter in der Reihenfolge des deutschen Alphabets aufgeführt. Bei der Sortierung wird nicht zwischen den normalen und den gedehnten Vokalen, die mit Oberstrich gekennzeichnet sind, unterschieden. Nach dem fettgedruckten **Stichwort** steht in *Kursivschrift* die Abkürzung der grammatischen Bezeichnung oder ein Hinweis auf den Ursprung des Wortes.

Wenn Sätze und Wörter, die nicht in der Grundform erscheinen, sowie Begriffe, die in ihrer wörtlichen Bedeutung erklärt werden sollen, als Stichwörter erscheinen, erhalten diese den Zusatz *wörtl.:*.

Zusammengesetzte Wörter werden, wenn ihre Bestandteile deutlich gemacht werden sollen, voneinander getrennt, z. B.: *karmendriya* (*karma-indriya*). In Fällen, bei denen die Zusammensetzung nicht der üblichen Form der Wörter entspricht, erscheint der Bindestrich auch bei den Stichwörtern, z. B.: *Katha-upanishad* statt dem von den Lautgesetzen geforderten Kathopanishad.

Wird in einem Erklärungstext ein *Sanskrit*-Wort benutzt, das in diesem Wörterbuch gleichzeitig ein eigenes Stichwort ist, erscheint dieses in *kursiver* Schrift. Werden in einem anderen Stichwort ausführlichere Erläuterungen gegeben, wird auf diese mit vgl. hingewiesen.

Abkürzungen und grammatische Begriffe

Abl.	Ablativ
adj	Adjektiv
Affix	Nachsilbe
dt.*	in den deutschen Sprachgebrauch mit der angegebenen Schreibweise aufgenommen
Dual	Zweizahl
engl	englisch
f	Substantiv (femininum)
Gen.	Genitiv
Hindi	aus der Hindi-Sprache stammend
ind/indekl	indeklinabel
inf	Infinitiv
m	Substantiv (maskulinum)
n	Substantiv (neutrum)
Nom.	Nominativ
Pl.	Plural
pron	Pronomen
Sg.	Singular
Telugu	aus der Telugu-Sprache stammend
verb	Verb
vgl.	vergleiche
Vok.	Vokativ, Anrufungsform
wörtl.	wörtlich

A

abādha *adj* ungeplagt.

abalā *f* Frau.

abhanga *adj und m* ohne Bruch; eine heilige Schrift, ein Werk ohne Fehler, ohne Bruch.

abhava *adj* nicht existierend; nicht seiend; etwas, das für Realität gehalten wird, in Wirklichkeit aber nicht existiert.

abhāva *adj und m* ohne Zuneigung; Nichtexistenz; Zerstörung, Vernichtung.

abhaya *adj und n* furchtlos und Furchtlosigkeit.

abhayahasta *m* die Handgeste der Angstlosigkeit; Segnungsgeste mit erhobener rechter Hand, wobei die offene Handfläche dem anderen zugewendet wird; ihre Bedeutung ist: „Fürchte dich nicht!"

abhayamkāra *m* das Erheben der Hand zur Geste der Angstlosigkeit.

abheda *adj und m* ungeteilt; identisch, gleich; Ungeteiltheit, Ungetrenntheit; Identität, Gleichheit; Abwesenheit von Unterscheidungen.

abhedajnāna *n* das Wissen von der Ungeteiltheit.

abhicāra *m* Zauberei; Magie unter Verwendung von Zaubersprüchen, insbesondere um negative Ziele zu verfolgen.

abhidhāna *n* Bezeichnung, Benennung, Titel; Wörterverzeichnis, Lexikon.

abhidheya *n* Bedeutung, Sinn, Thema; Substanz.

abhijit *adj und m* siegreich, geboren in dem gleichnamigen Mondhaus; Name eines Mondhauses.

abhimāna *m* Stolz, Überheblichkeit, Hochmut, Selbstsucht. Dies ist das Merkmal eines Ego, das sich mit seinem Körper identifiziert, sich aus der Einheit gelöst hat und glaubt, eine eigene Individualität zu haben.

abhimanyu *m* Name des Sohnes von *Arjuna*, der in der großen Schlacht von *Kurukshetra* von den *Kauravas* getötet wurde.

abhimata *adj und n* hochgeschätzt; erwünscht, ersehnt, höchst erfreulich; Verlangen, Wunsch.

abhinivesha *m* Hingabe; Zuneigung, Liebe; Verlangen; Entschluß.

abhiruci *f* Wunsch; Geschmack, Freude, Genuß.

abhisheka *m* Salben, Benetzen; Weihen oder Einweihen durch Besprühen mit Wasser oder einer anderen heiligen Substanz.

abhoga *adj und m* ohne Genuß, ohne Sinnenfreude; Name eines Schirms von *Varuna*.

abhyanga *m* Salbung, Einreibung, Massage; Salbe.

abhyangasnāna *n* rituelles Bad, das mit einer Salbung verbunden ist und der Reinigung dient.

abhyāsa *m* Wiederholung, Praxis, Gewohnheit, Brauch; Auswendiglernen; im Kontext des *Yoga* ist meist die ernsthafte, regelmäßige Ausführung der geistigen und körperlichen Übungen gemeint.

abhyāsayoga *m* der *Yoga*, der beständig geübt, regelmäßig praktiziert wird.

abhyāsodaya *m* spirituelle Erhebung, Erhebung der Seele durch spirituelle Praxis.

abja *adj und m* aus dem Wasser geboren; Muschel.

acala *adj und m* unerschütterlich, unbeirrbar, ohne Bewegung; Berg, Unberührtheit.

ācamana *n* rituelle Spülung und Reinigung des Mundes zu Beginn einer religiösen Zeremonie.

ācāra *m* Verhalten, Benehmen, Brauch, Vorschrift; richtiges Verhalten, gutes Benehmen.

ācāradharma *m* der *dharma* des täglichen Verhaltens; Praktizieren der Rechtschaffenheit hinsichtlich der Probleme, Angelegenheiten und physischen Bedürfnisse, die sich auf die vorübergehenden Verbindungen des Menschen mit der materiellen Welt beziehen.

ācarana *n* Verrichten, Bewerkstelligen; Verhalten, Lebenswandel; Anwendung, Praxis; Ritus, Verhaltensregel.

ācārya *m* Lehrer, Repetitor an der Universität, Gelehrter.

ācāryadevo bhava *wörtl.:* „Verehre deinen Lehrer wie Gott; bring deinem Lehrer die gleiche Ehrerbietung wie Gott entgegen.“ (Zitat aus den *Upanishaden*).

ācāryopāsanā *f* der ehrerbietige, ehrfurchtsvolle Dienst für den spirituellen Lehrer.

accha *adj* klar, transparent, rein, gut; *accha* bedeutet auch soviel wie: in Ordnung, sehr gut, einverstanden.

acetana *adj* ohne Intelligenz.

acintya *adj* nicht nachdenkend; nicht fähig, sich etwas vorzustellen oder es im Bewußtsein zu behalten.

acintyabhedābhedavedānta *m* der *Vedānta* der nichtvorstellbaren gleichzeitigen Getrenntheit und Ungetrenntheit; Name einer Philosophietradition des *Vedānta*, die von *Caitanya* begründet wurde.

acintyarūpa *n* eine göttliche Eigenschaft oder Form, von der man sich kein Bild machen kann, die unerklärbar und nicht vorstellbar ist.

acit *adj und f* leblos, materiell, ohne Bewußtsein; Materie.

acyuta *adj und m* unveränderlich, ewig, fest; ein Name für *Vishnu*, bzw. *Krishna*: der Unzerstörbare, der Unveränderliche.

adambhitva *n* Ehrlichkeit, Aufrichtigkeit, ohne-Betrug-Sein.

adbhūta *adj, n und m* erstaunlich, wunderbar, außergewöhnlich; Wunder, eine wunderbare Sache, Angelegenheit; Verwunderung, Erstaunen; dies ist eine der 9 grundlegenden Gemütsstimmungen (*rasa*).

adhama *m* der Geringste, der Niedrigste; jemand, der zu verängstigt ist von den Sorgen, Verlusten und Schwierigkeiten, um mit dem Streben nach Gott zu beginnen.

ādhāna *n = ādheya.*

ādhāra *m* Halter, Inhaber, Besitzer, Träger (im Sinne von Unterstützung); der Träger der Welt; Behälter; die Welt.

adharma *m* das Fehlen von Rechtschaffenheit und Tugend, Sittenlosigkeit, Unmoral, Ungerechtigkeit, Unredlichkeit; *adharma* ist das Gegenteil von *dharma* und ein Zustand, der durch Unkenntnis entsteht; in ihm dominieren Trägheit (*tamas*) und Gier (*rajas*).

ādheya *n* Erhalten, Bekommen; zeremonielles Anlegen des heiligen Feuers; Unterweisen, Lehren; Bemühung, Anstrengung, Anwendung; Behälter, Grundlage.

ādhibhautika *adj* auf die Erde, das Gewordene, das Materielle bezogen.

adhibhūta *n* Materie, Gewordenes, Entstandenes; alles, was zu Ende geht und stirbt; alles, was Form und Namen hat; alle Dinge; auch: das Wesen, das allen Dingen vorsteht, das vor allen Dingen existiert.

adhidaiva *adj und n* die kosmischen Kräfte betreffend; sich auf die *Devas* beziehend; Bezeichnung für eine bestimmte Götterklasse; die höchste Gottheit.

ādhijna *adj* Schmerz leidend; das Leiden wahrnehmend, durch Leiden niedergeschlagen. Dies ist der Zustand, der sich als das Ergebnis des vielfältigen *Karmas* entwickeln kann.

adhikāra *m* Würde, Autorität; Würdig-Sein, um mit einer Aufgabe betraut zu werden.

adhikarana *n* Beziehung, Referenz, Verbindung; Übereinstimmung; Ort, Platz; Thema, Abschnitt, Absatz, Kapitel.

adhikārin *m* Verwalter, Amtsinhaber; jemand, der sich verdient gemacht hat, der würdig ist, der Fortschritte auf dem Weg zu Gott gemacht hat.

adhiratha *m* Wagenlenker; Name des Pflegevaters von *Karna*.

adhishthāna *n* Grundlage, Basis, Sitz, Residenz.

adhiyajna *adj* sich auf das Opfer, das Ritual beziehend.

adhvara *adj und m* ungebrochen, ununterbrochen; aufmerksam; Opfer, Ritual, religiöse Zeremonie.

adhvaryu *m* Priester; Bezeichnung für denjenigen, der beim vedischen Opfer den *Yajurveda* rezitiert und die Opferungen durchführt.

adhyāpaka *m* Lehrer, Professor; insbesondere ein Lehrer des vedischen Wissens.

adhyāropa *m* fälschliche Überdeckung; eine falsche Vorstellung, die die Wirklichkeit verdeckt; *Shankara* gibt dazu das Beispiel eines Taus, welches in der Dämmerung irrtümlich für eine Schlange gehalten wird; *adhyāropa* beschreibt den Zustand, in dem die materielle Welt für eine unabhängige Realität gehalten wird, obwohl sie eine Ausdrucksform der spirituellen Wirklichkeit darstellt. Der *Advaitavedānta* weist immer wieder auf diesen Irrtum hin, der durch Nicht-Erkenntnis entsteht; das zweite Kapitel des *Vedāntasāra* von *Sadānanda* befaßt sich speziell mit diesem Begriff.

adhyāsa *m* Aufsetzen, falsche Übertragung; Irrtum der Wahrnehmung; Nichtsehen dessen, was wirklich ist; *adhyāsa* ist annähernd bedeutungsgleich mit *vikshepa*, bzw. *adhyāropa* und bezeichnet das Fehlinterpretieren einer Erscheinung in der äußeren und objektiven Welt, z. B. das Sehen einer Form in dem Glauben, es sei eine andere, wie Wellen heißer Luft in der Sonne sehen und sich darunter Pferde vorstellen oder einen leuchtenden Spiegel in der Sonne sehen und glauben, es sei eine Lampe.

adhyātma *adj und n* auf das Selbst bezogen; das höchste Selbst.

adhyātmarāmāyana *n* Name eines Textes, in dem *Rāma* als höchster Herr verherrlicht wird; er gilt als ein Teil des *Brahmāndapurāna*.

ādhyātmika *adj* spirituell, auf das höchste Selbst bezogen.

ādhyātmīkajīvita *n* spirituelles Leben; Leben, das auf das höchste Selbst ausgerichtet ist.

adhyāya *m* Kapitel, Abschnitt.

adhyayana *n* Studium, Lesen (speziell der vedischen Literatur). Das vedische Studieren ist oft ein leises Sprechen der Texte, um den Klangaspekt bewußter zu erfahren.

ādi *m* Anfang, Ursprung, Beginn.

ādikavi *m* der erste Dichter; ein Name für *Vālmīki*, den Verfasser des *Rāmāyana*.

ādimūrti *f* die ursprüngliche Gestalt; Urform, Urwesen.

ādiparashakti *f* die uranfängliche, höchste Kraft; die göttliche Mutter.

ādishankara *m* wörtl.: „der erste *Shankara*"; ein Name für *Shankara*.

ādishesha *m* Name einer großen Schlange, auf der *Vishnu* während der zyklisch wiederkehrenden Weltennacht ruht.

aditi *adj und f* frei, ungebunden, grenzenlos, unendlich; Mutter der Sonnengötter; Unendlichkeit, Freiheit; Grenzenlosigkeit.

āditya *m* Sonne, Sonnengott; in den *Veden* manchmal mit *Savitā*, manchmal mit *Sūrya* verbunden; die *Ādityas* sind eine bestimmte hohe Götterklasse, sie sind die Söhne der *Aditi*, sind die Söhne des unendlichen Bewußtseins.

ādityahridaya *n* das Herz der Sonne.

ādityātman *m* das Selbst der Sonne; der Herr selbst, der sich durch die Sonne offenbart und sie befähigt, ihre Aufgaben auszuführen.

ādityavarna *adj* die Farbe der Sonne habend; unabhängig und selbst strahlend wie die Sonne; mit einer Ausstrahlung, die dem Glanz der Sonne gleicht; dies ist eine Qualität des Göttlichen, die in den *Upanishaden* aufgeführt wird.

adrishya *adj* unsichtbar.

advaita *n* Nicht-Zweiheit, Nicht-Dualität; Name von *Shankaras* nondualistischer Philosophie, die auf die Natur der höchsten Realität Gottes hinweist, welche ohne relative Zweiheit ist; im Konzept von *advaita* zeigt sich das Prinzip, daß die Seele (*ātman*) und die göttliche Wirklichkeit wesensmäßig, qualitativ eins sind; die Erfahrung von *advaita* ist mit dem Verstand nicht erfaßbar; denn das ichgebundene Denken des Wachzustandes vermag nicht, aus der Dualität der Subjekt-Objekt-Beziehungen herauszutreten.

advaitadarshana *n* die Schau der Nicht-Zweiheit; die Vision des Einen, ohne daß ein Zweites daneben existiert; Bezeichnung für das Philosophiesystem des *Advaitavedānta*.

advaitajnāna *n* das Wissen um die Einheit; die Erkenntnis der Einheit.

advaitānanda *m* die Glückseligkeit der Nicht-Zweiheit.

advaitasiddhānta *m* die Schlußfolgerung, die zur *advaita*-Erkenntnis führt, bzw. diese beinhaltet.

advaitatattva *n* das Wesen der Nicht-Zweiheit; die existentielle Realität der Nicht-Zweiheit; die innere Wirklichkeit der Nicht-Zweiheit.

advaitāvasthā *f* der Zustand der Nicht-Zweiheit.

advaitavedānta *m* Name eines der drei Systeme des *Vedānta*, von *Shankara* als hervorragendem Vertreter systematisiert. Die Lehre des *Advaitavedānta* betrachtet einen Bewußtseinszustand, in dem die Welt unmittelbar als *brahman* erfahren wird; Dualität oder Vielfalt haben keine wesenhafte Realität und werden als täuschendes Produkt der ichbezogenen Wahrnehmungsform durchschaut.

advaitin *m* ein Anhänger der *advaita*-Lehre; jemand, der die Stufe der Nicht-Zweiheit erreicht hat.

advaitopāsanā *f* der Weg der Verehrung, der auf das Erreichen des *advaita*-Zustands ausgerichtet ist.

adveshtā sarvabhūtānām *wörtl.*: „Nichtvorhandensein von feindseligen Gefühlen (adveshtā) gegenüber allen Wesen (sarvabhūtānām)“; d. h. Liebe für alle Wesen.

ādya *adj und m* anfänglich, am Anfang stehend, der Höchste seiend; Name einer Götterklasse.

ādyashakti *f* 1. die Urkraft, die uranfängliche Energie; 2. das höchste göttliche Bewußtsein, bzw. die göttliche Allmacht, die alle Welten durchdringt; 3. Beiname der göttlichen Kraft (*Shakti*).

āgama *m* Herkommen, Herkunft; die Quelle einer Lehre. *Āgama* dient als Bezeichnung verschiedener Schriften; insbesondere bezeichnet es ein *Tantra*- oder anderes Werk, welches sich mit der mystischen Anbetung *Shivas* und seiner *Shakti* befaßt; mündlicher oder schriftlicher Beweis.

āgamāpayāyina *adj* kommend und gehend; dies ist die Beschaffenheit der gegenständlichen Welt der Objekte, die vergänglich und nicht ewig sind.

āgāmikarman *n* das herankommende *Karma*; zukünftiges *Karma*. Es entsteht durch Handlungen und Wünsche in der Gegenwart und wirkt sich nach dem Gesetz der Kausalität in der Zukunft aus. *Āgāmikarman* sollte von dem aufgehäuften *Karma*, welches sich gegenwärtig auswirkt oder dessen Auswirkung noch bevorsteht (*prārabdhakarman*), unterschieden werden. *Āgāmikarman* ist von besonderer Bedeutung, da man durch die gegenwärtigen Taten und Wünsche die eigene Zukunft beeinflussen kann.

agamya *adj* unerreichbar.

agastya *m* Name eines vedischen Sehers (*Rishi*); er ist Verfasser mehrerer Hymnen des *Rigveda* und gilt als ein Nachkomme von *Mitra* und *Varuna* und Bruder des *Vasishtha*.

āgata *adj und m* gekommen; jemand, der gekommen ist.

agha *adj* böse, schlecht, hinterhältig.

aghāsura *m* der Dämon *Agha*; Name des Generals von *Kamsa*, der von *Krishna* besiegt wurde.

āgneya *m* Name des Sohns von *Agni*; ein Name für *Kārttikeya*.

āgneyāstra *n* Name der Feuerwaffe, die von *Agnideva*, dem Gott des Feuers, *Krishna* gegeben wurde; mit dieser vernichtete er den *Khāndava*-Wald.

agni *m* Feuer, Feuergott; die göttliche Kraft, die dem Feuer der Sonne, der Wärme des Lebenshauches innewohnt. Bereits in sehr früher Zeit haben die Menschen die göttliche Kraft im Feuer erkannt und dieses verehrt. Es erscheint am Himmel als Sonne, in der Luft als Blitz und auf Erden als Feuer. *Agni* ist eine der Gottheiten im *Veda*, der sehr viele Hymnen gewidmet sind; denn *Agni* ist derjenige, der die Opfergaben zu den Göttern befördert; er ist der Mittler zwischen der Menschenwelt und den Götterwelten.

agnibhū *m* der Feuergeborene; ein Name *Kārttikeyas*.

agnideva *m* der Feuergott.

agnihotra *n* der Ritus des Feueropfers, der normalerweise regelmäßig jeden Tag ausgeführt wird.

agnihotrin *m* derjenige, welcher den Ritus des Feueropfers ausführt, insbesondere jemand, der ihn regelmäßig jeden Tag vollzieht. Noch heute gibt es in Indien Menschen, die ihr ganzes Leben hindurch das heilige Feuer unterhalten und ihre Opferungen darbringen.

agnipurāna *n* Name eines Werkes, welches zur *Shaiva*-Tradition gezählt wird, aber viele *Vaishnava*-Lehren enthält.

agnivesha *m* Name eines vedischen Sehers (*Rishi*), der als ein Experte der Medizin bekannt ist.

agocara *adj* sinnlich nicht wahrnehmbar; durch die Sinne nicht erkennbar.

āgraha *m* das Nehmen, Ergreifen, die Gebundenheit; auch die daraus entstehenden Schwierigkeiten können gemeint sein.

agrahāra *m* ein Stück Land, welches ein König einem *Brahmanen* zu seinem Broterwerb schenkt.

agre *adv* zuerst, am Anfang, im Urbeginn.

agre amritopamam parināme visham *wörtl.:* „Zuerst wie Nektar, aber am Ende wie Gift".

agre visham parināme amritopamam *wörtl.:* „Zuerst wie Gift, aber am Ende wie Nektar".

ahalyā *f* Name der Frau des Weisen *Gautama*, die von *Indra*, dem König der Götter, zum Ehebruch verführt wurde. Dieser nahm die Gestalt des *Gautama* an und täuschte sie dadurch. Durch den Fluch ihres Mannes wurde sie in Stein verwandelt, aber aus diesem Zustand durch die Berührung von *Rāmas* Fuß wieder erlöst.

ahalyādhāraka *m* Name für *Rāma* als Retter der *Ahalyā*.

aham *pron* ich; gemeint ist meistens das begrenzte Ichgefühl, welches vom Selbst unterschieden ist. Andererseits kann *aham* auch das wirkliche Ich, das Selbst des Menschen (*ātman*) bezeichnen. Das begrenzte Ichbewußtsein ist eine Ausdrucksform, eine Spiegelung des Selbstes, die vergessen hat, wo sich das Original befindet.

aham brahmāsmi *wörtl.:* „Ich (aham) bin (asmi) brahman"; dies ist einer der großen Lehrsätze aus den Upanishaden (mahāvākya). Er erklärt die wesensmäßige Identität des Selbstes mit brahman; aham meint hier das wirkliche Ich (ātman) des Menschen und muß vom Ichbewußtsein (ahamkāra) unterschieden werden.

aham dehāsmi *wörtl.:* „Ich bin der Körper". Diese Formulierung ist Ausdruck eines rein sinnenbezogenen Bewußtseins, welches sich mit dem Körper identifiziert.

aham jīvāsmi *wörtl.:* „Ich bin eine einzelne, begrenzte Seele". Wer in dieser Identifikation steht, hat noch nicht erkannt, daß hinter der Einzelseele, die sich in einem Leben inkarniert, eine ewige spirituelle Seele steht; man fühlt sich noch abgetrennt von der göttlichen Realität.

aham vaishvānaro *wörtl.:* „Ich bin das allen Menschen gehörige Feuer"; Beginn des Verses *Bhagavadgītā* 15.14.

ahamkāra *m wörtl.:* „Der Ich-Macher"; Ego, Ichbewußtsein, welches ein

Teil der psychischen Instanzen (*antahkarana*) ist, die alle geistigen Vorgänge ermöglichen. *Ahamkāra* motiviert das Denken, so daß die Vorstellung entsteht, ein einmaliges, von allen anderen getrenntes Wesen zu sein. Aus dieser Dualität der Subjekt-Objekt-Beziehung resultiert die Täuschung, die Vielfalt der Erscheinungswelt als eigenständige, getrennte Realität zu betrachten. Empfindungen, Wahrnehmungen, Willensakte und Wünsche sind naturgemäß mit *ahamkāra* verbunden.

āhāra *adj und m* essend; Essen, Nahrung, Speise.

ahi *m* Name einer dämonischen Schlange.

ahimsā *f* Gewaltlosigkeit, Nicht-Verletzen; das Unterlassen des Verletzens von lebenden Wesen durch Gedanken, Worte und Taten; eine der fünf Tugenden des ersten Gliedes (*yama*) des *Rājayoga*.

ahimsā paramo dharmah *wörtl.:* „Gewaltlosigkeit ist die höchste Tugend".

āhlāda *m* spirituelle Freude; innere Freude. Diese wohnt in der Stille des Herzens und ist von sinnengebundener Freude zu unterscheiden.

āhlādinīshakti *f* die Freude bringende göttliche Energie, Kraft; ein Name für *Rādhā*.

āhuti *f* Opfer, Anrufung.

aikya *n* Einheit, Identität; Vereinigung; Harmonie. Mit *aikya* wird derjenige Zustand bezeichnet, in dem der Mensch nicht mehr dem Kreislauf von Geburt und Tod unterworfen ist.

aindri *m* Sohn des *Indra*; ein Name für *Arjuna*.

airāvata *m* Name eines Elefanten, der bei der Quirlung des Milchmeeres (vgl. *kūrma*) entstand; das Reittier *Indras*.

aishvarya *n* Pracht, Glanz, Herrschaft, Allmacht.

aitareya *m* Name einer vedischen Schultradition, die zum *Rigveda* gehört; zu ihr gehören das Aitareyabrāhmana, das Aitareya-āranyaka und die Aitareya-upanishad.

aja *adj* nicht geboren, ungeboren, ohne Geburt.

ajāmila *m* Name eines *Brahmanen*.

ajara *adj* ohne Alter, unvergänglich.

ajātashatru *m* jemand, dessen Feind nicht geboren ist, der keine Feinde hat; Name eines Königs, der für seine Weisheit berühmt war.

ajita *adj und m* unbesiegt; Name für *Vishnu*, *Shiva* u. a..

ājnā *f* Befehl, Anordnung; Erlaubnis; Name eines der sechs feinstofflichen Energiezentren im Körper (*Cakra*).

ajnāna *n* Unwissenheit, Ignoranz; es ist nicht fehlendes Wissen auf empirischer Ebene gemeint, sondern *ajnāna* besteht darin, daß man sich für seinen sterblichen Körper hält und nicht weiß, daß im Inneren das Selbst als absolute Realität wohnt. Dies führt zu den gleichen Auswirkungen wie bei *avidyā*; *jnāna* ist das Gegenteil von diesem Nichtwissen.

ajnānasammoha *m* Täuschung, Verwirrung, die von Unwissenheit (*ajnāna*) verursacht ist.

ajnānin *adj und m* unwissend; Unwissender, eine Persönlichkeit ohne Unterscheidungsvermögen.

ājya *n* geklärte Butter; Ghee.

akāla *adj* jenseits der Zeit, zeitlos, ohne Zeit.

akāma *adj* wunschlos, bedürfnislos; ohne Verlangen nach relativen Freuden; dieser Zustand ist nur erreichbar, wenn das Bewußtsein im Selbst (*ātman*) gegründet ist.

akampana *m* Name eines Prinzen, Name eines Dämons.

akarman *n* (Nom. Sg.: akarma) Nichthandeln; Tatenlosigkeit, Faulheit, Müßiggang.

ākarsha *m* Anziehung, Faszination.

akartā *m* jemand, der nicht handelt, der untätig ist.

ākāsha *m* Raum, Äther. Der *ākāsha* ist das feinste der fünf Elemente und ist nicht mehr atomar aufgebaut; deshalb kann er das gesamte Universum erfüllen und durchdringen; insofern ist er die physische Repräsentanz des allgegenwärtigen göttlichen Einen. Der Klang ist diejenige Wahrnehmung, welche im *ākāsha* strukturiert ist. Auch die psychischen Organe des Menschen (vgl. *antahkarana*) haben hier ihre Realität.

akbar *(persisch?)* Name eines Großmoguls von Indien (1542–1605). Obgleich er Analphabet war, erwarb er sich durch Vorlesungen ein großes theologisches und philosophisches Wissen, interessierte sich für alle Religionen seines Reiches und gründete 1580, den Islam aufgebend, eine eigene monotheistisch-pantheistische Religion, die sich jedoch nicht durchsetzte.

akhanda *adj* ununterbrochen; ungebrochen, ganz.

akhandahamsajapa *n* das ununterbrochene Sprechen, Meditieren des Hamsamantras: *so 'ham.*

akhandaikarasa *m* ununterbrochene (*akhanda*) Erfahrung (*rasa*) des Einen (*eka*), Erfahrung des Eingetauchtseins in die grenzenlose Liebe des Herrn.

akhandajyotis *n* das ununterbrochen scheinende Urlicht, das nicht materieller, sondern geistiger Natur ist.

akhandaparipūrnānanda *m* andauernde (*akhanda*) vollkommene (*paripūrna*) Glückseligkeit (*ānanda*).

akīrtikāra *adj* unrühmlich, das Ansehen schädigend. Dies ist die Bezeichnung für ein Verhalten, das den Handelnden letztlich selbst schädigt.

akrama *m* Undiszipliniertheit, Ungeordnetheit, Unregelmäßigkeit.

akrita *adj* ungeschaffen, nicht getan.

akrūra *adj und m* nicht grausam; Name des Onkels und Beraters von *Krishna.*

akshamālā *f* Rosenkranz; Meditationskette mit Samen von Eleocarpus; Name von *Arundhatī*, der Gattin von *Vasishtha.*

akshan *n* (am Ende eines Wortes aksha) Auge.

akshara *adj und n* unzerstörbar, unwandelbar, ohne Zerstörung (*kshara*); Bezeichnung für *OM* (*pranava*), für die Urschwingung, aus der sich das Universum entfaltet hat; *akshara* kann auch ganz allgemein „Silbe“ bedeuten, was darauf hinweist, daß Sprache letztlich eine ewige Wirklichkeit darstellt.

aksharābhyāsa *m* das Erlernen des Alphabets.

aksharaparabrahman *n* das unvergängliche höchste *brahman.*

aksharapurusha *m* das unvergängliche Selbst; die ewige Seele, welche ein Funke des göttlichen Feuers ist.

akshauhinī *f* eine bestimmte Militärmacht, eine Schlachtordnung (von 109 350 Soldaten zu Fuß, 65 610 berittenen Soldaten, 21 870 Elefanten und Kriegern, 21 870 Wagen mit ihrer Besatzung).

akshi *n* Auge.

akūpāra *adj und m* unbegrenzt; Schildkröte; Name der Schildkröte, welche die Erde trägt.

akushala *adj und n* unheilvoll, Unglück bringend; jedes mit den unheilsamen Wurzeln verbundene und damit den Keim zu zukünftigen Leiden in sich tragende Wirken. Die Wurzeln des Unheilsamen (*akushalamūla*) sind Gier (*lobha*), Haß (*dvesha*) und Wahn oder Verblendung (*moha*). Gier ist das Hingezogensein zu einem Objekt der Befriedigung und kann durch das Üben von Freigiebigkeit (*dāna*) aufgehoben werden. Haß ist der Widerwille gegen alles, was der Befriedigung im Wege steht und wird durch Kultivierung von Güte (*maitrī*) überwunden. Verblendung bezeichnet das Nicht-Übereinstimmen einer Handlung oder eines Denkaktes mit der Wirklichkeit und wird durch Einsicht (*jnāna*) überwunden. Die drei *akushalamūlas* stellen die wesentlichen Faktoren dar, die ein Lebewesen an den Kreislauf der Existenzen (*samsāra*) binden und deren Aufhebung für das Erlangen der Erleuchtung notwendig ist. In symbolischen Darstellungen wird Gier durch einen Hahn, Haß durch eine Schlange und Verblendung durch ein Schwein repräsentiert (vgl. *avidyā* und *klesha*).

akushalamūla *n* Wurzel des Unheilsamen; vgl. *akushala.*

ākūti *f* Wunsch, Intention; Name der Tochter des *Manu svāyambhuva.*

alakā *f* Name des Wohnsitzes von *Kubera.*

alaka *m* Locke, Haarlocke; Haar.

alakanandā *f* wörtl.: „die, die eine Freude für die Haarlocke ist“; Name der himmlischen *Gangā*, die durch die Haarlocken *Shivas* zur Erde floß.

alam *ind* genug, genügend, ausreichend.

ālasya *adj und n* träge, eitel, Trägheit, Eitelkeit.

alātashānti *f* wörtl.: „die Beruhigung des Feuerbrandes“, Name des 4. Kapitels von *Gaudapādas* Kommentar zur *Māndukya-upanishad.*

alaukika *adj* nicht weltlich, nicht zu dieser Welt in Beziehung stehend; ungewöhnlich, unüblich; aus einer anderen Welt stammend; überweltlich, übernatürlich.

ālaya *m* Wohnung, Stätte, Tempel.

ālocana *n* Erblicken, Sehen; Blick, Sicht; Betrachtung, Überlegung, Planung.

aloka *adj* durch die Sinne nicht erfahrbar; jenseits des Begreifbaren, unbegreiflich.

alpabuddhi *adj* keine Unterscheidungskraft besitzend; einen trägen Verstand habend; unwissend; dieser Begriff bezeichnet einen Gläubigen, der Abbildungen, Bilder und andere sichtbare Darstellungen von Gottes Schönheit und Pracht nur sinnlich auffaßt und diese Darstellungen anbetet, ohne sich der tieferen Wirklichkeit in ihnen bewußt zu sein.

ama *adj und m* unreif, nicht verdaut; Krankheit, Leiden; Bezeichnung für Schlackenstoffe im Körper, die nach dem *Āyurveda* durch unverdaute Nahrung entstehen können.

amala *adj* frei von Unreinheit, Schmutz, Befleckung; fehlerlos, makellos, rein.

amanaska *adj* ohne Denken und Sinneseindrücke seiend. Im meditativen Zustand, wenn man die Glückseligkeit des göttlichen Selbstes erfährt, nennt man diejenige Erfahrung *amanaska*, welche die ganze Schöpfung aus der Sicht des ewigen Beobachters erkennen läßt. Der Verstand verschwindet dabei wie Nebel in der Sonne. In diesem Zustand ist man frei von Gedanken, Wünschen und Verlangen. Nur im Tiefschlaf, in Bewußtlosigkeit und *samādhi* kann dieser Zustand eintreten, nicht im Wach- oder Traumbewußtsein. Spirituellen Nutzen hat man von diesem Zustand nur im *samādhi*. Andererseits kann *amanaska* auch „unaufmerksam, ohne Sorgfalt" bedeuten und jemanden bezeichnen, der keine Herrschaft über den Geist erlangt hat.

amānitva *n* Demut, Bescheidenheit.

amanobhāva *m* die Erfahrung, ohne Gedanken zu sein, der Zustand der frei von gedanklicher Aktivität ist; dieser wird erreicht, wenn man die Gedanken von der sinnlichen Welt abwendet und durch Benutzung des Unterscheidungsvermögens zu sich selbst kommt.

amantra *m* ein Text, der nicht aus dem *Veda* stammt, buchstabenlose Resonanz, die Stille hinter der Klangschwingung eines *mantra*.

amara *adj und m* unsterblich; Gottheit.

amarajyotis *n* das Licht der Unsterblichkeit.

amarapura *n* die Stadt der Unsterblichkeit; Name des Wohnsitzes der Götter.

amarasimha *m* Name eines Gelehrten, der zu den neun Juwelen am Hofe des Königs *Vikramāditya* gerechnet wird.

amarāvatī *f* die Unsterbliche; Name der Hauptstadt von *Indras* göttlichem Reich.

amareshvara *m* der Herr der Unsterblichen.

amāvasyā *f* Neumondnacht.

ambā *f* Mutter; ein Name für *Shakti*, die göttliche Mutter.

ambarīsha *m* Name eines indischen Königs aus alter Zeit, der ein großer Verehrer *Vishnus* war.

ambikā *f* die göttliche Mutter, vgl. *ambā*; Name der Mutter von *Dhritarāshtra*.

ameya *adj* unermeßlich, unendlich, unfaßbar.

āmnāya *m* heilige Tradition; ein heiliger Text, der durch die Tradition überliefert worden ist; *āmnāya* kann auch für die Gesamtheit des *Veda* stehen.

amrita *adj und n* (*āmrita*) unsterblich; Nektar der Unsterblichkeit, Unsterblichkeitstrank, das Wasser des Lebens; auch der *Soma* wird im *Veda* oft so bezeichnet.

amritadhvani *m* unsterbliche Botschaft, der Klang der Unsterblichkeit.

amritaputra *m* Sohn der Unsterblichkeit, Kind Gottes, Kind der Ewigkeit.

amritasvarūpa *adj* von unsterblicher Gestalt, unsterblicher Natur.

amritatva *n* Unsterblichkeit.

amritavākya *n* ein unsterbliches Wort, eine Botschaft, die den Tod zerstört.

amritodbhava *adj* Unsterblichkeit bringend; Unsterblichkeitsnektar hervorbringend.

amritopadesha *m* eine Unterweisung, die sich auf Unsterblichkeit bezieht; eine Unsterblichkeit verleihende Lehre.

amrityu *adj und m* unsterblich, Unsterblichkeit.

amsha *m* Teil.

amshāvatāra *m* (*amsha-avatāra*) eine göttliche Inkarnation, die Teile der göttlichen Persönlichkeit verkörpert; eine Inkarnation göttlicher Kräfte oder Eigenschaften.

amshu *m* Strahl, Lichtstrahl; Glanz, Brillianz; Stiel, Stengel; Bezeichnung der *Soma*-Pflanze.

amshumān *m* Name eines Königs.

anācāra *adj und m* ohne das rechte Verhalten, ohne Recht und Prinzipien; übles, böses Verhalten; Verhalten, welches vom Pfad der Rechtschaffenheit abweicht.

anādi *adj* anfangslos.

anahamkāra *m* Abwesenheit von Egoismus.

anāhata *n* Name eines der sechs feinstofflichen Energiezentren im Körper (*Cakra*).

anāhatadhvani *m* ein Ton, der klingt, ohne angeschlagen worden zu sein; der Ur-Laut (*pranava*), der ohne Anstrengung, unabhängig vom bewußten Willen ausströmen kann.

ānaka *m* eine große Trommel.

ānakadundubhi *m* ein Name für *Vasudeva*, den Vater *Krishnas*. Bei seiner Geburt war der Klang von himmlischen Trommeln (*ānaka*) zu hören.

anala *m* Feuer; der Gott des Feuers.

ānanda *m* vollkommene und höchste Glückseligkeit, wahre und anhaltende Freude, göttliche Glückseligkeit, Seligkeit, Ausgeglichenheit. *Ānanda* ist eine Qualität Gottes und ganz frei von jeder sinnlichen Färbung; es ist eine Glückseligkeit, die z. B. durch das Singen der Namen des Herrn, aus der Verherrlichung seiner Form entstehen kann. Glückseligkeit sucht überall Verwandte. Glückseligkeit schafft die äußerste Anziehungskraft. Sie ist eine unendliche Quelle der Freude und von der Freude an den vergänglichen Sinnesobjekten unterschieden, sie ist die Seligkeit eines Zustandes jenseits aller Gegensatzpaare. Der *Vedānta* ist der Auffassung, daß ein Bewußtseinszustand, der frei von unwillkürlicher Gedankenaktivität ist, also weder Krankheit, Alter, Tod, noch Angst, Sorgen, Leid und Kummer projiziert, reine Seligkeit ist. Bei der begrifflichen Umschreibung des *brahman* wird im *Vedānta* die Formulierung *„sat-cit-ānanda"* benutzt, wobei *ānanda*, die unbeeinträchtigte, absolute Seligkeit, diejenige Eigenschaft ist, welche den Geist zur Transzendenz, zum Sein hinzieht.

ānandabhakti *f* Hingabe, die von Glückseligkeit getragen wird, die aus der Erfahrung von *ānanda* stammt.

ānandagiri *m* wörtl.: „der Gipfel der Glückseligkeit"; Name eines Schülers von *Shankara*.

ānandalaharī *f* wörtl.: „die Welle der Glückseligkeit"; Name eines Werkes von *Shankara*.

ānandamaya *adj* aus Glückseligkeit bestehend.

ānandamayakosha *m* die Hülle, die aus Glückseligkeit besteht. Dies ist die letzte Hülle, die das Selbst verdeckt, und sollte nicht mit der absoluten Glückseligkeit verwechselt werden; vgl. *kosha*.

ānandanilaya *m* die Heimat der Freude, der Wohnort der Glückseligkeit.

ānandaprāpti *f* das Erlangen der Glückseligkeit.

ānandasvarūpa *adj und n* die Gestalt der Glückseligkeit habend, voller Glückseligkeit; eine Verkörperung der Glückseligkeit; ein Name für *Sai Baba*.

ananga *m* wörtl.: „körperlos"; ein Name für *Kāma*, den Liebesgott, der von *Shiva* zu Asche verbrannt wurde.

ananta *adj und m* (*an-anta*) unendlich, ohne Ende; ein Name für *Vishnu*; Name für die Schlange, auf der *Vishnu* ruht. Ein spirituell Strebender sollte Gott als frei von relativen Begrenzungen und unendlich betrachten.

anantapur *f wörtl.:* „Die Stadt der Unendlichkeit"; Name einer Stadt in Südindien.

anantashayana *adj und m* auf der Unendlichkeit ruhend, auf der Schlange namens *Ananta* ruhend; ein Name für *Vishnu*.

anantashesha *m* die Schlange der Unendlichkeit, auf der *Vishnu* ruht.

anantavijaya *adj und m wörtl.:* „Unendlichkeit ersiegend"; Name des Muschelhorns von *Yudhishthira*.

ananyabhakti *f* Hingabe (*bhakti*) ohne Ablenkung, ohne irgendwelche anderen Gedanken oder Gefühle.

ananyabhāva *m* Erfahrung der Identität mit der Existenz an sich; der Zustand, in dem keine Störung durch Gedanken oder Gefühle eintritt; Kontemplation der Einheit, die sich in dem Satz „*aham brahmāsmi*“ ausdrückt.

ananyacinta *adj und m* nichts anderes im Bewußtsein habend; Meditation über den Herrn, ungestört durch irgendeinen Gedanken; ausschließliche Meditation über den Herrn.

anapekshā *f* Wunschlosigkeit; Ungebundenheit.

anāpyajujushta *adj* Begehren nach unerreichbaren Dingen habend; dies bezeichnet eine Wesensart, die schädlich für die göttliche Natur in jeder Person ist und in die Irre führen kann.

anartha *m* Nutzlosigkeit, Wertlosigkeit; Makel, Fehler, schlechte Eigenschaft; Unglück.

anarthaputra *m* Sohn der Vergeblichkeit.

anārya *adj* unedel.

anāsakti *f* Nicht-Bindung, Nichtgebundensein; Zurücknahme der Wünsche von weltlichen Dingen, Abwesenheit von Verlangen.

anashana *adj und n* nicht essend; das Verzichten auf Speise.

anasūya *adj* neidlos, ohne jede Spur von Stolz oder Neid und damit auch von Bosheit oder Haß, von Egoismus oder Falschheit.

anasūyā *f* Name einer Heiligen, der Gattin des weisen *Atri*. Von ihr wird berichtet, daß sie so tugendhaft war, daß selbst die Sonne auf ihr Geheiß stehenblieb.

anātha *adj* ohne einen Herrn; Gott ist die einzige „herrenlose“ Person; denn niemand ist über ihm; er ist die Ursache aller Ursachen.

anātmabhāva *m* der Zustand, in dem das Selbst nicht wahrgenommen wird.

anātman *m* Nicht-Selbst.

anātmavādin *m* jemand, der die Existenz des *ātman* nicht wahrhaben will und damit auch die Realität Gottes leugnet.

anda *n* Ei, Eiform; in vielen vedischen Schöpfungsmythen wird berichtet, daß die Schöpfung aus einem sich teilenden Ei geboren wurde.

andaja *adj und m* aus einem Ei geboren; ein Wesen, das aus einem Ei geboren wurde; Vogel.

andamu *(Telugu)* Freude.

andānda *m und n* Bezeichnung für die gesamte Schöpfung, die der Entwicklung und der Auflösung, bzw. Zerstörung unterliegt; die bewegliche und unbewegliche Natur.

andha *adj und n* dunkel, blind; Dunkelheit, Blindheit.

andhaka *m* der Blinde“ ; Name eines Dämons.

andhera *(Hindi)* Dunkelheit.

andhra *m* Name einer Region bzw. eines Volkes in Südindien.

aneka *adj* nicht (an) eins (*eka*); viel, vielfach.

anekabhakti *f* Hingabe, die noch nicht auf ein Ziel ausgerichtet ist.

anekatva *n* das Bewußtsein der Vielheit, Erkenntnis der Vielfalt; Vielheit, Vielfältigkeit.

anetā *m* eine Person ohne geistigen Führer oder Beschützer.

anga *n* Glied, Teil, Körperteil; Körper.

angada *m* Name für einen Bruder *Rāmas*, Name eines Affen, nämlich des Sohnes von *Bālī*.

angavāsa *m* der Bewohner des Körpers.

angavastra *n* die Kleidung des Körpers; die Kleidung, die auf dem Körper getragen wird, die den Körper umhüllt.

angavatī *f wörtl.:* „Diejenige, welche körperlich in Erscheinung tritt"; ein Name für *Shakti*, wenn sie sichtbar erscheint.

angiras *m* Name eines vedischen Sehers (*Rishi*).

anguli *f* Finger, Zehe, Daumen, Fingerspitze, Bezeichnung eines Längenmaßes.

angushthamātra *adj* die Länge eines Daumens habend.

anila *m* der Wind; der Windgott.

animan *m* Kleinheit, Feinheit; Winzigkeit.

animisha *adj* nicht mit den Augen zwinkernd; eine Bezeichnung für die *Devas*, die alle nicht mit den Augen zwinkern.

aniruddha *adj und m* ungehindert, frei; Name eines Sohnes von *Pradyumna* und Enkels von *Krishna*. *Ushā*, eine *Daitya*-Prinzessin, verliebte sich in *Aniruddha*. Sie verstand es, ihn durch magische Kräfte in ihre Gemächer in der Stadt ihres Vaters *Bāna* zu bringen. Die Häscher von *Bāna* sollten *Aniruddha* dort gefangenhalten; *Aniruddha* aber erschlug sie mit einer eisernen Keule. Nur durch zauberische Kräfte gelang es, seinen Ausbruch zu verhindern. Als *Krishna*, *Balarāma* und *Pradyumna* von der Entführung Kenntnis erhielten, wollten sie *Aniruddha* befreien, und es entbrannte eine große Schlacht. *Bāna* wurde von *Shiva* und *Skanda*, dem Kriegsgott, unterstützt, verlor aber die Schlacht; jedoch durch *Shivas* Intervention wurde sein Leben verschont. *Aniruddha* kehrte mit seiner Gemahlin *Ushā* nach *Dvārakā* zurück.

anirvacanīya *adj* nicht mit Worten auszudrücken, jenseits jeglicher Beschreibung.

anitya *adj* flüchtig, nicht-ewig, vorübergehend, unbeständig.

ānjaneya *m* ein Name für *Hanumān*, der vom Namen seiner Mutter „Anjanā" abgeleitet ist.

anna *n* Nahrung; das wesentliche, nährende Element in einer Substanz; gekochter Reis; Nahrungsbestandteil. Da alles, was wir mit den verschiedenen Sinnen wahrnehmen, als Nahrung betrachtet werden kann, besteht in dieser Hinsicht das ganze Universum aus Nahrung.

annamaya *adj* aus Nahrung bestehend, die aus Nahrung bestehende Hülle (*kosha*); d. h. der materielle, physische Körper, der aus der Nahrung gebildet wird.

annamayakosha *m* die aus Nahrung bestehende Hülle; gemeint ist der physische Körper, welcher die gröbste Manifestation des Selbstes (*ātman*) darstellt; vgl. *kosha.*

annapūrnā *f* die Nahrung Spendende, die, welche voll von Nahrung ist; 1. Name der göttlichen Mutter; eine der zwei residierenden Gottheiten in *Kāshī.* Die andere ist *Vishvanātha*; 2. Name eines Bergmassivs des *Himālaya* in Nepal.

annasamtarpana *adj* durch Nahrung vollständig zufriedenstellend, erfüllend.

anor anīyān *wörtl.:* „Feiner als das Feinste", „subtiler als das Subtile". Dieser Ausdruck bezeichnet eine Realität, die für die Sinne unauslotbar ist und bezieht sich in den *Upanishaden* auf die höchste Wirklichkeit.

anrita *adj und n* falsch, verkehrt, unrecht; Falschheit, Illusion (Gegenteil von *rita*).

anritaputra *m* (Pl.: anritaputrāh) Sohn der Vergeblichkeit, Falschheit.

anritasya putra (putrāh) = anritaputra.

anta *m* Ende.

antahcatushtaya *m* die vier inneren Sinneswerkzeuge (*indriya*): *manas, buddhi, citta* und *ahamkāra.*

antahkarana *n* das innere Funktionsgefüge der Psyche; inneres Instrument, inneres Organ; als Bereich der inneren Sinne des Menschen auch *antarindriya* genannt. Es befähigt, zu denken, zu empfinden, zu unterscheiden und zu erinnern und ist aus *manas*, *citta*, *buddhi* und *ahamkāra* zusammengesetzt. Als eine Manifestation der Urnatur (*prakriti*) ist es an sich leblos; nur weil das Bewußtsein des Selbstes (*ātman*) sich in ihm reflektiert, erscheint es als aktiv und tätig.

antaka *m* wörtl.: „der, der alles zu Ende bringt"; ein Name für *Yama.*

antar *adj* innen, zwischen.

antaraprapanca *m* die innere Welt.

antarātman *m* das innere Selbst.

antariksha *n* Zwischenraum, Luft, Atmosphäre; gemeint ist der Bereich, der zwischen der Erde und den himmlischen Welten liegt.

antarindriya *n* innerer Sinn; vgl. *antahkarana.*

antarvāni *adj* in den heiligen Wissenschaften bewandert.

antaryāmin *m* der innere Lenker, die Gegenwart Gottes im Herzen des Menschen; letztlich gibt er die innere Motivierung, ist er der innere Richtungsgeber, ist er derjenige, welcher den Körper belebt.

anu *adj und m* klein; fein; Kleinheit, Bezeichnung für Atom in der *Vaisheshika*-Philosophie. Diese Atome sind so klein, daß sie keine Ausdehnung besitzen, d. h. die Einteilung in außen und innen trifft für sie nicht zu; man darf sie also nicht mit dem verwechseln, was in der Naturwissenschaft mit Atom bezeichnet wird.

anubandha *m* Bindung, Verbindung; Kontinuität, ununterbrochene Folge, Serie, Kette.

anubhāva *m* Würde; Glanz, Pracht; Macht, Autorität; Entschluß, Festigkeit des Willens; der äußere Ausdruck eines inneren Empfindens (*bhāva*).

anubhāvajnāna *n* Erkenntnis aus eigener Kraft; Weisheit, die aus existentieller Erfahrung gewonnen worden ist; das Wissen, das durch eigene Erfahrung erworben wird.

anubhūti *f* Wahrnehmung, Erfahrung.

anudātta *adj* nicht erhoben, nicht betont, akzentlos.

anudvegakaravākya *n* (an-udvegākarāvākya) nicht angsterzeugende Rede; Redeweise, die bei anderen keinen Schmerz, keinen Zorn und keinen Kummer hervorruft.

anugītā *f wörtl.:* „Der nachfolgende Gesang"; Name eines Abschnittes aus dem *Mahābhārata* (14.16–51), der die Unterweisungen *Krishnas* an *Arjuna* enthält, welche er nach der großen Schlacht von *Kurukshetra* gegeben hat.

anugraha *m* Gottes Gnade und Hilfe.

anukramanī *f* Liste, Tabelle; Name für eine Textgattung, die für die vedischen Hymnen die Seher (*Rishi*), Metren (*chandas*) und Gottheiten (*devatā*) aufführt.

anukūla *adj und n* ermutigend, freundlich, nett, stärkend; Ermutigung, Freundlichkeit, Stärkung.

anumāna *n* Schlußfolgerung.

anunyāsa *m* kontinuierliche Meditation.

anurāga *m* Liebe, Bindung.

anurāgabhāva *m* der Seinszustand, in dem man Gott als den wahren Geliebten empfindet.

anurakti *f* Zuneigung, Bindung oder Liebe zu Gott.

anushāsanaparvan *n* wörtl.: „das Buch der Unterweisungen"; Name eines Buches aus dem *Mahābhārata*.

anushāsitā *m* der unabhängige, oberste Herr; der Eine, der allen ihr Verhalten vorgibt; der die Normen und Richtlinien bestimmt; der Gesetzgeber, der Richtlinien und Grenzen festlegt.

anushthāna *n* Verhalten, Praxis, Ausführung, Gehorsam.

anushtubh *f* wörtl.: „dem Lobpreis folgend"; Name eines Versmaßes von 4 x 8 Silben.

anusmarana *n* Erinnerung, wiederholte Erinnerung, wiederholtes ins Gedächtnis Rufen, insbesondere des göttlichen Namens.

anusvāra *m* Nasallaut.

anuvāka *m* Abschnitt (einer *Upanishad*).

anuvyākhyāna *n* Kommentierung, Erläuterung, insbesondere einer schwierigen Textstelle aus den *Veden*.

anveshaka *m* Sucher.

ānvīkshikī *f* Logik; Philosophie, Metaphysik; dies ist einer der vier Erkenntniszweige (*vidyā*), und zwar jener, welcher eine bessere Unterscheidung zwischen Selbst und Nicht-Selbst (*ātman* und *anātman*) ermöglicht.

anvishamāna *adj* suchend.

anvita *adj* versehen, ausgestattet mit, begleitet von.

anya *adj und m* anders; der andere, der Beigeordnete.

anyāya *adj und m* ungerecht, unangemessen; Ungerechtigkeit, Unrecht.

anyonya *adj* gegenseitig, wechselseitig, der eine dem anderen.

anyonyatā *f* Wechselseitigkeit.

ao *(Hindi) wörtl.:* „Komm!"

ap *f* (meist nur im Pl.: *āpah*) Wasser.

āp *pron* (*Hindi*) ehrfurchtsvolle Anrede.

āpad *f* Elend, Unglück, Unfall.

āpah *f pl = ap.*

apāna *m* Name eines der fünf Lebenshauche; vgl. *prāna.*

apara *adj* niederer, niedriger.

aparā prakriti *f* die niedere *prakriti*, d. h. der Bereich der Manifestationen, welche aus der *prakriti* entstehen.

aparabrahman *n* das niedere *brahman*. Dies ist ein Fachbegriff der *Vedānta*-Philosophie, der die relative Welt bezeichnet. Diese ist zwar eine Manifestation von *brahman*; wer aber nur in ihr verweilt, gelangt nicht zur höchsten Ebene und vergißt diese letztlich sogar.

aparavidyā *f* Wissen der niederen Art, weltliches Wissen.

aparicchinna *adj* unteilbar, ohne Trennung, kontinuierlich.

aparigraha *adj und m* nicht ergreifend, nehmend; nichts Annehmen, Besitzlosigkeit, Begierdelosigkeit; der Zustand, in dem man frei von dem Verlangen nach Horten und Sammeln ist; eine der fünf Tugenden des ersten Gliedes (*yama*) im *Rājayoga.*

aparināma *m* ohne Veränderung, ohne Entwicklung, Unveränderlichkeit.

aparnā *f* wörtl.: „ohne Blatt"; Name einer Tochter von *Himavat*, die so intensiv meditierte, daß sie nicht einmal ein Blatt essen mußte. Unter dem Namen *Umā* ist sie als Gattin *Shivas* bekannt.

aparoksha *adj* wahrnehmbar, nicht verborgen, gegenwärtig, sichtbar; direkt; eine Bezeichnung für den Tätigkeitsbereich des Bewußtseins, der in Form von Wachsein, Traum und Tiefschlaf in jedem Menschen vorhanden ist.

aparokshabrahmajnāna *n* direkte Wahrnehmung des *brahman.*

aparokshajnāna *n* direkte Erkenntnis; die Erfahrung, das Gefühl, daß der im Universum allgegenwärtige Gott im Innern als Selbst (*ātman*) weilt.

aparokshānubhūti *f wörtl.:* „Direkte Erkenntnis"; Titel eines *Shankara* zugeschriebenen Werkes.

aparūpa *adj* häßlich, deformiert; selten, einzigartig, erstaunlich.

apasmarapurusha *m* Name des Dämons des Unglaubens, auf dem *Shiva* als Zeichen des Sieges seinen berühmten Tanz vollzieht.

āpastamba *m* Name eines vedischen Sehers (*Rishi*); die nach ihm benannte Schule hat wichtige Texte hervorgebracht, so z. B. das *Āpastambashrauta-*

sūtra, welches zum *Krishnayajurveda* gehört.

āpastambashrautasūtra *n* Name eines Ritualhandbuches der *Āpastamba*-Tradition des *Yajurveda*.

apātava *n* Merkwürdigkeit, Tolpatschigkeit, Schwäche; Krankheit.

apaurusheya *adj* nicht zurückführbar auf menschliche Tätigkeit oder Fähigkeit; nicht von Menschen geschaffen.

apavāda *m* Tadel, Fehler, Mißbrauch; Ausnahme; Widerlegung, Aufhebung einer falschen Meinung; Anweisung, Befehl.

apekshā *f* Erwartung, Hoffnung, Wunsch.

āpojyotis *n* Licht, Glanz, Pracht des Wassers.

aprameya *adj* nicht meßbar, nicht zu ermessen; nicht in Kategorien erfaßbar und beschreibbar.

aprāptaprāpti *f* das Empfangen von etwas nie zuvor Erhaltenem; etwas, das neu erworben wird; ein Geschenk, das nicht auf einer erbrachten Vorleistung beruht.

apsarā *f* Bezeichnung für eine Gattung himmlischer Wesen; die *Apsarās* sind die Gemahlinnen der *Gandharvas*; sie sind von überirdischer Schönheit, und wenn es notwendig ist, kommen sie als die Dienerinnen *Indras* auf die Erde, um Asketen ihre aufgestaute Glut zu rauben, indem sie sie verführen. Dies kann aber nur geschehen, wenn die spirituelle Praxis von Leidenschaftlichkeit (*rajas*) gefärbt ist und dementsprechend eine Gefahr für das Gleichgewicht im Universum darstellen könnte.

āpti *f* Erlangen, Gewinnen; Erfüllung; vgl. *prāpti*.

apūrva *adj und n* vorher nicht existierend; wunderbar, außergewöhnlich; Bezeichnung für den Einfluß eines Opfers, welches hier auf der materiellen Ebene eine spirituelle Realität manifestiert, die vorher nicht in Erscheinung getreten ist.

āpya *adj* erreichbar.

ārabdha *adj und n* angefangen, begonnen; Anfang, Beginn.

ārādha *m* Huldigung, Anbetung.

ārādhaka *m* Verehrer.

ārādhana *n* Verehrung, Dienst; Dienen, Zufriedenstellen, Beruhigen.

ārādhya *adj* verehrenswert.

arani *f* Name der beiden Holzstücke, die zur Entzündung des heiligen Feuers benutzt werden.

aranya *n* Wald.

āranyaka *adj und n* zum Walde gehörend; Name einer Klasse heiliger Schriften. Die *Āranyakas* sind jeweils einem *Veda* zugeordnet und sind als Lektüre für die Waldeinsamkeit gedacht. Sie enthalten mystische Betrachtungen, sowie die Beschreibung wichtiger Riten und bilden den Ausgangspunkt für die *Upanishaden*. Die in den *Āranyakas* beschriebenen Riten und kultischen Handlungen gelten als besonders heilig und als gefährlich für den Unberufenen, der sie zu früh vollzieht, weil er dadurch Haus, Hof und Leben verlieren könne. Deshalb wurde der Schüler nicht im Dorf, sondern in der Einsamkeit des Waldes belehrt.

aranyānī *f* die Göttin des Waldes.

ārati *f* die Anbetung Gottes mit einer Kampferflamme. Der Kampfer verbrennt ohne Rückstände. Genauso zehrt Gottes Flamme der Liebe das Ego auf, ohne eine Spur von „ich" oder „mein" zu hinterlassen. Die Flamme ist Symbol für das Vernichten aller relativen Wünsche, die den Menschen daran hindern, sich Gott wirklich zuzuwenden.

arbuda *m* Name eines Schlangendämons, der von *Indra* besiegt wurde.

arcā *f* Verehrung, Gottesdienst; eine Bildgestalt, welche als göttliche Manifestation verehrt wird.

arcaka *adj und m* verehrend; Verehrer, Priester.

arcana *adj und n* verehrend, preisend; rituelle Anbetung, Gottesdienst, dem Bild oder der Bildgestalt des Herrn Gebete Darbringen.

arci *f* Flamme; Lichtstrahl; das erste Licht der Dämmerung.

arcirādimārga *m* der mit Licht beginnende Weg; Bezeichnung für den Weg im Jenseits, den ein tugendhafter, spiritueller Mensch beschreiten kann.

arcis *n* Flamme, Lichtstrahl; Licht, Glanz.

ardhanarīshvara *m* der Herr in halb männlicher, halb weiblicher Gestalt.

ardhāngī *f wörtl.:* „Die Hälfte des Körpers"; Gattin, Ehefrau.

arhat *adj und m* edel, verehrungswürdig, fähig; Bezeichnung für einen Edlen, der auf dem Weg zum *nirvāna* ist, Bezeichnung für einen zukünftigen *Buddha*.

ari *m* Feind; es werden insbesondere die sechs Feinde der Menschheit aufgezählt: Verlangen (*kāma*), Zorn (*krodha*), Habgier (*lobha*), Leidenschaft (*mada*), Täuschung (*moha*) und Eifersucht (*matsara*).

arishadvarga *m* die Sechsergruppe der Feinde; die sechs schlechten Eigenschaften oder Feinde des Menschen; vgl. *ari*.

arishta *adj und m* unverletzt, unverletzlich, unbesiegbar; Name eines Dämons, der *Krishna* in Gestalt eines Bullen angriff.

arjuna *adj und m* weiß, hell, silbern, rein, makellos, unbeschmutzt; Name eines der fünf *Pāndava*-Brüder, der im *Mahābhārata* als Kriegsheld beschrieben wird. Er war ein Freund und Schüler *Krishnas*, eines göttlichen *Avatars*. *Krishna*, als sein Wagenlenker auf dem Schlachtfeld *Kurukshetra*, erteilt ihm hier seine Belehrungen. *Arjuna* gilt als Beispiel eines spirituell Strebenden, durch den Gott die gesamte Menschheit belehrt. In der *Bhagavadgītā* finden wir die Unterweisungen, welche *Arjuna* von *Krishna* erhalten hat, aufgezeichnet.

arogya *adj* gesund.

arogyanilaya *m* Wohnung oder Haus der Gesundheit, Hospital.

arpana *adj und n* gebend; Hingabe, Gabe, Opfergabe.

arpita *adj* plaziert, gezeichnet, gewidmet.

ārta *adj und m* bekümmert; eine Person, die krank ist und leidet, die wegen ihrer Krankheit bekümmert und immer in Sorge ist.

ārtabandhu *m* der Freund der Bekümmerten; ein Name für *Krishna.*

ārtabhakta *m* jemand, der sich Gott zuwendet, um sein Leiden zu erleichtern.

ārtatrānapārana *adj* die Bedrängten schützend und rettend.

artha *m* Wohlstand, Reichtum, Besitz, der durch rechtschaffenes Handeln erworben worden ist. *Artha* ist eines der vier Ziele des menschlichen Strebens (vgl. *purushārtha*) und gilt in der vedischen Tradition so lange nicht als verwerflich, wie bei seiner Verfolgung Moral und die göttliche Ordnung (*dharma*) berücksichtigt werden. Andere Bedeutungen von *artha* sind: Objekt, Gegenstand; die gegenständliche Welt; Sinn, Bedeutung; Zweck, Ziel.

arthārthin *m* jemand, der nach Reichtum strebt, d. h. ihn nicht besitzt; ein Armer (auch in spirituellem Sinne); Bezeichnung einer der vier Arten von Hingabe. Menschen, die sich *artha*, d. h. Fülle, Besitz oder spirituelle Macht wünschen und darum Gott anbeten und um Erfüllung bitten.

arthashāstra *n* Lehrbuch über den Nutzen; Name eines berühmten Werkes, das sich insbesondere mit der Staatskunst befaßt; als Autor gilt Kautilya, der oft auch Cānakya genannt wird.

arthavāda *m* Erläuterung, Ergänzung; speziell die Beschreibung des positiven Effekts, den ein Opfer (*yajna*) hat; *arthavāda* ist ein Fachbegriff der *Mīmāmsā*-Philosophie.

arthavicarana *adj* bei der Bedeutung (des göttlichen Namens) verweilend. Wenn *japa* oder *dhyāna* mit einem göttlichen Namen ausgeführt wird, sollte man im Herzen bei der Bedeutung verweilen, damit die Wiederholung nicht unbewußt geschieht.

arthin *m* Leidender; Bedürftiger.

ārūdha *adj* aufgestiegen, erhoben (z. B. zu einer höheren Stufe des Bewußtseins).

aruna *adj und m* rötlich; die rötliche Farbe, Morgendämmerung.

arunācala *m wörtl.:* „Roter Berg" oder „Hügel des Lichts"; Name eines heiligen Berges im heutigen Tamil Nadu, Südindien. Der Tamillegende nach ist er älter als der *Himālaya.* An seinem Fuß liegt der Ort Tiruvannāmalai, der *Shiva* geweiht ist. Symbolisch steht der *Arunācala* für die wärmenden Sonnenstrahlen der Morgendämmerung, die er in unsere verschlossenen Herzen bringt.

arunagiri *m* der rote Berg.

arundhatī *f* Name einer Heilpflanze; Name der Frau des *Vasishtha.* Sie ist gleichzeitig der Morgenstern.

ārya *adj und m* edel, ehrbar, gastfreundlich; edler Sucher.

āryabhattīya *n* Name eines berühmten mathematischen Werkes von Āryabhatta.

aryaman *m* Name einer vedischen Gottheit, die zu den *Ādityas* gehört. Man kann ihn als den Herrn allen Strebens und aller Sehnsucht nach spirituellem Aufstieg, den Herrn der nach Wahrheit strebenden Kräfte bezeichnen.

āryāmbā *f* Name der Mutter von *Shankara*.

āryāvarta *m* das Land der *āryas*; Bezeichnung speziell des Gebietes zwischen dem *Himālaya* und den Vindhya-Bergen.

asabhya *adj* niedrig, vulgär, unsozial.

asabhyatā *f* Niedrigkeit.

asahajakarman *n* nicht im Innern wohnendes *Karma*; d. h. *Karma*, welches man anderen abnimmt und auf sich nimmt.

āsakti *f* Bindung, Anhaftung, Kontakt; Hingabe.

asama *adj* ungleich.

asamsārī *f wörtl.:* „Diejenige, welche frei vom Kreislauf von Geburt und Tod ist"; ein Name für *Shakti*.

āsana *n* der Sitz; die Körperhaltung; Bezeichnung für Sitz- und andere Positionen im *Yoga*. Diese sollten für längere Zeit als bequem empfunden und stabil sein; dann bewirken sie beides: die Beständigkeit der körperlichen Position und die innere Freude, die im Herzen erblüht.

asanga *adj und m* ungebunden, frei, ohne Bindungen; Ungebundenheit; Name verschiedener Personen; Name eines Mannes, der durch einen Fluch in eine Frau verwandelt worden war.

asat *adj und n* nichtseiend, nichtexistierend; Nicht-Sein, Nicht-Existenz; Bosheit, Falschheit. *Asat* bezeichnet einerseits das Unerkennbare, den Urgrund des Seins, der mit der Sprache nicht auszudrücken und dem Denken nicht zugänglich ist; andererseits kann es aber auch das Relative bezeichnen, das dem wahren Sein (*sat*) entgegengesetzt ist.

asato mā sad gamaya; tamaso mā jyotir gamaya; mrityor mā amritam gamaya *wörtl.:* „Vom Nichtsein führe mich zum Sein! Von der Dunkelheit führe mich zum Licht! Vom Tod führe mich zur Unsterblichkeit!" (Gebet aus den *Upanishaden*).

asatya *adj und n* unwahr, falsch; Unwahrheit, Falschheit; Unwirklichkeit.

āshā *f* Wunsch, Hoffnung, Erwartung.

āshādha *m* Name eines Monats (ca. Juni – Juli).

ashakti *f* Unvermögen, Schwäche; Kraftlosigkeit; Unfähigkeit (speziell eines Intellekts, der nicht fähig ist, zur Erkenntnis zu gelangen).

ashānti *f* Unfrieden, Friedlosigkeit; Ruhelosigkeit; Gegensatz zu innerem Frieden (*shānti*).

asharīra *adj und m* körperlos, der Körperlose; ein Name für Gott, der nicht durch einen relativen Körper begrenzt werden kann; Name für den Liebesgott, dessen Körper von *Shiva* verbrannt wurde.

āshaya *m* Ruheplatz, Bett, Sitz; Rückzugsort; Behälter, Herz, Magen; Sitz der Gefühle, Geist, Seele; Denken, Charakter; Gesamtheit der durch vergangene Handlungen bedingten Eigenschaften, die als Samen für zukünftiges Handeln im Geist wohnen.

ashcanyashoka *adj und m* keinen Kummer, keinen Schmerz habend; Name eines Baumes (Jonesia Ashoka Boxburgii); Name verschiedener Personen.

ashoka *adj und m* ohne Trauer; Name eines Königs, der ein Förderer des Buddhismus war.

ashokavana *n* 1. „Wald ohne Kummer" (ein Name); 2. ein Wald aus *ashoka*-Bäumen.

Ashram *(dt.*)* vgl. *āshrama.*

āshrama *m* (*dt.* Ashram*) Aufenthaltsort eines Weisen oder Heiligen. Ein Zentrum für religiöse Studien mit Meditation; es kann ein Heim, ein Landhaus, eine Einsiedelei oder ein Kloster sein. Jeder Versammlungsort spirituell Strebender ist ein *Ashram.* Ein Ort, wo der Mensch kein *shrama* (Kampf, Bedrängnis, Anspannung) hat; der Begriff dient auch der Bezeichnung der vier im *Veda* beschriebenen Lebensstadien des Menschen: Schüler, Hausherr, Waldeinsiedler, heimatloser Wandermönch; man kann diese Stadien auch als Entwicklungsstufen des Bewußtseins fassen: 1. *brahmacarya*: die Zeit des Lernens; 2. *grihastha*: die Zeit, in welcher der Mensch seine Pflichten der Gesellschaft gegenüber erfüllt; 3. *vānaprastha*: die Zeit spirituellen Strebens in der Einsamkeit; 4. *samnyāsa*: das Aufgeben aller ichbezogenen Interessen und das ausschließliche Streben nach Erlösung (*moksha*).

āshramadharma *m* die Regeln moralischen Verhaltens, welche die vier Lebensstadien als Schüler, Familienvater, Einsiedler und Wandermönch betreffen.

āshramavāsin *m* jemand, der in einem Ashram lebt; Einsiedler.

āshraya *m* Grundlage, Substrat; Ruheplatz; Beistand, Hilfe, Unterstützung, Schutz, Stütze; Behälter.

āshrita *adj* abhängig, gebunden; Zuflucht suchend, praktizierend, übend, pflegend; wohnend, sich aufhaltend.

ashtā- *num* vgl. *ashtan.*

ashtādhyayī *f wörtl.:* „Die, welche acht Abschnitte enthält"; Name der berühmten Sanskritgrammatik des *Pānini.*

ashtaishvarya *n* Bezeichnung für die acht Schätze Gottes: *sampannashabda* – Ton, Klang, der aus dem *OM* entspringt; *carācara* – alle Lebewesen und nichtbewegten Objekte; *jyotis* – Licht, Flamme des Bewußtseins; *vānmaya* – aus dem göttlichen Wort bestehende Offenbarung; *nityānanda* – nie endende Glückseligkeit; *parāt para* – höher als das Höchste, transzendent; *māyā* – Täuschung oder Schöpferkraft; *shrī* – Schönheit, Glanz, Erhabenheit.

ashtāksharī *f* Name eines Versmaßes oder eines *Mantras*, der *Mahāvishnu* gewidmet ist und aus acht Silben besteht.

ashtan *num* acht; in Verbindung mit anderen Wörtern *ashtā-*.

ashtānga *adj* acht Glieder besitzend; Bezeichnung für ein System, das aus acht Gliedern oder Aspekten zusammengesetzt ist; dies sind insbesondere der *Yoga* und der *Āyurveda*.

ashtāngahridayasamhitā *f* Name eines medizinischen Lehrbuches, welches zur Tradition des *Āyurveda* gehört; als Autor gilt Vāgbhatta.

ashtāngayoga *m* der *Yoga*, der aus acht Gliedern besteht; dies ist der *Yoga* des *Patanjali*, der acht Glieder besitzt: *yama* – äußeres Lebensgesetz; *niyama* – inneres Lebensgesetz; *āsana* – Körperhaltung; *prānāyāma* – Atemübung; *pratyāhāra* – Zurückziehen der Sinnesorgane; *dhāranā* – Ausrichtung des Geistes; *dhyāna* – Meditation; *samādhi* – reines Bewußtsein.

ashtāvakra *m* acht Krümmungen habend; Name eines Weisen, der aufgrund einer Verfluchung durch seinen Vater verkrüppelt geboren wurde.

ashtottarashatanāmaratnamālā *f* Girlande der 108 Edelsteine der göttlichen Namen; Titel eines Werkes.

ashubha *adj und n* unheilvoll, nicht glückverheißend; unrein, schmutzig; Sünde, schlechte Handlung; Schwierigkeit, Not.

ashuddha *adj* unrein, bösartig, schädlich.

ashva *m* Pferd. In den vedischen Texten sind mit dem Pferd zahlreiche symbolische Vorstellungen verknüpft; so steht es insbesondere für Schnelligkeit und dynamische Kraft des Geistes. Der Sonnenwagen und andere Gefährte werden von Pferden gezogen. Wenn der Körper als Wagen betrachtet wird, stehen die Pferde für die Sinne, welche der Zügelung durch einen aufmerksamen Wagenlenker bedürfen.

ashvalāyana *m* Name einer Ritualtradition des *Yajurveda*, von der ein *Grihyasūtra* und ein *Shrautasūtra* überliefert sind.

ashvamedha *m* Pferdeopfer. Dieses Opfer konnte nur von einem Großkönig verrichtet werden. Ein Pferd von besonderer Farbe wurde ausgewählt, geweiht und dann freigelassen. Der König oder sein Heerführer folgte diesem zusammen mit dem Heer. Sobald das Tier ein anderes Königreich betrat, mußte der Herrscher dieses Reiches entweder kämpfen oder die Oberherrschaft des Königs, der das Pferd freigelassen hatte, anerkennen.

ashvapati *m wörtl.:* „Herr der Pferde"; Name verschiedener Personen, insbesondere des Vaters von *Sāvitrī*.

ashvattha *m* Name des heiligen Feigenbaumes; symbolisch: der Baum der Schöpfung.

ashvatthāman *m* Name eines Helden aus dem *Mahābhārata*; er kämpfte auf Seiten der *Kauravas* und war der Sohn *Dronas*. Nach der letzten großen Schlacht waren *Ashvatthāman* und zwei andere Krieger die einzigen Überlebenden der *Kauravas*.

ashvin *adj und m* Pferde besitzend, Pferdelenker; *Ashvin* ist auch ein Name für ein göttliches Zwillingspaar:

Vor der Morgendämmerung erscheinen sie am Himmel auf einem goldenen Wagen, von Pferden oder Vögeln gezogen. Sie lenken ihr Gefährt auf einem goldenen Weg hinunter zur Erde, um die Menschen vor Leid und Unglück zu bewahren und sie zur Erleuchtung zu führen. Die beiden *Ashvins* gelten deshalb auch als Begründer der Heilkunst.

āshvina *m* Name eines Monats in der Regenzeit.

ashvinī *f* Name des ersten Mondhauses.

asi *wörtl.:* „Du bist".

asmi *wörtl.:* „Ich bin".

asmitā *f* Egoismus, Ichgefühl.

asteya *n* das Nichtstehlen; dies ist einer der Aspekte des ersten Gliedes (*yama*) des *Rājayoga*; Nichtstehlen heißt nicht nur, daß man kein Dieb sein sollte, sondern daß man das Verlangen nach Besitz überhaupt aufgeben und damit zu innerem Frieden gelangen sollte.

āsthā *f* Betrachtung, Sorge; Unterstützung; Versammlung; Zustand.

asthi *n* Knochen; Kern.

asthira *adj* unbeständig, unsicher, instabil.

asti *wörtl.:* „Er, sie, es ist, existiert".

astībhātīpriyam *wörtl.:* „Er, sie, es ist, strahlt als Bewußtseinslicht und erfreut". Dieser Ausdruck entspricht *saccidānanda.*

āstika *adj und m* gläubig; jemand, der an Gott glaubt, ihn verehrt und sein Leben danach gestaltet. Eine Person, welche nach der Voraussetzung handelt, daß ein höchstes göttliches Führungsprinzip besteht, und die Warnungen aus dem Herzen beachtet, welche kommen, wenn Rechtschaffenheit (*dharma*) und Wahrheit (*satya*) mißachtet werden und wenn Wohlstand (*artha*) und Begierde (*kāma*) den Menschen versklaven.

āstikya *n* Glaube, Vertrauen; Gewißheit, daß eine göttliche Wirklichkeit existiert, daß der Herr überall gegenwärtig ist.

āstikyabuddhi *f* eine Unterscheidungskraft, welche die Gegenwart des Herrn im Herzen wahrnehmen kann; eine Unterscheidungskraft, welche auf die warnende Stimme des Herrn hört.

astra *n* Waffe, Geschoß; Schwert, Bogen. Bezeichnung insbesondere auch für Waffen, die mit mystischer Kraft versehen werden und für den Kampf zwischen Göttern und Dämonen eingesetzt werden.

āsura *adj und m* dämonisch, teuflisch, böse; dämonische Qualität, das, was einem Menschen durch Stolz, Prunk, Eitelkeit, Ärger, Härte und fehlendes Unterscheidungsvermögen eingeflößt wird.

asura *adj und m* in den ältesten vedischen Texten wird *asura* als Adjektiv gebraucht und bedeutet so viel wie: „voll Lebenskraft seiend"; es wird auch als Bezeichnung einer Götterklasse benutzt; später bedeutet *Asura* aber: Dämon, negative Kraft und bezeichnet eine Klasse von Wesen, die gegen die

Götter kämpfen. Alle schlechten Eigenschaften des Menschen sind Ausdruck dieser Kräfte.

āsura guna *m* dämonische, böse Eigenschaft.

āsurī sampatti *f wörtl.:* „Der Reichtum von negativen, dämonischen Eigenschaften"; sie sind das Gegenteil der Eigenschaften, welche die Zuwendung zu Gott stärken, und zeigen sich oft in einer überheblichen Einstellung; sie sind das, was den Menschen behaupten läßt, daß er schon Erkenntnis besäße, obwohl dies in Wirklichkeit nicht der Fall ist. Eine solche Einstellung hält ihn von allen Versuchen ab, Wissen zu erlangen und veranlaßt ihn, Unwahrheit anstelle von Wahrheit anzunehmen.

āsurī shakti *f* dämonische Kraft; Gier, Gelüste.

asūyā *f* Haß, Neid, Intoleranz, die Einstellung, anderen Böses zu wollen; die Bereitschaft, jede Schwierigkeit in Kauf zu nehmen, nur um das Verlangen zu befriedigen, anderen zu schaden.

asvargya *adj* nicht zum Himmel führend. Alle Eigenschaften, die das Göttliche im Menschen zerstören wollen, fallen unter diese Kategorie.

atalaloka *m* die Welt ohne Fundament; Bezeichnung für eine der unteren Welten bzw. Schöpfungsebenen.

atanu *adj* ohne Körper, körperlos.

atas *indekl* deshalb, daher; *atas* steht oft in Verbindung mit *atha* am Anfang von Texten (athātas – athātah – athāto).

atha *adj* nun, jetzt; als Anfangswort vieler heiliger Texte wird *atha* eine glückbringende Wirkung (*mangala*) zugeschrieben; „jetzt, nun" lenkt die Aufmerksamkeit des Lesenden auf den gegenwärtigen Augenblick und zeigt die Notwendigkeit, sich jetzt zu ändern und einen neuen Weg einzuschlagen.

atharvan *m* Name eines Priesters, der als erster das Feuer auf die Erde gebracht hat; beim vedischen Opfer (*yajna*) hat er oft die Oberaufsicht.

atharvaveda *m* Name des vierten *Veda*, der Formeln für die Gesundheit und Sicherheit des Körpers und der Gemeinschaft enthält. Vieles, was zu seinem Inhalt gehört, ist in den Bereich der Magie und der Heilrituale zu rechnen.

athāto brahmajijnāsah *wörtl.:* „Und nun beginnt die Erforschung des *brahman*" ; dies ist das erste der *Brahmasūtras*.

athāto dharmajijnāsah *wörtl.:* „Und nun beginnt die Erforschung des *dharma*"; dies ist u. a. der Beginn der *Vaisheshikasūtras*.

athāto karmajijnāsah *wörtl.:* „Und nun beginnt die Erforschung des *Karma*".

ati *indekl* sehr, zu viel, übermäßig, darüber hinaus.

aticāra *m* das Überschreiten, das Übertreten der göttlichen Gesetze.

atih sarvatra varjayet *wörtl.:* „Das Übermaß ist überall zu vermeiden."

atīndriya *adj* über die Sinne hinausgehend; mit den Sinnen nicht erfaßbar;

übersinnlich; über die Sinne hinausgelangt.

atishaya *m* hervorragende Qualität, Exzellenz, Überlegenheit, Perfektion.

atīta *adj* unübertroffen, vollständig; unbestritten; unzählbar, unübertrefflich.

atītamanastattva *n* der Bewußtseinszustand, in dem die Aufmerksamkeit den Bereich des Denkens und Fühlens hinter sich gelassen hat; transzendentales Bewußtsein.

atithi *m* Gast, Reisender.

atithisatkāra *m* Gastfreundschaft; angemessene Ehrung, Begrüßung und Bewirtung der Gäste.

atithiyajna *m* das Opfer der Gastfreundschaft.

ātmabhāva *adj* in den Zustand des reinen Selbstbewußtseins gelangt; zu derjenigen Bewußtseinsebene gelangt, in welcher als einziges Ziel die Verwirklichung von *paramātman* vorhanden ist.

ātmābhyāsa *m* spirituelle Praxis, die auf das Selbst gerichtet ist; der ununterbrochene Gedanke an den Herrn, der als Selbst im Herzen wohnt.

ātmabodha *m* das Erwachen zur Realität des Selbstes (*ātman*); dann gilt: Der *ātman* ist die eigentliche Wirklichkeit, alles andere ist Erscheinung und dem *ātman* durch den Nebel der Illusion und der Unwissenheit aufgeprägt; Titel eines Werkes, welches *Shankara* zugeschrieben wird.

ātmacaitanya *n* Bewußtsein, Erfahrung des Selbstes (*ātman*).

ātmadharma *m* Gesetz, Ordnung des Selbst; göttlicher *dharma*; die grundlegende Norm; auf der Wirklichkeit des Selbstes beruhende Rechtschaffenheit.

ātmadrishti *f* die Schau, Erkenntnis des *ātman*, der göttlichen Seele, des wirklichen Selbstes.

ātmadroha *m* Verrat am Selbst, Selbstverletzung; gleichgültige oder feindselige Einstellung gegenüber dem Selbst (*ātman*); die Denkweise der Materialisten, Atheisten und Erkenntnislosen.

ātmajnāna *n* das Wissen vom Selbst und die Erkenntnis des Selbstes, die nach Auffassung des *Vedānta* für eine Gotterkenntnis notwendig sind.

ātmajnānin *m* ein Mensch, der das Selbst (*ātman*) erkennen möchte, bzw. erkannt hat.

ātmajyotis *n* der Glanz, das Licht des *ātman*; das Licht, welches von der göttlichen Seele ausstrahlt.

ātmalinga *n* Symbol des formlosen, alles durchdringenden Selbstes; vgl. *linga*.

ātman *m* der *ātman* ist die unsichtbare Grundlage, das wirkliche Selbst, die dem Menschen innewohnende Göttlichkeit, die Seele, welche die Wirklichkeit innerhalb der fünf Schichten (*kosha*) darstellt, deren äußerste der Körper ist. Er ist der göttliche Funke im Innern, die allerinnerste, dem Menschen ureigene Realität. Er ist die eigentliche Substanz der gesamten „objektiven" Welt, die Wirklichkeit hinter dem Schein und jedem Wesen innewohnend. Er ist von Natur aus frei von jeglicher Bindung. Er handelt nicht, noch besitzt er eigene Bedürfnisse oder Besitztümer, kennt kein „ich“ oder „mein“. Der *ātman* ist unsterblich. Er vergeht nicht, er stirbt nicht wie der Körper oder der relative Geist. Er ist die wesenhafte Wirklichkeit des Individuums (*jīvin*), der Zeuge, unberührt von allem Wandel in Zeit und Raum, der dem Körperlichen innewohnende Geist, das Geheimnis jenseits dessen, was sich durch Körperliches fassen läßt, die wahre Triebkraft, die hinter den Impulsen und Zielen der körperlichen Ebene steht.

ātmānanda *m* die Glückseligkeit, die in der Erkenntnis des Selbstes liegt.

ātmānandamārga *m* der Pfad, der sich auf die Glückseligkeit des Selbstes ausrichtet.

ātmanivedana *n* Vertrauen in das Selbst; sich dem Willen der inneren göttlichen Gegenwart gänzlich Anvertrauen; Zwiesprache mit dem Selbst. Wenn die innere Intuition geläutert wird, entsteht eine immer klarer werdende Wahrnehmung des Selbstes und das Vertrauen in die Richtigkeit der Impulse, die von dort kommen. *Ātmanivedana* bezeichnet diese innere Vertrautheit mit dem Selbst und gleichzeitig das Weihen der Gedanken, Worte und des Tuns an das Selbst, indem man erkennt, daß das Selbst der wahre Handelnde ist und das Ichbewußtsein in Hingabe an das Selbst die Tätigkeiten ausführt.

ātmānubhāva *m* die dem Selbst (*ātman*) zugehörige Kraft, Größe, Majestät, Würde.

ātmarama *m* die Freude des Selbstes; die Freude des Selbstes am Selbst, dessen Natur Glückseligkeit ist. *Ātmarama* bezeichnet eine Freude, die nicht mehr von äußeren Objekten abhängig ist und daher ständig erfahren werden kann.

ātmārpana *n* Hingabe an das Selbst.

ātmārpita *adj* dem Selbst hingegeben, gewidmet, geopfert.

ātmarūpa *n* die Form, Gestalt, Erscheinungsform, Qualität des Selbstes.

ātmasākshātkāra *m* die direkte Erfahrung, die Vision, die Erkenntnis des Selbstes durch das Selbst; denn in der Erfahrung des Selbstes kann es keine Subjekt-Objektspaltung mehr geben; es kann nur sich selbst erkennen, aber nicht von etwas anderem erkannt werden. Für diese Erfahrung muß das Denken vollständig zur Ruhe gekommen sein.

ātmasamnyāsa *m* Entsagung, die auf das Selbst gerichtet ist. Dies ist die höchste Form der Entsagung und kann so beschrieben werden, daß alle Gedanken an Dinge, die nichts mit dem Selbst (*ātman*) zu tun haben, ihre Bedeutung verlieren. *Ātmasamnyāsa* bedeutet, ständig in die Kontemplation der wahren Wirklichkeit „*aham brahmāsmi*“ (Ich bin *brahman*) eingetaucht zu sein. Ohne den Glanz des *ātmasamnyāsa* läßt sich die Unwissenheit nicht vertreiben, lassen sich die Wände, die das Herz umschließen, nicht einreißen, und der *ātman* kann nicht in seiner eigenen Herrlichkeit erstrahlen.

ātmasamyama *m* der Zustand, in dem das Bewußtsein auf natürliche Weise in der Wirklichkeit des Selbstes gesammelt ist; die Praxis des *samyama*, die sich auf das Selbst bezieht.

ātmashakti *f* die Kraft des Selbstes.

ātmashānti *f* der Frieden des Selbstes, der durch nichts zu zerstören ist.

ātmashuddhi *f* die Reinheit, Heiligkeit des Selbstes; oder: Reinigung, die darauf zielt, das Selbst zu erreichen.

ātmasthiti *f* Festigkeit, Unveränderlichkeit des Selbstes; das Gegründetsein im Selbst.

ātmasvarūpa *n* Form, Wohnung, Verkörperung des inneren Selbstes; das eigene Wesen, eine Manifestation des göttlichen Selbstes.

ātmasvarūpalaram *(Telugu)* wörtl.: „O, ihr Verkörperungen des *ātman*!".

ātmatattva *n* die wahre Natur, Realität, das Wesen des Selbstes (*ātman*).

atmatripti *f* Zufriedenheit im Selbst.

ātmavat *adj* im Besitz des Selbstes und seiner Kraft und Stärke seiend; die Stärke habend, die aus dem Bewußtsein kommt, *atman* zu sein.

ātmavicāra *m* Erforschung der Natur des *ātman*; Betrachtung über das Selbst, geistige Vertiefung, die zur Selbsterfahrung führt.

ātmavidyā *f* Weisheit, Wissenschaft, Erkenntnis des Selbstes.

ātmavikāsha *m* das Erblühen des Selbstes, das Erwachen zur Realität des Selbstes.

ātmavishvāsa *m* Glaube an das Selbst; Vertrauen in das Selbst.

ātmya *adj* sich auf das Selbst (*ātman*) beziehend.

atri *m* Esser, Verschlinger; Name eines vedischen Sehers (*Rishi*).

atyāsa *m* Gefahr, Unglück, Unfall.

aum *indekl* auch *OM* geschrieben und gesprochen. In den drei Lauten „a-u-m" sind der Überlieferung nach Schöpfung, Erhaltung und Zerstörung, der ganze Kreislauf des Lebens enthalten; nach diesen drei Lauten folgt die Stille der absoluten Realität; vgl. *OM*.

avadāna *n* vollbrachte Handlung, Tat, Geschehnis; Name einer Textgattung der buddhistischen Literatur, in der die früheren Erlebnisse und Leben des *Buddha* beschrieben werden.

avadhāna *n* Konzentration, Aufmerksamkeit, Sorgfalt.

avadhūta *adj und m* frei von Anhaftung; jemand, der frei von jeder Bindung und Abneigung ist. Gemeint sind insbesondere *vānaprasthas* und *samnyāsins*, die ihrer äußeren Umgebung kaum noch Beachtung schenken und sich um die relativen Bedürfnisse des Lebens keine Sorgen mehr machen. Sie nehmen zu anderen keine Beziehung auf. Vergangenheit, Gegenwart und Zukunft beachten sie nicht. Sie gehen über Stock und Stein, schweigsam, in sich versunken, immer freudvoll, immer wach, nie nach Bequemlichkeit oder Unterkunft suchend, nie nach einer Schlafstätte oder Nahrung ausschauend; denn sie sind ganz von ihrem einen Ziel erfüllt. Glückseligkeit (*ānanda*) ist ihre Nahrung. Es gibt auch heute noch *avadhūtas* in den *Himālayas*, die ihr Leben fernab von aller Geschäftigkeit der geistigen Entwicklung widmen.

āvāhana *n* Anrufung, Herbeirufung; Opferung.

avānmanogocara *adj* durch Worte (*vāc*) oder Gedanken (*manas*) oder Sinneserfahrung (*go*) nicht faßbar, nicht erreichbar (*cara*); dies ist eine Bezeichnung für die göttliche Realität, welche jenseits aller Relativität existiert.

avantī *f* Name einer heiligen Stadt (vgl. *nāgara*); das heutige *Ujjayinī*.

avara *adj* niedrig, sekundär, unwichtig, gering; daher auch: die Überlagerung des Ewigen durch das Vergängliche, des Universalen durch die Begrenzung des Individuellen.

āvarana *n* Vorhang, Schleier; der Schleier der Unwissenheit, der die eigentliche Realität des Lebens verhüllt.

avarashakti *f* die Kraft, die zum Sekundären, Unwesentlichen führt; die verschleiernde Kraft.

avarnanīya *adj* unbeschreiblich, nicht mit Worten beschreibbar.

avasara *m* (günstige) Gelegenheit, Möglichkeit.

avasthā *f* Bewußtseinsebene oder -zustand. In den vedischen Texten wird oft von vier *avasthās* gesprochen: Wachbewußtsein (*jāgrat*), welches im *Vedānta* auch *vaishvānara* genannt wird, Traum (*svapna*), Tiefschlaf (*sushupti*) und reines Bewußtsein (*turīya*). In der Bühnenkunst bezeichnet *avasthā* die fünf Phasen eines dramatischen Geschehens: Wunsch, Bemühung, möglicher Erfolg, Sicherheit des Erfolgs, Erlangung des Ziels.

avastu *n* eine wertlose Sache, Substanzlosigkeit, Unwirklichkeit.

Avatar *dt.** vgl. *avatāra*.

avatāra *m* (*dt.* Avatar*) *wörtl.:* Herabkunft; das Erscheinen Gottes auf Erden in einer von ihm frei gewählten Form, was dazu dient, den Menschen den rechten Weg zu weisen. Es ist eine Inkarnation des göttlichen Bewußtseins auf Erden. Ein *Avatar* wird nicht aus karmischen Konsequenzen geboren wie die gewöhnlichen Menschen, sondern aus freier Entscheidung, und er ist sich während des ganzen Lebens seiner göttlichen Mission bewußt. Er kommt, um neue Wege der religiösen Verwirklichung aufzuzeigen oder diese Wege seinem Zeitalter anzupassen; und er ist in der Lage, seine göttliche Erkenntnis seinen Mitmenschen durch Berührung, Blick oder Schweigen zu übermitteln. Da er frei von allen Bindungen an das Ich ist, befindet er sich jenseits der Dualität. Er wirkt zur Unterstützung der Menschheit und zur Wiedereinsetzung göttlicher Ordnung und Gerechtigkeit. Es gibt verschiedene Arten von *Avataren*: „Auf Erden inkarniert Gott in fünf verschiedenen Formen, die den verschiedenen Aspekten des Göttlichen entsprechen: Der *nitya-avatāra* ist jemand, der im täglichen Leben seine Pflichten wahrnimmt und anderen in Liebe begegnet; der *visheshaavatāra* erscheint für einen bestimmten Zweck, den er mit Vollkommenheit erfüllt, um dann wieder zu verschwinden; der *avishesha-avatāra* bringt verschiedene göttliche Aspekte im täglichen Leben zum Ausdruck; der *amshaavatāra* besitzt verschiedene göttliche Kräfte, wie die göttliche Schau; er ermutigt die Menschen und weist ihnen den Weg; der fünfte ist der *pūrna-avatāra*, er besitzt alle göttlichen Kräfte und hat einen vollständigen, umfassenden Überblick über alles und jedes, er ist voller Liebe und bringt Einheit unter die Menschen." (Zitat von *Sathya Sai Baba* aus der Weihnachtsansprache 1988).

avatāramūrti *f* die Gestalt, die Form eines *Avatars.*

avayava *m* Glied (des Körpers); Teil (eines Ganzen); Teil einer logischen Argumentationskette (Syllogismus).

avedana *n* Wahrnehmungslosigkeit; der Zustand, in dem Gott nicht wahrgenommen wird und deshalb eine große Sehnsucht nach ihm entsteht.

avibhakta *adj* nicht getrennt, unzertrennlich; allgegenwärtig.

avibhaktabhakti *f* Hingabe, die von relativen Unterteilungen und Trennungen ganz frei ist. Der Verehrende gibt alles dem Herrn, einschließlich sich selbst. Damit ist seine Hingabe vollständig. Dies ist die dritte und höchste Stufe des Zufluchtnehmens (*sharanāgati*).

avidyā *f* Nichtwissen, Nichterkenntnis, Unwissenheit. Dies ist ein Fachbegriff insbesondere der *Vedānta*-Philosophie, welcher sowohl die individuelle als auch die kosmische Nichterkenntnis bezeichnet; die individuelle vermag zwischen Vergänglichem und Unvergänglichem, zwischen Wirklichem und Unwirklichem nicht zu unterscheiden. Die kosmische Nichterkenntnis ist der Schleier von *māyā*; vgl. auch *ajnāna.*

avidyāmāyā *f* die Täuschung der Unwissenheit.

avidyāshakti *f* die Macht der Unwissenheit; die Kraft, die über die Unwissenheit herrscht, die Unwissenheit gibt, aber sie auch nehmen kann.

avinābhāva *m* notwendige Verbindung, gesetzmäßige Verbundenheit einer Sache mit einer anderen, der innewohnende Charakter, essentielles Charakteristikum.

avināsha *adj* ohne Zerfall, ohne Zerstörung.

avinaya *m* Mangel an gutem Verhalten, schlechtes Betragen, grobes Verhalten, Mangel an Bescheidenheit.

avisheshāavatāra *m* vgl. *avatāra.*

avivekashikhāmani *m* das Kronjuwel der Narren.

avivekin *adj und m* nicht unterscheidend, oberflächlich; eine Person, der Unterscheidungsvermögen und scharfer Verstand fehlen.

avyāhāra *adj* ohne Tätigkeit, ohne Handel, ohne Beziehung.

avyākrita *adj und n* unentwickelt, unausgesprochen, nicht offenbar, unmanifest; das Nichtoffenbare, Bezeichnung der Ursubstanz, aus der die ganze Schöpfung hervorgegangen ist; vgl. *prakriti*.

avyakta *adj, n und m* unmanifestiert, unoffenbar, verborgen; das Latente, Verborgene, das nicht zu einem Objekt Gewordene. Der Begriff *avyakta* dient oft der Bezeichnung der Urnatur (*prakriti*); ein Name für *Vishnu* oder *Shiva*.

avyaktabrahman *n* der göttliche Urgrund (*brahman*) in seiner nichtoffenbaren, absoluten Form.

avyapadesha *adj* ohne Namen, ohne Bezeichnung, jenseits des Begrifflichen.

ayam *pron* dieser; *ayam* wird häufig benutzt, um auf den höchsten, universalen Herrn hinzuweisen und anzudeuten, daß er nicht durch relative Begrenzungen und Benennungen definiert und erfaßt werden kann.

ayam ātmā brahma *wörtl.:* „Dieser *ātman* (ist) *brahman*"; dieses Selbst ist wesenhaft identisch mit *brahman*, welches als universaler Urgrund relativen Seins lokalisiert werden kann. Dies ist einer der großen Lehrsätze (*mahāvākya*) aus den *Upanishaden*.

ayana *n* Halbjahreszeitraum; Reise, Weg.

āyi *f* Mutter.

ayodhyā *f* eine Stadt, die uneinnehmbar ist, in die kein Feind eindringen kann, eine unbesiegbare Stadt, eine unerschütterliche Festung; Name der Stadt der Sonnenkönige, der Hauptstadt des Königreiches von *Dasharatha*, dem Vater von *Rāma*.

ayodhyāvāsī rāma *m Rāma*, welcher der Bewohner von *Ayodhyā* ist.

āyurveda *m wörtl.:* „Das Wissen vom (langen) Leben"; Name der altindischen medizinischen Wissenschaft und Lebenslehre, die manchmal der Tradition des *Atharvaveda* zugeordnet wird. Diagnose und Therapie im *Āyurveda* basieren auf dem System der dynamischen Prinzipien (*dosha*), die Ausdruck der Grundelemente des Seienden (*mahābhūta*) sind. Wenn sie ins Ungleichgewicht geraten, bewirken sie Gesundheitsstörungen und Krankheit. Verschiedene Stärken der *doshas* im Menschen führen zu unterschiedlichen Konstitutionstypen, deren Berücksichtigung im *Āyurveda* eine große Rolle spielt. Die therapeutischen Maßnahmen und die Heilmittel, deren Wirkung vor allem mit Hilfe ihres Geschmacks (*rasa*) bestimmt wird, wirken verstärkend oder abschwächend auf die *doshas* und können so zur Wiederherstellung des Gleichgewichts der Kräfte im Organismus angewendet werden. Der *Āyurveda* ist ein umfassendes Heilsystem, in dem neben der Heilmittelkunde auch der Lebensrhythmus, die gesunde Lebensführung, geistige Ausgeglichenheit und die rechte Lebensgestaltung im religiösen Sinne zur Erhaltung der Gesundheit eine vorrangige Rolle spielen.

B

bābā *m* (*Hindi*, oft einfach „baba" geschrieben) Vater.

badā *adj* (*Hindi*) groß; schlimm.

badā cittacora *m* (*Hindi*) der größte Dieb der Herzen; ein Name für *Krishna*.

bādarāyana *m* Name des Autors der *Brahmasūtras*, der traditionell mit *Vyāsa* identifiziert wird.

badarīnātha *m* Name eines heiligen Pilgerortes, in dem *Vishnu* in seiner Form als *Nara-Nārāyana* verehrt wird.

baddha *adj* gebunden, gefesselt, gefangen.

badhanā *verb* (*Hindi*) wachsen.

bādhyatā *f* Verpflichtung, Unterdrückung.

bāhu *m* der Arm.

bahuh syām wörtl.: „Möge ich zu Vielem werden"; dieses Zitat aus den *Brāhmanas* beschreibt den göttlichen Wunsch, die Schöpfung aus sich heraus entstehen zu lassen. Aus der Ureinheit entsteht das Viele und löst diese Einheit scheinbar auf. Doch die göttliche Kraft ist in allem vorhanden, da aus ihr selbst der Wunsch nach Ausdehnung und Vervielfältigung entstanden ist.

bahujanma *adj* viele Geburten habend; ein Name für *Agni*.

bahumata *adj* an viele Dinge zugleich denkend, zerstreut, vieles im Kopf habend.

bahumati *m* jemand, der einen zerstreuten Geist hat.

bahvrica *m* wörtl.: „viele Verse habend"; Name eines Sehers des *Rigveda*.

bāhya *adj* außen, äußerlich, außerhalb.

bāhyaprapanca *m* die äußere Welt, die äußere Vielheit.

bajānā bajna *verb* (*Hindi*) trommeln, läuten, tönen.

baka *m wörtl.:* „Reiher"; Schelmerei, Heuchelei; Name mehrerer Dämonen.

bāla *adj und m* jung; Kind; oft ist der Knabe *Krishna* gemeint.

bala *n* Stärke, Mut, Kraft, Macht; die Stärke und Ausdauer; geistige und leibliche Gesundheit.

bālagopāla *m* Kuhhirtenjunge; ein Name für *Krishna.*

balahīna *adj* ohne Kraft, kraftlos, schwach, feige.

balarāma *m* Name des älteren Bruders *Krishnas.* Im *Mahābhārata* wird berichtet, daß *Vishnu* sich ein weißes und ein schwarzes Haar auszog, woraus *Balarāma* und *Krishna* wurden. *Balarāma* hatte helle Haut, *Krishna* eine dunkle Hautfarbe.

balasvarūpa *adj und m* die Gestalt der Stärke habend; Verkörperung der Stärke.

balātkāra *m* Gewaltsamkeit, Gewaltanwendung, Unterdrückung, Ungerechtigkeit.

balavat *adj und m* stark, kräftig; jemand, der physische Stärke besitzt.

bāli *m* Name eines Königs der Affen, der seinen Bruder *Sugrīva* entthront hatte. Er wurde von *Rāma* getötet, der dann *Sugrīva* wieder als König einsetzte.

bali *m* Opfergabe, Geschenk, Steuer, Abgabe, Tribut; Name eines Dämons, der von *Vishnu* in der Gestalt eines Zwerges (*Vāmana*) überwunden wurde. Er wird auch *Mahābali* genannt, da er als Enkel *Prahlādas* eine große Frömmigkeit und Freigiebigkeit besaß. Aufgrund seiner Hingabe wurde er von *Vishnu* verschont.

bālikā *f* Mädchen.

bālvikās *m* (*Hindi*) abgeleitet von *bāla vikāsa* – das Erblühen, das Entfalten der Kinder.

bāna *m* Pfeil, Schaft; Name eines *Daitya*, des ältesten Sohnes von *Bali*; er ist auch unter den Namen *Tripura* und *Vairoca (-na)* bekannt.

banānā *verb* (*Hindi*) machen, schaffen.

bandha *m* Bindung, Verbindung; Gabe, Geschenk.

bandhaka *m* Band, Strick, Seil.

bandhavicchedana *n* das Abschneiden, die Befreiung von Bindungen.

bandhu *m* Verwandter, Freund.

batalu *m* (*Telugu*) Straße.

baudhāyana *m* Name einer Traditionslinie des *Yajurveda.*

bedā *f* Boot.

bhā *f* Licht, Glanz, Schönheit.

bha *m* (*Hindi*) Bruder.

bhadra *adj* gesegnet, gut, glücksverheißend, freundlich, schön.

bhadrācala *m* ein guter, preisenswerter, ein unerschütterlicher, feststehender Berg.

bhadrācala rāmdās *m Rāmdās* ist der Name eines Heiligen aus Andhra Pradesh. Er lebte im 17. Jahrhundert. *Bhadrācala* ist der Name des Ortes, wo er geboren wurde und lebte.

bhadracāru *m* Name eines Sohns von *Krishna.*

bhadrakālī *f* Name einer Erscheinungsform der göttlichen Mutter *Kālī*.

bhadrapāda *adj* geboren unter dem Mondhaus *bhadrapadā*.

bhaga *m* Glück, Überfluß, Glanz; Würde, Berühmtheit; Liebe, Anziehung, Freude; Name einer vedischen, mit der Sonne verbundenen Gottheit.

bhāga *m* Teil, Anteil; Los, Schicksal; Viertel, Grad eines Kreises; Region, Ort.

bhagavaddūta *m* Bote Gottes.

bhagavadgītā *f wörtl.:* „Der Gesang des Erhabenen", „das Lied Gottes"; Name eines Ausschnitts aus dem 6. Buch des *Mahābhārata*. Die *Gītā*, wie sie auch kurz genannt wird, ist ein philosophisches Lehrgedicht, das von vielen Menschen als heilige Schrift betrachtet wird und ihrem Leben als Richtschnur dient. In 18 Kapiteln (700 Versen) empfängt der Kriegsheld *Arjuna* von seinem göttlichen Wagenlenker *Krishna* angesichts der bevorstehenden Schlacht von *Kurukshetra* eine grundlegende Unterweisung über die Kunst des richtigen Lebens und Handelns, über den spirituellen Weg zu Gott. Es scheint verwunderlich, daß der Schauplatz der Belehrung ein Schlachtfeld ist. Doch unabhängig von *Arjunas Karma*, welches ihn in die Schlacht getrieben hat, ist das Schlachtfeld ein Symbol für die unentwegten Kämpfe, die im Menschen zwischen den guten und bösen Kräften, zwischen dem Ego und seiner höheren Natur stattfinden. *Krishna* belehrt seinen Freund und Schüler in diesem Dialog über den Pfad, der zur höchsten Wirklichkeit führt. Er zeigt ihm die Wege von Erkenntnis (*Jnānayoga*), Gottesliebe (*Bhaktiyoga*), selbstlosem Tun (*Karmayoga*) und Meditation (*Rājayoga*). Dies sind die klassischen Hauptwege des *Yoga*. Das Werk vereinigt in sinnvoller Weise die Lehren der Philosophiesysteme des *Sānkhya*, *Yoga* und *Vedānta* und ist in seiner Kombination von künstlerischem Ausdruck und philosophischer Tiefe eines der bedeutendsten Werke der religiösen Weltliteratur.

bhagavadrati *f* Hingabe, Liebe zu Gott; Freude an Gott.

bhagavān *Nom. Sg.* von *bhagavat*.

bhagavānnāmasmarana *n* (*bhagavān-nāmāsmarana*), die Wiederholung des Gottesnamens; das Sicherinnern an den Namen des Herrn.

bhagavat *adj und m* (Nom. Sg.: *bhagavān*); erhaben, heilig; der Erhabene; ein Name für Gott, der seine unumschränkte Größe offenbart. Wörtlich bedeutet *bhagavat* „Glanz, Erhabenheit besitzend". Dies ist eine ehrerbietige Anrede, die der Herrlichkeit Gottes angemessen ist und bedeutet, daß er die sechs göttlichen Eigenschaften besitzt: 1. Allmacht, Allwissen und Allgegenwart; 2. Gleichbehandlung, Rechtschaffenheit, Gerechtigkeit (*dharma*); 3. Glanz, Herrlichkeit, Ruhm; 4. Reichtum, Majestät, Gnade (*shrī*); 5. Weisheit, Erleuchtung (*jnāna*); 6. Loslösung, Ruhe, Gleichmut (*vairāgya*).

bhāgavata *adj und m* zum Erhabenen gehörig; jemand, der *Vishnu* oder

Krishna verehrt und ihm nachfolgt; ein Mensch, der sich Gott verschreibt, der die Gegenwart Gottes sucht. *Bhāgavatas* sind die Gotterfüllten, Gotteigenen, die alles meiden, was von Gott wegführt.

bhāgavatam *n* Kurzform für *Bhāgavatapurāna*.

bhāgavataprema(n) *n* Liebe zu Gott; Liebe, die sich auf den Erhabenen richtet; beständige Liebe für den Herrn.

bhāgavatapurāna *n* Name eines heiligen Textes; *wörtl.:* „Das *Purāna*, welches sich auf den Erhabenen bezieht". Es ist das berühmteste der 18 großen *Purānas* und wird seiner kunstvollen Sprache und philosophischen Tiefe wegen von vielen mit der *Bhagavadgītā* und den *Upanishaden* auf eine Stufe gestellt. Das *Bhāgavatapurāna* erläutert spirituelle Wahrheiten durch Geschichten von Heiligen, Sehern und Königen und beschäftigt sich ausführlich mit dem Leben Krishnas, weshalb es den Vaishnavas als besonders heilig gilt.

bhāgavatasandarbha *m* Name eines Werkes von Jīva Gosvāmin, welches eine philosophische Grundlegung der Gottesliebe (bhakti) darstellt.

bhagavatcintana *n* Versenkung in, Kontemplation über den Herrn.

bhagavatkīrtana *n* ein Lied über Gott, den Erhabenen; das Lobpreisen des Herrn; insbesondere auch in der Gemeinschaft.

bhagavatsmarana *n* ständige Erinnerung an den Herrn und Ablösung von den Bindungen an die äußere Welt. Die Erinnerung an den Herrn ist in tiefstem Sinn nicht eine Funktion des Geistes (*manas*), sondern eine transzendente Realität, die sich in einem kontinuierlichen Eingetauchtsein in die Realität Gottes zeigt.

bhagavattattva *n* die Natur, das Wesen des Erhabenen. *Bhagavattattva* meint die eigentliche transzendentale Gestalt Gottes.

bhagīratha *m* Name eines berühmten Königs.

bhāgīrathī *f* ein Name für die *Gangā*; durch die spirituelle Praxis des Königs *Bhagīratha* gestattete *Shiva*, daß die *Gangā* auf die Erde fließen durfte.

bhāi *m* (*Hindi*) Bruder.

bhairava *adj und m* schrecklich, angsterregend; Name für die acht schreckenerregenden Formen *Shivas*.

bhairavī *f wörtl.:* „Die Schreckliche"; ein Name für *Shakti* in ihrer schrecklichen Form.

bhaja *wörtl.:* „Verehre!"

bhajamāna *adj* verehrend, anbetend.

bhajan *n* moderne Aussprache des Sanskritwortes *bhajana*.

bhajana *n* Lobgesang, Lobpreisen der verschiedenen Namen und Aspekte Gottes; traditionell werden die *bhajans* von Trommeln, Zimbeln etc. begleitet; ein Vorsänger singt jeweils eine Zeile, die Gruppe singt nach. Oft bestehen die Texte nur aus Namen Gottes ohne andere Hinzufügungen; daher rührt ihre

Wirkung, den Geist auf Gott auszurichten und das Herz mit Liebe zu ihm zu erfüllen.

bhakta *m* Verehrer, Anbeter, der Gottergebene; jemand, der von Hingabe (*bhakti*) erfüllt ist, d. h. die Qualitäten der Tugend, Selbstzucht, Ablösung, des Glaubens und der Beständigkeit besitzt. *Bhaktas* sind gläubige Praktizierende des *Yoga*-Weges, welche die Liebe zu Gott und Hingabe an ihn kultivieren (*bhaktiyoga*). Der *bhakta* überantwortet alle seine Handlungen dem Herrn und betrachtet sie als einen hingebungsvollen Dienst.

bhaktābhīshtaprada *adj und m* die Wünsche der Gotthingegebenen erfüllend; der, welcher die Wünsche der *bhaktas* erfüllt. Wenn ein Mensch sich Gott hingibt, fühlt Gott sich ganz natürlich zu einem solchen reinen Herzen hingezogen.

bhaktamandala *n* Gemeinschaft der Verehrer, der Gottergebenen.

bhaktaparāyana *adj* den *bhaktas* hingegeben; sich ihnen widmend, mit ihnen verbunden.

bhaktarakshana *adj* die Gotthingegebenen schützend, fördernd, rettend.

bhaktasamrakshana *adj* die Gotthingegebenen in allen Aspekten schützend.

bhaktavatsala *adj* die Gotthingegebenen wie seine Kinder liebend, voller Zuneigung für die Verehrer seiend.

bhakti *f* Anbetung, Hingabe; Gottesliebe; Glaube, Beständigkeit, Verbundenheit mit dem Herrn unter allen Umständen; unerschütterliche Loyalität zu Gott, Verehrung des Herrn. Um in *bhakti* gefestigt zu sein, braucht man Unbeirrbarkeit, Tugend, Furchtlosigkeit, Hingabe und sollte frei von Egoismus sein. *Bhakti* ist die höchste und reinste Form der Liebe. Sie zeigt sich als Liebe zu Gott, Hingabe an den Meister (*Guru*) oder eine bestimmte Manifestation des Herrn (*ishtadevatā*). Es werden verschiedene Arten und Grade der *bhakti* unterschieden: 1) *gurubhakti* – die Hingabe an den Lehrer und Meister; 2) *vaidhabhakti* – eine vorbereitende Stufe, auf der alle Anordnungen (*vidhi*) des Meisters zur Ausübung der *bhakti* befolgt werden; 3) *rāgabhakti* – ein Zustand, in welchem der *bhakta* nur an Gott denkt, alles erinnert ihn an Gott, alles bezieht sich auf ihn; 4) *parabhakti* – höchste Liebe zu Gott, in der nichts ist außer ihm und dem Bewußtsein der Verbundenheit mit ihm; 5) *premabhakti* – ekstatische Liebe zu Gott. Im Zustand von *bhakti* ist es das natürliche Bedürfnis des Menschen, Gott zu dienen und seinen Plan in die Tat umzusetzen.

bhaktimārga *m* der Weg zur Erkenntnis und Verwirklichung durch Hingabe, durch Verehrung und Anbetung Gottes; vgl. *Yoga*.

bhaktirasāmritasindhu *f* Name eines Werkes von Rūpa Gosvāmin, welches sich mit den Empfindungen (*rasa*) befaßt, die auf dem Weg der liebenden Hingabe erfahren werden können.

bhaktisamatva *n* Ausgeglichenheit

der liebenden Hingabe; Hingabe, die nicht schwankt.

bhaktishāstra *n* autoritative Schrift, die sich mit der Hingabe befaßt; Lehrbuch der *bhakti.*

bhaktishraddhā *f* Glaube, der von Hingabe durchdrungen ist, unerschütterlicher Glaube, die Haltung völliger Hingabe an den Herrn.

bhaktisūtra *n* der Leitfaden der Hingabe; Name eines Werkes von *Nārada*, in welchem in kurzen Aphorismen (*sūtra*) der Weg der liebenden Hingabe beschrieben wird.

bhaktiyoga *m* der *Yoga* der Hingabe; dies ist eine der vier grundlegenden Weisen, sich Gott anzunähern. Ohne *bhakti* bleiben Erkennen und Handeln leer. Wenn der Mensch sich eines Tages Gott wirklich gegenüber sieht, muß er wissen, wie er sich verhalten soll. Der Weg des *Bhaktiyoga* bereitet auf diese Situation vor.

bhaktulārā *(Telugu) wörtl.:* „Ihr, die ihr euch völlig in Gottes Hand gegeben habt".

bhāla *n* Stirn; Augenbraue; Glanz.

bhandara, bhandari *m* Freund, Gefährte, Beschützer.

bhanjana *adj und m* brechend, trennend, zerstörend; der, welcher Bindungen auflöst, zerstört.

bhara *wörtl.:* „Fülle!" (Imperativ von bhri = füllen, tragen); am Ende eines Wortes: füllend, tragend.

bharadvāja *m* Name eines vedischen Sehers (*Rishi*) und einer Ritualtradition des *Veda*, die ein *Shrautā* und ein *Grihyasūtra* hervorgebracht hat. Im *Mahābhārata* ist *Bharadvāja* der Vater *Dronas*.

bharadvājagotra *n* die Familientradition, die auf den Weisen *Bharadvāja* zurückgeht.

bhārat *n* (*Hindi*) Indien; vgl. *Bhārata.*

bharata *m* 1. Name eines Königs und Heiligen aus dem *Bhāgavatapurāna*, er war der Sohn von *Shakuntalā* und Stammvater der *Kauravas* und *Pāndavas*. Seine Nachkommen hießen *Bhāratas*, deren großen Kampf das berühmte Epos *Mahābhārata* schildert. Nach ihm wurde Indien früher *Bhāratavarsha* genannt, und auch heute nennen die Inder wieder ihr Land *Bhārata*; *Arjuna* trägt oft den Beinamen *Bhārata*, was ihn als Angehörigen des Volkes der *Bhārata* oder Nachkomme von *Bharata* kennzeichnet. 2. ein Halbbruder von *Rāma.*

bhārata *n und m* der Name Indiens; das Land des *Bharata*; ein Bewohner des Landes von *Bharata.*

bhāratadesha *m* das Land des *Bharata*, das Land Indien.

bhāratamātā *f* die Mutter Indien, bzw. Indiens.

bharatavarsha *m* das Land des *Bharata*; Indien in der Ausdehnung, die das Königreich des *Bharata* gehabt hat.

bhāratī *f* ein Name für *Sarasvatī.*

bhāratīya *adj und m* zu Indien gehörig, ein Bewohner *Bhāratas* (Inder).

bhāratīya paramārthavāhinī *f* der nektargleiche Strom der Suche nach dem Höchsten, der in Indien fließt (Titel eines Werkes von *Sathya Sai Baba*).

bhāratīya samskrita *n* das in Indien entstandene *Sanskrit*, das zum Kern indischer Kultur gehört.

bhārgava *m* Nachkomme des *Bhrigu*; ein Name für *Jamadagni* und *Parashurāma*.

bhartā *m* Gatte, Ehemann; Beschützer, Träger, Schöpfer.

bhartrihari *m* Name eines berühmten Autors, der Werke zur Ethik und zur Sprachphilosophie verfaßt hat.

bhāshā *f* Sprache, Dialekt; Rede, Unterhaltung.

bhāshya *n* Kommentar, Erläuterung, Erklärung.

bhasita *adj* zu Asche verbrannt.

bhāsita *n* Glanz.

bhāskara *m* Name eines Autors, der einen Kommentar zum *Vedāntasūtra* geschrieben hat.

bhasman *n* Asche; heilige Asche.

bhasmāsura *m* ein Aschendämon.

bhāti *f* Licht, Helligkeit, Glanz; Erkenntnis, Wahrnehmung.

bhatta *m* Herr, Meister.

bhautika *adj* sich auf den Körper, die Materie, die Elemente (*bhūta*) beziehend.

bhāva *m* Sein, Existenz, Zustand; Art und Weise, Rang, Position, Kapazität; Wahrheit, Realität; Ernsthaftigkeit, Hingabe; Idee, Gedanke, Meinung; Gefühl, Empfindung, Ekstase. Bezeichnung für die fünf verschiedenen Einstellungen, die ein *bhakta* Gott in einer bestimmten Manifestation (*ishtadevatā*) gegenüber einnehmen kann: 1. eine friedliche und heitere Atmosphäre, in der man sich Gott nahe fühlt, ohne eine bestimmte Beziehung zu ihm aufgebaut zu haben (*shānta*); 2. die Einstellung eines Dieners seinem Herrn gegenüber und eines Kindes zu seinen Eltern und Beschützern (*dāsya*); 3. die Einstellung eines Freundes seinem Freund gegenüber (*sākhya*); 4. die Einstellung der Eltern ihrem Kind gegenüber (*vātsalya*); 5. die Einstellung der liebevollen, zarten Zuwendung einer Frau gegenüber ihrem Gatten, die Erfahrung der Süße seiner Nähe (*madhura*).

bhava *m* Zustand, Existenzform; die Welt; Wohlstand, Gesundheit, Besitz.

bhavabhayaharana *adj* die Furcht vor der Vielfalt wegnehmend.

bhavabhūti *m* Name eines berühmten Dichters, der Dramen in *Sanskrit* verfaßt hat.

bhāvacitra *n* das emotionale Bild; die Disposition der Gefühle; die Ausgestaltung der Beziehung zu Gott in einer bestimmten Weise; vgl. *bhāva*.

bhāvanā *f wörtl.:* „Das Entstehenlassen“; eine bestimmte Methode der Kontemplation, bzw. der Imagination, die im *Yoga* verwendet wird.

bhavana *n* (*Hindi*: bhavan) Gebäude, Haus, Aufenthaltsort, Residenz.

bhāvanāmasamkīrtana *n* (*bhāvanāma-samkīrtana*); Rezitation, in welcher der Name Gottes mit einer bestimmten gefühlsmäßigen oder geistigen Haltung gegenüber Gott gesungen wird.

bhāvanāshana *n* die Aufhebung, Überwindung des Seienden; der *samādhi*, in dem kein Gefühl, keine Vorstellung fortdauert; das Ende der Vorstellungen und Begriffe.

bhavānī *f* ein Name für *Pārvatī* in ihrem freundlichen Aspekt.

bhavānīnandana *m* die Freude *Bhavānīs*; ein Name für *Ganesha.*

bhavantu *wörtl.:* „Sie mögen sein," (Imperativ von bhū = sein, werden).

bhāvaprakāsha *m* Titel eines Werkes über Poetik und eines Werkes über *Āyurveda.*

bhāvaroga *m* das Leiden, welches mit dem (relativ) Seienden verknüpft ist; das allgemeine Leiden; der Zyklus von Geburt und Tod; die Krankheit, sich selbst mit den wechselnden Einstellungen (*bhāva*) des begrenzten Geistes zu identifizieren, zu verbinden.

bhāvasāgara *m* der Ozean des Seienden.

bhāvasamkīrtana *n* das Singen zum Lobpreis Gottes mit einem bestimmten Gefühl oder einer bestimmten Beziehung zu Gott; vgl. *bhāva.*

bhāvashuddhi *f* Reinheit des Geistes, Reinheit des Fühlens; Ehrlichkeit, Ernsthaftigkeit.

bhāvātīta *adj* über den Bereich des Seienden hinausgelangt, den relativen, bedingten Bereich transzendiert habend.

bhavishya *n* Zukunft.

bhavishyapurāna *n* Name eines *Purāna.*

bhaya *n* Furcht, Angst, Panik; Gefahr, Risiko.

bhayaharana *adj* die Furcht vertreibend, die Furcht wegnehmend, die Angst vernichtend.

bheda *m* Teilen, Trennen; Störung; Trennung, Aufteilung; Unterschied.

bhedabhāva *m* der Zustand der Trennung; einerseits wird mit diesem Ausdruck die Trennung des unerleuchteten Bewußtseins von Gott, die Gottesferne bezeichnet, andererseits meint *bhedabhāva* eine Erfahrung der *bhakti*, bei der Gott als nicht gegenwärtig empfunden und deshalb mit umso größerer Sehnsucht gesucht wird. Ein Beispiel dafür sind die *gopīs*, die auf der Suche nach *Krishna* sind und sich nach ihm verzehren. Dieser Zustand ist allerdings kein Leiden im weltlichen Sinn, sondern ein sehnendes Eingetauchtsein in die göttliche Herrlichkeit.

bhedābhedau *m dual* Trennung und Nichttrennung gleichzeitig. Dieser in sich widersprüchliche Ausdruck beschreibt einen bedeutsamen Aspekt der Gotteserfahrung, die als Einheit zwischen Gott und Mensch erfahren werden kann, die für den Menschen aber gleichzeitig eine Trennung, einen Unterschied bedeutet.

bhikshā *f* Bitte; Gabe, Geschenk; Dienst.

bhikshu *m* Bettler, insbesondere ein Bettelmönch, ein Wandermönch, ein *samnyāsin.*

bhīma *m* Name des zweitältesten der *Pāndava*-Prinzen, der für seine außergewöhnliche Stärke bekannt war. Er spielt in der Schlacht von *Kurukshetra* eine ganz entscheidende Rolle.

bhīmasena *m* ein Name für *Bhīma*.

bhinnatva *n* der Zustand des Getrenntseins; Abtrennung, Teilung.

bhishaj *m* Arzt, Doktor; Medizin, Heilmittel.

bhīshma *adj und m* schrecklich, angsterregend; Name des Erziehers der *Kauravas* und der *Pāndavas*; er war einer der Kriegshelden auf dem Schlachtfeld von *Kurukshetra*, kämpfte aber tragischerweise auf seiten der *Kauravas*. Kurz vor seinem Tod lag er auf einem Pfeilbett und belehrte seine Schüler über die Gesetze der göttlichen Ordnung (*dharma*).

bhīshmaka *m* ein Name für *Shiva*.

bhīti *f* Angst, Furcht, Sorge; Gefahr.

bhoga *m* Vergnügen, Genuß, sinnliche Freude; das Genießen um des Genießens willen.

bhogabhūmi *f* ein Land, dessen Einwohner den Sinnespfaden folgen. Sie lieben den Luxus, frönen den Sinnen, ihren triebhaften Regungen und ihrer Wildheit.

bhogānanda *m* Freude an den Sinnesgenüssen, das Vergnügen der Sinne.

bhogarājan *m* Herrscher im Reiche der Sinneslust.

bhogāyatana *n* der Ort des Genusses; Bezeichnung für den Körper.

bhogin *adj und m* essend, genießend; jemand, der sich dem Luxus, dem guten Essen und sonstigen Vergnügungen hingibt; jemand, der sinnlichen Freuden frönt.

bhoja *m* Name verschiedener Könige.

bhojana *n* Essen, das Zusichnehmen von Nahrung.

bhojanālaya *m* Gasthof, Hotel.

bhoktā *m wörtl.:* „Der Genießer"; die Wesenheit, die das *Karma* empfängt und genießt; der Empfänger der Frucht; der Nutznießer; gemeint ist die individuelle Seele oder das höchste Selbst, welches der wahre Genießer aller Taten ist.

bhoktritva *n* der Zustand des Geniesserseins; die Tatsache, das *Karma* zu empfangen.

bholā *adj* (*Hindi*) einfach, unschuldig.

bholānātha *m* (*Hindi*) der Herr der Unschuldigen; ein Name für *Shiva* in seinem Aspekt, Wünsche zu erfüllen.

bhrama *m* das Umherwandern, Umherirren; Täuschung, Irrtum.

bhramara *m* Biene; Liebhaber.

bhramarāmbā *f* wörtl.: „die Mutter der umherstreifenden Bienen"; ein Name für *Pārvatī*.

bhramatattva *n* das Wesen, das Phänomen der Täuschung.

bhrānti *f* Täuschung, Irrtum, Verwirrung; Zweifel; Unruhe.

bhrātā *m* Bruder.

bhrigu *m* Name eines Heiligen, eines der großen Seher (*Rishi*).

bhū *f* Erde, Welt; Universum; Grundlage, Basis; Platz, Ort.

bhūdevī *f* die Göttin der Erde.

bhujabala *n* die Kraft der Arme.

bhujanga *m* Schlange.

bhujangashayana *adj und m* auf der Schlange ruhend; ein Name für *Vishnu.*

bhūjātā *f* die aus der Erde Geborene; Tochter der Erdgöttin; ein Name für *Sītā.*

bhujyu *adj und f, m* reich, wohlhabend; *(f)* Schlange; *(m)* Name eines Weisen.

bhukti *f* das Genießen, Essen, Sicherfreuen; Bequemlichkeit und luxuriöser Konsum.

bhūloka *m* die Erdenwelt, die irdische Ebene.

bhūman *n* Größe, das Umfassende, Unendlichkeit; gemeint ist das Ewige, das Unveränderliche, das, was von Zeit und Raum unberührt bleibt.

bhūmātā *f* die Mutter Erde, die Mutter der Erde.

bhūmi *f* die Erde, der Boden; Platz, Gebiet, Land.

bhūmijā *f* Tochter der Erde; ein Name für *Sītā*, welche die Tochter der Erdgöttin war.

bhūrloka *m* die Erdenwelt.

bhūshana *n* Schmuck, Ornament, Dekoration.

bhūta *adj und m, n* geworden, entstanden, vergangen; 1. Geschöpf, Wesen sowie allgemein etwas, das geworden ist; die Welt; 2. die fünf Elemente der materiellen Welt (*prakriti*); 3. Geist, Dämon; 4. Tatsache, Fakt, Geschehnis.

bhūtabali *m* ein Opfer für alle lebenden Wesen; eines der fünf täglichen Opfer (*yajna*); *bhūtabali* meint das Überwinden schlechter Eigenschaften, die symbolisch ins Opferfeuer geworfen werden.

bhūtabhrit *adj* die Geschöpfe tragend.

bhūtanātha *m* der Herr der fünf Elemente, Gott; der Herr der Geister, ein Name *Shivas.*

bhūtashuddhi *f* die Reinigung der fünf Elemente, aus denen der Körper besteht.

bhūtasthāna *n* der Zufluchtsort aller Wesen.

bhūtavidyā *f* das Wissen, sich vor Geistern usw. (*bhūta*) zu schützen; Zauberei.

bhūtayajna *m* Name eines Opferrituals für alle Lebewesen; die freundliche Zuwendung und gute Behandlung von Tieren, besonders von Haustieren; vgl. *bhūtabali.*

bhūtesha *m* der Herr der Elemente, der Herr von allem Gewordenen; ein Name für *Shiva.*

bhuvana *n* Lebewesen, Kreatur, Mensch; Welt, Erde; Wohnort.

bhuvaneshvarī *f* die Herrin der Erde.

bhuvarloka *m* Name der Welt, die zwischen der Erden- und der Himmelswelt liegt.

bībhatsā *f* Ekel.

bīja *n* Saat, Same, Wurzelkraft; gemeint ist oft das, was als Kraft hinter jeder materiellen Manifestation steht; besonders wirksam im *bījamantra* (Urklang): In den Buchstaben eines *bījamantras* ist das Wesen eines besonderen Aspektes der göttlichen Wirklichkeit in Form eines Klangsymbols konzentriert. Solche Klangsymbole, die auf spiritueller Erfahrung von Heiligen und Sehern der vedischen und anderer Traditionen beruhen, haben die Kraft, im Menschen die Liebe zu Gott und die Erfahrung seiner Gegenwart zu erwecken; dies insbesondere, wenn sie von einem spirituellen Meister (*Guru*) empfangen werden.

bījam mām sarvabhūtānām *wörtl.:* „(Erkenne) mich als den Samen, als den Ursprung aller Wesen".

bījamantra *m* ein *Mantra*, welcher die geistige Realität in Form eines Urklangs offenbart; als *bījamantra* gilt oft die erste Silbe eines längeren *Mantras*.

bilva *m* Name einer Pflanze (Aegle Marmelos), die bei der Verehrung *Shivas* eingesetzt wird. Sie besitzt auch Heilkräfte und wird daher auch als Medizin verwendet.

bilvamangala *m* Name eines Dichters, Bezeichnung für *Jayadeva* oder *Līlāshuka*.

bimba *m und n* Scheibe, die Sonnen- oder Mondscheibe; Bild, Spiegel, Reflexion, Schatten.

bindu *m* Punkt, Tropfen; der *bindu* ist ein Symbol für das Universum in seiner unmanifestierten Form, denn aus ihm können alle Linien und Formen entstehen.

bodha *m* Wahrnehmung, Wissen, Erkenntnis, Einsicht, Beobachtung, Lehre, Idee, Gedanke, Weisheit, Intelligenz.

bodhi *m und f* Erwachen, höchste Erkenntnis.

bodhisattva *m* Bezeichnung für eine Person, die der höchsten Erkenntnis, der Befreiung sehr nahe ist und zum Wohle der Menschen wirkt. Der *bodhisattva*-Begriff ist insbesondere im Buddhismus geprägt und ausgestaltet worden.

bolo, bole *(Hindi) wörtl.:* „Singe, sprich!"

brāhma *adj* sich auf *Brahmā* beziehend; zu *Brahmā* gehörig; sich auf *brahman* beziehend; sich auf den *Veda* beziehend.

brahmā *m* der Schöpfergott; Name des Schöpfergottes, der die Entstehung des Universums bewirkt. *Brahmā* – so wird in den *Purānas* berichtet – sitzt auf einer Lotosblume, die dem Nabel *Vishnus* entsprossen ist. Er hat vier Köpfe, mit denen er in alle Himmelsrichtungen schaut; und er trägt die vier *Veden* in seinen Händen; denn diese enthalten den Plan der Schöpfung. *Brahmā* sollte nicht mit *brahman* verwechselt werden.

brahma satyam *n wörtl.: „Brahman* (ist) Wahrheit". Diese Formulierung ist Ausdruck der Erkenntnis, daß das *brahman* die Wahrheit, die eigentliche Wirklichkeit ist (Zitat aus den *Upanishaden*).

brahma satyam jagan mithyā *wörtl.: „Brahman* ist wirklich, ist die eigentliche Realität; die vielfältige Welt ist täuschend, falsch."; denn die Welt verhüllt dem Strebenden die göttliche Wirklichkeit. Gemeint ist nicht unbedingt, daß die relative Welt nicht existiert, sondern daß sie in ihrer Bedingtheit als ein peripherer Ausdruck schöpferischer Kraft erkannt werden sollte.

brahmabhāva *m* die Verbindung, Realisierung, Einswerdung mit dem Universellen, Ewigen, Unwandelbaren (*brahman*).

brahmābhyāsa *m* die ständige Übung des sich Erinnerns an das grundlegende *brahman* im Universum; das Studium des *Veda*, welches gleichzeitig ein Studium des Selbst ist.

brahmacaitanya *n brahman*-Bewußtsein, das nur auf der Grundlage von *samādhi* erfahren wird und in dem keine Identifizierung mit Körper und Denken mehr existiert. Im *brahman*-Bewußtsein wird die Allgegenwart der göttlichen Realität existentiell erfahren. Die Trennung von relativer und absoluter Existenz hat auf dieser Stufe keine Bedeutung mehr.

brahmacārin *m wörtl.:* „Der, welcher im *brahman* wandelt"; ein religiös Strebender, der sich spirituellen Übungen unterzieht und ggf. die ersten Mönchsgelübde abgelegt hat. Dies ist im allgemeinen ein junger Mensch auf der ersten der vier vedischen Lebensstufen, dem *brahmacarya.* Ein *brahmacārin* ist ein Schüler, ein Student der *brahman*-Wissenschaft, welche auf die Erkenntnis der grundlegenden Einheit der gesamten Schöpfung zielt. Dazu gehört, daß er seinen Geist von den Täuschungen der Welt abwendet, seine Gedanken fortwährend auf Gott richtet, sich von seichter Unterhaltung fernhält und sich guten Geschmack bewahrt, sich weder von Freude noch von Kummer überwältigen läßt, seinen Geist, seine Intelligenz und sein Bewußtsein in guter Verfassung erhält, indem er sich der spirituellen Praxis hingibt. Nach vedischer Auffassung sollte man erst ein grundlegendes Verständnis des Lebens erworben haben, bevor man sich in die Aktivitäten des Lebens hineinbegibt.

brahmacarya *n wörtl.:* „Der Wandel im *brahman*"; die Schülerschaft als Lebensstufe, als der Pfad, der zur Erkenntnis des *brahman* (*brahmajnāna*) führt; Ehelosigkeit, Keuschheit, Enthaltsamkeit, die sich auf die Aktivitäten aller Sinne beziehen sollte, gehören zu dieser Lebensstufe.

brahmacintana *n* Kontemplation über die Wirklichkeit des *brahman.*

brahmagupta *m* Name eines Autors astronomischer Werke.

brahmaikyatā *f* Einheit, Vereinigung mit dem Göttlichen, mit *brahman.*

brahmajijnāsā *f* der Wunsch, das *brahman* zu erkennen, die Suche nach dem *brahman*, die Untersuchung des *brahman*; die spirituelle Praxis (*sādhana*), welche die Realität des Einen und die relative Unwirklichkeit der Vielfalt erkennen läßt.

brahmajnāna *n* Erkenntnis des *brahman*, der göttlichen Wirklichkeit. Gemeint ist keine intellektuelle Erkenntnis, sondern eine existentielle Verwirklichung, die auf der Aufhebung der Subjekt-Objekt-Spaltung beruht.

brahmajnānin *m* jemand, der das *brahman* kennt; ein *brahman*-Kenner.

brahmaloka *m* die Region von *Brahmā*; ein Himmel oder eine Existenzebene, wohin der spirituell Entwickelte nach dem Tode gelangen kann. Dies ist aber nur die höchste Ebene aller relativen Existenzformen, die zwar fast Ewigkeitscharakter besitzt, hinter der aber die eigentliche spirituelle Welt wartet; vgl. *satyaloka*.

brahmamārga *m* der Weg des *brahman*; der Pfad oder die Lebensführung, die der Gottsucher wählt, der sich das hohe Ziel gesteckt hat, sein Selbst auf dem spirituellen Weg zu Gott zu finden.

brahmamaya *adj* aus *brahman* bestehend; eine Bezeichnung für die Welt, die ihrem wahren Wesen nach nichts anderes als der göttliche Urgrund selbst ist.

brahmamuhūrta *m und n* die Stunde des *brahman*; dies sind die für den Fortschritt der Meditation am besten geeigneten frühen Morgenstunden zwischen 3 und 6 Uhr, insbesondere die Zeit vor der Morgendämmerung.

brahman *n* das Allumfassende; das Universelle; das alles durchdringende, göttliche, namenlose, formlose, ewig absolute, allem innewohnende Prinzip. *Brahman* ist unzerstörbar, größer als alles, was man groß nennen kann; es läßt sich nicht beschreiben und hat keine relativen Eigenschaften, die ihm zugeordnet werden könnten. *Brahman* ist das Selbst, das wahre Ich eines jeden und die höchste nicht-duale Wirklichkeit, die insbesondere im *Vedānta* beschrieben wird. Auch wenn *brahman* nicht sinnlich erfahren werden kann, so realisiert es sich selbst im absoluten, selbstbezogenen Bewußtsein (*samādhi*). *Brahman* ist der unpersönliche Aspekt Gottes, gewissermaßen das Licht, welches von ihm ausstrahlt. Jeder, der den Weg zurück zu Gott finden will, muß durch die Stufe der *brahman*-Verwirklichung gehen.

brāhmana *m und n* 1. *m*: der, welcher das *brahman* kennt; ein Priester, ein Lehrer, ein Angehöriger des Priester- und Gelehrtenstandes (dt.* Brahmane); 2. *n*: Name einer Textgattung; zu jedem *Veda* gehört ein *Brāhmana*, d. h. eine Anleitung (*vidhi*) zum praktischen Gebrauch der in der *Samhitā* vorliegenden Verse und Sprüche und verschiedene Erläuterungen (*arthavāda*). Aus ihnen haben sich Betrachtungen und Gedanken philosophischer Art entwickelt, welche meist gegen Ende der *Brāhmanas* stehen und deshalb den Namen *Vedānta* (*Veda*-Ende, *Veda*-Ziel) tragen; vgl. *Upanishad*.

brāhmanabandhu *adj und m* jemand, der *Brahmanen* als Verwandte oder Freunde hat.

brahmānanda *m* die Glückseligkeit

(*ānanda*) des *brahman*; das Glücksgefühl, welches *brahman* vermittelt.

brahmanaspati *m* vgl. *Brihaspati.*

brahmānda *n* das Ei des *brahman*, aus dem alles entstanden ist; die Welt, das Universum, der Makrokosmos. In den *Purānas* wird beschrieben, daß jedes einzelne der unzähligen Universen eine Eiform besitzt. Das Ei ist mit seinen zwei Brennpunkten ein Ausdruck der Tatsache, daß die all-eine göttliche Realität in die Vielheit eingegangen ist, um sie von innen heraus zu beleben.

brahmāndapurāna *n* Name eines *Purāna*, welches sich insbesondere mit den verschiedenen Weltzeitaltern (*kalpa*) befaßt.

Brahmane *dt.** vgl. *brāhmana.*

brahmanirvāna *n* die Vereinigung mit *brahman*; das Erreichen eines Zustands, der jenseits des Kreislaufs von Geburt und Tod ist. Möglich ist dies nur auf der Grundlage von *nirvikalpasamādhi*, wo auch die letzte Spur von Dualität ausgelöscht ist.

brahmanishtha *adj und m* im *brahman* gegründet, ein im *brahman*-Bewußtsein fest verankerter Mensch.

brāhmapurāna *n* Name eines *Purāna*, welches viele Elemente der *Vaishnava*-Tradition enthält; Bezeichnung für diejenigen *Purānas*, welche der *Brahmā*-Tradition zugerechnet werden.

brahmaputra *m* Name für einen Sohn *Brahmās*; Sohn eines *brāhmana*; Name eines Flusses.

brahmarandhra *n* wörtl.: „die Öffnung brahmans"; Bezeichnung für die Fontanelle oben am Schädel, durch die die Seele beim Tode den Körper verläßt.

brahmarishi (brahmarshi) *m* ein Seher brahmanischer Abkunft; Ehrentitel für einen Weisen, der vollständig im *brahman* gegründet ist.

brahmārpana *n* ein Opfer an *brahman*; vgl. *brahmayajna.*

brahmasākshātkāra *m* die direkte Erfahrung des *brahman.*

brahmasamhitā *f* Name eines heiligen Textes, der *Krishna* als höchsten Herrn lobpreist.

brahmāsmi *wörtl.:* „Ich bin *brahman*" (*brahma-asmi*); einer der großen Lehrsätze (*mahāvākya*) aus den *Upanishaden. Brahmāsmi* ist Ausdruck der Erfahrung eines Menschen, der vollständig frei von der Vorstellung eines begrenzten Ich ist und seine universale Natur erkannt hat. Ein solcher Mensch kann nur noch zum Wohle aller wirken, da er sich mit allen und allem verbunden weiß.

brahmasūtra *n* 1. Name einer Sammlung von Aphorismen der *Vedānta*-Philosophie; sie sollen von *Bādarāyana* oder *Vyāsa* verfaßt worden sein und sind auch als *Vedāntasūtra* bekannt; 2. die heilige Schnur, die von *Brahmanen* getragen wird.

brahmatattva *n* die Wirklichkeit, das Wesen von *brahman*, das *brahman*-Prinzip. Einerseits ist dies ein Ausdruck, der auf die existentielle Realität von *brahman* hinweist; andererseits wird auf den Herrn selbst hingewiesen, der *brahmatattva*, die eigentliche Realität von *brahman* ist.

brahmātmabuddhi *f* die Unterscheidungskraft, die erkennt, daß das Selbst (*ātman*) wesenhaft identisch mit dem Urgrund allen Seins (*brahman*) ist.

brahmatva *n* der *brahman*-Zustand, welcher durch Erkenntnis (*jnāna*) verwirklicht werden kann. Die über diesen Zustand hinausgehende Entwicklung ist nur durch Hingabe (*bhakti*) möglich.

brahmavādin *m* Lehrer des vedischen Wissens; jemand, dessen Worte Ausdruck von *brahman* sind; ein Weiser, ein Seher.

brahmavādinī *f* eine Seherin, eine Weise, deren Worte Ausdruck von *brahman* sind.

brahmavaivartapurāna *n* Name eines *Purāna*, welches in seinem letzten Teil eine Beschreibung der Lebensgeschichte *Krishnas* enthält.

brahmāvarta *m* die Region, das Land des *brahman*; gemeint ist insbesondere der Bereich zwischen den Flüssen *Sarasvatī* und *Drishadvatī*.

brahmaveshman *n* die Behausung des *brahman* (gemeint ist das Herz).

brahmavid *adj und m* das *brahman* kennend; jemand, der das *brahman* kennt.

brahmavid brahmaiva bhavati *wörtl.:* „Wer *brahman* erkennt, wird selbst zu *brahman*." Das *brahman* kann nicht von einem relativen Bezugspunkt aus betrachtet werden; deshalb ist es notwendig, daß sich das Bewußtsein zur absoluten Ebene erhebt, wo der Unterschied zwischen Erkennendem und Erkanntem aufgehoben ist.

brahmavidyā *f* die Wissenschaft, Weisheit des *brahman*; das Wissen um *brahman*. Es ist die Wissenschaft, der es um die Entfaltung des Bewußtseins von der wahren Realität, der höchsten Wirklichkeit und absoluten Wahrheit geht.

brahmavidyādevatā *f* die Göttin, die Gottheit der *brahmavidyā*.

brahmayajna *m* Opfer zur Ehre Gottes für die Weisen und die spirituelle Lehre. Das *brahmayajna* wird vollzogen durch das Studium der heiligen Schriften (*Veda*), der autoritativen Lehrbücher (*shāstra*) oder anderer heiliger Texte, die das Verlangen nach Befreiung wecken.

brahmayuga *m* Name des ersten Zeitalters; vgl. *kritayuga*.

brahmopadesha *m* Unterweisung im *brahman*, Einführung in den spirituellen Weg der Erkenntnis des *brahman*.

brahmopāsanā *f* die unaufhörliche Kontemplation des *brahman*.

brihadāranyakā-upanishad *f* (*brihat* = groß; *āranyaka* = zum Wald gehörend); Name einer *Upanishad* des weißen *Yajurveda*. Sie ist wegen der Belehrung berühmt, die der Heilige *Yājnavalkya* darin seiner Gattin *Maitreyī* über das Selbst und seine Identität mit *brahman* gibt.

brihaddevatā *f* Name eines kommentierenden Werkes, das zum *Rigveda* gehört.

brihad-jābālā-upanishad *f* Name einer *Upanishad.*

brihaspati *m* Name einer Gottheit; er gilt als der Priester der Götter und ist identisch mit *Brahmanaspati. Brihaspati* ist der Schöpfer des Wortes, das schon im *Veda* als am Anfang aller Schöpfung stehend beschrieben wird und eine Manifestation des Göttlichen ist. Durch das Wort übermittelt er Erkenntnis, Überzeugungskraft und die Fähigkeit zum schöpferischen Rhythmus des Ausdrucks. *Brihaspati* schafft mit Hilfe des Wortes die Fähigkeit, die Dinge anzudeuten, die jenseits des Verstandes liegen und nur durch Intuition erfaßt werden können.

brihat *adj und n* groß, weit, gewaltig; das Große, der Makrokosmos.

brihatī karomi *wörtl.:* „Ich weite mich selbst aus".

brihatsāman *n* Name einer Rezitationsform, eines vedischen Gesanges.

brihatsamhitā *f* Name eines astronomisch-astrologischen Werkes von *Varāhamihira.*

brindāvan *n* Name des *Ashrams* von *Sathya Sai Baba* in Kadugodi, Whitefield, in der Nähe von Bangalore.

brindāvana *n* der Wald von Brindā, das Weideland und die Wälder, in denen *Krishna* in seiner Kindheit mit den Hirtinnen und Hirten (*gopīs* und *gopās*) spielte. Diese Spiele (*līlā*) sind Ausdruck des transzendentalen Spiels des Herrn. Man kann auch sagen, daß durch den Wald von *Brindāvana* das Herz des Gotthingegebenen symbolisiert wird, in dem der Herr mit Freude spielt.

brindāvanasamcāra *adj und m* in den Wäldern von *Brindāvana* umherstreifend; ein Name für *Krishna.*

buddha *m wörtl.:* „Der Erwachte", Bezeichnung insbesondere für den Religionsstifter des Buddhismus, den Prinzen *Gautama Siddhārta,* der alle weltlichen Freuden verließ, um auf dem Pfad der Selbsterkenntnis zu wandeln.

buddhajayantī *f* der Geburtstag *Buddhas.*

buddhi *f* Unterscheidungskraft, Intelligenz, die Kraft der höchsten Intuition; *buddhi* ist diejenige Instanz im *antahkarana,* die durch Unterscheidungsvermögen alle Sinneseindrücke zu klassifizieren vermag. Sie leiht sich gewissermaßen die Intelligenz und das Bewußtsein des Selbstes (*ātman*) und entfaltet alle Fähigkeiten des Menschen bis zur Intuition. In der *Sānkhya*-Philosophie ist *buddhi* die feinste Manifestation der *prakriti.*

buddhibala *n* die Stärke der Unterscheidungskraft.

buddhigrāhya *adj* vom Unterscheidungsvermögen zu erfassen, vom Unterscheidungsvermögen erfaßt.

buddhipradāyaka *adj und m* Einsicht schenkend; ein Name für *Ganesha.*

buddhiyoga *n* der *Yoga* der Unterscheidungskraft; der Weg zur Selbsterkenntnis durch wachsendes Unterscheiden, z. B., wenn das Verlangen nach dem Ergebnis einer Handlung mit vollem verstandesmäßigem Gewahrsein aufgegeben wird.

budha *adj und m* weise, klug, intelligent; ein Weiser; Name des Merkur.

burkā *m* (*Hindi*) Schleier.

C

caitanya *n* 1. spirituell erwachtes Bewußtsein, welches nicht einfach nur Denkbewußtsein ist; Geist, Leben, Lebendigkeit, Intelligenz; 2. Name eines großen Heiligen, bzw. *Avatars*, auch *Gaurānga* oder *Krishnacaitanya* genannt.

caitanyacaritāmrita *n* Name zweier Werke von Murārigupta, bzw. Kavikarnapūra, die das Leben *Caitanyas* beschreiben.

caitanyashakti *f* Bewußtseinskraft.

caitanyopāsanā *f* Verehrung in der Form, wie *Caitanya* sie vorgelebt hat; diese ist von dem qualvollen Verlangen nach den Füßen des Herrn *Krishna* bestimmt; vgl. *bhedabhāva*.

caitra *m* Name eines Monats (März – April).

caitya *m* die individuelle Seele; Altar, heiliger Platz; Monument, Tempel.

cakora *m* Rebhuhn (Perdix rufa); ein Vogel, von dem es heißt, er könne ausschließlich von Mondstrahlen leben. Außerdem sollen sich seine Augen rot färben, wenn er vergiftete Speise sieht.

cakra *n* (*dt.* Cakra*, fälschlicherweise oft Chakra geschrieben) Rad, Kreis, Scheibe, Ring; Bezeichnung für die Zentren feinstofflicher Energie (vgl. *kundalinī*) im Energieleib des Menschen; sie sammeln, transformieren und verteilen die sie durchströmende Kraft, welche nach der Lehre des *Tantra* eine Manifestation der *Shakti* ist. Wenn die *Cakras* auch Entsprechungen auf der grobstofflichen, körperlichen Ebene haben (z. B. Herz oder Solarplexus), so sind sie mit diesen Entsprechungen jedoch nicht identisch, sondern gehören einer anderen Ebene der phänomenalen Wirklichkeit an. Die *Cakras* sind Orte, an denen Seelisches und Körperliches ineinander übergehen und sich durchdringen. Die sieben Haupt-*Cakras* des *Kundalinīyoga* liegen entlang des durch die Wirbelsäule aufsteigenden Hauptkanals subtiler Energie (*sushumnā*), durch den die *Kundalinī* im Verlauf des geistigen Erwachens eines Menschen emporsteigt. Die ersten sechs *Cakras* liegen innerhalb des grobstofflichen Körpers, das siebente *Cakra* außerhalb von diesem über dem Scheitelpunkt des Kopfes. Ihre Namen in aufsteigender Reihenfolge sind: *Mūlādhāra*, *Svādhishthāna*, *Manipūra*, *Anāhata*, *Vishuddha*, *Ājnā* und *Sahasrāra*.

cakravartin *m* der, welcher das Rad dreht; ein Weltherrscher, ein Kaiser.

cakshas *m* Lehrer, spiritueller Lehrer; ein Name für *Brihaspati*.

cakshoh sūryo ajāyata *wörtl.:* „*Sūrya* (der Sonnengott) wurde aus den Augen geboren" (Zitat aus dem *Rigveda*).

cakshus *n* die Sehkraft; das Auge.

cala *adj* beweglich; zitternd; unstet; vergänglich.

caladala *m wörtl.:* „Zitternde Blätter habend"; Name des Banyanbaums.

calapreman *n* unstete Liebe, Liebe, die sich wandelt; Liebe zur veränderlichen Welt.

camaka-(sūkta) *n* Name einer Hymne aus dem *Yajurveda*.

camara *n* Bezeichnung für einen Wedel aus Yakschweifhaaren, der beim Gottesdienst benutzt wird.

camatkāra *adj und m* Bewunderung erzeugend, Bewunderung; die Wirkung eines poetischen Kunstwerks, die Essenz von *rasa*.

cāmundā *f* Name einer schrecklichen Form von *Durgā*, die aus ihrem dritten Auge erschien, um zwei Dämonen namens *Canda* und *Munda* zu töten.

cānakya *m* Name des Ministers von König *Candragupta*; er verfaßte ein berühmtes Werk über Staatskunst und Moral und wird auch mit *Kautilya* identifiziert.

cancala *adj* unstet, unruhig, zitternd, sich bewegend, ständig seine Ziele wechselnd.

canda *m* Name eines Dämons,

candana *n* Sandel, Sandelholz, Sandelbaum, Sandelpaste oder -pulver.

candī *f* ein Name für *Durgā*.

candra *m* der Mond; der Gott des Mondes.

candragupta *m* Name eines berühmten Königs, dem Begründer der Maurya-Dynastie und Großvater von König *Ashoka*.

candrakānta *adj und m* lieblich wie der Mond; Mondstein, von dem es heißt, er sei aus den Strahlen des Mondes entstanden.

candraketu *m* Name eines Sohnes von *Lakshmana*.

candraloka *m* die Region des Mondprinzips; die Region der über den Geist herrschenden Gottheit.

candramatī *f* Name einer Frau.

candrashekhara *adj* den Mond als Diadem, als Schmuck tragend; ein Name für *Shiva*, der einen zunehmenden Mond auf seinem Haupt trägt.

candravamsha *m* die Monddynastie von Königen, aus der die *Yadu-* und die *Puru*-Linie entstammen. Zur *Yadu*-Linie gehört Krishna, zur *Puru*-Linie gehören die 5 *Pāndavas*.

cara *adj* (sich) bewegend, beweglich; gehend, wandernd, zitternd.

carācara *adj und n* beweglich und unbeweglich; die Gesamtheit alles Beweglichen und Unbeweglichen, d. h. die Welt.

carācaramayī *f* die aus dem Beweglichen und dem Unbeweglichen Bestehende.

caraka *adj und m* wandernd, gehend; Name einer Traditionslinie des *Yajurveda*; Name eines Autors und Redaktors; vgl. das folgende Stichwort.

carakasamhitā *f* Name eines der bedeutendsten medizinischen Texte in Sanskrit; vgl. *Āyurveda*.

carana *n* Fuß, Wurzel, Unterstützung; insbesondere die heiligen Füße des Herrn oder des Lehrers (*Guru*), die Gnade symbolisieren.

cāru *adj und m* lieb, schön, angenehm; Name eines Sohnes von *Krishna*.

cārvāka *m* Name eines Philosophen und einer philosophischen Schule, die materialistisch orientiert war und im Sinnengenuß den Hauptzweck menschlichen Lebens gesehen hat.

catur *adj* vier.

caturātman *m* ein Name für *Vishnu*.

caturbhuja *adj und m* quadratisch; vierarmig; der Vierarmige, ein Name für *Vishnu*.

caturmāsa *n* eine Periode von vier Monaten.

cāturmāsya *n* Name eines Opfers (*yajna*), welches viermonatlich abgehalten wird.

caturvarna *m* die vier Stände: *brāhmana*, *kshatriya*, *vaishya*, *shūdra*; vgl. *varna*.

cetana *adj und n* sichtbar, offenbar; bewußt, intelligent; Bewußtsein, Intelligenz; Geist, Seele.

cetanā *f* Bewußtsein, Intelligenz.

chandas *n* Metrik, Prosodie, Verslehre; Bezeichnung eines der sechs *Vedāngas*. *Chandas* ist auch eine Bezeichnung für den *Veda* selbst.

chāndogya-upanishad *f* die *Upanishad* der *Chāndogya*-Schule, die dem *Sāmaveda* angehört. Sie erörtert die Grundlagen der *Vedānta*-Philosophie, insbesondere das Wesen des Selbstes des Menschen (*ātman*) und enthält den großen Lehrsatz „*tat tvam asi*" („das bist du"). Berühmt ist die Unterhaltung zwischen dem Weisen *Uddālaka Āruni* und seinem Sohn *Shvetaketu* über die Alleinheit, d. h. die Lehre, daß das Sein in allem enthalten und der Kosmos überall vom Absoluten durchdrungen ist.

chāyā *f* Schatten; reflektiertes Bild; Ähnlichkeit.

cidākāsha *m* der Raum des Bewußtseins; der Bereich des alldurchdringenden, absoluten Bewußtseins (*cit*). *Cidākāsha* bezeichnet oft einen Zustand subtiler Erfahrungen.

cidambara *n* das Firmament des Bewußtseins, der geistige Horizont; Name einer Stadt.

cidambaresha *m* der Herr von *Cidambara*; ein Name für *Shiva*.

cinmātra *adj* nichts anderes als Bewußtsein seiend.

cinmaya *adj* aus Bewußtsein bestehend.

cinmayatattva *n* (*cit-mayātattva*) die aus Bewußtsein bestehende Realität.

cinmayatva *n* die Tatsache, daß alles letztlich eine Manifestation des Bewußtseins ist.

cintā *f* der Gedanke, insbesondere der angstvolle Gedanke; Angst, Besorgtsein, psychische Unruhe.

cintāmani *m* der Stein der Weisen; ein Edelstein, der dem Besitzer alle Wünsche erfüllt.

cintāmanisiddhi *f* das Erlangen des *cintāmani*-Kleinods; gemeint ist eine Kraft, die einer Person als Folge von spiritueller Praxis zuwächst. Dies ist ein Zustand ohne *cintā* (Sorge oder mentale Tätigkeit), in dem aller Kummer vergessen ist. Wenn *cintā* aufhört, wird höchste Seligkeit erlangt; und dies ist mit *cintāmanisiddhi* gemeint.

cit *f* Bewußtsein; reines Bewußtsein, das unberührt von Leidenschaften, frei von Egoismus und Verlangen nach Besitz ist; absolutes Bewußtsein; *cit* ist ein wichtiger Begriff des *Vedānta* für eine Bewußtseinsvorstellung, die sich von der alltäglichen stark unterscheidet. Während sonst Bewußtsein immer mit Denken, Fühlen etc. verbunden zu sein scheint, stellt der *Vedānta* fest, daß „ich auch bin, wenn ich nicht denke", wie etwa in der Ohnmacht, im Tiefschlaf und im *samādhi*. *Cit* umfaßt vier Bewußtseinszustände: Wachen, Träumen, Tiefschlaf und *samādhi*. Denkbewußtsein gibt es nur im Wachen und Träumen, wohingegen im Tiefschlaf und *samādhi* das Bewußtsein in sich selbst ruht, einmal unbewußt (Tiefschlaf) und einmal bewußt (*samādhi*).

citra *adj und n* klar, hell; verschieden, verschiedenartig, vielfältig; überraschend, außergewöhnlich, exzellent; wahrnehmbar; bunt; Bild, Gemälde.

citragupta *m* Name des Buchhalters am Hof des Todesgottes. Er führt ein Buch über alle guten und bösen Taten des Lebewesens und gibt seine Aufzeichnungen beim Tod zu Gericht, damit dort die Bilanz von Schuld und Guthaben gezogen wird, welche die weitere schicksalsmäßige Aufgabe bestimmt.

citrakūta *m* Name eines Berges und einer Region in der Nähe von *Prayāga*.

citrāngada *m* Name eines böse gesinnten Bruders von *Bhīshma*.

citraratha *m* Name des Königs der *Gandharvas*.

citrasena *m* Name eines der 100 Söhne von *Dhritarāshtra*.

citrāvatī *f* Name eines Flusses bei *Puttaparthi*.

citshakti *f* die Kraft des Bewußtseins; Erkenntnisfähigkeit; Bewußtsein als höchste Energie, als Kraft, die das Universum entstehen läßt. Für den *Vedānta* besteht die Erscheinungswelt aus der Energie (*Shakti*), welche aus dem absoluten Bewußtsein hervorgeht.

citta *n* Geist, Gemüt, Bewußtsein, inneres Bewußtsein; ein feiner Aspekt der Psyche (*antahkarana*), den man als Geistmaterie bezeichnen kann. Wahrnehmung und Denken entstehen erst aus *citta*.

cittacora *m* Herzensdieb; ein Name für *Krishna*, der die Herzen stiehlt.

cittākāsha *m* Bewußtseinsraum; die feine Bewußtseinssubstanz; *cittākāsha* bezeichnet eine gröbere Ebene als *cidākāsha*.

cittāpahārin *m* Dieb des Geistes; ein Name für *Krishna*.

cittashuddhayoga *m* der Weg der Reinigung des Bewußtseins.

cittashuddhi *f* die Sublimierung des Bewußtseins; Klarheit, Reinigung des Geistes; die Läuterung der Denkinhalte und Gefühle, damit sich im Bewußtsein die Wahrheit rein widerspiegeln kann.

cittashuddhiyoga *m* der Weg der Bewußtseinsreinigung.

cittavritti *f* Bewegung, Anregung des Bewußtseins.

cittavrittinirodha *m* die Beruhigung (*nirodha*) der Unruhe (*vritti*) des Geistes (*citta*). Erst wenn keine Gedanken, Gefühle und Wahrnehmungen die innere Stille, das Schweigen mehr stören, kann die Erfahrung des Selbstes, reines Bewußtsein (*samādhi*), erlangt werden. *Cittavrittinirodha* ist die Definition für *Yoga* in *Patanjalis Yogasūtra*.

cora *m* Dieb, Räuber.

cūdā *f* das Haar am Scheitel; die Haarlocke, die in der Nähe des höchsten *Cakras* sich befindet und nicht abgeschnitten wird.

cūrna *m und n* Pulver, Mehl; eine aus Pulver bestehende āyurvedische Zubereitung.

cyavana *m* Name eines vedischen Sehers (*Rishi*), der von den beiden Götterärzten (*Ashvin*) verjüngt worden ist.

D

dadhi *n* Sauermilch, Joghurt. *Dadhi* wird oft bei religiösen Ritualen verwendet.

dadhīci *m* Name eines vedischen Sehers (*Rishi*), der seine Knochen den Göttern zur Verfügung stellte, damit daraus *Indras* Waffe (*vajra*) hergestellt werden konnte.

dadru *m* Schildkröte.

daharakosha *m* die feine, subtile Hülle.

daitya *m wörtl.:* „Sohn der Begrenztheit (*diti*)"; Bezeichnung für eine bestimmte Klasse der Dämonen, die das Bewußtsein des Menschen in den Fesseln der Begrenzungen gefangen halten.

daiva *adj und n* göttlich, himmlisch; von den Göttern kommend oder verursacht; das Schicksal, das Glück.

daivabala *n* göttliche Kraft.

daivacintana *n* das Denken an Gott; der Vorgang, Gott im Geist zu vergegenwärtigen, in seinem Bewußtsein und Licht zu handeln, so daß seine Kraft in die Welt hinein fließen kann.

daivam mānusharūpena *wörtl.:* „Göttlichkeit in menschlicher Gestalt".

daivāmshasambhūta *m* Teilmanifestation des Göttlichen; Verkörperung eines Teils Gottes, eines göttlichen Funkens; gemeint ist der Mensch.

daivaprīti *f* Gottesliebe; Liebe zu Gott.

daivasamkalpa *m* ein göttlicher Entschluß; der göttliche Ratschluß.

daivata *adj und n* göttlich; Gottheit; Bildgestalt Gottes im Tempel.

daivī sampad *f* spiritueller Reichtum; ein göttlicher, erhebender Impuls, der aus dem Innern kommt.

dākinī *f* Bezeichnung für die Helferinnen von *Kālī*.

daksha *adj und m* fähig, kompetent, geschickt, klug; einer, der alles aus dem Bereich des Wissens gelernt hat, ein

Experte; Name eines bedeutenden *Prajāpati*, welcher der Herr der Menschheitspatriarchen war. Berühmt ist das Opfer des *Daksha*, welches von *Shiva* unterbrochen wurde, da dieser nicht eingeladen worden war.

dakshina *adj* rechts, die rechte Seite, rechts herum; geschickt, klug, aufrichtig, ehrlich; südlich.

dakshinā *f* 1. rituelles Geschenk an einen Priester oder spirituellen Lehrer zum Dank für Belehrungen und Segnungen. 2. die Göttin der göttlichen Einsicht; Regentin über Opferhandlungen und Verteilung der Opfergaben. 3. Süden. 4. Milchkuh.

dakshinācāra *adj und m* ehrlich; gutes Verhalten zeigend; richtiges Verhalten; Bezeichnung für Verehrer der *Shakti* des rechten Weges, in dem keine Praktiken angewendet werden, welche die Gefahr in sich bergen, vom spirituellen Weg abzukommen.

dakshināmūrti *m* ein Name für *Shiva*, der sich insbesondere auf seine Funktion als Lehrer und Unterweiser der Menschen bezieht.

dakshināyana *n* der südliche Pfad; der Weg der Evolution eines Menschen, den er auf Erden einschlagen kann. Dieser führt zum Totenreich und ist vom Halbjahresgang der Sonne nach Süden abgeleitet (gemeint ist das Halbjahr der abnehmenden Tage). Der dazu gehörige Gegenbegriff ist *devayāna*.

dāl *n und f* (*Hindi*) Linsen oder andere Hülsenfrüchte.

dala *n* Teil, Stück; Blatt, Blütenblatt; Klinge.

dama *m* Selbstkontrolle, Geduld, Loslösung, Absonderung, Entsagung; Zähmung; der Zustand, in dem die Herrschaft über den Geist (*manas*) und die Sinne erlangt ist. Dies ist aber nicht durch Kampf auf der relativen Ebene erreichbar, sondern letztlich nur durch die Zuwendung zu einer göttlichen Ebene.

dāman *n* Strick, Seil; Girlande.

damaru (-ka) *m* kleine Trommel; die Trommel *Shivas*.

damayantī *f* Name der Gattin von *Nala*, deren Schicksal im *Mahābhārata* beschrieben wird.

dambha *m* Egoismus, Stolz; der Wunsch, daß über einen geredet wird. Im religiösen Bereich veranlaßt dies die Menschen, *Yoga*, Feuerzeremonien und andere Rituale (*yajna*) auszuüben oder große Summen für barmherzige Zwecke zu geben; sie tun dies aber als Zurschaustellung von Geistigkeit und Religiösität, um den Beifall der Welt zu gewinnen.

dambhodbhava *adj und m* aus Stolz geboren, entstanden; Name eines Königs, von dem im *Mahābhārata* berichtet wird, daß er aus Stolz einen Kampf gegen *Nara* und *Nārāyana* begonnen habe.

dāmodara *adj und m* einen Strick um den Bauch tragend; dies ist ein Beiname *Krishnas*, der auf den Versuch seiner Mutter verweist, ihm einen Strick (*dāman*) um den Bauch (*udara*) zu schlingen und ihn damit festzubinden. Letztlich gibt es keinen Strick, der lang genug wäre, den unendlichen Herrn zu binden. Trotzdem läßt er sich freiwillig durch den Strick der hingebungsvollen Liebe binden.

dāna *n* Geschenk, Gabe, Verteilung, Nächstenliebe, Güte, Milde. Dadurch werden Freude und Gerechtigkeit in der Gesellschaft etabliert; der uneigennützige Geber veredelt seine Wünsche und Neigungen durch höherstehende Tätigkeiten.

dānasahita *adj* mit Freigiebigkeit ausgestattet, freigiebig.

dānava *m* Name eines Dämons; vgl. *Dānu.*

dānavakarman *n* eine dämonische Handlung, eine bösartige Tat.

dānavatva *n* Satanisches, Teuflisches, Dämonisches; der Zustand, in dem man von den *dānu*-Eigenschaften bestimmt wird.

danda *m und n* Stock, Stab; Zepter.

dandadhara *m* wörtl.: „der, der einen Stab trägt"; ein Name für *Yama.*

dandaka *m* Name eines Waldes, in dem *Rāma* und *Sītā* viele Abenteuer erlebten.

dandanīti *f* das Führen des Zepters; Politik, Rechtsprechung; Regieren und Hüten entsprechend dieser Wissenschaft (*vidyā*).

dandin *adj und m* einen Stock tragend; Bezeichnung für *samnyāsins*; denn diese tragen in der Regel einen oder mehrere zusammengebundene Stäbe.

dantavakra *m* Name eines bösartigen, dämonischen Prinzen, der von *Krishna* besiegt wurde.

dānu *m* (*Pl. dānava*) Name eines Dämons mit den Untugenden Wunsch, Begierde (*kāma*), Zorn, Ärger (*krodha*), Gier (*lobha*), Verblendung (*moha*), Stolz (*mada*) und Eifersucht (*mātsarya*).

daridra *adj* arm, mittellos, bedürftig.

darpa *m* Stolz, Arroganz, Überheblichkeit.

darshana *n* (in der modernen Aussprache: darshan); das Sehen, Schauen, Zeigen, Lehren. Gemeint ist meistens das Sehen einer heiligen Persönlichkeit; denn dieses wird bereits im klassischen *Yoga* empfohlen, um die Erfahrung von *samādhi* zu erlangen. *Darshana* steht auch für die Gottesschau, in welcher der höchste Herr als im Herzen gegenwärtig erfahren wird. Schließlich ist *darshana* die Bezeichnung der 6 klassischen Philosophiesysteme Indiens (*Nyāya, Vaisheshika, Sānkhya, Yoga, Karmamīmāmsā, Vedānta*).

dāruka *m* Name des Wagenlenkers von *Krishna.*

dāsa *m* Sklave, Diener; jemand, der Gott kennt und ihm aus natürlichem inneren Antrieb dient.

dāsānudāsa *m* der Diener des Dieners; mit diesem Ausdruck wird ein Mensch bezeichnet, der wirkliche Bescheidenheit entwickelt hat.

dasara *f* (*Telugu*) vgl. *dashaharā.*

dashaharā *f* Name zweier Feste; eines ist zu Ehren der *Gangā*, die auch *Da-*

shaharā genannt wird; eines zu Ehren der *Durgā*.

dashahrā *f* (*Hindi*) vgl. *dashaharā*.

dashamī *f* die zehnte Nacht der jeweils 14tägigen Mondphase.

dashan *adj* zehn.

dashanajaya *m* Bezeichnung für den *prāna*-Strom, der nach dem Tode noch im Körper verbleibt und Veränderungen in ihm bewirkt.

dashānana *m* wörtl.: „zehn Köpfe habend"; ein Name für *Rāvana*.

dashāngula *adj* zehn Finger lang.

dasharatha *m wörtl.:* „Zehn Wagen habend"; der, welcher der Meister seiner zehn Sinne ist; Name des Königs von *Ayodhyā*. Er hatte drei Gemahlinnen. Die Hauptgemahlin *Kaushalyā* gebar ihm den Prinzen *Rāma*, der eine der zehn Inkarnationen *Vishnus* und die Hauptgestalt des berühmten Epos *Rāmāyana* ist. Seine anderen drei Söhne waren *Bharata*, *Lakshmana* und *Shatrughna*.

dāshārha *adj und m* zum Volk der *Dashārhas* (die wiederum zu den *Yādavas* gehören) gehörig, das Volk der *Dashārhas* beherrschend; ein Name für *Krishna*.

dashashlokī *f wörtl.:* „Zehn Strophen habend"; Name eines Werks von *Nimbārka*.

dāsī *f* Dienerin; weibliche Form von *dāsa*.

dāso 'ham *wörtl.:* „Ein Diener (bin) ich"; die innere Haltung, die sich in den an Gott gerichteten Worten: „Ich bin dein Diener" ausdrückt.

dāsya *n* Dienstfertigkeit, Unterwürfigkeit, das Dienersein, der Dienerzustand; eine der inneren Haltungen der Hingabe (*bhakti*), die auf der Pilgerfahrt des Menschen zu Gott erfahren werden kann.

dāsyabhāva *m* die Existenzform, die Empfindung des Dienerseins; vgl. *dāsya*.

dasyu *m* Name einer Gruppe von Dämonen, die im *Veda* beschrieben wird.

dātā *m* der Gebende, der Schenker.

datta *adj* bewilligt, gegeben, geschenkt.

dattātreya *m* Name eines Heiligen aus alter Zeit; er wird als eine Teilinkarnation von *Shiva*, *Vishnu* und *Brahmā* betrachtet.

dayā *f* Mitleid, Güte, Erbarmen, Wohlwollen, Mildtätigkeit, Mitgefühl, Sympathie. Die Qualität des Mitgefühls macht glücklich angesichts des Glücks anderer, unglücklich angesichts des Unglücks anderer. Mitgefühl sollte auf Liebe basieren; beide zusammen können die Zuneigung erheben und die Gier überwinden.

dāya *m* Geschenk, Gabe, Spende.

dāyaka *adj und m* gebend, schenkend; der Schenkende, Gebende.

dayālu *adj* (*Telugu*) freundlich, mitfühlend; zart, fein; gnädig.

dayāmaya *adj* aus Mitleid bestehend.

deha *m* der Körper, der materielle Körper, der Zerstörung erfahren wird. Oft steht *deha* auch für die Gesamtheit der fünf Hüllen (*kosha*), die das wirkliche Selbst (*ātman*) umgeben.

dehabala *n* Körperkraft, Muskelstärke.

dehabhrānti *f* die körperliche Illusion; die Identifikation des Selbstes mit dem Körper; die Bindung an die äußere Welt.

dehamātā *f* die Mutter des physischen Körpers.

dehārpana *n* das Sichverlassen auf den Körper; Hingabe an den Körper.

dehasamnyāsa *m* das Aufgeben von Bindungen nur auf der äußerlichen Ebene; jemand trägt das ockerfarbene Gewand des *samnyāsins*, übernimmt den Namen, erscheint in der äußerlichen Form der Entsagung, hat dabei aber kein Bewußtsein des Selbstes (*ātman*), sondern hängt an äußerlichen Dingen und verhält sich bei allen Entscheidungen wie ein gewöhnlicher Mensch und handelt wie alle anderen.

dehāsmi *wörtl.:* „Ich bin der Körper". Dieser Satz ist Ausdruck eines rein materiell gebundenen Bewußtseins, das noch keine Erfahrung des Göttlichen besitzt.

dehasthiti *f* der Zustand, in dem sich das Bewußtsein auf der körperlichen Ebene befindet.

dehatattva *n* das Prinzip, das Wesen, die Natur des Körpers; gemeint ist oft die Einstellung: „Ich bin der Körper", die Identifikation mit dem Körper.

dehātmabuddhi *f* die Meinung, der Glaube, daß der Körper das Selbst sei.

dehātman *m* das Körperselbst, das Selbst des Körpers; Körperbewußtsein, das äußere Ich.

dehin *adj und m* verkörpert, inkarniert; Mensch, Person; Seele; Meister; der Bewohner des Körpers, derjenige, welcher sich im Körper aufhält, der Verkörperte.

dehitattva *n* die Bewußtseinseinstellung „Ich bin verkörpert".

deho devālayam *wörtl.:* „Der Körper ist der Tempel, der Aufenthaltsort Gottes".

desha *m* Platz, Ort, Land, Nation.

deshābhimāna *m* Respekt, Verehrung für das Land, Bindung an das Land.

deshamātā *f* das Land der Mutter; das Geburtsland, das Schutz, Fürsorge, Liebe, Rechte und Gelegenheit zum Dienen gibt, das die Lebensart, Denkweise, Ideale und Ziele seiner Bewohner prägt.

deshanīti *f* das richtige Verhalten gegenüber dem Heimatland.

deva *adj und m* göttlich, himmlisch, leuchtend; göttliche Wesenheit, Gott; Gottheit; Bezeichnung für die Götter, die sich auf einer höheren Ebene als die Menschen befinden; sie sind in gewissem Sinne dem vergleichbar, was die christliche Lehre unter den Begriff Engel oder Engelhierarchie faßt. *Deva* ist auch eine Beifügung zum Namen Erleuchteter, die göttliches Bewußtsein in sich verwirklicht haben.

devadatta *adj und m* von Gott gegeben, geschenkt; Name des Muschelhorns von *Arjuna.*

devādhideva *m* Herr, Gott der Götter; Bezeichnung für den höchsten Herrn, der über allen geistigen Hierarchien steht.

devahūti *f* Anrufung der Götter; Name einer Tochter des *Manu Svāyambhuva* und Gattin des *Kardama.*

devaka *m* Name des Vaters von *Devakī* und Bruders von *Ugrasena.*

devakī *f wörtl.:* „Göttliche Energie"; Name der Mutter *Krishnas.* Sie war die Gemahlin *Vasudevas.*

devala *m* ein Priester, der Opfergaben vor dem Altar opfert; Name eines vedischen Sehers (*rishi*); Name verschiedener Personen.

devālaya *m* Tempel Gottes.

devālayaloka *m* Himmelswelt, Welt, wo die Götter wohnen.

devaloka *m* die Götterwelt.

devamātā *f* die Mutter der Götter; ein Name für *Aditi.*

devanāgarī *f* Bezeichnung der üblichen Sanskritschrift.

devapūjā *f* Zeremonie, die sich an Gott, bzw. die Götter richtet.

devarāta *m* wörtl.: „gottgegeben"; Name eines Sehers.

devarna *n* die Verpflichtung gegenüber den Göttern.

devarshi *m* göttlicher Seher; Seher, die sich in den himmlischen Regionen aufhalten können; zu dieser Gruppe gehört z. B. *Nārada.*

devasabhā *f* Ratsversammlung der Götter; Königshof; Beraterversammlung des Königs.

devatā *f* Gottheit, Göttlichkeit, göttliche Würde. Mit dem Wort *devatā* wird oft eine Bildgestalt Gottes bezeichnet, die in einem Tempel verehrt wird.

devayajna *m* Opfer für die Götter.

devayāna *n* (= *uttarāyana*) Weg der Götter; der Weg, der zu den Göttern führt; der Pfad, der zu Gott, zum höheren Bewußtsein führt; der Weg der Weisheit und spiritueller Erkenntnis. Der Gegenbegriff ist *dakshināyana.*

devayānī *f* wörtl.: die, die den Göttern dient; Name der Tochter von *Shukra*; sie war die Mutter von *Yadu,* dem Urvater der *Yādava*-Dynastie.

devayoni *adj* göttliche Geburt habend.

devī *f* weibliche Form von *deva*; Göttin, göttliche Mutter; ein Name für *Durgā* u. a.; Ausdruck der Achtung hinter dem Namen einer Frau.

devībhāgavatapurāna *m* Name eines *Purāna,* welches der göttlichen Mutter gewidmet ist.

devīmahātmya *n* Name eines Abschnitts des *Mārkandeyapurāna,* in welchem die Taten und die Größe der *Shakti* gepriesen werden.

devota *adj* gewebt aus Gott.

dhairya *n* Festigkeit, Stärke, Stabilität, Unerschrockenheit, Mut, Tapferkeit.

dhānā *f* Korn, Getreide.

dhana *n* Besitz, Geld, Reichtum; irgendein wertvoller Besitz; ein Objekt, auf das die Zuneigung gelenkt worden ist.

dhanabala *n* die Kraft des Reichtums.

dhanada *adj und m* Reichtum schenkend; ein Name für *Kubera.*

dhanamjaya *adj und m* Reichtum gewinnend; Bezeichnung eines der fünf *upaprānas* (sekundären *prānas*); er füllt den Körper und läßt ihn zunehmen; ein Name für *Arjuna.*

dhanapati *m* Herr der Reichtümer; ein Name für *Kubera.*

dhanavat *adj* reich, wohlhabend.

dhanurdhārin *m* der Träger des Bogens; ein Name für *Arjuna.*

dhanurveda *m* der *Veda* der Bogenschießkunst, der Kriegskunst.

dhanus *n* der Bogen; das Zuckerrohr, (das Zuckerrohr ist der Bogen des Liebesgottes).

dhanvantari *m* Name des Arztes der Götter, der nach dem *Agnipurāna* eine Inkarnation *Vishnus* ist. Er war der Lehrer der medizinischen Wissenschaft (*Āyurveda*). In einer anderen Geburt war er der Sohn des *Rishi Dīrghatapas*. Er war frei von menschlichen Schwächen und in jeder Existenz ein Meister universaler Erkenntnis. Er wird auch *Sudhāpāni* genannt (*wörtl.:* „Der, welcher Nektar in seinen Händen trägt"), sowie *Amrita* („der Unsterbliche"). *Dhanvantari* gehört zu den neun Juwelen am Hofe des Königs *Vikramāditya.*

dhānya *n* Getreide, Korn, Reis.

dhara *adj* haltend, tragend, stützend; Kurzform für *hālāhaladhara* = „der, welcher den Giftfluß in seinem Hals aufhält." Dieser Name bezieht sich auf *Shiva*, der bei der Quirlung des Milchmeeres (vgl. *kūrma*) das entstandene, furchtbare Gift geschluckt und in seinem Hals gehalten hat; denn dieses hätte sonst die Erde zerstört. Der Hals *Shivas* wurde durch das Gift blau gefärbt; deshalb heißt er *Nīlakantha.*

dharā *f* die Erde.

dhārā *f* Strom, Fluß; ein beständig oder immerwährend fließender Strom.

dhāranā *f* Halten, Aufmerksamkeit, Konzentration, ständige Ausrichtung auf einen Gegenstand; Bezeichnung des sechsten Gliedes des achtgliedrigen klassischen *Yoga*; gemeint ist die Fähigkeit des Geistes, einen Zustand der Einspitzigkeit (*ekāgratā*) zu erlangen und aufrechtzuerhalten.

dharanī *f* Erde, Boden, Grund; das Erdelement.

dharanīsutā *f* Tochter der Erde; ein Name für *Sītā.*

dhārinī *adj und f* tragend, unterstützend, haltend; diejenige, die trägt, stützt.

dharma *m* Ordnung, Gesetz, Gebot Gottes; die Pflicht des Menschen; Verhaltensregeln oder Regeln der Selbstdisziplin, Verpflichtung, Moralkodex; Rechtschaffenheit, Gerechtigkeit, Moralgefühl, Tugendhaftigkeit. *Dharma* ist das, mit dem man in Einklang mit den Prinzipien der *Veden* kommt; abgeleitet von dem Wortstamm „dhri" mit der Bedeutung „tragen". Der *dharma* ist das, was man trägt. So wie Kleidung die Würde einer Person bewahrt, die sie trägt, so ist auch *dharma* das Maß für die Würde eines Menschen oder eines Volkes. *Dharma* ist die Form höherer Lebensführung, die durch die zum Ziel erhobenen Ideale, durch die erreichte Entwicklungsstufe, durch die Stellung des Individuums in der Gesellschaft und die Bewußtwerdung seiner selbst und seiner Stellung bestimmt wird. Der Weg des *dharma* bedeutet Rechtschaffenheit, die mit Sicherheit zu innerer Reinigung und Harmonisierung führt. Bei allen weltlichen Tätigkeiten sollte man darauf bedacht sein, weder den Anstand noch die Regeln des guten Geschmacks zu verletzen. Man sollte die Eingebungen der inneren Stimme nicht falsch umdeuten, sondern jederzeit bereit sein, den Geboten des Gewissens zu folgen. Man sollte sich ständig vergewissern, daß man niemanden in seiner Freiheit einschränkt, und mit wacher Aufmerksamkeit die Wahrheit hinter der verwirrenden Vielfalt zu finden versuchen. Dies und nichts anderes ist die Pflicht des Menschen, sein *dharma*. Wenn irgend etwas, was mit dem Begriff Wahrheit (*satya*) bezeichnet werden kann, in weltliche Wirklichkeit umgesetzt wird, so nennt man es *dharma*. *Dharma* ist nicht etwas, das jedermann nach Lust und Laune definieren darf. Man kann auch sagen, daß *dharma* dasjenige ist, was den Menschen trägt, ihm Sicherheit und Stabilität im Leben gibt; denn *dharma* ist als ein göttliches Gesetz unumstößlich und beschützt jeden, der *dharma* beschützt.

dharmabala *n* die Stärke, die aus dem *dharma*, der Rechtschaffenheit, kommt.

dharmabodha *m* das Lehren von *dharma*; Unterweisung in der rechten Lebensführung.

dharmacakra *m* das Rad des *dharma*, insbesondere das Rad der Lehre, welches von *Buddha* in Bewegung gesetzt worden ist; Name eines *Buddhas*.

dharmaglāni *f* der Niedergang von *dharma*.

dharmaja *adj und m* von *dharma* geboren; ein Sohn von *dharma*; dies ist ein Beiname für *Yudhishthira*, dem ältesten der *Pāndava*-Prinzen und Bruder *Arjunas*. *Yudhishthira* gilt als beispielhaft für die Eigenschaft der Rechtschaffenheit und Wahrhaftigkeit.

dharmajijnāsā *f* genaue Betrachtung, Erforschung der moralischen Grundsätze, um die menschliche Gesellschaft auf hohem Niveau zu halten; die Suche nach den ewig gültigen, geistigen Gesetzen.

dharmakarman *n* fromme Handlung, Pflichterfüllung, eine Handlung, die mit dem göttlichen Gesetz in Einklang ist.

dharmakāya *m* der Körper, die Verkörperung des *dharma*; ein Name für *Buddha*.

dharmakshetra *n* das Feld, die Wohnstätte des *dharma*, der Rechtschaffenheit; der reine Bereich der Tugend und der Entsagung von niederen

Neigungen. *Dharmakshetra* ist eine Bezeichnung für *Kurukshetra*, dem Feld (*kshetra*), auf dem die *Pāndavas* mit den *Kauravas* kämpften, um die göttliche Ordnung (*dharma*) wiederherzustellen. Es ist auch der Name von *Sathya Sai Babas* Residenz und Konferenzhalle in Bombay.

dharmam carā *wörtl.:* „Folge dem *dharma*!" „Verhalte dich gemäß rechtschaffener Grundsätze!" (Zitat aus den *Upanishaden*).

dharmāmrita *n* der göttliche Nektar der Rechtschaffenheit; der Weg des *dharma* zur Unsterblichkeit; Name einer Gruppe von Versen (*shloka*) in der *Bhagavadgītā*.

dharmamūlam idam jagat *wörtl.:* „*Dharma* ist die Wurzel dieser Welt".

dharmanārāyana *m* Gott in seiner Gestalt als Begründer und Erhalter des *dharma*.

dharmanishthā *f* Beständigkeit in der Aufrichtigkeit, ständiges Ausüben der moralischen Grundsätze (*dharma*).

dharmapatnī *f* Begleiterin des Ehemannes bei der Erfüllung der Rechte und Pflichten des Ehelebens; Begleiterin auf der Pilgerfahrt zu Gott und zur Selbsterkenntnis.

dharmapurusha *m* eine Verkörperung von *dharma*; eine moralische Persönlichkeit, die sich aus der stetigen Übung richtigen Verhaltens (*ācāradharma*) entwickelt hat.

dharmaputra *m* der Sohn des *dharma*; ein Name für *Yudhishthira*.

dharmarāja *m* der König der Rechtschaffenheit, der Garant des Rechten; ein Name für *Yudhishthira*, den ältesten der fünf *Pāndava*-Brüder.

dharmarakshana *adj und m* die Rechtschaffenheit schützend; ein Hüter der Tugend und Rechtschaffenheit.

dharmāranya *n* Name eines Waldes, in den *Dharma* sich zurückzog.

dharmārtha *m* rechtmäßig erworbener Besitz; auf moralische Art und Weise erzielte Einkünfte zur Bestreitung des Lebensunterhaltes.

dharmashālā *f* Halle, Gerichtshof, Schule für *dharma*.

dharmashāstra *n* ein Lehrbuch des Rechts; ein autoritatives Werk über *dharma*.

dharmastambha *m* Säule, Stütze der Rechtschaffenheit.

dharmasthāpana *n* die Wiederaufrichtung des *dharma*, die Wiedererweckung der Rechtschaffenheit; die Förderung von wahrer Religion; die Schaffung einer Gesellschaft, deren Grundlagen Rechtschaffenheit und eine auf Gott ausgerichtete Lebensführung sind.

dharmasūtra *n* Leitfaden des *dharma*; Name einer Gattung von Texten, in denen im *sūtra*-Stil Fragen des Rechts und der göttlichen Ordnung erörtert werden. Die *Dharmasūtras* sind nach den vedischen Schulen benannt, zu denen sie gehören.

dharmavidyā *f* das Wissen, die Kenntnis der Rechtschaffenheit; Erziehung zum rechten Verhalten in der Welt; Aneignung von Moral.

dharmavyādha *m* wörtl.: der rechtschaffene Jäger; Name eines *Brahmanen*, der durch einen Fluch in einen Jäger verwandelt worden war.

dhārmika *adj* rechtschaffen, tugendhaft, richtig.

dharmo rakshati rākshitāram *wörtl.:* „*Dharma* beschützt seinen Beschützer" (Zitat aus dem *Mānavadharmashāstra*).

dharmoddharana *n* Aufrichtung des *dharma*.

dhātā *m* Schöpfer.

dhātu *m* essentieller Teil, konstituierender Teil einer Substanz oder des Körpers; Mineral; Verbalwurzel; die ewige Seele.

dhaumya *m* Name eines Sehers; Name des jüngeren Bruders von *Devala*, der Familienpriester der *Pāndavas* war.

dhava *m* Gatte, Herr, Meister.

dhāvin *adj* tragend, unterstützend, haltend.

dhenu *f* Kuh, Milchkuh.

dhenuka *m* Name eines Dämons, der die Gestalt eines Esels annahm und von *Balarāma* getötet wurde.

dhenuvrata *n* Schutz, Verehrung der Kühe.

dhī *f* Intelligenz, Intuition; Schaukraft, höhere Einsicht; *dhī* bezeichnet die dem Menschen innewohnende Fähigkeit, die göttlichen Gesetze und auch Gott selbst zu erkennen, ihn von Angesicht zu Angesicht zu schauen. Die Fähigkeit der *dhī* führt das Bewußtsein zur transzendentalen Wirklichkeit. Die alltäglich erfahrene Intuition ist ein Abglanz von *dhī*.

dhimi *volkssprachlich?* der Klang der Fußschellen Shivas, während er den kosmischen Tanz ausführt.

dhīra *adj und m* mutig, stark, selbstbeherrscht; weise, klug, gelehrt; ein Weiser, den die Dualitäten der Welt nicht berühren.

dhīratā *f* Mut, Tapferkeit; Selbstbeherrschung, Geistesstärke.

dhīshakti *f* die Kraft der Unterscheidungsfähigkeit, der Intuition, der höheren Einsicht.

dhiyo yo nah pracodayāt *wörtl.:* „Welcher unsere höhere Einsicht inspirieren möge"; dies ist das letzte Versdrittel des *Gāyatrīmantra*.

dhotī *f* (*Hindi*) Untergewand; Name eines traditionellen Untergewandes, welches von Männern getragen wird. Es besteht aus einem ca. drei Meter langen Baumwollstoff und wird kunstvoll um die Beine geschlungen.

dhrishtadyumna *m* Name des Bruders von *Draupadī*.

dhrishtaketu *m* Name eines Sohnes von *Drishtadyumna*.

dhrita *adj* gehalten, ergriffen, bewahrt, praktiziert.

dhritarāshtra *m* Name des blinden Königs von *Hastināpura*, der Vater der *Kauravas* und Bruder von *Pāndu* war. Beide Brüder entsagten nacheinander dem Königsthron. Zwischen ihren Söhnen, den *Kauravas* und den *Pāndavas* entbrannte die große Schlacht, welche im *Mahābhārata* geschildert wird. Im

Alter zog er sich mit seiner Gemahlin *Gāndhārī* in eine Einsiedelei in den Wäldern zurück, wo beide bei einem Waldbrand ums Leben kamen.

dhriti *f* Festigkeit, Unterstützung, Dauerhaftigkeit; Entschluß, Willenskraft.

dhruva *adj und m* fest, stabil, dauerhaft, unveränderlich; Name des Sohnes von *Uttānapāda*, der zum Status des Polarsterns erhoben wurde. Er war ein großer Verehrer Gottes, der ein Leben der Entsagung und Hingabe führte.

dhruvamandala *n* der unveränderliche Kreis; Bezeichnung für ein *mandala*; die Region des Höchsten.

dhūma *m* Rauch, Dunst.

dhūmavarna *adj und m* rauchfarben; Name eines Schlangenkönigs, der König *Yadu* in seine Hauptstadt brachte und dort seine 5 Töchter mit *Yadu* verheiratete.

dhundhu *m* Name eines Dämons, der von *Kuvalāshva* getötet wurde.

dhūpa *m* Räucherwerk, aromatischer Duft.

dhūrjati *adj und m* schwere Locken habend; ein Name für *Shiva*.

dhvani *m* Klang, Ton, Geräusch.

dhyāna *m* Meditation, Versenkung, Bewußtseinsschulung, Kontemplation; *dhyāna* kann als ein Fachbegriff des *Yoga* bezeichnet werden und entsprechend unterschiedlicher Traditionen wird die Ausübung von *dhyāna* unterschiedlich beschrieben. Im allgemeinen ist eine geistige Vertiefung gemeint, welche die Entwicklung von Aufrichtigkeit, Gerechtigkeit, Frieden und Liebe einschließt; oft ist es Meditation über die Herrlichkeit Gottes, über den göttlichen Namen oder über das höchste Selbst im Inneren (*paramātman*). Es ist praktische Übung, die drei Elemente zur Vereinigung bringt, nämlich das Objekt der Meditation, die meditierende Person und den Meditationsvorgang selbst. Die Kombination und die erreichte Vereinigung der drei ist *dhyāna*. In *dhyāna* kommen alle Aktivitäten zur Ruhe, erwacht das transzendentale Bewußtsein (*samādhi*); es ist das siebente Glied des *Rājayoga*, in dem das Denken zum Schweigen gebracht wird, um das absolute Bewußtsein von jeder Überdeckung frei zu machen.

dhyānamarga *m* der Weg der Meditation.

dhyānayoga *m* der *Yoga* der Meditation.

dhyānin *m* Meditierender; jemand, der ständig in der Vergegenwärtigung Gottes weilt.

dhyātā *m* Meditierender.

dhyeya *n* das zu Meditierende; Form, Objekt, über das man meditiert; göttliche Persönlichkeit, auf welche die Meditation ausgerichtet ist; ein göttlicher Name, der in der Meditation benutzt wird.

digambara *adj und m* die Himmelsrichtungen (*dish*) als Kleidung habend, d. h. nackt; Name einer Gruppe von Asketen in der *Jaina*-Tradition.

digvijaya *m* Eroberung, Meisterung der Hauptsache, des Themas.

dikku lenivārikī devude gati *(Telugu) wörtl.:* „Für die, welche kein Obdach haben, ist Gott die Zuflucht".

dikpāla *m* Hüter einer Himmelsrichtung.

dīkshā *f* Weihe, Initiation, Einweihung; Zeremonie, religiöse Feier; Ausrichtung, Hingabe in Bezug auf die Erfüllung einer Aufgabe.

dilīpa *m* Name eines Königs, der ein Vorfahre des *Rāma* war; er war der Vater von *Raghu.*

dīna *adj und m* arm, hilflos, schwach, traurig, ängstlich; jemand, der arm, hilflos etc. ist.

dīpa *m* Lampe, Licht, Lichterkette.

dīpāvalī *f* das Fest der Lichter; dabei wird des Sieges der himmlischen über die höllischen Einflüsse, der Tugenden über die Laster gedacht. Es findet in der Neumondnacht des Monats *Kārttika* (Mitte Oktober bis Mitte November) statt.

dīrgha *adj* lang.

dīrghatapas *m wörtl.:* „Der, welcher lange Askese übt"; Name eines vedischen Sehers (*Rishi*); Beiname des *Gautama.*

dīrghāyus *adj* langlebig.

dish *f* Richtung, Orientierung; Himmelsrichtung, Himmelsregion; Ort, Platz.

diti *f wörtl.:* „Die Begrenzte"; Name der Mutter der Dämonen (*daitya*). Die Mutter der Götter ist *Aditi*, die Unbegrenzte.

divodāsa *m* Diener des Himmels; Name eines frommen Königs.

divya *adj und m* göttlich, himmlisch; ein göttliches Wesen.

divyashakti *f* göttliche Kraft.

divyātmasvarūpa *adj und m* das göttliche Selbst verkörpernd; eine Verkörperung des göttlichen Selbstes. Der Plural: *divyātmasvarūpāh* („Inkarnationen des göttlichen Selbstes!") wird oft als Begrüßung benutzt, wenn *Sathya Sai Baba* seinen Vortrag beginnt.

divyatva *n* Göttlichkeit.

dolā *f* Schaukel.

dolotsava *m* Schaukelfest.

dosha *m* Fehler; Bezeichnung der drei Grundprinzipien *vāta*, *pitta* und *kapha*, die nach der Lehre des *Āyurveda* für das Auftreten von Krankheiten verantwortlich sind.

drashtā *m* der Sehende, der Erkennende; das Subjekt jeder Erkenntnis. Insofern ist *drashtā* eine Bezeichnung für das Selbst.

drashtum *indekl* zu sehen, zu visualisieren.

draupadī *f* Name der Tochter von *Drupada*, dem König von *Pancāla.* Sie war die Gemahlin der fünf *Pāndu*-Prinzen (*Pāndava*) und ist eine wichtige Gestalt des *Mahābhārata.* Als sie vor dem versammelten Königshof auf Betreiben der *Kauravas* entkleidet werden sollte, betete sie zu Gott um Hilfe; daraufhin erhielt ihr Sari eine unendliche Länge, so daß sie nicht entkleidet werden konnte.

dravya *n* Ding, Substanz, Objekt, Materie.

dravyayajna *m* das Opfer der Substanzen; der richtige Umgang mit den Objekten.

dridha *adj* gefestigt, fest, stabil, stark, schwer zerstörbar.

drigdrishyaviveka *m* Unterscheidung (*viveka*) zwischen dem Seher (drig) und dem Gesehenen (*drishya*); Titel eines Sanskritwerkes von 46 Versen, das in die *Vedānta*-Philosophie einführt.

drishadvatī *f* Name eines heiligen Flusses.

drishti *f* Anblick, Vision, Schau, Aussehen, Haltung, Gesichtspunkt.

drishtidosha *m* Sehbehinderung.

drishya *adj und n* sichtbar, wahrnehmbar; angenehm; sichtbares Objekt, die sichtbare, äußere Welt.

drishyānanda *m* Freude, die durch ein schönes Objekt oder durch das Sehen des Schönen in einem Objekt entsteht.

drona *m* Name des Lehrers, der die *Pāndava-* und *Kaurava*-Prinzen in der Kriegskunst unterwies. Er kämpfte in der Schlacht von *Kurukshetra* auf seiten der *Kauravas* und übernahm nach dem Tod von *Bhīshma* deren Oberbefehl.

dronācārya *m* der Lehrer *Drona*.

druhyu *m* Name eines Sohnes von *Yayāti*.

drupada *m* Name des Königs von *Pancāla*, der von den *Pāndavas* auf Geheiß ihres Lehrers *Drona* gefangen genommen wurde; denn er hatte *Drona* in einer Notsituation hartherzig zurückgewiesen. *Drupada* ist der Vater von *Draupadī*.

duhkha *n* Unglück, Sorge, Schwierigkeit; Kummer, Trauer. Der Gegenbegriff ist *sukha*.

duhkhālaya *m* Haus der Traurigkeit.

duhkhanivritti *f* die Aufhebung des Leidens; die Verringerung des Leidens; das Aufhalten der Faktoren, die immer wieder zu leidvollen Erfahrungen führen.

duhshalā *f* Name der einzigen Tochter von *Dhritarāshtra*.

duhshāsana *m wörtl.:* „Der Schwerzukontrollierende"; Name eines der 100 Söhne von *Dhritarāshtra*.

dūra *adj und n* entfernt, fern, weit weg; Entfernung, Distanz, Ferne.

dūrashravana *n* das Hören von Weitentferntem; die Fähigkeit, weitentfernte Geräusche und Worte wahrnehmen zu können.

durātma *adj* eine schlechte Charakterdisposition besitzend; verderbt, hinterhältig.

durgā *f* die Schwerzugängliche, die Unergründliche; ein Name für *Pārvatī*, die Gefährtin von *Shiva*.

durlabha *adj* schwer zu erreichen.

durmārgulara *(Telugu) wörtl.:* „O, ihr Niederträchtigen!".

durmati *adj* eine schlechte Gesinnung habend, böse; unwissend, dumm.

durmukha *m* wörtl.: „ein häßliches Gesicht habend"; Name eines Sohnes von *Dhritarāshtra*.

durvāsanā *adj und f* zerstörend, verletzend, angreifend; eine schlechte Neigung, Angewohnheit.

durvāsas *m* Name eines vedischen Sehers (*Rishi*); er ist dafür berühmt, daß er leicht seine Geduld verliert und in Wut gerät.

duryodhana *m wörtl.:* „Schwer zu besiegen, unbesiegbar"; Name des ältesten der hundert Söhne des blinden Königs *Dhritarāshtra* und Gegenspieler der *Pāndavas*. Bereits seine Geburt wurde von schlechten Omen begleitet und schon als Kind zeigte er eine starke Neigung, die *Pāndavas* vernichten zu wollen.

dūshana *adj und m* verderbend, verletzend, vernichtend; Name eines Dämons, dem General von *Rāvana*.

dushkarman *n* eine negative Handlung; schlechtes *Karma*. Gemeint sind alle Handlungen, die ohne Furcht, eine Sünde zu begehen, getan werden und die unter dem Einfluß der sechs Feinde: Verlangen (*kāma*), Zorn (*krodha*), Gier (*lobha*), Täuschung (*moha*), Verblendung (*mada*) und Neid (*matsara*) stehen. Solche Handlungen lassen das Tierische im Menschen hervortreten und beruhen eben nicht auf Unterscheidung (*viveka*), Klarheit (*vicakshana*) und Loslösung (*vairāgya*). Ihnen fehlen Mitgefühl (*dayā*), Rechtschaffenheit (*dharma*), Wahrhaftigkeit (*satya*), Frieden (*shānti*) und Liebe (*prema*).

dushtulāra *(Telugu) wörtl.:* „O, ihr Verderbten!".

dushyanta *m* Name eines tapferen Königs, dem Gemahl der *Shakuntalā*.

dussanga *m* schlechte Gesellschaft; die Gemeinschaft, das Zusammensein mit den Gottlosen, Tückischen, Unreinen, Verderbten.

dustara *adj* schwer zu überqueren, schwer zu überwinden; unbesiegbar.

dvādasha *adj* aus 12 bestehend.

dvādashīvrata *n* Bezeichnung eines Rituals, welches am 12. Tag einer Halbmondsphase durchgeführt wird.

dvaipāyana *adj und m* der, welcher zu den Inselkontinenten (*dvīpa*) in Beziehung steht; ein Name für *Vyāsa*.

dvaita *n* Zweiheit, Dualität; die phänomenale Welt ist aus Gegensatzpaaren, Dualitäten aufgebaut, die erst in der Transzendenz überwunden werden können. *Dvaita* bezeichnet auch die Philosophie des Dualismus, nach deren Auffassung der Mensch als Geschöpf von seinem Schöpfergott getrennt ist und die Gegensätze der Welt eine tatsächliche Wirklichkeit besitzen.

dvaitādvaitavedānta *m* der *Vedānta* der gleichzeitigen Zweiheit und Nicht-Zweiheit.

dvaitavedānta *m* der dualistische *Vedānta*; Name einer Philosophietradition, deren Hauptvertreter *Madhva* ist. Er lehrt, daß es drei ewige voneinander geschiedene Wirklichkeiten gibt: 1. Gott, den allgegenwärtigen Herrn; 2. die unendlich vielen Einzelseelen; 3. das Ungeistige. Ziel des Wissens ist nach *Madhva* die vollständige Erkenntnis der Unterschiede der aufgeführten Wirklichkeiten.

dvaitin *m* jemand, der der Lehre der Zweiheit (*dvaita*) folgt.

dvaitopāsanā *f* Annäherung an Gott, Gottesverehrung, bei der der Gläubige sich getrennt von ihm fühlt.

dvandva *n* Paar, ein Paar von zwei gegensätzlichen Eigenschaften; Gegensatz; Zweifel, Unsicherheit; Kampf, Streit, Ärger.

dvandvamoha *m* die Täuschung durch die Gegensatzpaare wie Freude und Leid, Licht und Dunkelheit usw.; der *Advaitavedānta* geht davon aus, daß die Gegensatzpaare so lange Täuschung bewirken, wie sie als absolut gültig empfunden werden, so lange also, wie das Bewußtsein innerhalb des Herrschaftsbereiches der *māyā* gebunden ist. Im umfassenden, geistigen *brahman* sind die Gegensätze in einer einheitlichen Wirklichkeit umfaßt.

dvandvamohātīta *m* eine Person, die sich über die Täuschung der Gegensatzpaare erhoben hat; jemand, der über die Welt der Gegensatzpaare hinaus gelangt ist.

dvandvātīta *adj* über die Gegensatzpaare hinausgelangt.

dvāparayuga *n* Bezeichnung des dritten Zeitalters (*yuga*), des kupfernen oder bronzenen Zeitalters, in dem nur noch ein geringer Teil des göttlichen Bewußtseins des Menschen lebendig ist.

dvāra *n* Tür, Tor; Eingang; Körperöffnung.

dvārakā *f* Name einer Hafenstadt an der indischen Westküste, in der *Krishna* lebte; sie wird als eine Festung mit neun Toren (*dvāra*) beschrieben und ist ein Symbol für den Körper und dessen Öffnungen.

dvārakāvāsa *adj und m* sich in *Dvārakā* aufhaltend; der Bewohner von *Dvārakā*; ein Name für *Krishna*.

dvaya *n* Paar, Zweiheit, Dualität.

dvesha *m* Haß, Bosheit, Zorn, Abneigung, Ablehnung.

dveshasmarana *m* Stärkung, Kultivierung von Haß, Zorn usw.

dvi *adj* zwei, zweifach; beide.

dvija *adj und m* zum zweiten Mal geboren; ein Angehöriger der drei höheren Stände, dem es gestattet ist, bestimmte heilige Zeremonien durchzuführen; die zweite Geburt ist die Initiation.

dvīpa *m und n* Insel, Kontinent; ringförmige Sphäre des Universums; die *dvīpas* werden insbesondere in den *Purānas* beschrieben.

dvivida *m* Name eines Dämons, der von *Balarāma* besiegt wurde; Name eines Affen, der an der Seite von *Rāma* kämpfte.

dyo *m* (Nom. Sg. dyaus) Himmel.

E

eka *adj, m und n* eins, einzeln; der Eine (*īshvara*); das Eine (*brahman*), welches dieser ganzen Vielfalt zugrunde liegt (oft steht dann der Nom. Sg. n. ekam).

eka eva *nur einer (ist der Herr – īshvara, das Selbst – ātman etc.).*

ekabhakti *f* Hingabe, die sich auf ein Ziel konzentriert.

ekabhāva *adj und m* eine Natur, ein Wesen habend; die Auffassung der Einheit; das Einssein; gleichmäßige Hingabe.

ekacakrā *f* Name einer Stadt, in der die *Pāndavas* für eine gewisse Zeit während ihrer Verbannung lebten.

ekādashī *f* der elfte Tag der zweiwöchigen Mondphase, der speziell den *Vaishnavas* heilig ist. An diesem Tag sollte gefastet werden; und man sollte den Schwerpunkt auf spirituelle Aktivitäten legen.

ekāgratā *f wörtl.:* „Einspitzigkeit"; Gradlinigkeit, Unbeirrbarkeit; vollständiges Ausgerichtetsein des Geistes auf eine Sache, auf einen Punkt.

ekāksharam brahma *wörtl.:* „Diese eine Silbe ist dasselbe wie *brahman*" (gemeint ist *OM*); Zitat aus den *Upanishaden.*

ekalavya *m* Name des Bruders von *Shatrughna.*

ekam evādvitīyam brahma *wörtl.:* „*Brahman* ist Eines ohne ein Zweites". Dieser Satz aus den *Upanishaden* beschreibt die Erfahrung, in welcher die vielheitliche Realität als eine Ausdrucksform des einheitlichen *brahman* erfahren wird.

ekam sat *n* das eine Sein; das Sein, die absolute Existenz ist eine Einheit.

ekānta *m* Einsamkeit, Zurückgezogenheit.

ekāntabhakti *f* Hingabe, die nicht durch andere Tendenzen gestört wird, die einzig und allein auf den Höchsten ausgerichtet ist.

ekāntavāsa *m* Einsamkeit; Pflege der Einsamkeit; im Geist muß Einsamkeit vorherrschen, alle Bewohner des Geistes, d. h. Gedanken und Empfindungen, sollten hinauskomplimentiert bzw. vertrieben werden.

ekātmabhāva *m* der Zustand, in dem das Selbst als Einheitsrealität erfahren wird.

ekatva *n* die Einheit.

ekatvabhāva *m* das Bewußtsein, die Erfahrung, die Verwirklichung der Einheit.

ekbhāv *Hindi* Erfahrung der Einheit in der Vielheit; vgl. *ekabhāva.*

eko 'ham bahuh syām *wörtl.:* „Einer bin ich, vielfältig will ich sein!" (Zitat aus den *Brāhmanas*, welches den Beginn der Schöpfung beschreibt).

emūsha *m* Name des Ebers, der die Erde wieder an die Wasseroberfläche hob; vgl. *Varāha.*

eppudoo undado *(Telugu) wörtl.:* „Dies ist nicht von Dauer".

G

gadā *f* Keule.

gada *m* Satz, Rede; Krankheit.

gagana *n* Himmel, Firmament.

gaganapushpa *n* Himmelsblume; gemeint ist eine Sache, die es in Wirklichkeit nicht gibt, eine Unmöglichkeit.

gaja *m* Elefant.

gajamukha *adj und m* elefantengesichtig; ein Name für *Ganesha*.

gajānana *adj und m* elefantengesichtig; ein Name für *Ganesha*.

gajavadana *adj und m* elefantengesichtig; ein Name für *Ganesha*.

gajendra *m* ein besonderer, vorzüglicher Elefant; der Herr der Elefanten, nämlich *Airāvata*, das Reittier des Gottes *Indra*.

gālava *m* Name eines Schülers von *Vishvāmitra*.

gambhīra *m* Lotos, Lotosblume.

gamya *adj* erreichbar, erwünscht.

gana *m* Schar, Gruppe, Truppe; Nachfolger; Name einer Truppe von Halbgöttern, Diener des Gottes *Shiva*.

gananātha *m* Führer (*nātha*) der Scharen *Shivas (gana)*; Meister, Herr der himmlischen Krieger, der Heerscharen *Shivas*; ein Name für *Ganesha*.

ganapati *m* = *Gananātha*.

gandha *m* Duft, Wohlgeruch, Geruchssinn.

gandhāra *m* Name eines Landstrichs, aus dem *Gandhārī* stammte.

gandhārī *f* Name der Gattin des blinden Königs *Dhritarāshtra*; bei ihrer Hochzeit verband sie sich für den Rest ihres Lebens ihre Augen, um ebenfalls blind zu sein.

gandharva *m* Name einer Klasse himmlischer Wesen; die *Gandharvas* sind die himmlischen Musikanten und deshalb insbesondere mit der Kunst der Musik verknüpft. Eine andere

Funktion, die sie innehaben, ist die Zubereitung des Göttertranks *Soma*.

gandharvaloka *m* Name einer feinstofflichen, himmlischen Region, in der die *Gandharvas* leben.

gandharvaveda *m* die Wissenschaft der Musik, zu der auch Theater und Tanz gehören; der *Gandharvaveda* wird dem *Sāmaveda* zugeordnet.

gāndīva *m oder n* Name des Bogens von *Arjuna*.

ganesha *m* (*gana-īsha*) Herr der Heerscharen; Name des Sohnes *Shivas* und *Pārvatīs*; Gott der Weisheit und Beseitiger aller Hindernisse. Er gewährt im weltlichen und im spirituellen Leben Erfolg. Viele religiöse Zeremonien (*pūjā*) beginnen mit der Anrufung *Ganeshas*. Meist wird *Ganesha* elefantenköpfig dargestellt.

ganeshacaturthī *f* Name eines Festes, welches *Ganesha* gewidmet ist.

gangā *f* eigentlich: die *Gangā* (der Ganges); Name des heiligen Flusses in Vorderindien, welcher der Überlieferung zufolge durch die langen, wallenden Haare des Gottes *Shiva* von den himmlischen Welten auf die Erde gekommen ist. Ein Bad in der *Gangā* soll den Menschen von den Wirkungen seiner vergangenen Taten befreien.

gangādhara *m* die *Gangā* haltend; ein Name für *Shiva*.

gangāja *adj und m* von der *Gangā* geboren; ein Name für *Bhīshma* oder *Kārttikeya*.

gāngeya *adj und m* von der *Gangā* abstammend; ein Name für Bhīshma.

garbha *m* Bauch, Bauchhöhle; Embryo; Keim; das Innere.

garbhagriha *n wörtl.:* „Das Haus des Keimes"; der heiligste innere Tempelbereich, in dem die Bildgestalt Gottes verehrt wird; Schrein.

garga *m* Name eines Gelehrten im Bereich der Astronomie.

gārgī *f* Name der Gattin des *Yājnavalkya*.

gariman *m* Schwere.

garuda *m* Name des Königs der Vögel; er ist das Reittier *Vishnus* und wird mit Kopf, Schwanz und Flügeln eines Adlers und Leib und Beinen eines Menschen dargestellt. Sein Gesicht ist weiß, seine Flügel sind rot und sein Körper ist golden. *Garuda* soll den Unsterblichkeitstrank (*amrita*) von den Göttern geraubt haben, um seine Mutter von *Kadru* freizukaufen. *Indra* entdeckte den Diebstahl und kämpfte mit *Garuda*. Das *amrita* wurde zurückgewonnen, aber *Indra* wurde besiegt, sein Donnerkeil zerbrochen.

garudapurāna *n* Name eines *Purāna*, welches der *Vaishnava*-Tradition zugerechnet wird. Es enthält viele Abschnitte, die sich mit wissenschaftlichen Themen auseinandersetzen, z. B. der Medizin und der Astronomie/Astrologie.

garvabhanga *m* das Brechen des Stolzes, der Arroganz; das Befreien von der Falschheit oder dem Egoismus durch den Herrn.

gataprajna *adj und m* die Einsichtskraft verloren habend; ohne Einsicht; ohne Vernunft; ein Mensch, dessen

Erkenntnis verschwunden ist, der sich in Verwirrung befindet.

gāthā *f* Gesang, Lied, Vers.

gati *f* Bewegung, Gang, Lauf; Eingang, Zugang; Weg; Prozession.

gatika *n* Bewegung; Zuflucht; Zustand.

gaudapāda *m* Name eines bedeutenden Philosophen der *Advaitavedānta*-Tradition. Berühmt wurde er durch seinen Kommentar (*kārikā*) zur *Māndūkya-upanishad.*

gaudapādakārikā *f* Name der Erläuterung zur *Māndūkya-upanishad*, die von *Gaudapāda* verfaßt worden ist. Sie gilt als eines der bedeutendsten Werke der *Advaita*-Tradition.

gaunabhakti *f* abgeleitete Hingabe, indirekte *bhakti.*

gaurānga *adj und m wörtl.:* „Einen goldenen Körper besitzend"; dies ist ein anderer Name für *Caitanya*, der um 1500 n. Chr. in Bengalen lebte. Er gilt als der „verdeckte" *Avatar* des *kaliyuga* und wird von den Gläubigen als Inkarnation *Krishnas* verehrt.

gaurī *f* Name der göttlichen Mutter, der Gefährtin des Gottes *Shiva*, vgl. *Pārvatī.*

gaurīshankara *m* 1. *Gaurī* und *Shankara* zusammen, d. h. *Pārvatī* und *Shiva* gemeinsam 2. Name eines hohen Gipfels im *Himālaya.*

gautama *m* Name verschiedener Personen, insbesondere des *Siddhārtha Gautama*, dem Begründer des Buddhismus; vgl. *Gotama.*

gautamī *f* ein Name für *Durgā.*

gayā *f* Name einer heiligen Stadt in Bihār.

gāyatrī *f* Name eines berühmten, heiligen Verses in dem gleichnamigen Metrum von 3x8 Silben; es ist der heiligste Vers des *Rigveda* (3.62.10) und ein wichtiger *Mantra* für das Gebet und die Meditation; die *Gāyatrī* wendet sich an die Sonne als *Savitā*, d. h. als Beleber und Inspirierer aller Wesen, und wird deshalb auch *Sāvitrī* genannt. Die *Gāyatrī* wendet sich an die höchste Intelligenz, die Quelle allen Lichts, mit der Bitte, die begrenzte Intelligenz des Individuums zu beleben, zu nähren und zu inspirieren. *Gāyatrī* ist auch der Name der Göttin, die über diesen *Mantra* regiert. Text: „Om bhūr bhuvah svah tat savitur varenyam bhargo devasya dhīmahi dhiyo yo nah pracodayāt". Übersetzung: „Wir versenken uns in den erhabenen Glanz des Gottes *Savitā*, der unsere höhere Einsicht inspirieren möge!"

gāyatrīmantra *m* der *Gāyatrī*-Vers.

ghana *adj und m* voll (von); erfüllt; ununterbrochen, dauerhaft, fest, dicht; Wolke; kompakte Masse.

ghanashyāma *adj und m* dunkel wie eine Wolke; ein Name für *Rāma* oder *Krishna.*

ghantā *f* Glocke.

ghara *m* Haus; Zuflucht; Schutz.

ghata *m* Topf, Tontopf; das Zeichen für den Wassermann.

ghatakarpara *m* Tonscherbe; Name eines Dichters, der zu den neun Juwelen am Hofe des Königs *Vikramāditya* gerechnet wird.

ghatākāsha *m* der Raum, der von einem Topf begrenzt wird. Gemeint ist die Bewußtseinsstufe, in der man sagt: „Das bin ich" und sich dabei auf den Körper bezieht. Hier ist das Selbst noch an den Körper gebunden. Das Beispiel vom Topf, der den Raum in einen inneren, begrenzten und einen äußeren, unbegrenzten Raum aufteilt, wird philosophisch häufig verwendet, z. B. um den Unterschied zwischen *jīvātman* (d. h. *ātman*, der von einem Körper begrenzt wird) und dem reinen, unbegrenzten *ātman* (der identisch mit *brahman* ist) zu erklären.

ghatotkaca *m* Name eines Sohnes von *Bhīma.*

ghrita *n* Butterschmalz, geklärte Butter, Butterreinfett; bereits bei den vedischen Opfern (*yajna*) wurde Butterschmalz als Opfergabe verwendet, woran sich bis in die heutige Zeit nichts geändert hat. Im *Āyurveda* dient Butterschmalz als Trägersubstanz für medizinische Zubereitungen und wird auch kurmäßig eingesetzt.

ghrtācī *f* ein Opferlöffel für Ghee; Name einer *Apsaras*, die mit verschiedenen Sehern Kinder zeugte, u. a. mit *Bharadvāja* und *Vyāsa.*

giri *m* Berg.

giridhara, giridhārin *adj und m* den Berg haltend; der, welcher den Berg trägt; ein Name für *Krishna*, der als Knabe den Berg *Govardhana* anhob, um die Kuhhirten und Kuhherden von *Brindāvana* vor Flut und Vernichtung zu bewahren.

girijā *f* die Berggeborene; ein Name für *Pārvatī*, die Gefährtin von *Shiva.*

girijānandana *m* der, welcher die Freude der Berggeborenen ist; ein Name für *Ganesha.*

gītā *f* Gesang. Lied. *Gītā* ist eine Bezeichnung für mehrere heilige Texte, insbesondere die *Bhagavadgītā* (Gesang des Erhabenen). Andere Lieddichtungen sind z. B. die Avadhūtagītā, die Ashtāvakragītā, die *Anugītā* und die Ganeshagītā. Meist steht *Gītā* als Kurzform für *Bhagavadgītā*, einem Teil des *Mahābhārata*-Epos, der die Belehrung *Krishnas* an *Arjuna* enthält. Spirituell läßt sich dieses Wort so erklären: das Wort „*gītā*" hat zwei Silben, „gī" und „tā", „gī" bedeutet Opfer und „tā" bedeutet Spiritualität. Also lehrt die „*Gītā*" sowohl Opfer als auch die wahre Natur der Seele.

gītābhavana *n* das Haus der *Gītā.*

gītācārya *m* der Lehrer der *Gītā* (d. h. der *Bhagavadgītā*), gemeint ist *Krishna.*

gītagovinda *n* Name eines Werkes der *Bhakti*-Literatur von *Jayadeva*, in welchem die Liebe zu Gott verherrlicht wird.

gītājayantī *f* Name eines Festtages, der an die Unterweisung erinnert, die *Krishna Arjuna* in der *Bhagavadgītā* gegeben hat.

gītopadesha *m* die Unterweisung der *Gītā.*

glāni *f* Müdigkeit; Niedergang, Schwächung.

go *f* Vieh; speziell die Kuh, die als Lebensspenderin hoch verehrt wird; sie ist auch ein Symbol für die Sinnesorgane; andere Bedeutungen sind: Stern, Gestirn; Strahl, Lichtstrahl; Erde.

gobhila *m* Name einer Schultradition des *Yajurveda*, zu der insbesondere das Gobhilagrihyasūtra gehört.

godāvarī *f* Name eines Flusses in Südindien.

gokarna *m* Kuhohr; Name eine Pilgerortes, wo *Shiva* verehrt wird.

gokula *n* Herde; Kuhstall; Name der Stadt am Ufer der *Yamunā*, in der *Krishna* seine Kindheit unter Kuhhirten verbrachte.

gokulāshtamī *f* Festtag zu Ehren von *Gokula*.

goloka *m wörtl.:* „Die Kuhwelt"; Bezeichnung der höchsten transzendenten Welt, in der *Krishna* seine ewigen Spiele (*līlā*) mit den *gopīs* und *gopās* spielt.

golokadharma *m* die Rechtschaffenheit, Ordnung (*dharma*) der Kuhwelt (*goloka*), womit *Krishnas* transzendente Welt gemeint ist. Wenn man sich in allen drei Bereichen (dem Groben, dem Feinen und dem Kausalen) eine edle Betrachtungsweise erwirbt und beständige Glückseligkeit aus der Erkenntnis der Einheit in allem gewinnt und außerdem die Erfahrung der Identität mit *brahman* voll entwickelt ist, dann folgt man dem Weg des „goldenen *dharma*", erfüllt die Voraussetzungen für wahre Hingabe und schafft die Möglichkeit für eine ewige Existenz in *goloka*.

gomātā *f* die Kuhmutter, die nährend Milch abgibt.

gopa *m* Hirte, Kuhhirte.

gopāla *m* Kuhhirte, Beschützer der Kühe; ein Name für den jungen *Krishna*, als er unter den Kuhhirten in *Brindāvana* lebte. Für den spirituell Strebenden (*bhakta*), der die vierte der fünf Beziehungen (*bhāva*) zu Gott einnimmt, d. h. die Beziehung der Liebe der Eltern zu ihrem Kind (*vatsalya*), erscheint *Krishna* oft in der Gestalt des *Gopāla*. Wenn man die Bedeutung „Sinn" für „*go*" annimmt, bedeutet *Gopāla* „der, welcher die Sinne beschützt".

gopī *f wörtl.:* „Hirtenmädchen, Hirtin"; die Gespielinnen und Verehrerinnen *Krishnas* in *Brindāvana*, wo er seine Kindheit und Jugend verbrachte. Für den Gotthingegebenen (*bhakta*) sind sie ewige Gefährtinnen *Krishnas* und die vollkommenen Vorbilder für intensive Gottesliebe.

gopikā *f* vgl. *gopī*.

gopura *n wörtl.:* „Das Tor der Sinne"; Eingangstor eines Tempels, über dem sich oft ein hoher Turm mit reichen Ornamenten erhebt.

gotama *m* Name des Begründers der *Nyāya*-Schule, die zu den sechs *darshanas* gehört; Name des Verfassers eines wichtigen hinduistischen Gesetzesbuches (*dharmashāstra*), welches in zwölf Abschnitten Schöpfung, Seelenwanderung und Befreiung behandelt und ausführliche Anweisungen für alle

Schichten der Gesellschaft in bezug auf ihre Pflichten im Leben enthält.

gotra *n* Familientradition; Abstammung, Abstammungslinie, insbesondere eine, die auf einen vedischen Seher (*Rishi*) zurückgeht.

govardhana *m* Name eines Berges in Indien; es wird berichtet, daß *Krishna* diesen Berg eine Woche lang mit nur einem Finger trug, um alle Einwohner von *Brindāvana* vor einem Unwetter, welches *Indra* gesandt hatte, zu schützen.

govardhanadhara *adj und m* den *Govardhana*-Berg tragend; ein Name für *Krishna*.

govinda *m* Schützer, Hüter der Kühe; ein Name für *Krishna*, womit zum Ausdruck gebracht wird, daß er der Kenner der Erde und der Sinne und der Beschützer der Kühe ist.

govindapāda *m* Name eines Schülers von *Gaudapāda*.

graha *adj und m* ergreifend; Planet; Name einer Dämonenklasse.

grāma *m* Dorf, Siedlung; Gemeinschaft.

grantha *m* Buch.

granthālaya *m* Bibliothek.

granthi *m* Knoten; gemeint sind oft feine Blockaden, die das freie Fließen spiritueller Kräfte im Menschen verhindern. Diese Knoten entstehen durch Bindungen an die niedrigen Eigenschaften unseres Wesens und erzeugen Wünsche, Selbstsucht und Leidenschaften. Nur durch spirituelle Übungen, die mit Hingabe verbunden sind, können sie gelöst werden. In vielen heiligen Schriften wird davon gesprochen, daß es speziell der Knoten des Herzens ist, welcher gelöst werden muß.

granth-sāheb *m* (*Hindi*) Name des heiligen Buches der *Sikh*-Religion.

gridhra *m* Name eines der fünf untergeordneten *prānas* (*upaprāna*).

griha *n* Heim, Haus.

grihalakshmī *f* Name für die Gattin *Vishnus* in ihrem Aspekt der Mehrung des Wohlstandes und Wohlergehens im Haus.

grihapravesha *m* Hauseinweihung; das feierliche Betreten des Hauses anläßlich der Einweihung.

grihastha *m wörtl:* „Der, welcher sich im Haus befindet"; Haushälter; die zweite der Lebensstufen des Menschen (*āshrama*), in welcher er seine Pflichten der Gesellschaft gegenüber erfüllen muß.

grihasthāshrama *m* der *grihastha*-Stand, der Stand des Hausherren; der Stand des Familienvaters; Lebensstufe, in der geheiratet und eine Familie gegründet wird. Die Heirat kann im Kontext der *āshramas* als eine spirituelle Übung zur Ausweitung des Bewußtseins, als eine Lektion, um Selbstbeherrschung zu lernen, betrachtet werden. Der Kindersegen stellt das Bindeglied zwischen Lebenden und Toten her und sichert den Fortbestand der Traditionen. Durch richtiges Handeln im aktiven Leben und die gleichzeitige

Pflege religiöser und spiritueller Aktivitäten erhält der Hausherr die Verbindung zu Gott. Er hat seinen Verpflichtungen gegenüber der Familie, der Gemeinschaft und dem Heimatland nachzukommen, wie es sein *dharma* ihm nach seiner gesellschaftlichen Stellung vorschreibt, d. h.: Ohne die Pflichten zu vernachlässigen, die ihm Stand und Stellung auferlegen, sollte ein Hausherr (*grihastha*) alle Personen mit gleicher Zuwendung behandeln. Er sollte sich der Vorrechte der Älteren und der Verpflichtung der Jüngeren bewußt sein. Anteilnahme und Hilfsbereitschaft sind die Eigenschaften, die ihn befähigen, alle, die von ihm abhängen, mit liebevoller Freundlichkeit zu behandeln; er sollte aus jeder neuen Erfahrung in der Welt lernen und sich mit den heiligen Schriften (*shāstra*) vertraut machen und nach ihnen leben. Neben seinen weltlichen Aktivitäten hat der Haushälter die Aufgabe, die acht falschen Einstellungen zu bekämpfen, die sich aus Familienabstammung, Reichtum, Charakter, körperlicher Schönheit, Jugendlichkeit, Gelehrsamkeit, Geburtsstätte und sogar aus Fortschritten bei der Ablösung vom Weltlichen ergeben. Er sollte sich die vier Ziele Rechtschaffenheit (*dharma*), gesellschaftlichen Nutzen und Wohlstand (*artha*), Wunscherfüllung (*kāma*) und Befreiung (*moksha*) vergegenwärtigen und keinen Stolz auf materielle Besitztümer entwickeln (obwohl er sie in reichem Maße besitzen kann), einen Teil seiner Zeit für den Dienst am Nächsten aufwenden, keinem anderen Übles wollen, das Vertrauen seiner Ehefrau verdienen und seinerseits ihr vertrauen können, jeder den anderen verstehend und auf ihn bauend.

grihīta *adj* empfangen, erhalten, ergriffen.

grihyasūtra *n* Leitfaden für die häuslichen religiösen Pflichten; Name einer vedischen Textgattung. Die *Grihyasūtras* enthalten Regeln für das häusliche Ritual und die persönlichen Pflichten, die sich von der Empfängnis bis zur Bestattung eines Menschen erstrecken.

gritsamada *m* Name eines vedischen Sehers, dem Großvater von *Shaunaka*.

gudākesha *m wörtl.:* „Der Herr über die Dumpfheit"; ein Name für *Arjuna*; eine Person, die Trägheit, Schlafbedürfnis und Unwissenheit überwunden hat und Herr über die Sinne ist.

guha *adj und m* geheim; Name des Kriegsgottes.

guhā *f* Höhle; die Höhle des Herzens, in der das Selbst wohnt.

guhya *adj* verborgen, geheim; privat, geheimnisvoll.

gulikā *f* Ball; Perle.

guna *m* Eigenschaft, Qualität; Grundeigenschaft; nach der *Sānkhya*-Philosophie bestehen alle Objekte der Erscheinungswelt (vgl. *prakriti*) aus den drei Grundeigenschaften (*guna*) *sattva*, *rajas* und *tamas*. Die drei *gunas* sind Eigenschaften, die dem Herrschaftsbereich der *māyā* zuzuordnen und von *brahman* abhängig sind. Sie verhüllen dessen Wirklichkeit. Bei vollkommenem Gleichgewicht der *gunas* tritt nichts in Erscheinung. Bei gestörtem Gleichgewicht entstehen die Manifestationen der Schöpfung. *Sattva* tritt in der Welt als das Reine und Feine in Erscheinung (z. B. als Sonnenlicht), *rajas* als Aktivität (z. B. als Vulkanausbruch) und *tamas* als Schwere und Unbeweglichkeit (z. B. als Felsblock). Alle drei *gunas* sind aber überall präsent, nur ihr Mischungsverhältnis ist unterschiedlich. Im Rahmen der Bewußtseinsevolution bezeichnet *sattva* die Möglichkeit, die wahre Realität zu erkennen; *tamas* steht als Hindernis der Verwirklichung entgegen; *rajas* ist die Kraft, die mithelfen kann, *tamas* zu stärken oder zu überwinden. In der konkreten Erfahrung zeigen sich *sattva* als Ruhe, Frieden und Gelassenheit, *rajas* als Aktivität, Ruhelosigkeit und Leidenschaft, *tamas* als Trägheit, Interesselosigkeit und Dummheit. Der jeweils dominierende *guna* bestimmt Charakter und Stimmung des Menschen. Der spirituell Strebende muß *tamas* mit Hilfe von *rajas*, d. h. aktivem Bemühen, überwinden und schließlich zur reinen *sattva*-Qualität kommen. Beim Erkennen des Selbstes (*ātman*) muß auch der Bereich von *sattva* transzendiert werden. Im *Vedānta* werden die *gunas* drei Räuber genannt. Dazu gibt es die folgende Geschichte: Drei Räuber überfielen einen Kaufmann, der auf dem Weg in sein Heimatdorf war, und raubten ihn aus. *Tamas* wollte ihn umbringen, um alle Spuren zu beseitigen. Die anderen beiden hatten Bedenken, und *rajas* sagte: „Wir binden ihn an einen Baum. Es ist sein *Karma*, ob er gefunden wird oder nicht.“ So fesselten sie ihn an einen Baum und eilten davon. Nach einer Weile kehrte *sattva* zurück und zerschnitt seine Fesseln. Der Kaufmann war überglücklich. „Du hast mich gerettet, komm mit in mein Dorf, ich werde dich belohnen.“ „Das geht nicht“, sagte *sattva*, „ich bin bei der Polizei als Räuber bekannt. Das einzige, was ich tun konnte, war, dich von den Fesseln zu befreien.“

gunagana *adj* mit der Schar guter Eigenschaften versehen, die Schar guter Eigenschaften besitzend.

gunanidhi *m* ein Lager, eine Ansammlung guter Eigenschaften; ein guter Charakter.

gunasamāvasthā *f* (*guna-sama-avasthā*), der Zustand der völligen Ausgewogenheit, des Gleichgewichts der drei *gunas*. In diesem Zustand treten keine relativen Existenzformen hervor.

gunasamkīrtana *n* das Besingen der göttlichen Eigenschaften; das Lobpreisen der Eigenschaften Gottes.

gunātīta *adj und m* über die *gunas* hinausgegangen; jenseits der *gunas*; jemand, der jenseits der drei *gunas* steht, der auf der absoluten Ebene, im Selbst gegründet ist.

gunatrayavibhāgayoga *m* der Yoga, der darauf abzielt, die Eigenschaften der drei gunas unterscheiden zu können.

gupta *adj und m* geschützt, bewahrt,

bewacht; geheim, verborgen; ein Name für *Vishnu.*

guri *(Telugu)* Ziel.

guru *adj und m* (*dt.* Guru*) schwer, von Gewicht, gewichtig, groß; ein Lehrer geistiger Disziplinen auf dem Weg zur Selbsterkenntnis, insbesondere der spirituelle Meister. Die Tradition unterscheidet vier *Guru*-Stufen: 1. die Eltern, durch die der Mensch diesen Körper erhält und die ihn in das Leben und seine Probleme einführen; 2. die Lehrer der Schule und Universität, die Handwerksmeister und alle, welche mit der Ausbildung befaßt sind; 3. der spirituelle Meister, der den Sinn und Zweck des Lebens erklärt, der den Weg zur Selbstfindung kennt und ihn unter Hinweis auf die Gefahren und Hindernisse, die auftreten können, zeigt. Spirituell bedeutet die Silbe „gu" Dunkelheit oder Unwissenheit und „ru" steht für die Entfernung, Vernichtung derselben. 4. Der kosmische Guru (*Avatar*), zu dem der spirituelle Meister hinführt und der als göttliche Inkarnation vollkommen ist.

guru nānak *m* Name eines großen Heiligen. Er war der Begründer der Sikh-Religion.

gurubhakti *f* Hingabe an den Lehrer.

gurukula *n* das Haus des Lehrers, eine spirituelle Schule, in der die Schüler bei ihrem Lehrer leben.

gurumārga *m* der Weg des Lehrers.

gurūnām ājnā *f* die Aufforderung, die Anweisung, der Befehl der Meister. Dieser Ausdruck weist auf die Kontinuität der Unterweisungen der Lehrer hin, die in verschiedenen Jahrhunderten im Rahmen der vedischen Tradition gelehrt und diese damit bewahrt haben. Diesen bewährten Anweisungen sollte man Folge leisten.

gurupūrnimā *f wörtl.:* „Die Lichtfülle des Lehrers"; gemeint ist die hellste Vollmondnacht des Jahres (= erste Vollmondnacht im Juli). Dies ist der Tag, an dem speziell der spirituelle Meister, der die Dunkelheit vertreibt, verehrt wird.

gurusevā *f* der Dienst für den Lehrer; selbstloser Dienst, den der Schüler seinem *Guru* aus keinem anderen Beweggrund als Zuneigung erweist.

guruvāra *m* Donnerstag, der Tag des spirituellen Lehrers.

H

haihaya *m* Name eines Urenkels von *Yadu.*

hala *m* Pflug.

halabhrit *adj und m* einen Pflug tragend; ein Name für *Balarāma.*

haladhara *adj und m* einen Pflug tragend; ein Name für *Balarāma.*

hāladhāra *adj und m wörtl.:* „Das Gift haltend"; ein Name für *Shiva*; dieser Ausdruck verweist auf den blauen Hals von *Shiva*, der das furchtbare Gift *hālāhala* schluckte und in seinem Hals festhielt, da es sonst die Welt vernichtet hätte.

hālahala, hālāhala *n* Gift; Name eines tödlichen Giftes, das bei der Quirlung des Milchmeeres entstand; vgl. *kūrma.*

hālāhaladhāra *adj und m* = *hāladhāra.*

ham *pron* (*Hindi*) ich.

ham haim *(Hindi) wörtl.:* „Wir sind".

hamārā/-ī *pron* (*Hindi*) unsere.

hamsa *m* Schwan oder Gans; der himmlische Schwan; der Schwan ist *Brahmās* Gefährt und soll die Fähigkeit besitzen, Milch von Wasser zu trennen und dann nur die Milch zu trinken; gemeint ist die Fähigkeit spiritueller Unterscheidungskraft, die das Geistige vom Materiellen trennen kann. Der Schwan ist mit seinen vollkommenen weißen Federn ein Symbol der Reinheit; es heißt auch, daß er zwischen Recht und Unrecht unterscheiden kann, das Recht annimmt und das Unrecht zurückweist. *Hamsa* ist eine Bezeichnung für die Seele, entweder in ihrem höchsten Aspekt oder als wandernde Individualseele (*jīvātman*).

hamsavahanā *f wörtl.:* „Diejenige, welche auf einem Schwan reitet"; ein Name für *Sarasvatī.*

hanumān, hanumat *adj und m wörtl.:* „Mit starken Kinnbacken versehen"; Name des Heerführers der Affen; er war einer der unerschrockensten und hingebungsvollsten Diener (*bhakta*) von *Rāma* und wird als ein Wesen dargestellt, welches zur Hälfte Affe, zur anderen Hälfte Mensch ist. Er konnte durch die Luft fliegen und war ungeheuer stark. Mit seinem Affenheer unterstützte er *Rāma* in dessen Krieg gegen *Rāvana*. Er besaß magische und heilende Kräfte und wird deshalb auch Lehrer des *Yoga* (*yogācārya*) genannt. Im *Rāmāyana* ist zu lesen: „Der Häuptling der Affen ist vollkommen, niemand kommt ihm gleich an Kenntnissen der *Shāstras*, Gelehrsamkeit und Auslegung der Schriften." Für den Gottliebenden (*bhakta*) ist *Hanumān* das Symbol für *dāsya*, die Haltung des Dieners (*bhāva*) seinem Herrn gegenüber. Während des Krieges gegen *Rāvana* sprang er mit einem Satz von Indien nach Ceylon, versetzte den *Himālaya*, riß Bäume aus und bewirkte viele andere Wunder. Auf *Lankā* angekommen wurde von seinen Feinden sein Schwanz eingefettet und in Brand gesetzt, wobei ihre eigene Hauptstadt in Flammen aufging. Er war *Rāmas* treuer Diener, sein Kundschafter und ein großer Kämpfer und begleitete ihn, als er in seine Hauptstadt *Ayodhyā* zurückkehrte; dort wurde *Hanumān* mit ewiger Jugend und ewigem Leben belohnt. Er wird folgendermaßen beschrieben: „Seine Gestalt ist groß wie ein Berg und hoch wie ein gewaltiger Turm, seine Hautfarbe gelblich und glühend wie geschmolzenes Gold, sein Gesicht rot wie ein leuchtender Rubin und sein Schwanz von gewaltiger Länge. Er steht auf einem hohen Felsen, brüllt wie Donner, springt in die Luft und fliegt mit sausendem Geräusch durch die Wolken, während unter ihm die Wellen des Ozeans toben und donnern."

hara *adj und m* wegführend, raubend, ergreifend, einnehmend, zerstörend; ein Name für *Shiva*.

harā *f* ein Name für *Rādhā*, die ewige Gefährtin *Krishnas*.

harana *n* Rauben, Stehlen; Zerstören.

hare *Vok. Sg.* die Anrufungsform von *Hari* (*m*) oder *Harā* (*f*).

hari *adj und m* grün, gelblich, bräunlich; ein Name für *Vishnu* und *Krishna*. *Hari* wird oft als eine generelle Bezeichnung Gottes (*īshvara*) verwendet.

haribhaktivilāsa *m* Name eines Werkes der *bhakti*-Literatur, welches der bengalischen *Vaishnava*-Tradition entstammt; es wird Gopālabhatta oder Sanātana Gosvāmin zugeschrieben.

haricandana *n* gelbe Sandelholzpaste.

haricandra *m* = *Harishcandra*.

haridvāra *n wörtl.:* „Das Tor zu Gott"; Name eines berühmten Badeplatzes und Pilgerortes.

harihara *m Vishnu* und *Shiva*, die in einer Gestalt vereinigt dargestellt sind.

harikathā *f* Geschichte, die sich mit den Taten Gottes beschäftigt; dramatische Aufführung der göttlichen Taten.

harināman *n* der Name *Hari*; der Name des Herrn.

harinī *f* Gazelle; Name eines Metrums; Gelbwurzel.

hariparāyana *n* Hingabe an Gott.

hariprasāda *m* die Gnade Gottes; die Gabe, die *Hari* schenkt.

harishcandra *m* (auch *Haricandra*), Name eines Königs der Sonnendynastie, der für seine Frömmigkeit und Gerechtigkeit berühmt war.

harita *m* Name eines Königs.

harivamsha *m* Name eines Ergänzungsteiles des *Mahābhārata*.

harshana *adj und m* die Haare zu Berge stehen lassend; freudvoll, beglückend; Name einer Gottheit.

hasita *n* Lachen.

hasta *m* Hand.

hastin *adj und m* Hände habend; einen Rüssel (mit Handfunktion) habend; deshalb: Elefant.

hastināpura *n* Name einer Stadt (50 Meilen nordöstlich von Delhi); symbolische Bedeutung: Körper (vgl. *pura*).

hathayoga *m wörtl.:* „Der *Yoga* der Bemühung"; Name einer *Yoga*-Tradition, in der verschiedene Körperstellungen und Reinigungstechniken eine besondere Rolle spielen. Viele der bekannten *āsanas*, die auch im Westen gelehrt werden, gehen auf die Tradition des *Hathayoga* zurück.

havis *n* Opfer, Opfergabe.

havya *n* Opfergabe, insbesondere geklärte Butter.

haya *m* Pferd.

hayagrīva *m* Name einer pferdeköpfigen Erscheinungsform von *Vishnu*.

hayashiras *m* = *hayagrīva*.

hayashīrsha *m* = *hayagrīva*.

he, hey *indekl* ehrfurchtsvolle Weise, sich an Gott zu wenden: „O!".

hemādri *m* goldener Berg; ein Name für den *Meru*-Berg.

hematarakavidyā *f* das Wissen, das sich auf das menschliche Leben in dieser Welt bezieht.

hetu *m* Ursache, Grund; Ursprung.

hidimbā *f* Name der Schwester von *Hidimba*, die sich in *Bhīma* verliebte. Auf Geheiß seiner Mutter heiratete er sie; sie gebar ihm einen Sohn namens *Ghatotkaca*.

hidimba *m* Name eines riesigen Dämons, der von *Bhīma* getötet wurde.

hima *adj und n* kalt, eisig, frostig; Schnee, Eis, Frost.

himācala, himālaya *m* der *Himālaya*. Die hohen, mit ewigem Eis bedeckten, weißen Gipfel des *Himālaya* besitzen zahlreiche symbolische Bedeutungen, sowohl einzeln als auch in ihrer Gesamtheit. Sie sind Wohnsitz der Götter und sinnlicher Ausdruck von Ewigkeit, Reinheit und Klarheit.

himavat *adj und m* frostig; Schnee; Schneegipfel. In der Mythologie ist *Himavat* die Wesenheit des *Himālaya* und der Vater von *Umā* und *Gangā*.

himsā *f* Grausamkeit, Verletzung, Gewalttätigkeit.

hīna *adj* verlassen, zurückgelassen, ausgeschlossen; zerstört, mangelhaft, fehlend.

hīnayāna *n* das kleine Fahrzeug; Name einer Traditionslinie des Buddhismus, welche in Shrī Lankā und einigen anderen südasiatischen Ländern verbreitet ist.

hindī *f* (*Hindi*) Name einer in Nordindien beheimateten Sprache, die aus dem *Sanskrit* entstanden ist. Sie wird hauptsächlich in der Ganges-Ebene und den angrenzenden Regionen gesprochen und in *Devanāgarī*-Schrift geschrieben.

hindu *m* (*Hindi*) Fremdbezeichnung für die Angehörigen der Religionsformen Indiens, die sich auf den *sanātana dharma* berufen; symbolisch: jemand, der „*dūra*" (= weit entfernt von) „hin" (= *himsā* – Grausamkeit, Gewalttätigkeit) ist. Eine Person, die liebt und mitfühlt, die hilft und befreit, die andere nicht verletzt und anderen keine Schmerzen zufügt.

hiranya *n* Gold.

hiranyagarbha *m* der goldene Keim; das goldene Ei. Im *Rigveda* wird *hiranyagarbha* als der Anfang, der erste Schöpfungskeim beschrieben, der Himmel und Erde in sich enthält.

hiranyakashipu *m wörtl.:* „Der, welcher goldene Kleidung trägt"; Name eines Dämonenkönigs, des Vaters von *Prahlāda.*

hiranyakeshin *m* Name eines vedischen Sehers (*Rishi*), der ein nach ihm benanntes *Grihyasūtra* verfaßt hat.

hiranyāksha *m* der Goldäugige; Name eines Dämons, welcher der Zwillingsbruder von *Hiranyakashipu* ist.

hiranyarūpa *adj* die Gestalt des Goldes besitzend; goldfarbig.

hita *adj* angenehm, wohltuend, angemessen.

hitopadesha *m wörtl.:* „Die richtige Unterweisung"; Name eines Werkes der *Sanskrit*-Literatur; es ist die bengalische Version des *Pancatantra.*

homa *m* Opfergabe; das Opfer, bei dem Substanzen wie Butterschmalz, Reiskörner u. a. dem heiligen Opferfeuer übergeben werden.

hotā *m* Priester, Opferer; der *hotā* ist beim vedischen Opfer (*yajna*) derjenige, welcher den *Rigveda* rezitiert.

hridaya *n* das Herz; gemeint ist meistens nicht das physische Organ, sondern das Herz als der Sitz Gottes, als der Altar, auf dem das Licht der Erkenntnis (*jnāna*) entzündet wird. Schon im *Veda* wird das Herz als der Sitz der unsterblichen Seele des Menschen angesehen.

hridayadharma *m* die Rechtschaffenheit, die sich daraus entwickelt, daß man auf die Stimme des Herzens hört.

hridayakamala *n* der Lotos des Herzens.

hridayākāsha *m* der Raum des Herzens, in dem der *purusha* wohnt.

hridayanivāsa *adj und m* im Herzen wohnend; Gott, der im Herzen wohnt.

hridayāpahārin *m* der Dieb des Herzens; ein Name für *Krishna.*

hridayapushpa *n* die Blume des Herzens.

hridayapustaka *m und n* das Buch des Herzens.

hridayavāsin *m* der Bewohner des Herzens; der Herr in seiner Gestalt als *paramātman* als Bewohner des Herzens.

hridayavihāra *m* das Herz als Tempel, als Sitz des Herrn.

hridayaviharin *adj* das Herz erfreuend, wegnehmend, raubend, bezaubernd.

hrishīka *n* Sinn; Sinnesorgan.

hrishīkesha *m* (*hrishīka-īsha*), Herr der Sinne, Herr über die Sinne; ein Name für *Krishna*.

I

icchā *f* Wunsch, Sehnsucht, Zuneigung, Verlangen, Vorliebe, Wille.

icchākrishi *f wörtl.:* „Das Pflügen des Verlangens“, d. h. die Verstärkung von *icchā*; das Kultivieren von Wünschen und Begierden.

icchāshakti *f* die Kraft des Wünschens und Wollens; der dem Menschen eigene Wille; die Macht der Wünsche, die den Menschen auf der bedingten Ebene festhält.

idā *f* andere Schreibweise für *ilā*.

idam *pron* dies, dieses.

iha *indekl* hier, d. h. an diesem Ort, in dieser Welt, zu diesem Zeitpunkt etc.

ihāmritaphalabhogavirāga *m* die Ungebundenheit in Bezug auf weltliche Genüsse, Erfolge und himmlische (aber noch relative) „Unsterblichkeit“; Ablösung von den Vergnügungen der Welt und des Himmels, nachdem man die Überzeugung gewonnen hat, daß sie vergänglich und mit Kummer verknüpft sind.

ihasaukhya *n* die Freude hier; weltliche Freude, Vergnügen.

ikshvāku *m* Name des ersten Königs der Sonnendynastie; er war der Sohn des *Manu Vaivasvata*, der wiederum ein Sohn des Sonnengottes *Vivasvat* war. *Krishna* erwähnt diese drei in der *Bhagavadgītā* (IV,1).

ilā *f* Name der vedischen Göttin der Opferspende; in der *Tantra*-Tradition bezeichnet *ilā* einen Kanal feinstofflicher Energie links von der *sushumnā*.

indra *m* Name einer Gottheit; in den *Veden* ist er der König der Götter (*deva*); er ist ein starker Held, der mit seinem Donnerkeil (*vajra*) alles Böse vernichtet; er ist der Freund der Menschen, ihr Gefährte und Bruder und vertreibt die Dunkelheit, die das Licht verschlossen hat. Makrokosmisch betrachtet beherrscht er das Wetter und sendet Regen, Blitz und Donner. Als Spender des Regens, der Quelle der

Fruchtbarkeit, wird er verehrt, als Herrscher über die Unwetter gefürchtet.

indradyumna *m* Name des Enkels von *Bharata*.

indrajāla *n* das Netz von *Indra*, mit dem er denjenigen fängt, der seine Sinne nicht unter Kontrolle gebracht hat; Kriegslist; die Kunst des Magiers; Zauberei, Trick.

indrajālam idam sarvam *wörtl.:* „All dies ist Zauberei".

indrajit *adj und m* den *Indra* besiegend; Name des Sohnes von *Rāvana*, der sich aufgrund der Gnade *Shivas* unsichtbar machen konnte und so *Indra* besiegte und nach *Lankā* entführte.

indraloka *m* die Himmelswelt von *Indra*; vgl. *svarga*.

indrānī *f* Name der Gattin *Indras*.

indraprastha *m* Name der Hauptstadt der *Pāndavas*, heute ein Stadtteil von Delhi.

indrasenā *f* Name der Tochter von *Nala* und *Damayantī*.

indrasena *m* Name des Sohnes von *Nala* und *Damayantī*.

indriya *adj und n* zu *Indra* gehörig; Sinnesfähigkeit, Wahrnehmungsfähigkeit; Sinnesorgan; eine Kraft *Indras*, deren Wirken uns die Erkenntnis der Erscheinungswelt (*nāmarūpa* = Name und Form) verschafft. Die *indriyas* bestehen aus den fünf Wahrnehmungsfähigkeiten (*jnānendriya*): Sehen, Hören, Riechen, Schmecken und Tasten; ferner aus den fünf Handlungsfähigkeiten (*karmendriya*): Sprechen, Greifen, Gehen, Ausscheidung und Fortpflanzung. Diese Fähigkeiten sind von den physischen Organen zu unterscheiden, denn man kann z. B. Augen besitzen und dennoch blind sein. Die elfte Sinnesfähigkeit ist das sinnesverarbeitende Denken (*manas*). Die *indriyas* versorgen *manas* mit den Eindrücken der äußeren Welt und wirken dadurch in den Bereich des *antahkarana* hinein.

indriyabhrānti *f* Sinnestäuschung; die Täuschung, die entsteht, wenn man sich nur auf die Sinne verläßt.

indriyanigraha *m* Beherrschung der Sinne.

indriyatattva *n* das mit den Sinnen Erfaßbare; die Wirklichkeit, die sinnlich erfahrbar ist; das Wesen der Sinne.

indu *m* Mond; Tropfen, heller Tropfen (insbesondere des *Soma*-Saftes).

indumatī Name der Schwester von König *Bhoja*.

īrshyā *f* Neid, Mißgunst.

īshā *f* Herrin.

īsha *m* (= *īshvara*) Herr, Meister; ein Name für Gott in seinem allmächtigen Aspekt.

īshāna *m* Herr; ein Name für *Shiva*.

īshānī *f* Herrin.

īshānucarita *n* die Nacherzählung der Herrlichkeiten und Taten Gottes.

īshānukathā *f* die Nacherzählung der Herrlichkeiten und Taten Gottes.

īsha-upanishad *f* Name einer *Upanishad* des weißen *Yajurveda*, die mit ihren 18 Versen die kürzeste *Upanishad* ist und die indischen *Upanishad*-Sammlungen in der Regel eröffnet.

Ihren Namen hat sie von ihren Anfangsworten und wird deshalb mitunter auch Ishāvāsya genannt. Ihr bekanntester *Mantra* lautet: *So 'ham* – „Er (*so*) – Ich (*aham*)" und bedeutet, daß Gott als Überseele im Herzen des Menschen wohnt. „Er" steht an erster Stelle, „ich" an zweiter; wenn das Ich dies weiß, wird es zu einem wirklichen Diener des Herrn.

īshāvāsyam idam sarvam *wörtl.: „All dies ist umhüllt von Gott"; (die Anfangsworte der Īsha-upanishad).*

ishta *adj* erwünscht, ersehnt, geliebt, lieb; verehrt, respektiert.

ishtadeva *m* vgl. *ishtadevatā.*

ishtadevatā *f* die verehrte, erwählte, ersehnte Gottheit. Das Konzept von *ishtadevatā* bezieht sich insbesondere auf Familientraditionen in Indien, die Gott in einer ganz speziellen Gestalt oder Erscheinungsform verehren. Oft besitzen solche Familien Bildgestalten Gottes, die schon seit Jahrhunderten verehrt werden. Letztlich ist es für jeden Gläubigen wichtig, Gott in einer bestimmten Gestalt zu verehren, damit er seine Aufmerksamkeit vollständig konzentrieren kann und der Geist nicht von einer Gestalt zur anderen springt. Die intensive Beziehung (vgl. *bhāva*) entsteht erst in einer Kontinuität der Verehrung.

ishtārtha *m* das erwünschte, ersehnte, verehrte Objekt.

ishti *f* Opferung, Ritual; Opfergabe, Opfergeschenk (z. B. Früchte, Blüten oder Butterschmalz).

ishtipaca *m* Opferdieb; Bezeichnung für Dämonen.

īshvara *m* Herr, Meister, der Mächtige und Allgewaltige; Gott in seiner herrschaftlichen Gestalt. *Īshvara* ist im *Sanskrit* eine der allgemeinsten Bezeichnungen für Gott, die unabhängig von einer bestimmten Glaubensrichtung ist; insbesondere in philosophischen Texten wie z. B. dem *Yogasūtra* wird dieser Begriff verwendet. Der *īshvara*-Aspekt Gottes ist sehr verbreitet; auch im Christentum wird er als Herrscher, als Herr gepriesen.

īshvarabhāva *m* Bewußtsein der Gegenwart des Herrn.

īshvaradarshana *n* Schau des Herrn; Vision Gottes.

īshvarah sarvabhūtānām *wörtl.:* „Der Herr aller Wesen".

īshvarah sarvabhūtānām hriddeshe 'rjuna tishthati *wörtl.:* „O *Arjuna*, der Herr wohnt im Herzen aller Wesen"; Zitat des ersten Halbverses von *Bhagavadgītā* 18.61.

īshvarakrishna *m* Name eines Autors der *Sāmkhya*-Philosophie.

īshvarāmbā *f* (= Easwaramma) *wörtl.:* „Die Mutter des Herrn"; Name der Mutter von *Sathya Sai Baba.*

īshvaraprajnā *f* Erkenntnis des Herrn; Erkenntnis, die vom Herrn kommt.

īshvarapranidhāna *f* Hingabe an Gott; diese wird im klassischen *Yoga* des *Patanjali* als notwendig für die Vollendung im *samādhi* betrachtet.

īshvarapreritajnāna *n* durch Gott herbeigeführtes Wissen; Erkenntnis, die durch Gnade in Form von innerer Vision oder Intuition erlangt wird.

īshvarasamkalpa *m* ein Entschluß Gottes, ein göttlicher Entschluß; der göttliche Wille.

īshvaratattva *n* das Wesen, die eigentliche Natur des Herrn.

īshvarīyakarman *n* Handlung für den Herrn, Handlung, die in Hingabe vollzogen wird.

iti *indekl* so; *iti* steht im *Sanskrit* immer am Ende einer wörtlichen Rede.

iti vedānushāsanam *wörtl.:* „Dies ist, was der *Veda* verlangt"; „dies ist der Rat, die Lehre, der Hinweis, der Befehl, die Regel des *Veda*".

itihāsa *m wörtl.:* „So war es" (itīha-āsa); Epos, Heldensage, Geschichte mythologischen Inhalts. Die bekanntesten Werke dieser Literaturgattung sind das *Mahābhārata* und das *Rāmāyana*.

J

jābāli *m* Name eines Autors; im *Rāmāyana* tritt er als Skeptiker auf, wird aber von *Rāma* überzeugt.

jada *adj und m* leblos, unbewußt, zum Stillstand gebracht, dumpf, kalt; alles durch Zeit, Raum und Objekthaftigkeit Begrenzte; Materie; Dumpfheit.

jadatattva *n* das Wesen der Materie; Unbeweglichkeit, Stumpfheit, der Zustand ohne Reaktionsfähigkeit.

jagaccakshus *n* das Auge der Welt, das kosmische Auge (eine Bezeichnung der Sonne).

jagaddhātrī *f* Trägerin der Welt; Erhalterin der Welt; ein Name für *Durgā* oder *Sarasvatī.*

jagadguru *m* Lehrer der Welt, Weltenlehrer; ein Lehrer, der eine universale Aufgabe erfüllt und damit ein Lehrer für alle Wesen ist.

jagadīsha *m* der Herr der Welt, des Universums.

jagadīshvara *m* der Herr der Welt, des Universums.

jagadīshvarī *f* Herrin der Welt.

jagadrakshaka *m* der Beschützer, Bewahrer der Welt.

jagaduddhāra *m* Rettung, Erlösung der Welt.

jagajjananī *f* die Mutter des Universums.

jagan mithyā *wörtl.:* „Die Welt ist falsch, ist nur eine bedingte Wirklichkeit“; gemeint ist die falsche Wahrnehmung, die Welt als eine eigenständige, vielheitliche Realität zu betrachten, die unabhängig von Gott ist.

jaganmātā *f* Mutter der Welt.

jagannātha *m* der Herr, Beschützer des Universums; ein Name für *Vishnu* bzw. *Krishna.* In seiner Form als *Jagannātha* wird er insbesondere in *Purī* verehrt; zu dem alljährlich dort stattfindenden Wagenfest kommen meist Hunderttausende von Menschen.

jagat *n* die Schöpfung, das Universum; die Welt des Veränderlichen; die wechselnde, vorübergehende Welt.

jāgrat *adj und m* wach, aufmerksam; Wachheit; dies ist einer der vier Bewußtseinszustände (*avasthā*), nämlich der Zustand des Wachens, in dem der Mensch denkt und handelt und die Intelligenz benutzt, um äußere Dinge zu erkennen und zu genießen, in dem die Sinne nach außen gewendet werden.

jāhnavī *f* Tochter des *Jahnu*; ein Name für die *Gangā*.

jahnu *m* Name eines Weisen, der sich durch das Fließen der *Gangā* gestört fühlte und diese deshalb austrank. Danach erlaubte er ihr, aus seinem Ohr wieder heraus zu fließen; deshalb wird die *Gangā* auch *Jāhnavī* genannt.

jaimini *m* 1. Name eines vedischen Sehers (*Rishi*), der zur *Sāmaveda*-Tradition gehört; 2. Name eines Weisen, der mit seinem *Mīmāmsāsūtra* die *Mīmāmsā*-Philosophie begründete.

jaiminīyabrāhmana *n* Name eines *Brāhmana* des *Sāmaveda*.

jaina *adj und m* zu *Jina*, d. h. *Mahāvīra*, in Beziehung stehend; ein Angehöriger der *Jaina*-Religion.

jainopāsanā *f* die Religions-, Verehrungsform der *Jainas*.

jājali *m* Name eines *Brahmanen*, der stolz auf seine übernatürlichen Fähigkeiten war. Eine himmlische Stimme belehrte ihn aber eines besseren.

jala *n* Wasser, das Element Wasser.

jalapancaka *m und n* die Fünfheit, die sich aus dem Wasserelement entwickelt hat.

jalashayin *adj und m* auf dem Wasser liegend; ein Name für *Vishnu*.

jalatva *n* Wasserelement; das Flüssigsein.

jamadagni *m* Name eines vedischen Sehers (*Rishi*).

jambavān *m* Name des Bärenkönigs, der im Besitz des Juwels Syamantaka war; dieses Juwel hatte die Eigenschaft, den Träger zu beschützen, wenn er gut gesinnt war, oder ihn ins Verderben zu stürzen, wenn er böse gesinnt war. Nach dem Tode seines Bruders hatte *Jambavān* das Juwel an sich genommen. In einem langen Kampf wurde er von *Krishna* besiegt, der fortan das Juwel auf seiner Brust trug. *Jambavān* gab nach dem Kampf seine Tochter *Jambavatī Krishna* zur Frau. Im *Rāmāyana* unterstützt *Jambavān* mit seinem Bärenheer *Rāma* bei seinem Kampf.

jambavatī *f* Name der Tochter von *Jambavān* und *Krishnas* Frau; sie war die Mutter von *Shamba*.

jambha *m* Name eines Dämons, der von *Krishna* getötet wurde.

jambudvīpa *m* Name einer Sphäre des Universums, die den Berg *Meru* umringt.

jana *m* Kreatur, lebendiges Wesen, Individuum, Person; Geschlecht, Volk, Rasse.

janabala *n* Stärke aus dem Bewußtsein heraus, eine große Anhängerschaft zu besitzen.

janaka *m* Vater, Erzeuger; Name des Vaters von *Sītā*. Er war König von *Videha* und erlangte durch selbstloses, wunschfreies Tun, das er Gott als Opfer darbrachte und welches frei von Verhaftung und egoistischer Zielsetzung war, die Vollkommenheit.

jānakī *f* die von *Janaka* Abstammende; ein Name für *Sītā*.

janakījīvana *m* das Leben der *Janakī*; ein Name für *Rāma*.

janaloka *m* Name einer feinstofflichen, himmlischen Welt (*loka*).

janamejaya *m* Name des Urenkels von *Arjuna*, dem das *Mahābhārata* erzählt wurde.

janārdana *adj und m* die Menschen aufrüttelnd; derjenige, welcher die Menschheit erhebt, schüttelt, aus der Lethargie reißt, anregt; ein Name für *Krishna*.

janavākyaparipālana *adj* das Wort des Volkes schützend, verteidigend, erhaltend; die Meinung der Untertanen respektierend.

jangama *adj und n* beweglich; wandernd; die Bewegung des Geistes in Richtung auf äußere Objekte; die Bewegung im Sinne einer Ortsveränderung, insbesondere eines Asketen, der ganz auf ein weltliches Zuhause verzichtet hat.

janmabrāhmana *m* ein Angehöriger des Priesterstandes (*brāhmana*) von Geburt.

janmadina *n* Geburtstag.

janmakshatriya *m* ein Angehöriger des Kriegerstandes (*kshatriya*) von Geburt.

janma-mrityu-jarā-vyādhi-duhkha-dosha-anudarshana *n* die Schau, das Gewahrsein des Fehlers, der sich in dem Kreislauf von Geburt und Tod, von Alter und Gebrechen, von Kummer und Übel ausdrückt.

janman *n* Geburt, Ursprung, Abstammung.

janmāntarakarman *n* Handlung, die zu einer erneuten Geburt führt, die Bindungen an die relative Welt fördert und die geistige Entwicklung behindert.

janmasamskāra *m* der geistige Eindruck, der sich von einer Inkarnation als unbewußte Tendenz in die nächste Verkörperung überträgt.

janmāshtamī *f* der achte Tag der dunklen Hälfte des Monats *Shrāvana*; der Geburtstag *Krishnas*.

jantu *m* Kreatur, Lebewesen, Mensch; alles, was aus dem Leib einer Mutter geboren wurde, einschließlich der Tiere.

japā *f* die China-Rose.

japa *m* Flüstern, Murmeln, Rezitieren; die Wiederholung eines heiligen Namens, eines Gebets oder einer heiligen Formel (*Mantra*) als Form der Meditation. Diese Wiederholung kann verbal oder in Gedanken geschehen; *japa* ist eine wichtige Übung zur Beruhigung und Läuterung des Denkens, wobei ein Rosenkranz (*mālā*) oder eine andere Perlenkette eine große Hilfe sein kann. Man unterscheidet vier *japa*-Arten: 1. laute Wiederholung (*vaikharījapa*); 2. Wiederholung in Gedanken (*mānasajapa*); 3. tonloses Wiederholen mit den Lippen (*upāmshujapa*) und 4. schriftliche Wiederholung (*likhitajapa*).

japamālā *f* Gebetskette, ähnlich dem Rosenkranz, die zur ständigen Wiederholung des Namens Gottes (*japa*) benutzt wird. Meistens besteht sie aus 108 Perlen und zusätzlich einer extra gebundenen, die den transzendenten Herrn symbolisiert. Über diese Perle wird nicht hinweggegangen, sondern von ihr ausgehend wieder zurück.

japasahita dhyāna *n* Meditation, die von *japa* begleitet wird; Meditation unter Rezitation des Namens des alldurchdringenden, allem innewohnenden Gottes.

japayajna *m* das Opfer, dargebracht als *japa*-Meditation; ein Opfer, das darin besteht, den Namen Gottes zu wiederholen. Der Begriff erscheint *Bhagavadgītā* 10.25.

japayoga *m* der *Yoga*, der den Schwerpunkt auf das Wiederholen des Gottesnamens legt. Dies dient einerseits als Disziplin, um die Beherrschung des Denkens und der Sinne zu üben und das Denken, Fühlen und den Körper in ein Werkzeug umzuwandeln, mit dem man Gott dient; andererseits weckt die Wiederholung des göttlichen Namens die Liebe zu ihm.

jarā *f* Alter, Senilität, Gebrechen.

jarāsandha *m* Name eines Königs, dessen eine Tochter mit *Kamsa* verheiratet war. Er kämpfte 18 mal gegen *Krishna* und schwächte dessen Heer so, daß *Krishna* flüchten mußte. Schließlich wurde er aber doch besiegt und von *Bhīma* getötet.

jarāyuja *adj* mit einer sterblichen Hülle versehen, mit Alter und Gebrechen versehen; eine Bezeichnung für den Menschen oder andere lebende Wesen.

jāta *adj und n* geboren, entstanden; Kreatur, Lebewesen, Nachkommenschaft.

jātaka *m und n* 1. Name einer Textgattung aus der Tradition des Buddhismus; in den *Jātakas* werden die Erlebnisse *Buddhas* berichtet, die er in seinen früheren Leben gehabt hatte; 2. Geburtshoroskop.

jātakacakra *n* die Konstellation der Gestirne zur Zeit der Geburt.

jātakarman *n* der Ritus, der für den Säugling nach der Geburt durchgeführt wird.

jatarāgni *m* Verdauungsfeuer (Fachbegriff aus dem *Āyurveda*).

jatāsura *m* Name eines Dämons, der sich als ein *Brahmane* verkleidet hatte. Er wurde von *Bhīma* besiegt.

jātavedas *m* der, welcher alles Geborene kennt; ein Name für *Agni*.

jatāyu *m* Name eines halbgöttlichen Vogels, der versuchte, *Sītā* zu retten, als sie von *Rāvana* geraubt wurde.

jāti *f* Geburt; Rasse, Familie, Abstammung; Klasse, Art, Geschlecht.

jaya *m* (auch jay oder jai geschrieben) Sieg; ein Ausruf des Lobes, der Verehrung: „Ehre! Ruhm! Glanz!“; die wörtliche Bedeutung weist auf den Sieg der lichten über die dunklen Kräfte hin.

jayadeva *m* Name eines Dichters des 12. oder 13. Jahrhunderts, der das lyrische Werk *Gītagovinda* über die Jahre *Krishnas* in *Brindāvana* verfaßt hat. Man wird den auf den ersten Blick erotisch wirkenden Inhalt nur dann richtig auffassen können, wenn das Herz von Hingabe (*bhakti*) erfüllt ist.

jayadratha *m* Name eines Königs aus der Monddynastie, der *Duhshalā*, die Tochter von *Dhritarāshtra*, heiratete. Daher kämpfte er auf Seiten der *Kauravas*. Während der Verbannung der *Pāndavas* entführte er *Draupadī*, wurde aber von den *Pāndavas* besiegt. Getötet wurde er während der großen *Mahābhārata*-Schlacht von *Arjuna*.

jayantī *f* der Geburtstag *Krishnas*; vgl. *janmāshtamī*.

jhūlā *m* (*Hindi*) Schaukel.

jihvā *f* die Zunge; die Zunge des Feuers, die Flamme.

jijnāsā *f* Forschung, Forschen, Erforschen, Ergründen, insbesondere der spirituellen Wahrheiten.

jijnāsu *adj- und m* zu erkennen wünschend; Forscher, Sucher; Sucher der Wahrheit; jemand, der die Befreiung unermüdlich und nach Kräften anstrebt, der die Erkenntnis des Selbstes (*ātman*) herbeisehnt, die Schriften und die heiligen Texte liest, stets die Gesellschaft von spirituell Strebenden (*sādhaka*) sucht, sich an die Richtlinien hält, die von den Weisen als *sadācāra* niedergelegt wurden und stets bemüht ist, die Nähe (*sannidhi*) des Herrn zu erlangen.

jīmūta *m* Name eines starken Ringers, der von *Bhīma* besiegt wurde.

jina *adj und m* siegreich, triumphierend; ein Mensch, der den Sieg über die Bindung an Bedingtheiten erlangt hat; Bezeichnung insbesondere für Heilige der *Jaina*-Tradition; vgl. *Mahāvīra*.

jishnu *adj und m* siegreich; ein Name für *Arjuna* u. a..

jita *adj und n* besiegt, bezwungen; erobert, ersiegt; Sieg.

jitendriya *adj und m* besiegte Sinne habend; jemand, der alle Begierden überwunden hat, der seine Sinne (*indriya*) vollständig beherrscht.

jīva *m* Individuum, die individuelle Seele, Wesenheit, Person, Mensch; die Seele, die im Körper wohnt, mit den Beschränkungen des Körpers und der Sinne verknüpft ist und sich als „Ich" fühlt; der *jīva* ist nach außen orientiert und nimmt die gesamte vergängliche Welt (*jagat*) und den Kreislauf des Lebens (*samsāra*) für bare Münze, obwohl er nur in sie eingetaucht ist; daher fühlt sich der *jīva* von den Früchten seiner Handlungen überwältigt und wandert als ein Spielball der relativen Gegensatzpaare durch das Leben. Das Ziel der Bewußtseinsentwicklung ist, den *jīva* als eine Projektion des *ātman*, als ein Werkzeug, das keine selbständige Realität besitzt, zu durchschauen.

jīvabhrānti *f* der Irrtum, der durch den *jīva* entsteht; die Identifikation mit dem *jīva*.

jīvabhūta *adj* zum *jīva* geworden; in das Individuelle umgewandelt.

jīvadrishti *f* die Sichtweise, die Schau des *jīva*; das Bewußtsein des materiell ungebundenen Ego.

jīvaloka *m* die Welt der Lebenden (im Gegensatz zur Welt der Toten).

jīvana *n* das Leben, die Existenz, das Lebenspendende; das, was in einem Wesen das Leben ausmacht. So wird *Krishna z.* B. als *Rādhājīvana* beschrieben, d. h. das Leben, welches *Rādhā* Lebendigkeit verleiht.

jīvanjyotis *n* das Licht des Lebens, der individuellen Seele

jīvanmukta *adj und m* lebendig erlöst; ein Befreiter, jemand, der schon in diesem Leben befreit ist, der noch zu Lebzeiten die Erleuchtung erlangt hat.

jīvanmukti *f* die Befreiung, Erlösung zu Lebzeiten.

jīvanopādhi *m* Mittel zum Lebensunterhalt.

jīvaprajna *adj* den *jīva* erkennend, sich auf den *jīva* beziehend. Alle Beschäftigungen, alle Arbeit, die mit Hilfe des Körpers verrichtet werden, gehören in den Bereich von *jīvaprajna.*

jīvatattva *n* das Wesen, die Natur des *jīva*; Lebensprinzip; das Wesen der bedingten Seele, die sich selbst in der Relativität bindet.

jīvātman *m* das individuelle Selbst, die Individualseele; der *ātman*, der sich als verkörpertes Selbst manifestiert und der Unwissenheit anheimfällt. Wenn ein höheres Bewußtsein erwacht, erinnert er sich, daß er in Wirklichkeit *ātman* ist und daß der *jīva* nur eine Projektion seines Wesens darstellt.

jīvatvabuddhi *f* auf den Bereich von *jīva* ausgerichtete, individualisierte Unterscheidungskraft.

jīvin *m* der Bewohner des Körpers, das Individuum; die individuelle Seele, die sich getrennt von der Außenwelt fühlt, d. h. nicht von der Wahrnehmung der Außenwelt überschattet wird. In diesem Sinn kann man *jīvin* mit *ātman* gleichsetzen. Er ist das wahre Individuelle hinter allen Sinnen. Andererseits wird *jīvin* aber auch in der Bedeutung von *jīva* gebraucht und bezeichnet das veränderliche „Ich“, welches der Schatten des *ātman ist*, durch die Verbindung mit dem Körperbewußtsein getäuscht wird und angestachelt von Gewohnheitsimpulsen immer neue Aktivitäten auf sich nimmt.

jīvita *adj und n* lebend, lebendig; wiederbelebt; Leben, Existenz; Lebendigkeit; Lebensspanne

jīvyopāya *m* Mittel zum Lebensunterhalt.

jnāna *n* Wissen, Weisheit, Verständnis, Erkenntnis; spirituelle Einsicht; universelle Weisheit; gemeint ist die Erkenntnis, die den Zugang zum Wissen über alles erschließt und deshalb die Kenntnis von allem übrigen letztlich überflüssig macht. *Jnāna* ist kein intellektuelles Wissen, sondern entspringt einer Erfahrung, die jeden Augenblick des Lebens durchdringt und belebt. Bloße Anhäufung von Fakten ist nicht *jnāna.* Es ist das Wissen, das den Knoten im Herzen löst und die Bindung durch äußere Objekte verschwinden läßt. *Jnāna* beinhaltet die Entdeckung Gottes im Inneren und im Äußeren. Wenn einmal erlangt, ermöglicht *jnāna* den klaren Zugang zur Realität, der Schleier der Illusion fällt, und die Herrlichkeit Gottes wird offenbar. *Jnāna* zeigt sich dann als absolute Wahrheit, die jenseits von Zeit und Raum liegt und unteilbar ist.

jnānabhāskara *m* die Sonne der Weisheit; das Licht der höheren Erkenntnis; das Feuer der Weisheit.

jnānābhyāsa *m* Studium, Reflektion, geistige Vertiefung, die zu *jnāna* führt.

jnānacakshus *n* das Auge der Weisheit.

jnānadīpti *f* der Glanz der allgemeingültigen Weisheit.

jnānāgni *m* das Feuer der Weisheit. Gemeint ist die durchglühende Kraft einer existentiellen Erkenntnis der wahren Wirklichkeit, welche im Gegensatz zu rein intellektuellen Erkenntnissen eine Transformation der Persönlichkeit zu bewirken vermag.

jnānāgnidagdhakarmānam *wörtl.:* „(Die Weisen beschreiben ihn als jemanden), dessen Handlungen samt ihren Wirkungen durch das Feuer der Weisheit verbrannt sind"; Zitat aus *Bhagavadgītā* 4.19.

jnānakānda *m* der Erkenntnisteil der *Veden*, der in Form der *Upanishaden* die Grundlage der *Vedānta*-Philosophie bildet. Die anderen Teile sind der *karmakānda* und der *upāsanākānda*.

jnānakarman *n* Handlung, die auf *jnāna* ausgerichtet ist; der Name für alle Handlungen, die ausgeführt werden, um aus den heiligen Schriften, von Älteren oder Lehrern den Weg zu erfahren, der aus der Bindung an die Dualität und aus der Täuschung entkommen läßt und Glauben an die menschlichen Werte von Wahrheit (*satya*), Rechtschaffenheit (*dharma*), Frieden (*shānti*) und Liebe (*prema*) entwickelt.

jnānakhadga *m* das Schwert der Erkenntnis.

jnānamārga *m* der Weg des Wissens, der scharfen und klärenden Unterscheidung; der Pfad, das Gewahrsein der Wirklichkeit durch ein immer tieferes Erkennen zu erlangen. Dieser Weg wird im allgemeinen als recht schwierig beschrieben, da eine außerordentliche geistige Klarheit dazu notwendig ist. Aber jeder andere Weg benötigt *jnāna* in Gestalt eines klaren Erkennens der Wirklichkeit.

jnānamudrā *f* die (Hand-) Geste der Weisheit; Zeigefinger und Daumen berühren sich an den Spitzen.

jnānamūrti *adj und f* die Gestalt der Weisheit besitzend; eine Verkörperung der Weisheit.

jnānanetra *n* das Auge der Weisheit.

jnānanishtha *adj* vollständig in der Weisheit (*jnāna*) gegründet. Dies ist ein Geisteszustand, bei dem keinerlei Verlangen nach relativen Genüssen mehr besteht.

jnānaratna *n* das Juwel der Erkenntnis.

jnānashakti *f* die Kraft der Erkenntnis, Weisheit.

jnānasiddhi *f* das Erlangen der höchsten Weisheit.

jnānasvarūpa *adj und m* die Gestalt der Weisheit besitzend; die Verkörperung der Weisheit, welche die wahre Natur des Menschen ist.

jnānāt *Abl. Sg.* (von *jnāna*), durch die Erkenntnis; von der Erkenntnis.

jnānatattva *n* das Wesen, die Essenz der Weisheit.

jnānavisthīrna *m* der, welcher das Wissen ausgebreitet hat, welcher Herrschaft über den ganzen Bereich des Wissens hat.

jnānayajna *m* das Opfer, das im Studium und Nachdenken über die Lehren der heiligen Schriften (*shāstra*) besteht.

jnānayoga *m* der geistige Weg der Erkenntnis; dies ist einer der vier Haupt-*Yogas* und führt durch die logische, geistige Analyse zur Erkenntnis von *brahman*. Durch Unterscheidungsvermögen (*viveka*) wird die gesamte Erscheinungswelt als vergänglich und unwirklich erkannt, und es wird festgestellt, daß allem eine unwandelbare, unvergängliche, ewige Wirklichkeit zugrunde liegt: *brahman*. Dieser Weg erfordert nicht nur einen scharfen Verstand, sondern auch Bindungslosigkeit, Entsagung und Läuterung des Geistes. Im *Jnānayoga* muß die Unwissenheit (*avidyā*) vollständig überwunden werden. Die Meditation des Praktizierenden richtet sich dabei auf das eigenschaftslose *brahman*, mit dem das innere Selbst (*ātman*) identisch ist. Für seine Vollendung benötigt auch der *jnānin* die Hilfe der anderen klassischen *Yoga*-Wege.

jnānayogin *m* (Nom Sg: *jnānayogī*) jemand, der den Weg des *Jnānayoga* geht.

jnānendriya *n* (*jnānāindriya*) Erkenntnissinn; es gibt insgesamt fünf *jnānendriyas*: Hören, Fühlen, Sehen, Schmecken und Riechen. Von diesen ist Hören der feinste und Riechen der gröbste Sinn. Die Sinnesdaten werden vom Geist (*manas*) verarbeitet, von der Unterscheidungskraft (*buddhi*) bewertet und dann dem Selbst (*ātman*) unterbreitet.

jnāneshvarī *f* die Herrin der Weisheit.

jnānin *m* der Weise, der Befreite, die edle Seele, der wahrhaft Gebildete, der in *brahman*-Erkenntnis eingetaucht ist. Ein *jnānin* ist der wahre *samnyāsin*, d. h. er ist unbeeinflußt und bleibt frei von den Versuchungen und Verlockungen der Sinne. Nur eine Person, die den Herrn in allen Dingen sieht, verdient, *jnānin* genannt zu werden. Sie ist dem dualen Bewußtsein entwachsen und hat die Einheit mit der dem Universum zugrundeliegenden Wahrheit erfahren.

jnātā *m* der Wissende, der Weise, der Erkennende.

jnātum *indekl* zu erkennen, zu erfahren.

jneya *n* das, was zu erkennen, zu erfahren ist; das Wahrnehmbare, Erkennbare. Der Vorgang, mit *jneya* zu verschmelzen, bedeutet, daß Erfahrender, Erfahrbares und der Prozeß des Erfahrens eins werden.

jrimbhaka *m wörtl.:* „Der Gähner"; Bezeichnung für eine Klasse von Geistern, Gespenstern, insbesondere solche, die in Waffen hausen; Bezeichnung eines Spruches, der diese Geister bannt.

jutaka *n* Haarsträhne, Zopf.

jvara *m* Fieber, die Hitze des Fiebers; geistiges Fieber; Sorge, Trauer.

jyeshtha *adj und m* der älteste, erste, beste; ein Name für Gott.

jyotihsvarūpa *adj und m* die Gestalt des Lichtes habend; der, dessen Natur Glanz und Herrlichkeit ist, der das Licht selbst ist.

jyotirmaya *adj* aus Licht bestehend.

jyotis *n* Licht, strahlende Flamme, Glanz; Blitz; Himmelskörper, Stern; das leuchtende, spirituelle Licht des höheren Bewußtseins, das die Kluft zwischen Erkenntnis und Tun überbrückt und nicht nur ein Gefühl des Glücks, sondern absolute Seligkeit (*ānanda*) verschafft; das geistige Licht, als welches *brahman* beschrieben wird.

jyotisha *n* die Wissenschaft der Astronomie/Astrologie; dies ist eine der Hilfswissenschaften des *Veda* (*Vedānga*). Der Zweck dieses *Vedānga* besteht darin, die günstigste Jahreszeit und den günstigsten Tag für die vedischen Opferhandlungen und andere Aktivitäten festzulegen.

jyotishī *f* Stern, Planet, Himmelslicht.

K

ka *pron* wer?; die *Rishis* des *Rigveda* drangen mit ihrem Bewußtsein bis zum namenlosen Absoluten vor; sie fragten deshalb: „Wer (*ka*) ist der Gott, dem wir mit Opfern dienen sollen?" Das Göttliche ist nicht mit relativen Begriffen zu beschreiben, und so wurde „wer?" (*ka*) zu einer Bezeichnung dieses unnennbaren, unbekannten Gottes. Die späteren Texte identifizieren *ka* mit *Prajāpati*.

kabandha *m* Name eines Dämons, dessen schrecklicher Mund sich am Bauch befand. Nachdem er von *Rāma* getötet worden war, erschien er in seiner wahren Gestalt; denn er war ein durch einen Fluch verwandelter *Gandharva* gewesen.

kabīr *m* Name eines indischen Mystikers und Dichters (ca. 1440–1518). Er lebte in Nordindien in einer Zeit, als Hindus und Muslims versuchten, sich in ihren Glaubensansichten und spirituellen Übungen einander anzunähern. Seine Gedichte und Lieder sind unter dem Titel „Bījak" (der Same) gesammelt und werden heute noch gern gesungen.

kaca *m* Haar; Name des Sohnes von *Brihaspati*.

kadrū *f* Name der Gattin des Sehers *Kashyapa*.

kaikasī *f* Name der Mutter von *Rāvana*.

kaikeyī *f* Name einer Gemahlin des Königs *Dasharatha* und Mutter seines dritten Sohnes *Bharata*. Als *Dasharatha* in der Schlacht verwundet wurde, pflegte sie ihn gesund und durfte dafür zwei Wünsche äußern. Sie machte später davon Gebrauch, indem sie den König veranlaßte, Prinz *Rāma* in die Verbannung zu schicken, um ihrem eigenen Sohn *Bharata* den Platz als Thronfolger zu verschaffen.

kailāsa *m* Name eines heiligen Berges im *Himālaya*. Man sagt von ihm, er sei die Wohnstatt *Shivas*, der höchste Gipfel im Wesen des Menschen, wo Gott, der Herr, wohnt. Für viele Menschen ist er der heiligste Berg überhaupt und das Ziel vieler Pilgerfahrten. Zahllose Hymnen und Legenden sind ihm gewidmet.

kailāsavibhūti *f* die Ausstrahlung des *Kailāsa*; die Offenbarung der Natur des *Kailāsa*.

kaitabha *m* Name eines Dämons; *Kaitabha* entstand zusammen mit *Madhu* aus dem Ohrenschmalz des schlafenden *Vishnu*. Als beide Dämonen *Brahmā* töten wollten, erwachte *Vishnu* und vernichtete sie.

kaivalya *n* Ausschließlichkeit, Einzigartigkeit, Ungebundenheit, Freiheit, vollkommene Erlösung; ein Begriff, der hauptsächlich im *Rājayoga* gebraucht wird und den Zustand bezeichnet, welchen die Seele erreicht, wenn sie erkennt, daß sie vollkommenes reines Bewußtsein frei von aller bedingten Relativität ist. *Kaivalya* ist insbesondere der Zustand des kontinuierlichen Bewußtseins, d. h. eines reinen, klaren Bewußtseins, welches 24 Stunden täglich vorhanden ist und durch keine äußeren Eindrücke, durch keinen Traum und keinen Schlaf überschattet wird.

kaivalyadarshana *n* das Erkennen der Befreiung; das, was die Freiheit schauen läßt; die heilige Wissenschaft, die zur Freiheit führt, vgl. *Yoga*.

kaivalyamukti *f* Befreiung, die auf autonomem Selbstbewußtsein beruht, die die Erfahrung von *kaivalya* beinhaltet. Gemeint ist die Befreiung, die bereits hier, in diesem Leben, erlangt werden kann; vgl. *sadyomukti*.

kaivalyasaukhya *n* die immerwährende Freude, die aus der Freiheit entsteht.

kākāsura *m* Name des Krähen-Dämons, der *Sītā* verletzte.

kakshīvān *m* Name eines vedischen Sehers.

kāla *adj und m* schwarz, dunkel; Zeit; der Gott der Zeit, welcher für den Tod verantwortlich ist; ein Name für *Yama*, den Gott des Todes.

kalā *f* Teil, Abschnitt; Grad; Kunst, Kunstfertigkeit, Geschicklichkeit; traditionell werden 64 Künste aufgezählt, die der Mensch lernen sollte, um allseitig gebildet zu sein.

kālāgni *m* das Feuer der alles verzehrenden Zeit.

kalaha *m und n* Streit, Auseinandersetzung; Krieg, Schlacht; Trick, Betrug, Falschheit; Gewalt.

kalahayuga *n* das Zeitalter des Streits; das Zeitalter der Parteibildung, der Richtungskämpfe (Spaltung in der Familie, im Dorf, in der Gemeinde, im Land, in der Nation), gekennzeichnet durch Auseinandersetzungen zwischen Mutter und Tochter, Vater und Sohn, Lehrer und Schüler, *Guru* und *Guru*, Bruder und Bruder; vgl. *kaliyuga*.

kālakā *f* Name einer Gattin des *Kashyapa*.

kālakāla *m wörtl.:* „Die Zeit der Zeit“; Gott, der der Herr der Zeit ist, der jenseits der Zeit, jenseits des Werdens und Vergehens steht.

kālanemi *m* Name eines Dämons, der versuchte, *Hanumān* zu töten. Er war der Onkel von *Rāvana*. *Kālanemi* wird auch mit *Kamsa* identifiziert, der von *Krishna* getötet wurde.

kalasha *m* Topf, Krug; Pokal, Kelch.

kālasvarūpa *adj und m* die Form, die Gestalt der Zeit besitzend; die Verkörperung der Zeit.

kālatattvabodhaka *adj und m* das Wesen der Zeit lehrend; Gott, der das Prinzip der Zeit lehrt.

kālātīta *adj und m* jenseits der Zeit; Gott, der jenseits der Zeit ist.

kālātmaka *adj* die Zeit als Selbst, als inneres Wesen besitzend, sich auf die Zeit als Selbst beziehend.

kālātman *m* wörtl.: „das Selbst der Zeit"; der Zeitgeist.

kālayavana *m* Name eines Königs, der gegen *Krishna* kämpfte.

kālī *f* die Dunkle, Schwarze; die Göttin der Zeit; ein Name für *Pārvatī* in ihrem zerstörerischen, schreckenerregenden Aspekt. Sie gilt als die Zerstörerin der Unwissenheit, der Täuschung und des Todes, als Gewährerin von Weisheit und Befreiung.

kali *m* Krieg, Streitigkeit, Zwist.

kālidāsa *m* Name des wohl bedeutendsten altindischen Dichters und Dramatikers, der im 4./5. Jh. lebte. Über ihn persönlich ist wenig bekannt; als einer der neun Edelsteine soll er am Hof des Königs *Vikramāditya* gewesen sein. Durch seine Werke, die aus dem *Sanskrit* in westliche Sprachen übersetzt wurden, fand die indische Literatur in Europa erstmals Eingang. Sein wohl berühmtestes Werk ist das Drama *Shakuntalā*.

kālikā *f* die Göttin *Kālī*.

kālīmātā *f* die Mutter *Kālī*.

kalinga *adj* klug, gerissen; im Pl.: kalingāh – Name eines Landes und dessen Bewohner.

kāliya *m* Name eines schlangenförmigen Dämons, der von *Krishna* getötet wurde.

kaliyuga *n* das eiserne Zeitalter, das vierte nach der indischen Zeitrechnung; es ist das Zeitalter, in dem wir heute leben (dies soll 432000 Jahre dauern und 3102 v.Chr. begonnen haben). In diesem letzten der vier Weltzeitalter erreicht das soziale und geistige Leben den Tiefpunkt, d. h. nicht nur die spirituellen Aktivitäten werden vernachlässigt, sondern das soziale Leben gerät im Ganzen aus den Fugen. Selbst der Familienzusammenhalt geht verloren, so daß schließlich jeder gegen jeden kämpft.

kalki *m* Name des zehnten *Avatars* von *Vishnu*, der in der Zukunft auf einem weißen Pferd kommen wird.

kalmāsha *adj* fleckig, mit Flecken versehen.

kalmāshapāda *m* Name eines Königs der Sonnendynastie, der durch einen Fluch in einen Menschenfresser verwandelt wurde.

kalpa *m* 1. Ritual, Ritus, Zeremonie, Verfahrensweise, Bezeichnung eines der sechs *Vedāngas*; 2. Weltenzyklus, Weltperiode, ein Tag und eine Nacht *Brahmās*; dies ist nach den vedischen Schriften eine Zeitspanne, die 1 200 *mahāyugas* umfaßt, vgl. *yuga*.

kalpasūtra *n* Leitfaden, Vorschrift für das vedische Ritual (*yajna*) in Form von kurzen technischen Regeln; *Kalpasūtra* ist der Oberbegriff für alle *sūtras*, die sich mit dem Ritual beschäftigen, d. h. *Shrautasūtra*, *Grihyasūtra*, u. a..

kalpataru *m* ein wunscherfüllender Baum; der göttliche Baum, von dem man pflückt, was immer erbeten wird; der Baum der Gnadenerweisung.

kalpavriksha *m* der Baum, der alle Wünsche erfüllt; gemeint ist ein heiliger Baum, der in den himmlischen Welten existiert.

kalpavrikshasiddhi *f* das Erlangen des Wunschbaumes; d. h. die Entfaltung der Fähigkeit, alle Wünsche in die Wirklichkeit umzusetzen und spontane Wunscherfüllung zu erfahren; vgl. *siddhi*.

kalyāna *adj* glückverheißend, gut, segensreich; glücklich, gesegnet; schön, angenehm, anmutig.

kāma *m* Wunsch, Verlangen; Begierde, Wollust, Habgier, ungezügelter Wunsch nach den Dingen der sinnlichen Welt (Reichtum, Besitz, Ehre, Ansehen, Ruhm, Kinder usw.); Bindung an die Objekte dieser vergänglichen, materiellen Welt; das Verlangen beruht auf einem begrenzten Verständnis der Liebe, die durch Bindung an ein bestimmtes Individuum beschränkt ist. Im *Rigveda* wird das Verlangen als eine Kraft dargestellt, die die Grundlage des Schöpfungsprozesses ist, als die erste Regung des Absoluten, sich zu manifestieren. *Kāma* ist hier keine negative Kraft, sondern ein schöpferischer Impuls, der das Leben aller Wesen durchzieht. In den späteren Texten erscheint *Kāma* als der Gott der Liebe, der mit seinen Blütenpfeilen die Herzen der Menschen zu treffen versucht. Als *Kāma* seinen Pfeil auf *Shiva* gerichtet hatte, wurde er von diesem zu Asche verbrannt. Seit diesem Zeitpunkt wandelt *Kāma* als Körperloser umher. Ebenso wird das Verlangen des Menschen nach relativen Freuden zu Asche verbrannt, wenn er spirituelle Erfahrungen macht. Das Verlangen als eine Kraft der Evolution bleibt aber bestehen. Das Verlangen an sich ist nichts grundsätzlich Schlechtes; es ist nur die Frage, worauf es sich richtet.

kāmadhenu *f* die himmlische Kuh des Überflusses, die alles gibt, was man sich wünscht, die alle Wohltaten gewährt. Sie ist bei der Quirlung des Milchmeeres (vgl. *kūrma*) entstanden und soll dem Heiligen *Vasishtha* gehört haben.

kāmaduh *f* die wunscherfüllende Kuh; vgl. *kāmadhenu*.

kāmākshī *f* ein Name für *Devī*.

kamala *n* Lotos, Lotosblüte.

kamalanayana *adj* lotosäugig.

kāmamoksha *m* die Befreiung von Wünschen; das Befreitwerden von der stets mit Wünschen gekoppelten Erfahrung von Anziehung und Ablehnung.

kamandalu *m und n* Wassergefäß, Wassertopf.

kāmaputra *m* ein Sohn, der erwünscht ist, der aus Zuneigung geboren wurde.

kāmāri *m* wörtl.: „Feind des Liebesgottes *Kāma*"; diesen Namen trägt *Shiva*, da er einst von *Kāma* in seiner Meditation gestört worden war. Ein Feuerstrahl aus der Stirn *Shivas* verbrannte *Kāma* daraufhin zu Asche.

kāmasūtra *m* Name eines Werkes; es handelt sich um einen Leitfaden der Erotik, der Liebeskunst; es ist wahrscheinlich, daß es eine Beziehung zu den *Tantra*-Traditionen besitzt, in denen es oft um die Transformation der Sexualität geht.

kāmeshvara *m* der Herr über die Wünsche, der Herrscher über das Verlangen; ein Name für *Shiva*.

kamsa *m* Name eines dämonischen Königs, der versuchte, *Krishna* zu töten, dann aber selbst – wie vorhergesagt – von *Krishna* getötet wurde.

kāmya *adj* erwünscht, ersehnt, verlangt.

kāmyaka *m* Name des Waldes, in dem die *Pāndavas* ihre Verbannung verbrachten.

kāmyakarman *n* eine von Verlangen bestimmte Handlung; eine Handlung, die in der Absicht ausgeführt wird, ihre Früchte zu erlangen.

kanāda *m* Name des Begründers der *Vaisheshika*-Philosophie, die zu den sechs *darshanas* zählt. Er gilt als Autor des *Vaisheshikasūtra*.

kanaka *n* Gold.

kāncī *f* Name einer heiligen Stadt in Südindien.

kānda *m und n* Kapitel, Abschnitt, Absatz, Teil.

kandarpa *m* Name des Liebesgottes; vgl. *Kāma*.

kandu *m und f* Ofen; Name eines Heiligen.

kanhaiya *m* (*Hindi*) ein Name für *Krishna*.

kankana *m und n* der rote Faden, der als Zeichen der Verheiratung umgebunden wird; Spange, Armband, Schmuck; spezieller Armschmuck, wenn jemand ein Gelübde ablegt.

kānkshā *f* Wunsch, Begierde, Verlangen, Appetit.

kānta *adj* geliebt, begehrt, erwünscht.

kāntā *f* Geliebte, die begehrte Frau; Gattin.

kāntādāsa *adj* beherrscht von den Wünschen der Frauen.

kantha *m* Hals, Kehle.

kānti *f* Schönheit, Lieblichkeit; Glanz, Licht; Wunsch.

kāntishakti *f* die Kraft des Lichts.

kanva *m* Name eines vedischen Sehers.

kanyā *f* unverheiratetes junges Mädchen.

kanyākumārī *f* Bezeichnung der Jungfrau im Tierkreis; ein Name für *Durgā*.

kāpāla *adj und m* aus Schädeln gebildet; ein Verehrer *Shivas*; Schädel werden oft von denen getragen, die *Shiva* in seiner schrecklichen Gestalt verehren.

kapāla *m und n* Schädel; Schale, Schüssel.

kapālinī *f* die, welche Schädel trägt; *Shivas Shakti* trägt in ihrer Gestalt als *Kālī* eine Kette aus Schädeln um den Hals.

kapha *m* Name eines der drei Grundprinzipien, die nach der Lehre des *Āyurveda* die Funktionsweise des Körpers bestimmen; vgl. *shleshman.*

kapila *adj und m* rötlich; Name des Begründers der *Sānkhya*-Philosophie.

kara *adj und m* bewirkend, tuend, vollziehend; Hand; Lichtstrahl, Sonnenstrahl.

kāra *adj und m* machend, bewirkend; der Handelnde, der Täter, der Autor; die Handlung, die Tat.

kāraka *adj und m* handelnd, bewirkend; Ursache; Subjekt.

kāram *m* (*Telugu*) scharfer Geschmack.

karana *adj und n* bewirkend, tuend, schaffend; Handlung, Tätigkeit.

kārana *m* Ursprung, Ursache, Grund, Motiv; Werkzeug.

kāranadeha *m* der Kausalkörper; vgl. *kāranasharīra.*

kāranajanma *n* die Geburt einer bedeutenden Person.

kāranasharīra *n* Ursachenleib, Kausalkörper; dieser ist der dritte der verschiedenen Körper des Menschen und ist eine feinstoffliche Konfiguration von ursächlichen Grundmotiven, die das Leben eines Menschen durchziehen.

karavīraka *m* Schwert.

kardama *m* Schlamm; Name eines der *Prajāpatis.*

kārikā *f* Kommentar zu einer heiligen Schrift in Versform. Am bekanntesten ist die *Gaudapādakārikā* zur *Māndūkya-upanishad.*

kariyappa *(Telugu)* der dunkle Mensch.

karkataka *m* Krebs.

karkatakasamkrānti *f* der Transit durch das Sternzeichen Krebs.

karma *dt.** vgl. *karman.*

karmabhrashta *adj* die Kontinuität von *Karma* (d. h. hier: heiliger Handlung) unterbrochen habend.

karmabhūmi *f* ein Land, in dem die heiligen Riten durchgeführt werden; ein Land, dessen Einwohner sich spirituell motiviertem Tun widmen.

karmabrāhmana *m* jemand, der durch Handeln den Status des *brāhmana* erlangt hat; *brāhmana* durch verdienstvolles Handeln, durch spirituelles Tun.

karmadhvamsin *m* der Zerstörer, Beseitiger des *Karma.*

karmaja *adj* aus *Karma* geboren; dies ist eine Bezeichnung für einen Menschen, der aus *Karma*-Bindungen heraus hier auf der Erde geboren wird. Seine Aufgabe ist, dieses *Karma* zu durchleben und zu verstehen; gleichzeitig aber keine neuen Bindungen zu erzeugen. Letzteres ist nur möglich, wenn das Leben eine spirituelle Ausrichtung erhält.

karmajijnāsā *f* die genaue Prüfung der Handlung; die bewußte Wahl von

Karma; die Ausführung von *Karma* innerhalb des richtigen Rahmens und mit der richtigen Geisteshaltung.

karmakānda *m und n* der Abschnitt der (rituellen) Handlung, der Aktivität; der Werkteil der *Veden*, der sich mit Ritualen, Opferhandlungen und Zeremonien befaßt; dieser wird in der *Mīmāmsā*-Philosophie interpretiert. Der Ritualteil, der auch *karmamārga* genannt wird, besteht aus den *Samhitās* und den *Brāhmanas*. Die anderen Teile der Veden sind der Erkenntnisteil (*jnānakānda*) und der Verehrungsteil (*upāsanākānda*).

karmakshetra *n* Feld der Tätigkeit, Aktivität; dies entspricht *karmabhūmi*.

karmamārga *m* der Weg selbstlosen Handelns, des Verzichts auf die Früchte der Handlungen; dabei wird alle Tätigkeit im Geist der Anbetung und tiefer Verehrung ausgeführt; der Pfad ritueller und zeremonieller Anbetung, des Handelns in Hingabe. Dabei entwickeln sich die Loslösung von allen Bindungen, allem Stolz und das Aufgeben der Einstellung „Ich bin der Handelnde“.

karmamīmāmsā *f* die genaue Analyse der Handlung; Name eines der sechs klassischen Philosophiesysteme (*darshana*); es befaßt sich insbesondere mit der Interpretation des *karmakānda* des *Veda*.

karmamukti *f* die Befreiung vom *Karma*, der Pfad zu fortschreitender Befreiung von der Bindung an die Früchte des Handelns.

karman *n* (dt.* *Karma*, welches die Form des Nom. Sg. ist); Tat, Handlung, Aktivität; *Karma* kann verstanden werden als: 1. eine geistige oder körperliche Handlung; 2. Konsequenz einer geistigen oder körperlichen Handlung; 3. die Summe allen Tuns eines Individuums in diesem oder vorangegangenen Leben; 4. die Kette von Ursache und Wirkung in der moralischen Welt; 5. rituelles Handeln (vgl. *yajna*). Das Gesetz des *Karma* gehört zu den Fundamenten verschiedener Traditionsströme, die auf indischem Boden entstanden sind, und findet sich in ähnlicher Form in vielen anderen Religionen, denen es um die ethische Verantwortlichkeit des Menschen für sein Tun geht. In der Kombination mit dem Reinkarnationskonzept versucht es zu erklären, warum Menschen in unterschiedliche Lebenssituationen kommen. Krankheit und Leid sind in diesem Zusammenhang Aufgaben der Reifung, die sich eine Seele gestellt hat, um den Weg zu Gott zurückzufinden. Oft wird das *Karma*-Konzept als eine Schicksalsgläubigkeit mißverstanden. Tatsächlich meint es aber, daß der Mensch die vollständige Verantwortung für sein Tun hat und deshalb auch die Freiheit besitzt, jetzt einen neuen Weg einzuschlagen. Die spirituelle Entwicklung beinhaltet die Loslösung vom Konzept des *Karma*, der Befreite handelt zwar auch, tut dies aber nicht mehr aus individuellen Motiven heraus; er wird deshalb durch seine Handlungen nicht mehr gebunden. Man unterscheidet drei Arten von *Karma*: *āgāmikarma*; *prārabdhakarma*; *sancitakarma*.

karmanishtha *adj* beschäftigt mit der Ausführung guter Taten; ständige Hingabe an die Pflichten des gegenwärtigen Lebensabschnittes.

karmapāka *m* das Reifen der Früchte des Handelns.

karmaphala *n* die Frucht, die Wirkung einer Handlung, das Ergebnis einer Tat.

karmaphalapradātā *m* Geber der Früchte des Tätigseins; ein Name für Gott.

karmaphalatyāga *m* das Aufgeben aller Bindungen an die Früchte des Handelns; der Verzicht auf alle Früchte des Handelns, den die *Bhagavadgītā* als Teil des *Karmayoga* lehrt.

karmasādhana *n* Mittel, Instrument für eine Handlung; insbesondere: Utensil für ein Ritual.

karmasamnyāsa *m* das Aufgeben der Bindung an die Früchte des Handelns.

karmātīta *adj* über den Bereich des Handelns hinausgelangt; jenseits des *Karma*.

karmayoga *m* der *Yoga* des Handelns; dies ist einer der vier Haupt-*Yogas*, dessen Schwerpunkt selbstloses Tun ist, bei dem der spirituell Strebende jede Handlung und ihre Früchte Gott als Opfer darbringt.

karmayogin *m* (Nom. Sg.: *karmayogī*) jemand, der dem Weg des *Karmayoga* folgt oder auf diesem Weg Verwirklichung erlangt hat. Im weiteren Sinn jemand, dessen Handeln und Arbeit selbstlos zu nennen und geeignet sind, die geistige oder materielle Lage eines/der Mitmenschen zu verbessern.

karmendriya *n* (*karmāindriya*) Tatsinn; Handlungsinstrument; hiervon gibt es fünf: Hände, Füße, Sprechwerkzeuge, Organe der Zeugung und der Ausscheidung.

karmin *m* jemand, der religiöse Riten in der Erwartung einer Belohnung ausführt.

karmopāsanā *f* Bezeichnung für eine Form der Gottesverehrung, die auf schnelle Ergebnisse und äußere Erfolge ausgerichtet ist und dabei das Wesentliche vergißt.

karna *m* Ohr; Name des Halbbruders der *Pāndavas*; er war der Sohn ihrer Mutter und des Gottes *Sūrya*. *Karna* wuchs zu einem mächtigen Krieger heran und kämpfte später auf der Seite der *Kauravas* gegen die *Pāndavas*.

kārpanya *n* Oberflächlichkeit.

kārpanyadosha *m* der Fehler der Oberflächlichkeit.

karshatīti krishnah *wörtl.*: „*Krishna* ist derjenige, welcher anzieht, anziehend ist“.

kartā *m* der Handelnde, der Täter, das Subjekt; der Wohltäter, der Anspornende; der Schöpfer.

kārtavīrya *m* Sohn des *Kritavīrya*; Name eines Königs, der die Wunschkuh von *Jamadagni* raubte und deshalb von dessen Sohn *Parashurāma* getötet wurde.

kartavya *n* das, was zu tun ist; Pflicht, Aufgabe.

kartavyakarman *n* eine Handlung, die notwendig ist, die ausgeführt werden muß.

kartritva *n* die Tatsache, ein Handelnder zu sein, das Tätersein.

kārttika *m* Name eines Monats (Oktober – November).

kārttikeya *m* Name des Kriegsgottes; im *Mahābhārata* und im *Rāmāyana* wird *Kārttikeya* als Sohn *Shivas* betrachtet. Er hatte keine Mutter, sondern entstand, als *Shiva* seinen Samen dem Feuer übergab und die *Gangā* diesen aufnahm. Daraus wurde *Kārttikeya* geboren. Er wird deshalb auch *Agnibhū* (aus dem Feuer entstanden) und *Gangāja* (von der *Gangā* geboren) genannt. Sein Reittier ist der Pfau *Paravāni*. In der einen Hand hält er einen Bogen, in der anderen einen Pfeil; seine anderen Namen sind *Skanda* und *Subrahmanya*. Als Gott der Krieger bringt er den Erkenntnislosen Kampf und dem spirituell Strebenden Kraft für seine Entwicklung.

karunā *f* Mitgefühl, Erbarmen; Sanftheit.

karunārasa *m* die Essenz des Mitgefühls; die Empfindungen von Großherzigkeit (*dayā*), reiner Liebe (*preman*) und Gnade (*anugraha*) fließen in *karunārasa* zusammen und verdichten sich zu reiner, selbstloser Liebe.

kārya *n* Handlung, Tat; Verpflichtung, Notwendigkeit; Rechtsangelegenheit, Rechtsstreitigkeit.

kāsa *m* Husten.

kāshī *f* der alte Name für das heutige Vārānasī (Benares). *Kāshī* gehört zu den sieben heiligen Städten Indiens und ist ein berühmter Pilgerort am Ganges. Außer *Annapūrnā* im *Annapūrnā*-Tempel wird in *Kāshī* insbesondere *Shiva* unter dem Namen *Vishvanātha* als Herr des Universums im gleichnamigen Tempel verehrt. Viele Menschen kommen zum Sterben nach *Kāshī*, weil der Tod in dieser heiligen Stadt Befreiung verheißt. *Kāshī* ist auch die Stadt der Gelehrsamkeit, in der nach wie vor das Studium der heiligen Schriften und des *Sanskrit* intensiv gepflegt werden.

kāshikāvritti *f* Name eines berühmten Kommentars zu der Grammatik von *Pānini*.

kashmala *m und n* Unwissenheit, Dummheit; Feigheit, Schwäche, Kleinmut.

kashyapa *m* Name eines vedischen Sehers (*Rishi*).

kashyapasamhitā *f* Name mehrerer Texte.

kastūrī *f* Moschus; in spirituellem Sinn: übersinnliches Wissen bzw. Weisheit.

kathā *f* Geschichte, Erzählung; insbesondere ein Bericht von den Taten Gottes auf der Erde.

katham *indekl* wie?, auf welche Weise?.

kathāsaritsāgara *n* der Ozean der Geschichten; Name einer Erzählungssammlung von Somadeva.

kathashākhā *f* Name einer Traditionslinie des *Yajurveda*.

katha-upanishad *f* Name einer berühmten *Upanishad*, welche die Belehrungen des Totengottes *Yama* an *Naciketas* enthält.

katyāyana *m* Name eines vedischen Sehers (*Rishi*).

kātyāyanī *f* ein Name für *Durgā*.

kaumodakī *f* Name der Keule *Krishnas*, die er von *Agni* erhalten hat.

kaunteya *m* ein Sohn der *Kuntī*; jemand, der ruhig und gefaßt etwas aufnimmt; in diesem Sinn wird *Kaunteya* als Name für *Arjuna* gebraucht, der die Lehren von *Krishna* mitten zwischen zwei feindlichen Heeren empfängt.

kaurava *adj* von *Kuru* abstammend; Nachkomme der *Kurus*; gemeint sind insbesondere die 100 Söhne des *Dhritarāshtra*, die durch List die *Pāndavas* aus ihrem Reich vertrieben. Als die *Pāndavas* zurückkehrten, besiegten sie in der Schlacht von *Kurukshetra* die *Kauravas* und erhielten ihr rechtmäßiges Königreich zurück. Diese 100 Söhne eines blinden Königs stehen symbolisch für die schlechten Eigenschaften des Menschen.

kausalyā *f* eine Prinzessin des *Kosala*-Geschlechts; Name der Mutter von *Rāma*.

kaushalyā *f* andere Schreibweise für *Kausalyā*.

kaushītaki *m* Name einer Familientradition (*shākhā*) des *Rigveda*; Name eines *Brāhmana*, *Āranyaka* und einer *Upanishad* des *Rigveda*.

kaustubha *m und n* Name eines Juwels, das bei der Quirlung des Milchmeeres (vgl. *kūrma*) entstand und von *Krishna* getragen wird.

kautilya *m* Name des Verfassers des *Arthashāstra*.

kavasha-ailūsha *m* Name eines vedischen Sehers.

kavi *m* Weiser, Seher, Prophet; Barde, Dichter; ein *kavi* ist nicht nur ein Künstler, der Verse dichten kann, sondern ein Mensch, der tiefen Einblick in die Wirklichkeit besitzt und dessen Ausdruck direkt von den kosmischen Kräften inspiriert ist.

kavih kavīnām *wörtl.:* „Der Dichter der Dichter"; der beste unter den Dichtern, Weisen.

kāvya *n* Dichtung; in Sprache gegossene Schau eines vedischen Sehers (*Rishi*).

kāya *m* der Körper; eine Hymne, die *ka* gewidmet ist.

kāyaka *adj* körperlich, auf den Körper, die körperliche Ebene bezogen.

kedārnātha *m* der Herr des Berges Kedāra; ein Name für *Shiva*.

kena-upanishad *m* Name eines Werkes, das auch *Talavakāra-upanishad* genannt wird, eine *Upanishad* des *Sāmaveda*. Der Name *Kena* leitet sich von dem ersten Wort des Textes ab und bedeutet: „Wodurch?" – „Wodurch bewegt sich der ausgerichtete Geist?" Mit dieser Frage wird der Hörer, bzw. Leser sofort auf die Realität des Selbst (*ātman*) hingewiesen.

kendra *n* Hauptquartier, Zentrum.

kesha *m* Haar; Kopfhaar.

keshakhandana *adj und m* glatzköpfig, ohne Haare; jemand, der keine Haare mehr hat.

keshava *adj und m* langes, schönes Haar besitzend; ein Name für *Vishnu* oder *Krishna*.

keshī *m* Name eines Dämons, der von *Indra* getötet wurde.

ketu *m* Flagge, Banner; Chef, Oberhaupt, wichtige Person; der absteigende Mondknoten.

kevala *adj* allein, einsam, abgetrennt, isoliert; Abstrakt, absolut, einzig, rein; nicht zusammengesetzt, unvermischt; ganz, vollständig. *Kevala* bezeichnet insbesondere den Zustand, in dem der Geist vollständig zur Ruhe gekommen ist und still in sich ruht; vgl. *kaivalya*.

kevalajnāna *n* das höchste Wissen, das Wissen um die Einheit.

kevvu *(Telugu)* Kleinkind-Geschrei.

khāndavavana *n* der *Khāndava*-Wald; ein Wald in *Kurukshetra*, der *Indra* heilig war, aber von *Agni* verbrannt wurde.

khara *adj und m* hart, rauh, grob; scharf, brennend; Name eines Dämons, dem jüngeren Bruder von *Rāvana*.

khila *m* Anhang, Ergänzung (z. B. zu einem Buch).

kīlaka *m* Achse, Hauptstütze, Säule, Pfeiler.

kim *pron* Was?

kimkara *m wörtl.:* „Was tuend?"; ein Freiwilliger; jemand, der sich selbst die Frage stellt, was zu tun ist; Diener.

kimpurusha *m* ein schlechter Mensch.

kinnara *m* ein schlechter Mensch.

kirmīra *m* Name eines Dämons, der von *Bhīma* getötet wurde.

kīrtana *n* gemeinsames Rezitieren, Singen und Tanzen zu Ehren Gottes, das besonders im *Bhaktiyoga* eine große Rolle spielt, da es den Gotthingegebenen (*bhakta*) innerlich erhebt und ihn Gott näher bringt.

kīrti *f* Ruhm, guter Ruf, Glanz.

kishkindha *m* Name eines Berges; Name einer Region nördlich von Mysore, in der der Affenkönig *Sugrīva* mit seinem Volk lebte. Dieser wurde von *Rāma* wieder in seine rechtmäßige Königswürde versetzt.

kishkindhākānda *n* Name des 4. Buches des *Rāmāyana*.

kishora *m* Jüngling, junger Mann; ein Name für *Krishna*.

klesha *m* Schmerz, Pein; Anhaftung; Sammelbezeichnung für die Hindernisse auf dem Weg des *Yoga*.

ko 'ham *wörtl.:* „Wer (bin) ich?".

kodanda *m* Name des unbesiegbaren Bogens von *Rāma*.

kodandapāni *adj*den Bogen *Kodanda* in der Hand haltend; ein Name für Rāma.

kokila *m* der indische Kuckuck.

kona *m* Ecke, Gipfel.

konasīman *m* Delta; Name eines Gebietes am *Godāvarī*-Fluß.

kopa *m* Ärger, Zorn; Leidenschaft; im *Āyurveda* bezeichnet *kopa* die Störung der *doshas*.

kopāgni *m* das Feuer des Zornes, der Leidenschaft.

kosala *m* Name eines Landes und dessen Bewohner.

kosha *m* Hülle, Überdeckung; in der *Taittirīya-upanishad* werden fünf *koshas*, die das Selbst (*ātman*) umhüllen, beschrieben. Die erste, äußerste Hülle ist die aus Nahrung bestehende Hülle (*annamayakosha*), die grobstoffliche Hülle, d. h. der physische Körper. Die zweite ist die aus Lebenskraft bestehende Hülle (*prānamayakosha*), sie ist feinstofflicher Natur und belebt den physischen Körper. Solange diese Vitalhülle im Organismus vorhanden ist, bleibt er am Leben. Ihre grobe Manifestation ist der Atem. Die dritte ist die aus *manas* bestehende Hülle (*manomayakosha*), in der die Sinneseindrücke verarbeitet und von innen kommende Impulse weitergeleitet werden. Die vierte ist die aus Unterscheidung bestehende Hülle (*vijnānamayakosha*), der die Fähigkeiten des Unterscheidens und Wollens zugeordnet sind. Die fünfte ist die aus Glückseligkeit bestehende Hülle (*ānandamayakosha*), die dem Selbst (*ātman*) am nächsten ist. Der *ātman* bleibt immer getrennt von den Hüllen und unberührt von ihren Eigenschaften.

koti *f* Ende, Spitze, Punkt; Höhepunkt, Vorzüglichkeit; 10 Millionen.

krama *m* Schritt; Folge, Reihe, Serie; Ablauf; Aufführung; Ordnung, geordnete Abfolge, Reihe.

kramamukti *f* allmähliche Befreiung, Erlösung; d. h. eine Befreiung, die nicht jetzt sofort eintritt, sondern sich erst nach und nach entwickelt.

krāntidarshin *adj* den Schritt sehend, erkennend, untersuchend; jemand, der den nächsten notwendigen Schritt erkennt, der weiß, was er als nächstes in seinem Leben zu tun hat.

kratu *m* Plan, Intention; Intelligenz, Fähigkeit; Entschluß; Opfer, Ritual.

kraunca *m* Reiher; Name eines Berges.

kripā *f* Gnade, Mitgefühl.

kripa *m* Name eines Kämpfers auf der Seite der Kauravas, der die große *Mahābhārata*-Schlacht überlebte und das Lager der *Pāndavas* überfiel.

kripālu *adj* (*Telugu*) gnädig, mitfühlend, Gnade erweisend.

kripana *adj* bemitleidenswert, traurig, armselig, beladen, schwach; unwissend.

kripāsāgara *m* Ozean, Meer des Erbarmens, des Mitgefühls.

krishna *adj und m* schwarz oder dunkelblau; Name einer vollkommenen Inkarnation Gottes (*pūrnāvatāra*). Er steht in der Reihe der *Avatare Vishnus* an achter Stelle und soll in der Übergangszeit zum *kaliyuga* (ca. 3100 v.Chr.) auf der Erde geweilt haben. Im *Mahābhārata* ist *Krishna* eine hervorragende Gestalt, berühmt sind seine Unterweisungen in der *Bhagavadgītā*, dem „Gesang des Erhabenen“. *Arjuna* spricht *Krishna* darin als höchsten, universalen Herrn an, der ewig, schon vor den Göttern existierend, ungeboren und allgegenwärtig ist. Berichtet wird von ihm auch in den *Purānas*, insbesondere im *Bhāgavatapurāna*, in dem deutlich gemacht wird, daß *Krishna* der Ursprung aller *Avatare* ist. Dort wird *Krishnas* Lebensgeschichte beginnend in seiner frühen Jugend, die er in *Brindāvana* unter den Hirten verbracht hat, bis zu seinem Königtum in *Dvārakā* in allen Einzelheiten erzählt. Im spirituellen Sinn bedeutet *Krishna* „der Allanziehende“: Er ist derjenige, der für alle Menschen anziehend ist, der alle bezaubert, bei dem jeder sein möchte und in Bezug auf den jeder traurig ist, wenn er nicht bei ihm sein kann. *Krishna* kann den Gläubigen im tiefsten Inneren berühren, und während seines Weilens auf der Erde hat er für die Gotthingegebenen (*bhakta*) alle existentiellen Möglichkeiten einer Verbindung mit Gott (*bhāva*) manifestiert, so daß jeder eine Beziehung zu ihm aufbauen kann. Seine Spiele (*līlā*) beschreiben einerseits die tiefsten Geheimnisse des Verhältnisses des Menschen zu Gott. Andererseits sind sie unfaßbarer und unverständlicher Ausdruck von *Krishnas* transzendentaler Realität. In der *Bhagavadgītā* 4.7 verkündet er: „Wann immer die Rechtschaffenheit zugrunde geht und die Verstöße gegen das göttliche Gesetz überhand nehmen, dann erscheine ich selbst.“

krishnā *f* ein Name für *Draupadī*.

krishna dvaipāyana *m* ein Name für *Vyāsa*.

krishnacaitanya *m* ein Name für *Caitanya*, der als ein *Avatar Krishnas* gilt.

krishnadhana *m Krishna*-Reichtum; Schätze der Güte und des geistigen Reichtums, die als Gnade von *Krishna* kommen.

krishnamārga *adj und m* von einer schwarzen Antilope (*mriga*) stammend; der dunkle Weg.

krishnārpana *n* Hinwendung zu Gott in seiner Gestalt als *Krishna*.

krishnāvatāra *m* der *Avatar Krishna*.

krishnayajurveda *m* der schwarze *Yajurveda*, dessen *Samhitā*-Texte auch die *Brāhmana*-Erläuterungen enthalten.

krita *adj und m* getan, erreicht, vollbracht; jemand, der vollbracht hat, was zu tun war; jemand, der als einzigen Sinn des Lebens die Erkenntnis Gottes erfaßt und dadurch Befreiung erlangt hat.

kritavarman *m* Name eines Kämpfers auf der Seite der *Kauravas*, der die große *Mahābhārata*-Schlacht überlebte und das Lager der *Pāndavas* überfiel.

kritavīrya *m* Name des Vaters von *Kārtavīrya*.

kritayuga *n* Name des ersten im Zyklus der vier Weltzeitalter; es ist das Zeitalter der größten Vollkommenheit und entspricht dem goldenen Zeitalter der Griechen; ein anderer Name ist *satyayuga*, das Zeitalter der Wahrheit.

kritya *adj und n* notwendig; das, was zu tun ist, was rechtschaffen ist; das Rechtschaffene.

kriyā *f* Anwendung, Ausführung, Mühe, Arbeit, Unternehmung; religiöse Handlung, Ritual; kontemplative Vergegenwärtigung.

kriyārūpa *n* die Gestalt, Ausformung einer Handlung; eine Form des Tuns.

kriyāshakti *f* die Fähigkeit zur Handlung; vgl. *karmendriya*; die Kraft, Übernatürliches zu vollbringen.

kriyāyoga *m* der *Yoga* der praktischen Bemühung; Bezeichnung einer *Yoga*-Tradition; vgl. auch *Karmayoga*.

krodha *m* Ärger, Mißbilligung, Zorn, Haß, Rache; das Verlangen, anderen zu schaden und sie zu Fall zu bringen; Ärger und Ablehnung gegenüber denen, die Enttäuschung, Kummer oder Verlust verursachen.

krosha *m* Schrei, Ruf; Geräusch.

kshamā *f* die Tugend der Geduld, die Fähigkeit des Ertragenkönnens; diese ist ganz entscheidend davon abhängig, daß das Bewußtsein in der göttlichen Realität gegründet ist, weil sich ansonsten der Schmerz über erlittenes Unrecht tief in die Seele hineinfressen kann.

kshana *m und n* Augenblick, Moment, Zeitpunkt; Gelegenheit; ein glückbringender Augenblick; Fest, Freude.

kshānti *f* Geduld; *kshānti* entspricht ungefähr *kshamā*. Gemeint ist der Friede, der im Herzen herrscht und im äußeren Verhalten durch Gelassenheit seinen Ausdruck findet.

kshapanaka *m* ein Mönch aus der Tradition des Buddhismus oder Jainismus.

kshara *adj und n* zerstörbar, vergänglich; Wasser; der Körper; die Unwissenheit.

kshatra *n* Herrschaft, Kraft, Macht; Bezeichnung des 2. Standes.

kshatriya *m* Bezeichnung des zweiten Standes, der Krieger, Fürsten und Könige. Ihre Aufgabe ist es, die Gemeinschaft zu beschützen. Tatkraft und Unternehmungsgeist (*rajas*) sind die Grundzüge ihres Charakters. Der wahre *kshatriya* ist jemand, der sich der Unwahrheit widersetzt, der bereitsteht, um das gerechte politische System, Gesetz und Recht, sowie Wohlfahrt und Wohlstand eines Landes zu bewahren, gleichzeitig geht es ihm um die moralische Grundordnung und -orientierung des Volkes. Er ist jemand, der die Verderbten und Unmoralischen zurückhält und den Schwachen und in Not Geratenen zu Hilfe kommt.

kshaya *m* Niedergang, Verschwinden, Zerstörung; das Stadium des Verfalls. Der Geist wird von allen bewußten und unbewußten Impulsen, Gefühlstrieben und Bindungen in die äußere Welt und ihre vielfältigen Versuchungen gezogen, und damit verschwindet die Wahrnehmung des inneren Selbst; dies ist ein Hindernis für Meditation (*dhyāna*).

kshayashīla *n* die Neigung zur Zerstörung, Zerstörungswut.

kshema *adj und n* Glück bringend, segensreich, hilfreich; Wohlbefinden, Lebensglück, Friede, Sicherheit, Schutz.

kshemam te, kshemam ā *wörtl.:* „Wohlbefinden dir!“

kshetra *n* Feld, Land, Boden; Ort, Bereich; Körper; das Feld, der Bereich der Sinne, der Polaritäten und Qualitäten; das Offenbare; das, was kein Bewußtsein seiner selbst hat, also dem Objektbereich angehört.

kshetrajna *m* der Kenner des Feldes, d. h. des Bereiches der Wahrnehmung; das wahre Subjekt; das Selbst, welches im Körper wohnt.

kshetrapālaka *m* der Beschützer von Feld und Ernte.

kshīna *adj* verfallen, vernichtet, verschwunden, zerstört.

kshīra *n* Milch.

kshīrābdhi *m* das Milchmeer.

kshīrasāgara *m* das Milchmeer, der Milchozean.

kshīrodaka *n wörtl.:* „Milch-Wasser“ (*kshīrāudaka*); das Milchmeer.

kshīrodakashāyin *adj* auf dem Milchozean (*kshīrodaka*) liegend (*shāyin*); ein Name für *Vishnu.*

kshudh, kshudhā *f* Hunger.

kshudhāgni *m* das Feuer des Hungers, der brennende Hunger.

kubera *m* Name einer Gottheit; er ist der Gott der Schätze und Reichtümer und der Hüter des Nordens.

kucela *n* eine schlechte Bekleidung; Name einer Pflanze; Name einer Person.

kula *n* Geschlecht, Dynastie, Familie; Familiensitz, Haus; Gruppe, Gemeinschaft.

kulābhimāna *n* Familienstolz; Bindung an die Familie, Gemeinde oder Gemeinschaft.

kuladevatā *f* Familiengottheit; in Indien ist es üblich, daß eine Familie Gott unter einem bestimmten Aspekt und Namen verehrt. So mag z. B. *Rāma* in einer Familie als *Rāmacandra* angebetet werden, in einer anderen als *Raghuvīra*; oder *Krishna* wird in einer Familie als *Govinda*, in einer anderen als *Gopāla* (*Krishna* als Kind) verehrt usw. Solche Familientraditionen bestehen teilweise seit Hunderten von Jahren und bestimmen in der Regel die religiöse Ausrichtung der Nachkommen.

kuladharma *m* die religiöse Praxis, die einer bestimmten Familie eigen ist; der religiöse Pfad einer Gemeinschaft.

kulapati *m* Familienoberhaupt.

kumāra *m* Kind, Junge, Jugendlicher, Jüngling; Sohn; Prinz. In der Mythologie wird von den vier *Kumāras* berichtet, die die Söhne *Brahmās* waren. Sie lehnten es ab, Nachkommenschaft zu haben, und blieben daher immer jung und in einem Zustand der Reinheit und Unschuld.

kumārasambhava *m* Name eines Werkes von *Kālidāsa.*

kumārī *f* Jungfrau, junges Mädchen; ein Name für *Sītā* u. a.

kumbhaka *m und n* Name einer Methode der Atemregulierung: das Anhalten des Atems zwischen Ausatmung und Einatmung und umgekehrt.

kumbhakarna *m* Name des Bruders des Dämonenkönigs *Rāvana*; durch einen Fluch von *Brahmā* schlief er jeweils sechs Monate und war nur einen Tag wach. Während des Kampfes, welcher der Befreiung *Sītās* galt, wurde er mit großer Mühe geweckt und kämpfte erst gegen *Sugrīva*, dann gegen *Rāma*, von dem er getötet wurde.

kumkuma *n* Safran; farbiges Pulver, welches bei religiösen Zeremonien verwendet wird.

kundalinī *f* Name einer Form von *Shakti*; sie wird auch Schlangenkraft genannt, weil sie wie eine Schlange aufgerollt am unteren Ende der Wirbelsäule eines jeden Menschen schlafend ruht. Wird sie wachgerufen, findet sie bei ihrem Aufstieg durch die verschiedenen Zentren (*Cakra*) ihren Ausdruck in Form von spirituellen Erkenntnissen und mystischen Visionen. Nach Auffassung des *Tantra* gibt es sechs *Cakras* feinstofflicher Energie im menschlichen Körper, durch die die *Kundalinī* aufsteigt. Diese werden oft als „Lotosblumen" bezeichnet. Das erste Zentrum, das am unteren Ende der Wirbelsäule die Geschlechts- und Ausscheidungsorgane beherrscht, ist *mūlādhāra* (Wurzelzentrum), vierblättrig und mit Blütenblättern von roter Farbe; es folgt etwas höher gelegen *svādishthāna* (gute Grundlage habend), sechsblättrig mit zinnoberroten Blütenblättern, welches die unteren Eingeweide beherrscht; darauf *manipūraka* (voller Strahlen), zehnblättrig mit bläulichen Blütenblättern, dem Solarplexus entsprechend; dann *anāhata* (klangloser Klang), zwölfblättrig mit scharlachroten Blütenblättern, in der Region des Herzens; als nächstes *vishuddha* (Reinheit), sechzehnblättrig mit dunkelpurpurroten Blütenblättern im Bereich der Kehle; darauf *ājnā* (Befehl des *Guru*), zweiblättrig und weiß zwischen den Augenbrauen. Durch diese *Cakras* steigt die *Kundalinī* vom unteren Ende der Wirbelsäule bis über den Scheitel auf. Dort befindet sich als siebentes *Cakra sahasrāra* (tausendblättrig), strahlend weiß und leuchtend wie ein Blitz. Hier entwickelt die erwachte spirituelle Energie ihre volle Kraft und Herrlichkeit als Erleuchtung (*samādhi*); denn das höchste *Cakra* gilt als Sitz *Shivas*. Die Vereinigung von *Shiva* und *Shakti* in diesem *Cakra*, welche ein Hauptthema der *Tantra*-Texte ist, entspricht der „unio mystica". Genauso kann die *Kundalinī*-Kraft erwachen, wenn die göttliche Gnade von oben her den Menschen bis in die Tiefe hinein erleuchtet, wo die *Kundalinī* wohnt. Dann steigt sie von selbst auf und verbindet sich harmonisch mit dem göttlichen Prinzip.

kundalinīshakti *f* die göttliche Schlangenkraft; die im Menschen am unteren Ende der Wirbelsäule ruhende kosmische Energie.

kundalinīyoga *m* Name einer *Yoga*-Tradition, die das Ziel hat, die spirituelle Kraft (*Kundalinīshakti*) zu wecken und entlang der Wirbelsäule aufsteigen zu lassen, bis sie sich über dem Scheitel mit dem göttlichen Ursprung vereinigt.

kunthita *adj* dumm, stumpf, dumpf.

kuntī *f* Name der Gemahlin *Pāndus* und Mutter von *Yudhishthira*, *Bhīma* und *Arjuna*, der in der *Bhagavadgītā* von *Krishna* oft *Kuntīs* Sohn genannt wird; ein anderer Name für *Kuntī* ist *Prithā*.

kūrma *m* Schildkröte; *Vishnu* in seiner zweiten Inkarnation (*Avatar*) als Schildkröte. In dem Wunsch, den Unsterblichkeitstrank (*amrita*) zu erlangen, begannen die Götter und Dämonen eine Zusammenarbeit, die für das Quirlen des riesigen Milchmeeres notwendig war. Um ihnen zu helfen, tauchte *Vishnu* in Gestalt einer Schildkröte auf den Grund des Ozeans und machte seinen Rücken zum Fundament für den Berg *Mandara*, um den die Götter und Dämonen die große Schlange *Vāsuki* wickelten. Darauf zogen die Götter an einem Ende der Schlange, die Dämonen am anderen Ende und quirlten auf diese Weise das Milchmeer, bis verschiedene Dinge und Personen zum Vorschein kamen. Es handelte sich dabei u. a. um das Gift *halāhala*, welches *Shiva* trank, um das Universum zu retten, Indras Elefant *Airāvata*, *Lakshmī* (die Göttin des Glücks und der Schönheit), das *kaustubha*-Juwel, *Surabhī*, die Kuh des Überflusses, und um *amrita*, den Nektar der Unsterblichkeit, welchen *Dhanvantari*, der Arzt der Götter, in einer Schale trug. Es entbrannte um den Besitz des *amrita* eine Schlacht, aber dank *Vishnus* erneutem Erscheinen in Gestalt einer wunderschönen Frau, welche die Dämonen verwirrte, konnten die Götter von dem *amrita* trinken. Nur *Rahu*, einer der Dämonen, hatte sich unerkannt unter die Götter gemischt; dies wurde jedoch vom Mond bemerkt und gemeldet. *Vishnu* trennte, noch bevor die Flüssigkeit den Körper erreichte, den Kopf *Rahus* ab; dieser war aber schon unsterblich geworden und verschlingt deshalb noch heute in gewissen Abständen den Mond, um Rache zu nehmen (Mondfinsternis).

kūrmapurāna *n* Name eines *Purāna*, welches der *Shaiva*-Tradition zugerechnet wird.

kūrmasādhana *m* Name einer Methode, *prānāyāma* zu üben.

kuru *m* Name eines Vorfahren von *Dhritarāshtra* und *Pāndu*; vgl. *Kaurava*.

kurukshetra *n* das Feld der *Kurus*; Name einer Ebene nahe bei Delhi, auf der die große Schlacht zwischen den *Kauravas* und *Pāndavas* ausgetragen wurde (vgl. *Mahābhārata*). Die *Bhagavadgītā* berichtet von den Unterweisungen, die *Arjuna* hier von *Krishna* erhielt. *Kurukshetra* wird auch als ein Symbol für das Schlachtfeld des Lebens angesehen, auf dem das Ego und die niedere Natur des Menschen geläutert werden müssen.

kurunandana *m* Freude des *Kuru*; ein anderer Name für *Arjuna* u. a..

kusha *m* Name einer Grasart, die als Meditationsunterlage dient, aber auch bei Ritualen (*yajna*) benutzt wird; Name eines Sohnes von *Rāma*.

kushala *adj* geschickt, erfahren; nützlich, hilfreich; richtig, sich in gutem Zustand befindend.

kushāmba *m* Name des Sohnes von *Kusha.*

kusuma *n* Blume, Blüte.

kutarka *m* ein schlechtes Argument (*tarka*); Unehrlichkeit, Sophisterei.

kūtastha *adj* am höchsten stehend, befindlich; unbeweglich, unveränderlich.

kutsa *m* Name eines vedischen Sehers.

kuvalāshva *m* Name eines Prinzen, der den Dämon *Dhundhu* tötete; deshalb heißt er auch Dhundhumāra – der Töter des *Dhundhu.*

kuvera *m* andere Schreibweise für *Kubera.*

L

lābha *m* Erlangen, Erreichen; Gewinn, Profit, Vorteil.

laghiman *m* Leichtigkeit; die Fähigkeit, den Körper leicht zu machen, so daß er schweben kann.

laghu *adj* leicht; klein, kurz; winzig, unbedeutend.

laghuprānāyāma *m* leichtes *prānāyāma*; ein vereinfachtes System der Atemregulierung, um die Meditation (*dhyāna*) zu erleichtern.

lagna *n* Aszendent.

laksha *m und n* Zeichen, Ziel; Hunderttausend.

lakshana *n* Zeichen, Symbol, Marke, charakteristische Eigenschaft, Qualität; erwähnt werden oft die glück- oder unglückverheißenden Kennzeichen des Körpers, die insbesondere bei der Wahl des Partners eine Rolle spielen.

lakshārcana *n* Preisen, Huldigen durch die Kennzeichen (d. h. die Namen) Gottes; insbesondere das Verehren Gottes unter Aussprechen von 108 Namen.

lakshmana *adj und m* gute Zeichen habend; Name des Sohnes des Königs *Dasharatha* und seiner Gattin *Sumitrā*. Er war ein Halbbruder und besonderer Freund von *Rāma*, begleitete ihn ins Exil und auf allen seinen Wanderungen.

lakshmī *f* Schönheit, Glück, Wohlstand; Göttin des Wohlstandes, der Wohlfahrt, des Glückes, des Gedeihens und der Schönheit. *Lakshmī* oder *Shrī* ist die Gemahlin *Vishnus* und die Mutter von *Kāma*.

lakshya *adj und n* anzustrebend, erstrebenswert; Ziel, Gotterkenntnis, das Erkennen der Wirklichkeit.

lala *adj und m* verspielt, spielerisch; Kind.

lālana *n* Liebkosen, Zärtlichkeit; Ermutigen, gut Zureden.

lalātalikhita *adj* auf die Stirn geschrieben, eine Schrift auf der Stirn.

lalita *adj* verspielt, spielend; schön, angenehm.

lalitā *f* Frau; Name einer *gopī*.

lambodara *adj und m* dickbäuchig; ein Name für *Ganesha*.

lankā *f* der alte Name der Insel Ceylon, die heute wieder Shrī Lankā heißt, sowie der alte Name ihrer Hauptstadt. Im *Rāmāyana* wird *Lankā* mit ihren gewaltigen Mauern beschrieben. Es heißt, daß sie von *Vishvakarman* aus Gold als Residenz für *Kubera* erbaut und dann von *Rāvana* erobert worden sei.

laukika *adj* mit der Welt verbunden, weltlich.

lava *m* Name eines der Zwillingssöhne von *Rāma* und *Sītā*.

lavana *m* Name eines dämonischen Königs, der ein Neffe von *Rāvana* war und von *Shatrughna* getötet wurde; Salz; Salzmeer.

laya *m* Verschmelzen, Auflösen, Schlaf; das Verschmelzen des von den Sinnen geprägten, begrenzten Geistes mit dem Unendlichen; die Erfahrung der Vielfalt in dem Einen; *laya* bedeutet auch die Auflösung des Universums am Ende eines Zeitenzyklus.

lekha *m* Dokument, Schriftstück, Brief.

lesha *m* kleiner Teil, Rest; Partikel, Atom.

leshāvidya *f* der kleine Rest Unwissenheit (*avidyā*), der vorhanden ist, solange man auf der körperlichen Ebene existiert.

likhitajapa *m* schriftliche Wiederholung des Gottesnamens; vgl. *japa*.

līlā *f* Spiel, Unterhaltung, Vergnügen; Schönheit, Anmut; göttliches Spiel, göttliche Tätigkeit, göttliche Natur, Wesensart. Das gesamte Universum ist der Schauplatz für die *līlās* des Herrn, die Erschaffung, Erhaltung und Auflösung umfassen. *Līlā* ist einerseits das Relative im Gegensatz zum Absoluten, Unveränderlichen (*nitya*); andererseits wird in den heiligen Schriften von den transzendentalen *līlās* des Herrn gesprochen, die eine ewige Realität in der göttlichen Welt besitzen und im Relativen nur eine zeitliche Aktualisierung erfahren.

līlājanman *n* eine Geburt, die nicht aufgrund karmischer Wirkungen erfolgt, sondern aus der Freiheit des göttlichen Spiels (*līlā*).

līlāsamkīrtana *n* das gemeinsame Singen über Gottes Wunder und glorreiche Taten.

līlāvibhūti *f* die Manifestation des göttlichen Spiels.

līlāvinodin *adj* sich am Spiel erfreuend.

linga *n* Zeichen, Kennzeichen, Symbol, Emblem; Symbol für das Göttliche; insbesondere das *Shivalinga* symbolisiert das Aufgehen einer Form im Formlosen: die ovale Form des *linga* ist eine Modifikation des Kreises, der ein Ausdruck der absoluten Wirklichkeit ist. Somit zeigt sich im *linga* mit seinen zwei Brennpunkten die Gegenwart Gottes in seiner Schöpfung. Das *linga* wird oft als eine Säule dargestellt, die in der Form an einen Phallus erinnert und Symbol der göttlichen, schöpferischen Kraft ist. Es erscheint widersprüchlich, daß *Shiva*, der Gott der Zerstörung und Verwandlung, in dem Symbol der Zeugungskraft verehrt wird. Doch es wird verständlich, wenn man bedenkt, daß jeder Umwandlung ein neuer Anfang innewohnt.

lingadeha *m und n* der feinstoffliche Körper; der Körper, in dem die charakterlichen Eigenschaften eingeprägt sind; vgl. antahkarana.

lingapurāna *n* Name eines *Purāna* der *Shaiva*-Tradition.

lingasharīra *n = lingadeha.*

lingeshvara *m* (*lingāīshvara*) der Herr des *linga*; ein Name für *Shiva.*

lingodbhavakara *adj* das *linga* hervorbringend; ein Name für *Sathya Sai Baba.*

līyate *wörtl.:* „Er, sie, es verschmilzt".

lobha *m* Habgier, Besitztrieb, Gier, Begehrlichkeit; der Wunsch, Gewinn einzubehalten und zu mehren; gemeint ist eine Einstellung, die davon ausgeht, daß niemand anderes etwas von dem bekommen sollte, was man selbst erworben hat und besitzt; sie zeigt sich in dem Bestreben, daß auch in Notzeiten der Besitz durch seine Nutzung nicht abnehmen soll; vgl. *akushala.*

locana *adj und n* erhellend, erleuchtend; sichtbar; Blick, Sicht; Auge.

loka *m* Welt, Raum, Bereich, Universum; *loka* wird oft im Zusammenhang mit der Unterteilung des Universums in verschiedene Weltenschichten gebraucht; im allgemeinen ist es die dreifache Unterteilung in Himmel, Erde und Hölle oder Unterwelt, auf die immer wieder als die „drei Welten" (*triloka*) Bezug genommen wird. Statt der Unterwelt erscheint oft der „Zwischenraum" (*antariksha*) zwischen Himmel und Erde als drittes. Eine andere Klassifizierung nennt sieben höhere Welten: 1. *bhūrloka*, die Erde; 2. *bhuvarloka*, der Raum zwischen Erde und Sonne, die Region der *munis*, *siddhas* usw.; 3. *svarloka*, der Himmel *Indras*; 4. *maharloka*, der Bereich von *Bhrigu* und anderen Heiligen; 5. *janaloka*, die Heimat von *Brahmās* Söhnen *Sanaka*, *Sanandana*, *Sanatkumāra* und *Sana*; 6. *tapoloka*, wo die *Vairas* (eine bestimmte Götterklasse) sich aufhalten; 7. *satyaloka* oder *brahmaloka*, das Reich *Brahmās* oder *brahmans*, nach dessen Erlangung es keine Wiedergeburt mehr gibt. Diesen sieben höheren Welten stehen sieben Unterwelten gegenüber, die *pātāla* genannt werden. Einige Schulen der *Sānkhya*- und der *Vedānta*-Philosophie sprechen von acht *lokas* oder Regionen: 1. *brahmaloka*, der Welt der höchsten Götter; 2. *pitāloka*, dem Reich der Ahnen (*pitā*), *Rishis* und *Prajāpatis;* 3. somaloka, dem Reich des Mondes und der Planeten; 4. *indraloka*, dem Reich der *Devas*; 5. *gandharvaloka*, dem Reich der himmlischen Musikanten; 6. *rākshasaloka*, dem Reich der *Rākshasas* (Dämonen, Widersacher); 7. yakshaloka, dem Reich der *Yakshas* (Gespenster, Geister); 8. *pishācaloka*, dem Reich der Teufel und Unholde.

lokabhrānti *f* Verwirrung, die durch die relative Welt entsteht; vgl. *māyā.*

lokādhyaksha *m* der Herr der Welt; der, dessen Augen auf der ganzen Welt ruhen.

lokaguru *m* Lehrer der Welt, Weltenlehrer.

lokakalyāna *n* Glück, Freude, Wohlstand, Wohlergehen der ganzen Welt, der ganzen Menschheit; gesunde soziale Struktur in der Welt; Friede und Wohlstand.

lokamātā *f* die Mutter der Welt; die Mutter, die das Universum erhält.

lokapāla *m* Weltenhüter, Weltenschützer; der, welcher die Welt fördert und beschützt.

lokapitā *m* der Vater der Welt.

lokasamastāh sukhino bhavantu *wörtl.:* „Mögen alle Welten glücklich sein; möge in allen Welten Glück herrschen".

lokasangraha *m* die Gesamtheit der Welt (-en); auch: Tätigkeit für das Wohl der Welt, Sicherheit für die gesamte Menschheit; Förderung von Wohlergehen und Glück der Welt.

lokashānti *f* Weltfriede.

lokavāmchā *f* weltlicher Wunsch, Wunsch nach weltlichem Genuß.

lokesha *m* (*loka-īsha*) der Herr, Meister der Welt; der Zeuge aller Welten.

lola *adj* wogend, fließend, rollend, sich hin und her bewegend; zitternd, unruhig.

lolā *f* ein Name für *Lakshmī*.

lomaharshana *m* wörtl.: „der, dem die Haare zu Berge stehen"; Name eines Dichters, der als erster Verkünder der *Purānas* gilt.

loman *n* Körperhaar.

lopāmudrā *f* Name der Gattin des Weisen *Agastya*, die er selbst geformt hatte.

M

mā phaleshu *wörtl.:* „Nicht bei den Früchten"; „(binde dich) nicht an die Früchte (der Handlungen)".

mā shuca *wörtl.:* „Trauere nicht!"; „du brauchst dich nicht zu grämen".

mada *m* Trunkenheit, Laster, Arroganz, Verrücktheit, Leidenschaft, Stolz; der Dünkel, der entsteht, wenn jemand meint, er sei klüger, stärker, reicher oder berühmter als andere. Selbst wenn dies nicht zutrifft, so läßt *mada* doch die Menschen Ehrerbietung gegenüber Älteren und Rücksichtnahme auf die Gefühle anderer vergessen und nur auf die eigene Bequemlichkeit und Sicherheit bedacht sein. Andererseits kann *mada* aber auch die trunkene, ekstatische Liebe zu Gott, insbesondere im Kontext der Verehrung von *Krishna*, bezeichnen.

madana *adj und m* entzückend, erhebend; verrückt machend; ein Name für *Krishna*; ein Name des Gottes der Liebe; die Liebe, die Leidenschaft; der Frühling.

madanamohana *adj und m* die Liebe weckend; den Liebesgott täuschend; der Inbegriff des überwältigenden, betörenden Charmes: *Krishna*.

madanāntaka *adj und m* der Leidenschaft ein Ende machend; der Zerstörer der Begierden; ein Name für *Shiva*.

madbhakta *adj* mir hingegeben.

madbhaktāh yatra tishthāmi nārada *wörtl.:* „Wo meine Verehrer sich befinden, dort lasse ich mich nieder, O *Nārada*!".

mādhava *adj und m* süß, aus Honig bestehend, frühlingshaft; ein Nachkomme des *Madhu*; Frühling; ein Name für *Vishnu* und *Krishna*. Eine Traditionslinie der Verehrer *Vishnus* wird nach ihrem Begründer *Madhvācārya* auch *Mādhavas* genannt. Man kann *Mādhava* in spirituellem Sinn folgendermaßen erklären: mā steht für *Lakshmī*, die Göttin des Wohlergehens und des Reichtums, *dhava* = Herr.

mādhavakarman *n* Handeln für Gott; Handeln einzig und allein, um die Freude im Universum zu vergrößern, um die göttliche Freude sichtbar zu machen; selbstloses Handeln in vollkommener, reiner Absicht.

mādhavasevā *f* Dienst für Gott.

mādhavatattva *n* das Wesen, die Wirklichkeit von *Mādhava*, dem göttlichen Herrn.

mādhavatva *n* das *Mādhava*-Sein; die Göttlichkeit.

mādhavī *f* ein Name für *Lakshmī*.

madhu *adj, n und m* süß, angenehm; Honig, Frühling; Name eines Dämons; in den *Purānas* wird berichtet, daß *Madhu* und *Kaitabha* aus dem Ohr *Vishnus* entstanden, als dieser am Ende eines Weltenzyklus schlief. Als die beiden sich anschickten, *Brahmā*, der auf einem aus dem Nabel *Vishnus* entsprossenen Lotos saß, zu töten, erwachte *Vishnu* und tötete beide.

madhucchandas *m* Name eines vedischen Sehers, dem Sohn des *Vishvāmitra*.

madhura *adj* süß, angenehm, attraktiv, melodiös; *madhura* beschreibt u. a. die Flöte *Krishnas*.

madhurabhakti *f* die Hingabe zu Gott, die sich in einer innigen Liebesbeziehung ausdrückt.

madhurabhāva *m* eine liebevolle Gefühlsregung, Empfindung; dies ist einer der Seinszustände (*bhāva*), der bei der Entfaltung der Hingabe (*bhakti*) erfahren werden kann; Gott erscheint der Seele dabei als Geliebter.

mādhurya *n* Süße.

madhusūdana *adj und m* den *Madhu besiegend*; ein Name für *Krishna*. In spiritueller Deutung weist *madhu* auf etwas, das süßer ist als Honig, und für den Menschen ist dies sein Ego; deshalb nennt man jemanden, der sein Ego völlig bezwingen kann, *madhusūdana*. *Madhusūdana* ist auch ein Name für die Biene.

madhuvana *n* Name des Waldes, in dem der Dämon *Madhu* lebte.

madhva *m* Name eines Philosophen der *Vaishnava*-Tradition; er wird auch *Madhvācārya* genannt und lebte 1199 –1287; er ist der Hauptvertreter der dualistischen Philosophie des *Dvaitavedānta*, der dritten der drei Hauptschulen der Philosophie des *Vedānta*. Er postuliert folgende fünf große Unterschiede: 1. zwischen Gott und der Einzelseele; 2. zwischen Gott und der Materie; 3. zwischen Einzelseele und Materie; 4. zwischen den einzelnen Seelen; 5. zwischen den einzelnen Teilen der Materie. Für *Madhva* existieren seit Ewigkeit drei getrennte Wesenheiten: Gott, die Seele und die Welt. Obwohl alle drei wirklich und ewig sind, sind die beiden letzteren Gott untergeordnet und abhängig von ihm. Die absolute Wirklichkeit (*brahman*) ist für ihn der Herr des Universums, den er mit *Vishnu* identifiziert, welcher sich in verschiedenen Formen manifestiert und sich von Zeit zu Zeit als *Avatar* inkarniert. *Madhva* wurde in einem Dorf bei *Udupi* in Südindien geboren, war schon in jungen Jahren ein Kenner der *Veden* und wurde früh ein *samnyāsin*. Nachdem er einige Jahre in Gebet und Meditation, sowie mit Studium und Diskussionen verbracht hatte, begann er zu lehren und zu predigen. Er gründete einen *Krishna-Tempel* in *Udupi*, dort wirkte er bis zu seinem Tode. Seine Hauptwerke sind Kommentare zum *Vedāntasūtra*, zur *Bhagavadgītā*, zu einigen *Upanishaden* und vor allem zum *Bhāgavatapurāna*.

madhvācārya *m* der Lehrer *Madhva*.

madhya *adj* mittel, zentral; mäßig, gemildert; neutral, unparteiisch.

madhyama *adj* mittel, mittelmäßig. Bezeichnung für einen Menschentyp, der sich bemüht, gute Taten zu vollbringen und dem Pfad der Selbsterkenntnis zu folgen, der aber nach einer gewissen Wegstrecke von Hindernissen und Enttäuschungen entmutigt und überwältigt wird und daher auf halbem Wege aufgibt.

madhyandina *m* Name einer Traditionslinie des *Yajurveda*.

madirā *f* ein anderer Name für *Vārunī*, die Gattin des *Varuna*.

mādrī *f* Name der zweiten Gemahlin des Königs *Pāndu*, Mutter der *Pāndava*-Zwillinge *Nakula* und *Sahadeva* und Stiefmutter von *Yudhishthira* (*Dharmarāja*), *Arjuna* und *Bhīma*.

magha *m* Geschenk, Belohnung; Macht; Reichtum.

maghada *m* Name eines Landstrichs.

maghavān *adj und m* großzügig, großherzig; ein Name für *Indra*.

mahā *indekl* (nur am Anfang von zusammengesetzten Wörtern) groß.

mahābali *m* vgl. *Bali*.

mahābhārata *n* Name des großen Epos, das den Kampf der Nachkommen des *Bharata* beschreibt. Neben dem *Rāmāyana* ist es das zweite monumentale Heldenepos der indischen Literatur und zugleich das umfangreichste. Es besteht aus 106 000 Versen, die in 18 Bücher (*parvan*) eingeteilt sind. Als Verfasser gilt der Weise *Vyāsa*. Hauptthema ist der Kampf zwischen den beiden miteinander verwandten *Bhārata*-Familien, den verderbten *Kauravas* und den tugendhaften *Pāndavas*, um das von dem blinden *Dhritarāshtra* aufgeteilte Königreich. Der bedeutendste philosophische Teil ist im 6. Buch die *Bhagavadgītā*; sie enthält die Unterweisungen *Krishnas* an *Arjuna* unmittelbar vor Beginn der 18tägigen Schlacht, deren dramatische Geschehnisse im Mittelpunkt des *Mahābhārata* stehen. In das *Mahābhārata* sind zahlreiche Nebenhandlungen eingeschoben, die Beispiele für die Schicksalswege der Menschen bieten und so auf praktische Weise spirituelles Wissen lehren, dazu gehören u. a. die Geschichte von *Nala* und *Damayantī*, sowie die Geschichte von der treuen *Sāvitrī*, die schildert, wie Liebe den Tod besiegen kann.

mahābhāshya *n* der große Kommentar; Name eines Kommentars von *Patanjali* zu *Pāninis Ashtādhyayī*.

mahābhūta *adj und n* (*mahā* = groß, *bhūta* = geworden); Element, grobstoffliches Element; gemeint sind meist die 5 Elemente Äther (*ākāsha*), Luft, Feuer, Wasser und Erde.

mahadahamkāra *m* der große *ahamkāra*; Name einer Emanationsstufe der *prakriti*, welche das erste Hervortreten von Individualität kennzeichnet und zwischen *mahat* und *ahamkāra* steht.

mahādeva *m* der große Gott, der höchste Gott; ein Name für *Shiva*.

mahādevī *f* die große Göttin; ein Name für *Devī*.

mahāgni *m* der große *Agni*, das große Feuer.

mahākāla *m* die große Zeit, ein Name für *Shiva*, *Vishnu* oder *Krishna*.

mahākālī *f* die große *Kālī*, ein Name für *Durgā*, die Gattin *Shivas*.

mahākārana *n* die große Ursache, die erste Ursache, der allererste Ursprung.

mahākāranadeha *m* der Körper der großen, d. h. ersten, Ursache; der den kausalen Bereich transzendierende Körper, der manchmal mit *hiranyagarbha* identifiziert wird. Er besteht aus reinem Bewußtsein und ist nicht mit irgendeinem Elementarprinzip (*tattva*) vermischt. Gemeint ist oft der ewige Zeuge, das Selbst (*ātman*), welches zustandslos und jenseits aller relativen Bewußtseinszustände ist.

mahākāvya *n* eine große Dichtung.

mahālakshmī *f* die große *Lakshmī*; sie ist die Göttin, die spirituellen Reichtum gibt, die Gattin *Vishnus*.

mahālasā *f* Name einer Heiligen, die während ihrer Lebensphase der häuslichen Pflichten (*grihastha*) spirituelle Verwirklichung (*brahmajnāna*) erreichte.

mahāmāyā *f* die große Täuschung, die große Schöpferkraft von *Vishnu*; vgl. *māyā*.

mahānārāyana-upanishad *f* Name einer *Upanishad*.

mahānirvānatantra *m* Name eines Werkes der *Tantra*-Tradition.

mahāparinirvāna *n* die große vollständige Befreiung.

mahāpralaya *m* die letztendliche Auflösung; die Weltauflösung am Ende eines großen Zeitenzyklus; vgl. *kalpa*.

mahāprasthāna *n* Aufbruch zur großen Reise (in den Tod).

mahāpurāna *n* das große *Purāna*; gemeint sind meistens die 18 wichtigsten *Purānas* oder von diesen zwei, nämlich das *Vishnu*- und das *Bhāgavatapurāna*.

mahāpurusha *m* eine große, bedeutende Persönlichkeit; ein Name für *Vishnu*.

mahārāja *m* ein großer König; Kaiser, Majestät.

maharloka *m* Name einer himmlischen Welt; vgl. *loka*.

maharshi *m* (aus *mahā* und *Rishi*, oft wird auch *mahārishi* geschrieben), ein großer Seher, vgl. *Rishi*.

mahāsamādhi *m* die vollständige Erfahrung der absoluten Wirklichkeit; der Tod; Bezeichnung für das Grabmal eines Heiligen.

mahāsarasvatī *f* die große *Sarasvatī*, die Göttin der Weisheit und Gattin *Brahmās*.

mahāsena *m* ein Name für *Kārttikeya*.

mahāshabda *adj* laut, geräuschvoll.

mahāshakti *f* die große göttliche Kraft, die das Universum nährt und erhält; vgl. *Shakti*.

mahāshivarātri *f* das große *Shivarātri*-Fest; die Nacht des dunkelsten Neumonds des Jahres (meist im Februar oder März), die *Shiva* geweiht ist. Diese Nacht sollte der spirituellen Aktivität gewidmet sein, d. h. der Meditation, dem Gebet und dem Singen von *bhajans*.

mahat *adj und m* groß, gewaltig; ein Name für *Shiva*; der kosmische Wille, eine Bezeichnung für *buddhi*.

mahātalaloka *m* Name einer der unteren Welten (*loka*).

mahātma *adj und m* eine große Seele besitzend oder seiend, großherzig; das höchste Selbst; Ehrenbezeichnung für bedeutende spirituelle Lehrer und Führer, z. B. Mahātma Gandhi.

māhātmya *n* Würde, Größe; hohes Wesen, Erhabenheit; Name verschiedener Werke, die die Größe und die Taten einer Gottheit preisen.

mahato mahīyān wörtl.: „größer als das Größte“; dieser Ausdruck beschreibt das *brahman*, welches nicht nur größer als das Größte, sondern auch kleiner als das Kleinste (*anor anīyān*) ist.

mahāvākya *n* großes Wort, großer Satz; Bezeichnung für die bedeutenden vedischen Lehrsätze, in denen verkündet wird, daß *brahman* und das Selbst des Menschen (*ātman*) identisch sind: 1. *prajnānam brahma* („Bewußtsein ist *brahman*) erscheint in der *Aitareya-upanishad* des *Rigveda; 2. aham brahmāsmi* („Ich bin *brahman*) finden wir in der *Brihadāranyaka-upanishad* des *Yajurveda*; 3. *tat tvam asi* („Das bist Du") kommt in der *Chāndogya-upanishad* des *Sāmaveda* vor; 4. *ayam ātmā brahma* („Dieses Selbst ist *brahman*) wird in der *Māndūkya-upanishad* des *Atharvaveda* erwähnt.

mahāvīra *m* großer Held; ein Name für *Vishnu* oder auch *Rāma*; Beiname des Neubegründers des Jainismus, der wahrscheinlich 539–467 v.Chr. lebte; meist wird er *Jina*, „der Sieger“, genannt. Heldenmut ist eine wichtige Eigenschaft für das Beschreiten des spirituellen Weges.

mahāvishnu *m* der große *Vishnu*.

mahāvrata *n* großes Gesetz, großes Gelübde; *yama*, das erste Glied (*anga*) des *Rājayoga* wird in *Patanjalis Yogasūtra* 2.31 als das für alle acht Glieder des *Yoga* geltende „große Gelübde“ bezeichnet, d. h. als die unerläßliche Grundlage der Lebensführung, die weder durch Geburt, Ort, Zeit noch andere Umstände außer Kraft gesetzt werden kann.

mahāyāna *n* großes Fahrzeug; Name einer Hauptrichtungen des Buddhismus, die insbesondere in Nepal, Tibet, China und Japan verbreitet ist. Der Name hängt damit zusammen, daß der kurz vor der Befreiung stehende *Bodhisattva* auf diese verzichtet, um auch andere dorthin zu führen.

mahāyogin *m* (Nom. Sg. *mahāyogī*) ein großer *Yogī*.

mahāyuga *n* ein großes Weltzeitalter; vgl. *yuga*.

mahendra *m* der große *Indra*; ein Name für *Indra*.

maheshvara *m* (*mahā* = groß und *īshvara* = Herr) der große Herr; ein Name für *Shiva* oder *Vishnu*.

maheshvarī *f* die große Herrin, ein Name für *Shakti*.

mahiman *m* Herrlichkeit, Wunder; Größe, Macht, Majestät.

mahisha *m* Name eines Dämons, der von *Skanda* bzw. von *Durgā* getötet wurde.

mahishāsura *m* der Dämon *Mahisha*.

mahishāsuramardinī *f* diejenige, die den Dämon *Mahisha* besiegt.

maināka *m* Name eines Berges.

maitreya *m* Name eines Weisen.

maitreyī *f* Name der Gattin des Weisen *Yajnavalkya*, die durch ihre Fragen nach der geistigen Wirklichkeit ihren Mann zu seinen Unterweisungen veranlaßte.

maitrī *f* Freundschaft, Güte, Wohlwollen; *maitrī* bezeichnet ein bindungsfreies Wohlwollen allen Wesen gegenüber und ist eine der vier Haupttugenden.

makara *m* Name eines Seeungeheuers; der Steinbock im Tierkreis.

makaranda *m* Blütennektar.

makarasamkramana *n* der Tag, an dem die Sonne in das Zeichen des Steinbocks tritt.

makarasamkrānti *f* die winterliche Äquinoktie.

mala *adj und n* schmutzig, faul, gottlos; der Schmutz von Laster, Verderbtheit und Leidenschaft; gemeint ist insbesondere die grundlegende Unwissenheit, die die Ursache für die Identifikation mit den Handlungen ist.

mālā *f* Blumenkranz, Girlande, Kranz, Kette; Kurzform für *japamālā* (Gebetskette).

mālika *m* Gärtner; Herrscher, König.

malina *adj und n* schmutzig, unrein, unsauber, verschmutzt; dunkel, schwarz; Sünde, Fehler, Schuld.

malina vāsanā *f* unreine Tendenz des Geistes; es gibt weltliche *vāsanās*, verstandesbezogene, geistige *vāsanās* und physische, körperbezogene *vāsanās*. Physische *vāsanās* lassen den Menschen nach einem schönen Äußeren streben, sie sind Ausdruck der Körpergebundenheit; geistige *vāsanās* bewirken z. B., daß ein Mensch nach Expertenruhm dürstet und jeden Mitbewerber auf seinem Gebiet ausstechen will. Die weltlichen *vāsanās* bestehen im Verlangen nach Ruhm, Macht, persönlicher Autorität und Pomp.

malinasattva *n* unreines *Sattva*; die Grundeigenschaft (*guna*) der Klarheit und Ausgewogenheit, die durch Leidenschaftlichkeit (*rajas*) und Trägheit (*tamas*) verunreinigt wird.

mallikā *f* Jasmin.

mallikārjuna *m* Name für ein *Shiva-linga* in Shrī Shaila.

mām anusmara *wörtl.:* „Behalte mich immer im Gedächtnis".

mām anusmara yuddha ca *wörtl.:* „Denke immer an mich und kämpfe" (Zitat aus der *Bhagavadgītā*).

mām ekam *wörtl.:* „(Suche Zuflucht) bei mir als Einzigem".

mām ekam sharanam vraja *wörtl.:* „Suche Zuflucht in mir allein!".

mama *adj* mein, mir gehörend.

mamaiva tvam *wörtl.:* „Du bist mein". Diese Formulierung ist Ausdruck der Gewißheit der Gegenwart und Nähe Gottes.

mamaivāmsho jīvaloke jīvabhūtah *wörtl.:* „Was in der Welt des Lebendigen zur individuellen Seele (*jīva*) geworden ist, das fürwahr ist mein Anteil"; Zitat aus *Bhagavadgītā* 15.7. Dem Menschen kommt in der Welt eine besondere Bedeutung zu, er hat eine besondere Mission, eine einzigartige Rolle zu spielen; denn er trägt den göttlichen Funken in sich.

māmaka *pron und m* (Pl.: mamakāh) mein; die Meinen; mein Volk, unser Volk.

mamakāra *m* das Streben nach Besitz, die Bindung daran, die Empfindung „mein"; Egoismus, Ichgefühl.

mamakārashūnya *adj* befreit vom Egoismus, leer vom Gedanken des Mein.

māna *m* Respekt, Ehre; Selbstbewußtsein; übermäßiges Selbstbewußtsein, Stolz, Eifersucht; auch: Maß, Dimension; Meinung, Absicht, Wille.

manah satyena shuddhyate *wörtl.:* „Der Geist wird durch die Wahrheit gereinigt".

manahsamnyāsa *m* Name einer Entwicklungsstufe im *samnyāsa*, bei welcher der *samnyāsin* alle Entscheidungen und Wünsche aufgibt; er beherrscht seinen Geist völlig und wird nicht mehr durch Impulse oder Erregungen abgelenkt oder aus der Bahn geworfen; *manahsamnyāsa* beinhaltet, daß Ruhe und Frieden in den Geist eingekehrt sind.

manana *n* Erwägen, Nachdenken; Reflektion, Meditation, Schlußfolgerung; das kritische Überdenken aller gehörten und gelesenen Wahrheiten, das zweite der drei Mittel zur Erlangung von Erkenntnis im *Vedānta*. Das 1. ist das Lesen, Hören und Aufnehmen spiritueller Wahrheiten (*shravana*), das 3. das Vertiefen des Gehörten und Überdachten durch Meditation (*nididhyāsa*).

manas *n* Geist (im relativen Sinn); der Bereich der Wünsche, Gedanken und Gefühle; das Denken, die Fähigkeit des Denkens; die Psyche. Durch *manas* werden die Eindrücke der äußeren Welt empfangen, die der Unterscheidungskraft (*buddhi*) unterbreitet werden. Es verarbeitet und koordiniert alle Sinneseindrücke und setzt Willensimpulse, die von innen kommen, in Handlung um. Im *Sānkhya* wird *manas* oft als innerer Sinn bezeichnet. Die *buddhi* ist somit dem *manas* übergeordnet, denn sie ist die höhere Unterscheidungskraft.

Im Bereich von *manas* haben die falschen Tendenzen (*vāsana*) ihren Standort; das Ziel ist deshalb, das *manas* zu reinigen, damit das göttliche Selbst dort hineinstrahlen kann.

mānasa bhajare *wörtl.*: „Verehre im (mit dem) Geist"; dies sind die beiden ersten Worte eines Liedes, welches *Sathya Sai Baba* an den Beginn seiner Lehrtätigkeit setzte.

manasādevī *f* Name der Schwester von *Shesha*, die über besondere Heilmittel gegen Schlangengift verfügt.

mānasajapa *m* geistige Wiederholung des Gottesnamens; vgl. *japa*.

mānasaputra *m* ein geistiger Sohn.

mānasasarovara *m* der See des Geistes; Name eines Sees auf dem *Kailāsa*-Berg.

manastattva *n* das Mentale, der Geist, der durch spirituelle Praxis (*sādhana*) und Unterscheidungsvermögen (*viveka*) gereinigt werden muß; das Wesen des *manas*.

mānava *adj und m* menschlich, zum Menschen gehörig; von *Manu* kommend; Mensch; Name einer *Veda*-Tradition.

mānavadharmashāstra *n* = *Manusmriti*.

mānavakarman *n* eine Handlung für andere Menschen; oder: eine menschliche Handlung, d. h. eine Handlung, die nicht auf die höchste Realität ausgerichtet, sondern rein auf die Wirkung auf der menschlichen Ebene beschränkt ist.

mānavasevā *f* der Dienst am Menschen, der Dienst an der Menschheit.

mānavatattva *n* Menschlichkeit, das Menschsein, das wahre Wesen des Menschen.

mānavatva *n* die Menschheit, das Menschsein.

mānavī *f* Name der Gattin des *Manu*.

mandakarni *m* Name eines Weisen.

mandala *adj und n* rund, kreisförmig; Kreis, Bogen, Kugel, Umfang; geometrische Form, die meist symmetrisch auf einen Mittelpunkt hin orientiert ist und der Meditation dient; die Hymnensammlung des *Rigveda* ist in 10 *mandalas* (Liederkreise) eingeteilt; die Bahn eines Planeten; der Umkreis oder Einflußbereich eines Königs oder einer anderen machtvollen Persönlichkeit.

mandalanritya *n* Kreistanz; speziell der Kreistanz, den *Krishna* mit seinen *Gopīs* tanzt.

mandana *n* Lobpreis.

mandana mishra *m* Name eines Gelehrten, der Schüler des *Shankara* wurde.

mandapa *m* eine Halle, die nur für die Ausführung einer Zeremonie errichtet wird; eine offene Halle; ein Tempel im allgemeinen.

mandapāla *m* Name eines Weisen.

mandara *adj und m* langsam, dicht, fest, stabil; Name des Berges, der während des Quirlens des Milchmeeres die Weltachse bildete; vgl. *kūrma*.

māndavī *f* Name der Cousine von *Sītā* und Gattin von *Rāmas* Bruder *Bharata.*

māndhātā *m* Name eines Königs.

mandira *n* Wohnort, Haus; Tempel, heiliger Ort, Gebetshalle.

mandodarī *f* Name der Gattin des Dämonenkönigs *Rāvana.*

mandu *(Telugu)* Droge, Medikament.

māndūkya-upanishad *m* Name einer *Upanishad* des *Atharvaveda*, in der der Laut *OM* und die vier Bewußtseinszustände (Wachen, Träumen, Tiefschlaf und *turīya*) behandelt werden. *Gaudapāda* schrieb dazu im 8. Jh. eine Erläuterung (*kārikā*).

mangala *adj und n* glückverheissend; zum Glück führend, Segen bringend; Glück, Wohlbefinden, Wohlstand, Fruchtbarkeit, Glücksverheißung; Segen, Fest; ein gutes Vorzeichen.

mangalamayī *f* die Segen Spendende; die, deren inneres Wesen Segen und Unterstützung beinhaltet.

mangalasūtra *n wörtl.:* „Glücksband"; das perlenbesetzte Band, das die Braut vom Bräutigam als Symbol der glücklichen Verbindung geschenkt bekommt.

mangalavara *adj und m* das Glück wählend; ein verheißungsvoller Tag.

mani *m* Edelstein, Juwel, Schmuckstück.

manipūraka *n* Name des feinstofflichen Nabelzentrums (*Cakra*); vgl. *Kundalinī.*

manipushpaka *m* Name des Muschelhorns von *Sahadeva.*

manīshā *f* Wunsch; Intelligenz; Gedanke, Idee.

manīshin *adj und m* klug, intelligent, weise; ein Weiser, ein Gelehrter.

manmanā bhava madbhakto madyājī mām namaskuru *wörtl.:* „Erfülle deinen Geist mit mir, sei mir hingegeben, entsage um meinetwillen, sei mein Verehrer"; Zitat aus *Bhagavadgītā* 9.34 und 18.65.

manmata *adj* auf mich ausgerichtet, den Geist von mir erfüllt.

manmatha *m* ein Name für *Kāma.*

manobala *n* Geisteskraft, Festigkeit des Geistes; Stärke, die aus einem festen Entschluß erwächst.

manobhrānti *f* Verwirrung des Geistes.

manohara *adj* den Geist bezaubernd, raubend oder zerstörend; Name für *Shiva* oder *Krishna.* Die Aktivitäten des Geistes sind verantwortlich für die falsche Einstellung „ich" und „mein" und die daraus sich ergebende Bindung. Der Herr zerstört diese Aktivität, er raubt den bedingten Geist und führt den Menschen auf eine höhere Ebene der Wirklichkeit.

manojnāna *n* das Wissen des Geistes.

manolaya *m* das Verschmelzen des Geistes (mit seinem Ursprung).

manomathana *m* wörtl.: „der, der das Herz in Aufregung versetzt"; Name für den Liebesgott; vgl. *kāma.*

manomauna *n* das Schweigen des Geistes.

manomayakosha *m* die aus *manas* (Geist) bestehende Hülle, welche die dritte Hülle (*kosha*) des Selbstes ist. Es ist die aus Gedanken, Begierden, Motiven, Emotionen und Wünschen gebildete Hülle, die sowohl positive als auch negative Aspekte enthalten kann.

manonāshana *n* Zerstörung, Aufhebung, Überwindung des Geistes (*manas*). Was zunächst als *aham* (ich) erschien, wird als *svarūpa* (das eigene innere Wesen) erkannt.

manonigraha *m* Beherrschung, Überwindung des Geistes, Herrschaft über den Geist.

manosamnyāsa *m* das Entsagen auch auf der geistigen Ebene; das Aufgeben der geistigen Anhaftungen.

manovākkāya *m* (*manas-vāk-kāya*), die Übereinstimmung von Geist, Stimme und Körper; Rezitieren der Namen Gottes mit vollem Gewahrsein von Gedanken, Gefühlen und Ausdruck.

mantharā *f wörtl.:* „Die Dumme, die Krumme"; Name der Dienerin Königin *Kaikeyīs*, die diese aufstachelte, ihren Sohn statt *Rāma* als Nachfolger ihres Gatten zu bestimmen.

mantrā *f* Name einer Dämonin.

mantra *m* (dt.*: der *Mantra*) *wörtl.:* „Denkwerkzeug"; Vers aus dem *Veda*; Bezeichnung für ein *mahāvākya*; Gesang, heiliges Wort oder Gebetsformel. Mit *Mantra* ist außerdem ein Klang, eine Formel gemeint, die bei richtiger Anwendung bewußtseinsmäßige Fortentwicklung bewirkt. Der *Mantra*, der oft als direkter Ausdruck Gottes betrachtet wird, enthält den Kern der Anweisungen des Meisters (*Guru*). Der Schüler sollte ihn geheim, d. h. in seinem Innern, und heilig halten und über diesen Aspekt Gottes meditieren. Die regelmäßige Wiederholung des *Mantra* (*japa*) läutert das Denken und führt schließlich bei beständiger Übung zur spirituellen Erfahrung; vgl. *bīja-mantra*.

mantradrashtā *m* der Seher des *Mantra*.

mantradrish *m* der Seher eines *Mantra*; gemeint sind insbesondere die *Rishis*, welche die vedischen Hymnen geschaut haben, im weiteren Sinn ist eine Person gemeint, die einen tiefen Einblick in die Schöpfungsgesetze nehmen und diesen in Sprache umsetzen kann.

mantradrishti *f* die Schau eines *Mantra*.

mantrapradesha *m* Unterweisung über den *Mantra*, Einweihung in spirituelle Übung in der Form, daß ein *Mantra* oder heiliges Wort vom Lehrer (*Guru*) gegeben wird.

mantrin *adj und m* klug, ratkundig, vertraut mit den *Mantras* des *Veda*; Minister, Ratgeber.

manu *m* Mensch; der Inbegriff des Menschen; *Manu* gilt als der Stammvater der Menschheit und ihr Gesetzgeber, der die Opferhandlungen und religiösen Zeremonien, sowie die soziale Ordnung festgelegt hat. Insbesondere in den *Purānas* wird davon ausgegangen, daß jede Zeitepoche von einem *Manu* eingeleitet wird, der über diese herrscht. Der *Manu* dieses Zeitalters ist der 7. und trägt den Namen *Vaivasvata* („der Sonnengeborene"). Die *Manusmriti*, das bekannte Gesetzbuch, geht auf den ersten *Manu* zurück. Sie bildet noch heute das Fundament der Religion und des gesellschaftlichen Verhaltens vieler Menschen in Indien.

manuja *m* die Menschheit; der Mensch, das aus *Manu* geborene Geschlecht; eine Person, welche die ethischen Gesetze zu ihrer Lebensgrundlage gemacht hat.

manusamhitā *f* = *Manusmriti.*

manusha *m* Mensch.

manushya *adj und m* menschlich; Mensch.

manushya yajna *m* ein Opfer für die Menschheit; ein wohltätiger Dienst; dieser kann sich als Freigiebigkeit, als Hilfe und Erleichterung bei Krankheit, Schmerz und Armut usw. ausdrücken.

manusmriti *f* (*manusamhitā, mānavadharmashāstra*); das Gesetzbuch *Manus.* Dieses wichtige Werk, welches zur *smriti*-Literatur gehört, ist ein Hauptfundament der indischen Tradition. Es befaßt sich nicht nur mit Gesetzen, sondern behandelt auch andere Themenbereiche, so beginnt es mit einer Beschreibung der Entstehung des Universums, betrachtet philosophische Lehren, Hinweise zur Gesundheit und praktische Lebensweisheiten.

manvantara *n* Zeitalter, Ära eines *Manu.*

māraka *m* Name des Totengottes oder des Liebesgottes; Name eines der vier Söhne von *Shukra.*

marana *n* das Sterben, der Tod.

mārga *m* Pfad, Weg, rechter Weg; der Weg des spirituellen Strebens.

mārgashiras *m* Name eines Monats (November – Dezember).

mārgashīrsha *adj und m* geboren im Monat mārgashiras; Name eines Monats = mārgashiras.

mārīca *m* Name eines Dämons, welcher der Minister von *Rāvana* war; er verwandelte sich in einen goldenen Hirsch, und so gelang es ihm, *Rāma* von seiner Gattin *Sītā* wegzulocken. *Rāvana* hatte indessen die Möglichkeit, *Sītā* zu rauben.

marīci *m* Lichtstrahl, Licht; Täuschung; Name eines der von *Brahmā* geschaffenen zehn *Prajāpatis.*

mārīshā *f* Name der Tochter von *Kandu* und Mutter von *Daksha.*

mārjāra *m* Kater, Katze.

mārjārakishora *m* ein junger Kater.

marjārakishoramārga *m* der Weg zu Gott, der den Katzenkindern entspricht; gemeint ist, daß alles von der Gnade Gottes abhängt und er den Menschen packt und fortträgt wie eine Katzenmutter ihr Junges.

mārkandeya *m* Name eines Weisen, welcher der Verfasser des *Mārkandeyapurāna* ist; er war berühmt wegen seiner asketischen Lebensweise und wegen des hohen Alters (dīrghāyus), das er erreichte.

mārkandeyapurāna *n* Name eines *Purāna*, welches viele Themen mit dem *Mahābhārata* gemein hat. Es wird zu den *Purānas* gezählt, welche sich auf *Brahmā* beziehen.

markata *m* Affe; dieses *Sanskrit*-Wort ist der Ursprung des deutschen Wortes „Meerkatze".

markatadhyāna *n wörtl.:* „Affen-Meditation"; dies ist eine Meditation, bei der die Gedanken des Meditierenden wie eine Horde wilder Affen von einem Gegenstand zum anderen springen.

markatakishoramārga *m* der Weg zu Gott, der den Affenkindern entspricht; gemeint ist, daß sich der Mensch aktiv Gott zuwenden sollte, ebenso wie das Affenkind sich an der Mutter festklammert.

marman *n* Bezeichnung für sensible, verletzbare Punkte des Körpers; die Berührung bzw. Massage dieser Punkte wird auch therapeutisch eingesetzt.

mārttānda *m* Name einer vedischen Gottheit.

mārtyaloka *m* die Welt der Sterblichen; die Erde; die vergängliche Welt.

marut *m* Sturmwind, Wind; Hauch, Atem; Bezeichnung der Sturmgötter, die in den *Veden* als Freunde und Verbündete *Indras* beschrieben werden.

māruti *m* der vom Wind Abstammende; ein Name für *Hanumān*.

marutta m Name eines Königs, der ein Nachkomme des *Manu* war.

maryādā *f* die Beschränkung, die Grenze, welche die Intelligenz den Leidenschaften, Gefühlen und Impulsen des Menschen setzt.

masīdu *(wohl Telugu)* Moschee.

masīhā *m (Quelle?)* Jesus Christus, der Messias.

mastaka *m und n* Kopf; Gehirn.

mastishka *n* Gehirn; eine auf das Gehirn wirkende Medizin.

mata *adj und n* gedacht; Gedanke, Meinung, Folgerung, Ansicht, Sichtweise; Absicht, Intention; Glaube, Bekenntnis, Religion.

mātā *f* Mutter.

matābhimāna *m und n* Bindung an die Religion.

matanga *m* Elefant; Name eines Weisen, der unehelicher, niederer Abstammung war und sich durch große Askese bemühte, auf eine höhere Stufe zu gelangen. Im *Rāmāyana* wird berichtet, daß *Rāma* und *Sītā* seine Einsiedelei besuchten; ein Name für *Ganesha*.

mātanga *m* Elefant.

mātarishvan *m* Name einer vedischen Gottheit.

mathurā *f* Name einer alten Stadt am rechten Ufer der *Yamunā* im heutigen Uttar Pradesh, Nordindien. *Mathurā* ist der Geburtsort *Krishnas* und eine der 7 heiligen Städte in Indien. Im *Vishnupurāna* wird berichtet, daß sie zuerst *Madhuvana* hieß, nach dem Dämon *Madhu*, der dort regierte. Als *Shatrughna*, der Zwillingsbruder *Lakshmanas* sie eroberte, erhielt sie den Namen Muttrā, später *Mathurā* (nicht zu verwechseln mit Madura, bzw. Madurai im heutigen Tamilnadu in Südindien).

mati *f* Intelligenz, Gewahrsein, Neigung, Urteil, Meinung, Ansicht; Einstellung, geistige Disposition, Sichtweise.

matkarmakrit *adj* Handlungen für mich (den Herrn) ausführend, die Handlungen mir weihend.

matparama *adj* mich (den Herrn) als Höchsten betrachtend.

mātrā *f* = *mātra*.

mātra *n* Maß; Distanz, Entfernung; das rechte Maß, Mäßigung.

mātridevo bhava, pitridevo bhava *wörtl.*: „Verehre deine Mutter als Gott, verehre deinen Vater als Gott." (Zitat aus den *Upanishaden*).

mātrina *n* (aus *mātā* und *rina*); die Schuldigkeit, Verpflichtung der Mutter gegenüber.

matsara *adj und m* eifersüchtig, egoistisch; Eifersucht; Feindseligkeit; Stolz; Ärger, Leidenschaft.

mātsarya *n* Eifersucht, Haß, Bosheit.

matsya *m* Fisch; die Fisch-Inkarnation (*Avatar*) *Vishnus*, welche *Manu* vor der großen Flut rettete.

mātsyapurāna *n* Name eines *Purānas* der *Shaiva*-Tradition.

matsyāvatāra *m* der Fisch-*Avatar Vishnus*.

matta *adj und m* betrunken, verrückt; ein Trunkenbold, eine wahnsinnige Person, ein Verrückter; ein Ekstatiker.

mātula *m* Onkel mütterlicherseits.

mauktika *n* Perle.

mauna *n* Stille, Schweigen; das Gelübde des Schweigens.

maya *Affix* (*maya* wird nur an andere Worte angehängt) bestehend aus, zusammengesetzt aus, voll von; *maya* sollte nicht mit *māyā* verwechselt werden; vgl. *kosha*. *Maya* ist auch der Name des Schöpfers der Dämonen, der *Vishvakarman* gegenübersteht.

māyā *f* Täuschung, Illusion, Schein; Schöpferkraft; das schöpferische Prinzip, das den allerersten Wunsch hegte, sich zu vervielfältigen; der Urwunsch, der sich ins Universum ausdehnte. *Māyā* ist die faszinierende, irreführende Täuschung, welche die tatsächlich unwirkliche, bedingte Natur mit ihrer verführerischen Mannigfaltigkeit als letztendliche Wirklichkeit erscheinen läßt; es ist die Urillusion, die zugrundeliegende Unwissenheit, die verlockende Illusion, die Täuschung, das Unwirkliche als das Wirkliche anzusehen, das Vergängliche für ewig zu halten. *Māyā* ist ein Bewußtseinsphänomen, das Ergebnis einer mangelhaften Wahrnehmung; denn die Welt ist in ihrem Innern göttlich, eine Einheit; das begrenzte Bewußtsein hingegen bindet sich an den Aspekt der Vielfalt. So kann man sagen, daß *māyā* eine Mischung aus Wirklichkeit und Täuschung ist. Die Wirklichkeit ist die göttliche Präsenz, die Täuschung ist die

Vielfalt. Die kosmische Illusion ist eine Realität, die letztlich zu Gott gehört und Ausdruck seiner allmächtigen Kraft ist; sie kann daher nicht durch eigene Anstrengung überwunden werden, Gottes Gnade ist dafür notwendig. *Māyā* besitzt zwei Aspekte *avidyā* (Nichterkenntnis) und *vidyā* (Erkenntnis). *Avidyā* führt den Menschen von Gott fort zu größerer Weltlichkeit und Bindung, was Leidenschaften und Gier verstärkt. *Vidyā* führt den Menschen zur Verwirklichung Gottes und findet ihren Ausdruck in spirituellen Tugenden. Beide Aspekte bewegen sich in Zeit, Raum und Kausalität und sind somit relativ. Der Mensch geht über *avidyā* und *vidyā* hinaus, wenn er Gott in seiner Universalität erkennt.

mayā *wörtl.:* „Durch mich".

māyādevī *f* Name der Gattin des Dämons *Shambara*, die *Pradyumna*, den Sohn *Krishnas*, aufzog und ihn später heiratete.

māyājagat *n* die Welt der Täuschung; die täuschende, gegenständliche Welt, die als getrennt von Gott wahrgenommen wird.

māyāmaya *adj* aus Täuschung bestehend, voll von Täuschung, Schöpferkraft (*māyā*).

māyāmayī *f* diejenige, welche voll von *māyā* ist.

māyāprapanca *m* Manifestation der *māyā*; die Welt.

māyāshakti *f* die Kraft der Täuschung (*māyā*), die alle Wesen bezaubert.

māyāsrishti *f* eine Schöpfung der Täuschung.

māyāvatī *f* = *Māyādevī*.

mayī *f* Stute.

medhā *f* Intelligenz, höhere Einsicht.

medha *m* Opfer, Opfergabe.

medhāshakti *f* die Kraft der Intelligenz, der Einsichtsfähigkeit; gemeint ist insbesondere die Fähigkeit, hinter den Schleier der materiellen Vielfalt schauen zu können.

medhātithi *m* Name eines vedischen Sehers.

megha *m* Wolke.

meghadūta *m* Wolkenbote; Name eines berühmten Werkes von *Kālidāsa*.

meghamāla *m* Name eines Berges; Name eines Dämons.

meghanāda *m* Wolkenklang, Donner.

meghashyāma *adj und m* dunkel wie eine Wolke; ein Name für *Krishna*.

menā *f* Name der Gattin des *Himavat* und Mutter von *Umā* und *Gangā*.

meru *m* Name des Weltenberges, der im Zentrum des Universums steht und der Wohnort der Götter ist. Man kann z. B. die folgende Beschreibung in der *Purāna*-Literatur finden: Auf dem Gipfel des *Meru* entspringt die himmlische *Gangā*, die sich dann in vier irdische Ströme aufteilt, die nach den vier Himmelsrichtungen herabfließen. Auf dem Gipfel liegt die viereckige goldene Stadt des *Brahmā*, an seinen Ausläufern befinden sich die acht Städte der acht Weltenhüter (*lokapāla*). Unter dem *Meru* liegen die 7 niederen Welten, in deren niedrigster die Riesenschlange *Vāsuki* lebt, die den Berg *Meru* und die anderen Welten trägt und diese am Ende eines Weltzeitalters (*yuga*) mit ihrem feurigen Atem vernichtet.

mīmāmsā *f* Reflektion, genaue Betrachtung, Untersuchung, Erforschung, Erörterung; Bezeichnung für 2 Schulen der Philosophie; die eine ist *Pūrvamīmāmsā* (Untersuchung des vorderen Abschnitts des *Veda*), meist nur *Mīmāmsā* genannt, die andere *Uttaramīmāmsā* (Untersuchung des hinteren Abschnitts des *Veda*), im allgemeinen *Vedānta* genannt. Im Gegensatz zur *Uttaramīmāmsā*, die sich mit der Erkenntnis der höchsten Wirklichkeit befaßt, ist das Hauptanliegen der *Pūrvamīmāmsā* die Betrachtung der tieferen Zusammenhänge, die sich im heiligen Ritual (*yajna*, *karman*) offenbaren. Das korrekte Vollziehen der Opfer hängt von der richtigen Deutung der vedischen Texte ab, die in der *Mīmāmsā* gegeben wird. *Jaimini*, der als Autor des *Mīmāmsāsūtra* gilt, entwickelte aus der Vielzahl der Regeln eine systematische Hermeneutik und gilt daher als Begründer der *Pūrvamīmāmsā*-Schule.

mīmāmsāsūtra *n* Name des Grundwerkes der *Karmamīmāmsā*-Philosophie, welches von *Jaimini* verfaßt worden ist.

mīnasādhana *n* spirituelles Streben (*sādhana*), das den Fischen gleich ist; d. h. der Praktizierende ist nur in der Einsamkeit zur Konzentration fähig.

mīrā bāī *f* Name einer Heiligen (1547 –1614); sie war ursprünglich Königin von Chitore, gab aber die weltlichen Bindungen auf und wurde zu einer mystischen Dichterin.

mishrakarman *n* vermischte, zusammengewürfelte Handlung; gemeint sind Handlungen, die an sich gut sind; doch lassen sie gleichzeitig Impulse erkennen, die mit wirklicher Güte unvereinbar sind. Es gibt z. B. Menschen, die Altersheime und Wasserzapfstellen errichten lassen, aber ihre Angestellten nicht ordentlich und regelmäßig bezahlen. Ihr Ziel ist vielmehr, bekannt zu werden. Sie geben den Armen nur unbrauchbare Kleidungsstücke und abgegriffene Münzen. Was sie auch tun, es dient nur ihrem eigenen Ruhm.

mita *adj* bemessen, begrenzt; wenig.

mitāhāra *m* maßvolle Speise; sparsame Ernährung.

mithyā *indekl* unrichtig, falsch, unwirklich; *mithyā* steht oft zusammen mit *jnāna* (Erkenntnis); *mithyājnāna* meint die Erkenntnis, die von der Täuschung (*māyā*) geblendet ist. Die Objektwelt ist *mithyā* (täuschend), weil sie nur eine relative Wirklichkeit besitzt, auch wenn man nicht sagen kann, daß sie absolut unwirklich ist. Sie besitzt eine vorläufige, zeitweilige Realität, die sich bei genauerer Untersuchung und Erfahrung als Offenbarung Gottes zeigt. Im Schein der einheitlichen Realität Gottes verschwindet die vielheitliche Wahrnehmung der Welt, die eben in diesem vielheitlichen Sinn eine Täuschung ist.

mithyācāra *m* falsche Art der Lebensführung (*ācāra*).

mithyājnāna *n* falsche Erkenntnis, fehlerhafte Wahrnehmung.

mithyāloka *m* die täuschende Welt, die relative Welt; die Welt, von der das Alltagsbewußtsein meint, daß sie außerhalb als objektive Realität in der Form existiert, wie sie wahrgenommen wird. Vergessen wird dabei jedoch der konstituierende Faktor des eigenen Wahrnehmungsprozesses.

mitra *m* Freund, Wohltäter; Name einer vedischen Gottheit.

moda *m* Freude, Glück, Vergnügen; die Freude, die über die Inbesitznahme eines Objektes empfunden wird.

modamāna *m* die Einstellung, genießen zu wollen; gemeint ist z. B. der Wunsch, jemanden, den man mag, stärker oder enger an sich zu binden.

moha *m* Bewußtlosigkeit; Verwirrung, Verblendung, Täuschung; Fehler, Irrtum; Erstaunen, Verwunderung. *Moha* wird durch eine falsche Bewertung der Dinge verursacht und ist eine der nichtgöttlichen, dämonischen Eigenschaften (*āsura guna*).

mohakarman *n* Handlung, die im Zustand der Täuschung, Verwirrung ausgeführt wird; Handlung, welche die Täuschung stärkt.

mohakshaya *m* die Zerstörung der Täuschung; das Verschwinden der Verblendung; gemeint ist oft dasselbe wie *moksha*.

mohamudgara *m* der Hammer für die Täuschung; Name eines Werkes von *Shankara*.

mohana *adj und m* verwirrend, faszinierend; gefangen nehmend, den Geist bezaubernd und trunken machend; ein Name für *Krishna*.

mohinī *f wörtl.:* „Die Täuschende"; Name der wunderschönen, weiblichen Gestalt, die *Vishnu* annahm, um die Dämonen vom Trinken des *amrita* abzuhalten; vgl. *kūrma*.

mohita *adj* verwirrt, getäuscht; fasziniert.

moksha *m* Befreiung, Entkommen, Rettung, Erlösung, Freiheit; *moksha* wird oft mit dem Aufgehen einer Welle im Ozean verglichen und meint einen Bewußtseinszustand, in dem die individuelle Welle die in ihr wohnende universale göttliche Realität erkennt und jegliches Empfinden der Abgetrenntheit vom Ozean verliert. *Moksha* ist die Grundlage und Quelle von *brahmānanda* (der Glückseligkeit des *brahman*) und beinhaltet die Befreiung von den relativen Gegensatzpaaren Freude und Schmerz etc.; es ist das letzte und höchste Ziel der vier Lebensziele, die ein Mensch nach Aussage der vedischen Schriften verfolgen und erreichen kann. *Moksha* verwirklicht zu haben bedeutet Erkenntnis der Wahrheit, Befreiung vom Kreislauf von Geburt und Tod, Befreiung von der Knechtschaft der Impulse, die durch Sinneseindrücke geweckt werden, Erlangen der ewigen, reinen Wirklichkeit des Selbst (*ātmatattva*) und das Loswerden des veränderlichen, unwirklichen materiebezogenen Bewußtseins (*dehatattva*). Die individuelle Seele (*jīvin*), die das Bewußtsein ihres Ursprungs verloren hat, gewinnt im Zustand von *moksha* das Wissen um ihre eigentliche Seinsrealität zurück und schließt damit den Kreis der Evolution.

mokshadvāra *n* das Tor zur Befreiung; ein Beiname der Sonne.

mokshamārga *m* der Weg zur Befreiung.

mokshapurī *f* die Stadt der Befreiung; ein Name für die Stadt *Kāncī*.

mokshayishyāmi *wörtl.:* „Ich (der Herr) werde dich befreien".

mrida *adj* gnädig, Erbarmen schenkend.

mridanga *m* Trommel.

mridu *adj* mild, weich, zart, geschmeidig.

mriga *n, m und f* 1. Wild; 2. Hirsch, Vogel; 3. Antilope, Gazelle, Bisamratte.

mrigasādhana *n* spirituelle Praxis wie bei einem Herdentier; d. h. die geistige Vertiefung tritt nur dann ein, wenn andere ermutigend und vorbildlich Unterstützung gewähren.

mrinmaya *adj* aus Erde bestehend.

mrinmayamūrti *f* die aus Erde, Lehm, Ton bestehende Form, Gestalt.

mrita *adj, m und n* gestorben, tot; ein Toter, ein Leichnam; der Tod.

mrityu *m* Sterben, Tod; Sterblichkeit; der Gott des Todes.

mrityumjaya *m* Sieger über den Tod; ein Name für *Shiva*.

mucukunda *m* Name eines Königs, dem Sohn des *Māndhātā*. Durch seine Hilfe, die er den Göttern zuteil werden ließ, erlangte er als Gabe einen tiefen Schlaf. Wer ihn wecken würde, sollte zu Asche verbrannt werden. Dies geschah dann mit *Kālayavana*, der von *Krishna* in dessen Höhle gelockt wurde.

mudgala *m* Name eines Weisen, der die himmlischen Freuden verschmähte, um in das ewige Gottesreich einzugehen.

mūdha *adj* verwirrt, irritiert; dumm, unwissend.

mūdhamati *adj und m* verwirrten Geist besitzend; jemand, der dem Pfad der Unwissenheit folgt, Tor, Dummkopf. Jemand, der nicht verstehen kann, obwohl er die Wahrheit klar vernommen hat. Solange die spirituelle Verwirklichung nicht erlangt worden ist, hat das richtige Zuhören noch nicht stattgefunden.

mudita *adj und n* erfreut, froh; Freude, Glück; gemeint ist oft eine Freude, die empfunden werden kann, wenn man Leute trifft, die Bedürftigen gegenüber freigiebig sind, die anderen dienen, in Not Geratenen helfen, die also eine der Haupttugenden, die traditionell beschrieben werden, besitzen.

mudrā *f* Siegel, Zeichen; eine Körperhaltung oder symbolische Geste. Die *mudrās* der rituellen Gottesverehrung (*pūjā*) haben den Zweck, äußere Handlungen mit spirituellen Vorstellungen zu verbinden. Gleichzeitig bewirken sie eine Aktivierung der feineren Bewußtseinsschichten. Sie sind ein Hilfsmittel zur Ausrichtung der Aufmerksamkeit auf Gott, vergleichbar mit dem Knien und dem Falten der Hände zum Gebet im Christentum.

muhūrta *m und n* Augenblick, Moment; Stunde, genauer gesagt ein Zeitraum von 48 Minuten.

muja *m* Name eines Grases; die heilige Schnur, die von *Brahmanen* getragen wird.

mujhe *(Hindi)* mich, mir.

mūka *adj und m* still, schweigend; Stille; der Klang der Stille, der sich als *OM* manifestiert.

mukha *n* Mund, Gesicht, Kopf; Vorderseite; Oberteil.

mukhyabhakti *f* die vorrangige, erste, wichtige Hingabe; diese besteht in selbstlosem Dienst und in ihr gilt folgendes: Der Dienst für den Herrn allein ist von Wichtigkeit und trägt seinen Lohn in sich. Der Gotthingegebene (*bhakta*) sucht nichts anderes als nur den Dienst am Höchsten, den er nach besten Kräften ausführt; dabei verliert er die Anhaftung an persönliche egoistische Ziele.

mukta *adj* befreit, erlöst, ungebunden.

muktamati *adj und m* eine befreite, gelöste, ungebundene Einsicht besitzend; jemand, dessen Geist im Zustand der Befreiung gegründet ist.

muktapurusha *m* ein befreiter Mensch.

muktatrishna *adj* vom Durst befreit; d. h. daß alle Wünsche zur Ruhe gekommen sind und kein Verlangen nach relativem Genuß mehr besteht.

mukti *f* Lösung, Befreiung, Freiheit; das Gewahrwerden der eigenen innersten Wirklichkeit; vgl. *moksha*.

muktidama *m* Streben nach Befreiung; gemeint ist der Pfad, auf dem man den verschiedenen Formen der Wirklichkeit nachgeht, die sich in der Schöpfung darbieten, und die Erkenntnis gewinnt, daß alles vergänglich ist und Gott die wahre Wirklichkeit darstellt. Auf diese Weise gelangt man zu einer Form des *Yoga*, und durch *Yoga* erlangt man *mukti*. Dieses bewußte Streben nach Fortentwicklung wird *muktidama* genannt.

muktikā *f* Perle.

mukunda *m* ein Name für *Krishna*, den Spender von Befreiung (*moksha*), den Erlöser aus dem Meer von Geburt und Tod; *mukunda* bedeutet auch Quecksilber, Edelstein und Trommel.

mūla *n* Wurzel, Basis, Beginn.

mūladhara *n* Name des untersten feinstofflichen Energiezentrums (*Cakra*), welches sich am Fuß der Wirbelsäule befindet; vgl. *Kundalinī*.

mūlaprakriti *f* die Urnatur, aus der alles entstanden ist.

mūlasthāna *n* die ursprüngliche Basis.

mūlavirātsvarūpa *adj* das alles durchdringende, ursprüngliche Göttliche verkörpernd.

mumukshu *adj und m* nach Befreiung (*moksha*) suchend, strebend, verlangend; jemand, der sich auf den Pfad der Befreiung begibt, der entschlossen ist, sie zu erreichen und der deshalb ohne Verlangen nach den Früchten handelt (*nishkāmakarman*).

mumukshutva *n* das Streben, der Wunsch, die Sehnsucht nach Befreiung; ernsthaftes und beständiges Verlangen nach Befreiung. Dies ist eine der vier Vorbedingungen für den spirituell Suchenden, die *Shankara* in seinem Werk *Tattvabodha* („Die Erkenntnis der Wahrheit") u. a. fordert. Die anderen 3 sind: *viveka* (Unterscheidungsvermögen, insbesondere zwischen Ewigem und Nichtewigem), *vairāgya* (Leidenschaftslosigkeit) und *shatkasampatti* (die „sechs Schätze"). Ohne diese Eigenschaften ist ein adäquates Verständnis des *Vedānta* nicht möglich.

munda *adj und m* rasiert, kahl; jemand, dessen Kopf rasiert worden ist; ein Kahlköpfiger; Name eines Volkes (Pl.) oder eines Fürsten; Name eines Dämons, der von *Durgā* getötet wurde.

mundaka *m und n* Friseur, Barbier; Baumstamm; (kahlgeschorener) Kopf; Bezeichnung der Abschnitte in der *Mundaka-upanishad.*

mundaka-upanishad *f* Name einer *Upanishad* der *Atharvaveda*-Tradition.

mundita *adj* rasiert.

muni *m* ein Frommer, Gelehrter, Heiliger, der durch spirituelle Praxis einen höheren Bewußtseinszustand erlangt hat. *Muni* ist ein Ehrentitel und wird für *Rishis* und Verfasser bedeutender Texte angewendet. Die *munis* haben ihre übersinnlichen Kräfte meist segensreich verwendet, manchmal aber auch zur Verfluchung. Letzteres zeigt, daß ein *muni* noch nicht unbedingt eine befreite Persönlichkeit ist.

mura *m* Name eines Dämons, der von *Krishna* getötet worden ist.

murahara *adj und m* den *Mura* tötend, vernichtend; vgl. *Murāri.*

muralī *f* Flöte, speziell *Krishnas* Flöte.

muralīdhara *adj und m* die Flöte tragend, der Flötenträger; ein Name für *Krishna* als Flötenspieler.

murāri *m* der Feind (*ari*) des Dämons *Mura*, ein Name für *Krishna* als Vernichter des Dämons *Mura.*

mūrti *f* Form, Gestalt, Materie, Substanz; Figur, Idol, Götterbild; Verkörperung, Manifestation.

musala *m* Keule; insbesondere die Keule von *Balarāma.*

musaladhara *m* wörtl.: „eine Keule tragend"; ein Name für *Balarāma.*

musalin *m* ein Name für *Balarāma.*

mushti *m* Faust.

mushtika *m* Name des Boxers, der von König *Kamsa* beauftragt wurde, *Krishna* zu töten.

mūta *m und n* Korb, Bündel.

N

na *indekl* nicht.

na phaleshu *wörtl.:* „Nicht (hat man ein Recht) auf die Früchte." Diese Formulierung steht im Gegensatz zu *mā phaleshu.*

na samshayah *wörtl.:*„Kein Zweifel"; „nicht (ist dies) zu bezweifeln"; „ohne Zweifel".

na shreyo niyamam vinā *wörtl.:* „Kein Fortschritt ohne Zügelung"; „kein Wohlstand ohne Maß"; „kein Weiterkommen ohne Disziplin".

na sukham iyam labhate *wörtl.:* „Nicht ist das Glück hier zu erlangen"; „wirkliches und dauerhaftes Glück kann man nicht auf der materiellen Ebene erlangen".

nābhi *f* Nabel.

naciketas *m* Name der Hauptgestalt der *Katha-upanishad*; *Naciketas* wurde von seinem Vater im Zorn dem Tod geschenkt, erhielt von diesem aber Belehrung in der höchsten Weisheit. Die Gespräche zwischen *Naciketas* und dem Totengott bilden den Inhalt der *Katha-upanishad.*

nāda *m* Ton, Klang; *nāda* kann auch einen Ton bezeichnen, der innerlich gehört und einer feineren Realitätsebene zugerechnet werden kann. *Nādabrahman* ist eine Bezeichnung für das Klangsymbol *OM.*

nādabindu *m wörtl.:* „Ton-Tropfen"; Laut, Ton, Urton der Schöpfung; Schwingungsenergie, die sich als Klang manifestiert; wahrnehmbar als innerer Ton. *Nādabindu* bezeichnet oft die Urschwingung, den Urklang, aus dem sich das Universum entwickelt hat; vgl. *OM.*

nādabrahman *n* die Klangrepräsentation von *brahman*; *brahman* als Klang; gemeint ist *OM.*

nādī *f* = *nādi.*

nadī *f* Fluß.

nādi *m* Rohr, Stengel; insbesondere auch ein hohles Rohr; im *Tantra* und anderen Geistesströmungen werden die feinen Energiekanäle im Körper *nādis* genannt; vgl. *Kundalinī.*

nāga *m* Schlange; Bezeichnung einer halbgöttlichen Klasse von Wesen, die einen Schlangenkörper besitzen; Name eines Volkes.

nāgabhūshana *adj und m* mit Schlangen geschmückt, Schlangen als Schmuck habend; ein Name für *Shiva.*

nāgaloka *m* die Welt der Schlangen; ein Name für eine der unteren Welten = *Pātāla.*

nagara *n* Stadt; heilige Stadt; es gibt in Indien sieben besonders heilige Städte, deren Besuch eine erhebende und befreiende Wirkung zugeschrieben wird und die deshalb Ziele für Pilgerfahrten sind: Es sind: 1. *Ayodhyā*; 2. *Mathurā*; 3. *Gayā*; 4. *Kāshī* (Benares); 5. *Kāncī* (Conjeeveram); 6. *Avantī* (Ujjayinī); 7. *Dvārakā.*

nagarasamkīrtana *n* das Singen des Namens Gottes in der Stadt, in der Öffentlichkeit; dies wird von Gruppen insbesondere in den frühen Morgenstunden etwa von 4.30 Uhr bis 5.00 Uhr praktiziert; dabei zieht man singend durch die Straßen der Dörfer und Städte und reinigt so die Atmosphäre.

nāgashayana *adj und m* auf der Schlange ruhend; ein Name für *Vishnu.*

nāgendra *m* ein königlicher Elefant; ein Name für *Airāvata.*

nāgeshvara *m* der Herr der Schlangen.

nāham *wörtl.:* „Nicht (*na*) ich (*aham*)“; „ich (bin) nicht (der Körper)“.

nahara *m* fehlerhaft für *naraka* = Hölle.

nahusha *m* Name eines Königs, der durch seine Machtfülle übermütig wurde, *Indras* Gattin begehrte und durch einen Fluch des Sehers *Agastya* in eine Schlange verwandelt wurde.

naigama *adj* sich auf den *Veda* beziehend; im *Veda* vorkommend; in den heiligen Schriften stehend.

naimbārka *adj* von *Nimbārka* stammend.

nairrita *m* Name des Herrschers über die süd-westliche Himmelsrichtung.

naivedya *n* eine Opfergabe; eine Speise, welche Gott am Altar dargebracht und später an die Anwesenden verteilt wird.

nāka *m* wörtl.: „wo kein Schmerz ist“; Himmel, Firmament.

nakshatra *n* Stern; Mondhaus; Konstellation, die einem der Mondhäuser zugeordnet wird.

nakta *n* Nacht.

naktamcara *adj* in der Nacht umherwandelnd; Bezeichnung für eine bestimmte Art von Dämonen (*Asura*).

nāku moksham kāvāli *(Telugu) wörtl.:* „Befreiung (*moksha*) wird von mir ersehnt“.

nakula *m* Name eines der fünf *Pāndavas*; er war der Sohn von *Mādrī* und ein Halbbruder *Arjunas.*

nala *m* Schilf, Rohr; 1. Name eines Königs von Nishadha. Eine der bekanntesten Episoden des *Mahābhārata* schildert die Geschichte von *Nala* und seiner Gattin *Damayantī*: Bei einem Würfelspiel verlor *Nala* sein Königreich und mußte mit ihr in die Verbannung ziehen. Daraufhin verließ er sie aus Traurigkeit, gewann sie aber nach langen Irrwegen wieder zurück. 2. Name eines Affenhäuptlings; dieser besaß die Fähigkeit, Steine auf dem Wasser schwimmen zu lassen. Als Diener in *Rāmas* Armee baute er eine Steinbrücke von Indien nach Ceylon, über die *Rāma* mit seinen Truppen marschierte. Nach ihm erhielt die Brücke den Namen *Nalasetu* oder auch *Rāmasetu*.

nalasetu *m* der von *Nala* gebaute Damm.

nalopākhyāna *n* die Geschichte von *Nala*.

nāmadeva *m* Name eines Weisen.

nāmadheya *n* die Zeremonie der Namensgebung.

namah *indekl* eine andere Form von *namas*.

nāmajapa *m* das Wiederholen des Namens Gottes; das Rezitieren des heiligen Namens als eine meditative Praxis.

nāmakarana *n* die Zeremonie der Namensgebung eines Kindes.

namamakāra *m* sich etwas nicht (*na*) zu eigen (*mama* = mein) machen (*kāra*); dies drückt sich in folgender Einstellung aus: Alles, was ich bin und habe, ist mir nur durch die Gnade des Herrn zugefallen; es gehört mir nicht.

nāmāmrita *n* der Nektar des Namens; die Unsterblichkeit verleihende Wirkung des heiligen Namens.

nāman *m* Name; Name Gottes.

nāmaratna *n* das Juwel (*ratna*) des Namens (*nāman*); der Name Gottes, das kostbare Juwel.

nāmarūpa *n* Name und Form; eine Bezeichnung für die Erscheinungswelt, in der alles Name und Form besitzt.

namas *indekl* Verneigung, Verbeugung, Verehrung; *namas* wird oft in Verbindung mit einem Gebet oder *Mantra* benutzt. In einigen Fällen (vor tönenden Konsonanten, etc.) wird daraus *namo*, z. B. *OM namo nārāyanāya* – „*OM*, ich verneige mich vor *Nārāyana*“, in anderen Fällen steht oft die Form *namah*, besonders am Ende eines Satzes, z. B. *OM keshavāya namah* – „*OM*, ich verneige mich vor *Keshava*.“ Das Erweisen der Ehrerbietung, das aus einer Verneigung oder dem Sich-zu-Boden-Werfen bestehen kann, ist eine wichtige Methode, um sich von falschem Stolz zu befreien. In Indien wird dies selbst von großen Heiligen praktiziert.

namas te *wörtl.:* „Verneigung (sei) dir (dargebracht)“; vgl. *namaskāra*.

nāmasādhana *n* spirituelle Praxis, die in der Wiederholung des Namens des Herrn besteht.

nāmasamkīrtana *n* das gemeinsame Singen des Namens Gottes. Durch die Gemeinsamkeit mit anderen Gotthingegebenen wird die Liebe des einzelnen zu Gott gesteigert, sein Herz von Unreinheiten gereinigt.

namaskāra *m* eine Grußform: zwei Personen legen die Innenflächen ihrer Hände zusammen und halten sie vor die Brust, nahe der Herzgegend und begrüßen sich mit *namaskār(a)* = „Verneigung vollziehe ich" oder *namas te* = „Verneigung sei dir". In einem tieferen Sinn meint der Gruß die Berührung der Lotosfüße des spirituellen Meisters; symbolisch wird dem Herrn das Ego zu Füßen gelegt. Das Zusammenlegen der Hände kann als eine Darstellung der fünf Wahrnehmungsorgane (Gehör, Tastsinn, Sehen, Geschmack und Geruch) und der fünf Tätigkeitsorgane (Stimme, Hände, Füße, Sexualorgane und Anus) gedeutet werden, die zusammengeführt und in einem Akt der Hingabe Gott dargebracht werden.

nāmasmarana *n* Erinnerung (*smarana*) an den Namen (*nāman*); das Erinnern, Rezitieren, Wiederholen, das Sich-unaufhörlich-in-Erinnerung-Rufen des Namens des Herrn; dauernde Wiederholung und Nachsinnen über den Namen des Herrn und die Herrlichkeit, unbegrenzte Gnade und Macht, die dadurch ausgedrückt werden sollen.

nāmasvara *m* der Klang (*svara*) des Namens; das Rezitieren, das Klingenlassen des Namens Gottes.

nāmāvalī *f* ein Lied, eine Strophe, die den Namen des Herrn besingt.

nāmayajna *m* das Opfer der Wiederholung des Namens Gottes; die Praxis, unaufhörlich mit der Erinnerung und Wiederholung des Namens Gottes beschäftigt zu sein; vgl. auch *japayajna*.

nambudiri *m* Name einer *Veda*-Tradition. Die *Nambudiri-Brahmanen* sind hauptsächlich in Kerala ansässig.

nāmin *m* der Träger des Namens; eine Bezeichnung für *Vishnu*.

namo *indekl* eine andere Form für *namas*.

namra *adj* sich verneigend; demütig, bescheiden; verehrend, hingegeben.

namuci *m* Name eines Dämons, der von *Indra* getötet wurde.

nanā *f* Mutter, Mama, Mütterchen; Sprache.

nānak *m* (*Hindi*) Name des Begründers der Glaubensgemeinschaft der Sikhs.

nānārtha *adj* verschiedene Bedeutungen besitzend; verschiedene Ziele habend.

nanda *m* Freude, Glücklichsein; Name des Pflegevaters *Krishnas*, der einer der Hirten in *Brindāvana* war.

nandaka *adj und m* erfreuend, Freude schenkend; Freude; Name des Schwertes von *Krishna*.

nandakumāra *m* der Sohn von *Nanda*; ein Name für *Krishna*.

nandala(la) *m* die Freude, das Entzücken *Nandas*; ein Kosename für *Krishna*.

nandana *adj* erfreuend, beglückend.

nandanandana *adj* den *Nanda* erfreuend; ein Name für *Krishna*.

nandi *m* Stier, insbesondere das Reittier *Shivas*. *Nandi* war ein großer Verehrer *Shivas* und nahm die Gestalt eines Stieres an, weil sein menschlicher

Körper nicht stark genug gewesen wäre, seine ekstatische Hingabe zu ertragen.

nandinī *f* Name der wunschgewährenden Kuh des Weisen *Vasishtha*; sie war eine Tochter von *Surabhi*.

nandipurāna *n* Name eines *Upapurāna*.

nara *m* Mann, Mensch, Person, Urmensch; Held; Gatte.

nārada *m* Name eines der sieben großen *Rishis* und einer der *Prajāpatis*. In den *Purānas* werden viele Geschichten und Legenden über ihn berichtet. Er soll der Herr der *Gandharvas*, der himmlischen Musikanten, gewesen sein und ein Saiteninstrument (*vīnā*) erfunden haben. Berühmt sind die *Bhaktisūtras*, die *Nārada* zugeschrieben werden; sie behandeln den Weg der sich immer mehr vergrößernden Liebe zu Gott.

narahari *m* Gott in der Gestalt halb Löwe und halb Mensch, ein *Avatar* von *Vishnu*.

naraka *m* Hölle, Unterwelt; Ort der Qual, in dem die Früchte des *Karma* geerntet werden. Nach vedischer Vorstellung besitzen die Höllen ebensowenig wie die anderen bedingten Welten eine ewige Realität; deshalb ist auch der Aufenthalt in ihnen nur zeitweilig; die Dauer wird von den Handlungsweisen der Menschen bestimmt. Das Konzept der *narakas* ist nicht grob-materiell aufzufassen, sondern beschreibt feinstoffliche Realitäten, in die das Bewußtsein – teilweise wohl auch hier auf der Erde – eintauchen kann. Im Gesetzbuch des *Manu* werden 21 Höllen aufgezählt, welche alle genau beschrieben werden.

narākāra *m* Form, Ausdruck, Aspekt des Menschen; deshalb: Begrenzung.

narakasrava *m* der Strom, der zur Hölle fließt; die Gesamtheit aller Charakterzüge des Menschen, die seine Höherentwicklung behindern oder verhindern.

naranārāyana *m wörtl.:* „Mensch und Gott (*Nārāyana*)"; die Verschmelzung und Gemeinschaft der menschlichen Seele mit Gott. Die Erscheinung Gottes als *Nārāyana* ist ein Ausdruck für die Wahrheit, daß im Selbst des Menschen (*ātman*) und auch in der gesamten Schöpfung Gott mit seiner Kraft gegenwärtig ist. Gott wendet sich dem Menschen zu, kommt ihm in einer lebendigen, inspirierenden Weise nahe, offenbart sich ihm, wenn der Mensch dafür offen ist. *Naranārāyana* wird auch als Bezeichnung für *Krishna* zusammen mit *Arjuna* angewendet.

narasimhāvatāra *m* die Inkarnation (*Avatar*) *Vishnus* als Mannlöwe, die erschien, um *Prahlāda* vor seinem dämonischen Vater *Hiranyakashipu* zu erretten; *Narasimha* ist der Beschützer aller Gottgläubigen.

nārāyana *m* eine Bezeichnung Gottes in seinem Aspekt als Urwesen, als erstgeborenes Wesen der Schöpfung, von dem alles ausgeht. Als höchster Gott herrscht er über die Menschen und das Universum. *Nārāyana* wird oft als eine Manifestation von *Krishna* bzw. *Vishnu* betrachtet.

nārāyanasevā *f* Dienst für Gott; eine Handlung, die für den Herrn ausgeführt wird.

nārāyanatattva *m* die Wirklichkeit, das Wesen des Urwesens *Nārāyana.*

nārāyanī *f* Name der Gefährtin *Vishnus,* ein anderer Name für *Lakshmī.*

nārikela *m* Kokosnuß.

narottama *m* der Beste der Menschen; ein Name für *Vishnu* oder *Buddha.*

nartaka *m* Schauspieler, Tänzer, Jongleur.

nartakī *f* Schauspielerin, usw.

nāsā *f* Nase.

nāsāgra *n* Nasenspitze.

nāsāmuktikā *f* eine Perle als Nasenschmuck; von *Krishna* wird berichtet, daß er eine Perle an der Nase trug.

nāsatya *m* ein Name für die beiden *Ashvins.*

nāshaka *adj und m* zerstörend, vernichtend; Zerstörer.

nāshta *adj* verschwunden, vernichtet; zugrunde gegangen.

nashto mohah *wörtl.:* „Verschwunden (ist) die Täuschung".

nāsikā *f* Nase.

nāsti *indekl wörtl.:* „Es (bzw. Er) ist nicht"; die Lehre von der Nichtexistenz Gottes, Atheismus.

nāstika *m* ein Atheist; jemand, der an der Krankheit des Nichtglaubenkönnens leidet.

nātaka *n* Schauspiel; Drama.

natanasūtradhāra *adj und m* die Fäden des Tanzes in Händen haltend; die Fäden im Marionettentheater haltend; derjenige, der die Fäden der Marionetten hält; eine Bezeichnung für Gott, der als Überseele im Menschen wohnt und der eigentliche Führer des Schicksalsweges ist.

natarāja *m* der König des Tanzes; Bezeichnung *Shivas* als König der Tänzer und Herr der Weltbühne. In seinem kosmischen Tanz stellt er seine fünf Aktivitäten dar: Schöpfung, Erhaltung, Zerstörung, Verkörperung und Befreiung. In den Darstellungen des *Natarāja* steht ein Fuß *Shivas* auf dem Dämon *Apasmarapurusha,* der Verkörperung des Unglaubens und Symbol für Unwissenheit und Weltlichkeit; der andere hochgehobene Fuß symbolisiert die göttliche Gnade. Der Tanz kann auf individueller und kosmischer Ebene gedeutet werden. Der Flammenkreis, in dem *Natarāja* tanzt, ist Ausdruck der kosmischen Energien.

natavara *m* der Beste aller Tänzer, Hauptdarsteller; ein Name für *Krishna.*

nātha *m* Beschützer, Herr; Gatte.

nātya *n* Tanz, dramatische Aufführung.

nātyashāstra *n* Tanzkunst; Name eines berühmten Lehrwerks der Tanz- und Theaterkunst, in dem auch grundlegende ästhetische Fragen erörtert werden.

nau *f* Boot, Schiff.

nava *adj* neu, ungebraucht, jung.

nāva *m* (*Hindi*) Boot.

navan *adj* neun.

navanīta *n* frische Butter.

navanītacora *adj und m* frische Butter stehlend; Butterdieb; ein Name für *Krishna*. Als Junge erfreute er die *gopīs* und hielt sie in Aufregung, indem er ihnen die Butter stahl; auf der inneren Ebene ist *Krishna* der Dieb der Herzen.

navarasāh *m pl* die neun grundlegenden Gefühlszustände, die in der Poetik und Tanzkunst bedeutsam sind; eine häufig genannte Reihe ist: Liebe (*shringāra*); Lachen (*hāsya*); Mitgefühl (*karunā*); Wildheit (*raudra*); Mut (*vīra*); Angst (*bhaya*); Ekel (*bībhatsa*); Erstaunen (*adbhūta*) und Friede (*shānta*).

navaratna *n* neun Edelsteine; die neun wichtigsten Arten der Edelsteine; die neun Gelehrten am Hof des Königs *Vikramāditya*: *Dhanvantari*, *Kshapanaka*, *Amarasimha*, *Shanku*, *Vetālabhatta*, *Ghatakarpana*, *Kālidāsa*, *Varāhamihira*, *Vararuci*.

navarātra *n* ein Zeitraum von 9 Nächten; Name eines Festes für *Durgā*, welches die ersten 9 Nächte des Monats *Āshvina* umfaßt.

navavidhabhakti *f* neunfältige Hingabe (*bhakti*).

navīna *adj* neu, frisch.

navīnatā *f* etwas Modernes, Neuheit.

navun *(Telugu)* Lachen.

nāyaka *m* Führer, Gebieter.

nayana *adj und n* fahrend, hinbringend, erreichend; das Auge.

nenu nīvānni *(Telugu) wörtl.:* „Ich bin dein".

neti neti *wörtl.:* „Nicht, nicht!". Diese Worte aus der *Brihadāranyaka-upanishad* verwerfen alle begrenzenden Beschreibungen der absoluten, höchsten Wirklichkeit und stellen fest, daß *brahman* nicht in Begriffskategorien eingeordnet werden kann. Der auf alle Phänomene angewandte Erkenntnisprozeß, daß die letzte Wirklichkeit „nicht dies, nicht das" ist, stellt den negativen Unterscheidungsprozeß des *Advaitavedānta* dar, welcher notwendig ist, um die höchste Wirklichkeit von relativen Überdeckungen zu befreien.

netra *n* Auge; Führung, Leitung; Schleier, Stoff; Wurzel.

netralinga *n* ein *linga* mit einem Augensymbol.

nidāna *n* Strick, Band, Ursache, Grund, Wesen, Veranlassung; Erforschung der Ursachen; letzteres ist Bestandteil vieler spiritueller Wege.

nidarshana *n* Einsicht, Schau; Beweis; Beispiel; Anweisung aus den heiligen Schriften.

nidhāga *m* Name eines Weisen, der Befreiung erlangte.

nidhi *m* Schatz; Behälter für einen Schatz, insbesondere der neun Schätze des *Kubera*.

nididhyāsa *m* Meditation, geistige Vertiefung, Versenkung, insbesondere eine Meditation in tiefer Ehrerbietung, die in die Tiefe führt und regelmäßig ausgeführt wird. Gemeint ist ein existentieller Erkenntnisprozeß, der die Krönung allen Studierens und Durchdenkens ist. Zur Erlangung spiritueller Erkenntnis erachtet der *Vedānta* drei

Stufen als notwendig: das Lesen, Hören und Aufnehmen spiritueller Wahrheiten (*shravana*); das kritische Prüfen und Durchdenken des durch *shravana* Aufgenommenen (*manana*) und die meditative Erkenntnis (*nididhyāsa*).

nididhyāsana *n* = *nididhyāsa*.

nididhyāsin *m* Meditierender, jemand, der *nididhyāsa* ausführt.

nidrā *f* Schlaf; die Göttin des Schlafs.

nigama *m* Einfügung, Zitat; die Stelle, an der ein vedisches Wort erscheint; ein vedischer Text; ein Text, der zu den ergänzenden und erklärenden Schriften des Veda gehört; Lehre, Unterweisung.

nighantu *m* Wortliste, Wortverzeichnis; insbesondere die Listen von vedischen Begriffen, auf denen *Yāskas Nirukta* aufbaut.

nigraha *m* Ergreifen, Packen; Zurückhalten, Hemmen, Selbstbeherrschung; Vernichten, Besiegen.

nihsamshaya *adj* ohne Zweifel, zweifelsfrei; sicher, sicherlich.

nihsangatva *n* der Zustand, ganz ohne Bindungen (*sanga*) zu sein.

nihshabdo brahma ucyate *wörtl.:* „*Brahman* wird als das Schweigen beschrieben, als das, was ohne Ton oder Geräusch ist".

nijamātā *f* die eigene Mutter.

nikashā *f* ein Name für die Mutter von *Rāvana*.

nikshepa *m* Niedersetzen, Hinlegen, Aufbewahren, Aufbewahrungsort; ein Schatz, der in der Erde verborgen ist.

nikumbha *m* Name eines Dämons, der von *Brahmā* die Gnade erhalten hatte, daß er nur von *Vishnu* selbst getötet werden würde.

nīla *adj* blau, dunkelblau.

nīla toyada *m wörtl.:* „Blaue Wolke"; ein Name für *Krishna*.

nīlakantha *adj und m* einen blauen Hals, eine blaue Kehle habend; ein Name für *Shiva*.

nīlalohita *adj und m* dunkelrot; dunkelblau und rot; ein Name für *Shiva*.

nīlamegha *m wörtl.:* „Blaue Wolke"; ein Name für *Krishna*.

nilaya *m* Rast, Ruhestätte, Wohnstätte, Aufenthaltsort; kurz für: *Prashānti Nilayam*.

nilimpa *m* Gott, Gottheit.

nimbārka *m* Name eines indischen Philosophen aus dem 11./12. Jh., er ist ein Kommentator des *Vedāntasūtra* und der Hauptvertreter der Philosophie des *Dvaitādvaitavedānta* und Begründer der Rādhākrishna-Glaubensgemeinschaft, die zu den *Vaishnavas* zählt; ihre Anhänger werden *Naimbārkas* genannt; sie verehren insbesondere den jungen *Krishna* im Spiel (*līlā*) mit seiner Geliebten *Rādhā*.

nimi *m* Name eines Königs, der von *Vasishtha* verflucht wurde.

nimitta *n* Zeichen, Markierung, Omen; Ursache, Motiv; Grund.

nimittakārana *n* bewirkende Ursache (im Gegensatz zur materiellen Ursache).

nipāta *m* Fall, Abstieg; Tod.

nirahamkāra *adj* ohne Egoismus, frei von ichbezogenen Zielen und Verstellungen, frei vom Ego.

niraja *n wörtl.:* „Im Wasser geboren"; Lotos; Perle; kleiner Fisch.

nīrājana *n* Name einer Zeremonie, bei der eine Kampferflamme entzündet und in Kreisen bewegt wird.

nirākāra *adj und m* ohne Gestalt, ohne Form, körperlos, unbegrenzt, unendlich, eigenschaftslos; der Herr, der nicht durch irgendeine relative Gestalt begrenzt wird.

nirālamba *adj* unabhängig, ohne Stütze, nicht abhängig von anderen / anderem; allein; mit *nirālamba* wird oft ein Bewußtseinszustand charakterisiert, in dem die Transzendenz ohne Unterbrechung lebendig ist und deshalb Freiheit von relativen Aspekten erlangt worden ist.

niranjana *adj und m* frei von allen Untugenden und Makeln; ungeschminkt, ungesalbt, ohne Falsch, ein Name für *Shiva*.

nirasa *adj* ohne Gefühl, ohne Empfindung, ohne Geschmack (*rasa*).

nirbandha *m* Zwang, Druck; Notwendigkeit.

nirbhaya *adj* frei von Furcht, ohne Angst, furchtlos.

nirbījasamādhi *m wörtl.:* „Keimloser *samādhi*"; der Bewußtseinszustand, in dem alle Gedankenwellen ruhen und die Trennung von Subjekt und Objekt vollständig überwunden ist. Keimlos heißt dieser Zustand, weil er die Samen zukünftigen *Karmas* zerstört, aus denen eine Wiedergeburt hervorgehen könnte.

nirdvandva *adj* ohne Paar(e); ohne Beachtung der Paare Freude – Leid, Schmerz – Wohlgefühl usw.

nirguna *adj* ohne Eigenschaften, gestaltlos, qualitätslos; ohne gute Eigenschaften, schlecht.

nirgunabhakta *m* der Gotthingegebene, der den gestaltlosen Aspekt Gottes im Mittelpunkt seiner Aufmerksamkeit hat.

nirgunabrahman *n* das formlose, eigenschaftslose *brahman*; die Erfahrung von *nirgunabrahman* ist eine Einheitserfahrung, die ganz frei von allen Qualitäten ist; der Gegenbegriff dazu ist *sagunabrahman.*

nirmala *adj* fleckenlos; rein, ohne Fehl oder Unreinheit, unberührt von Wunsch, Zorn, Habgier, Zuneigung, Stolz und Neid; voll, vollständig, allmächtig.

nirmama *adj wörtl.:* „Ohne mein"; ohne Bindung an die Vorstellung des Besitzens, ohne Bindung an die äußere Welt; selbstlos.

nirmāya *adj* ohne *māyā*, ohne Illusion.

nirnaya *m* Entschluß; Bestimmung; Schlußfolgerung, Ergebnis, logische Herleitung; Diskussion, Erforschung, Betrachtung.

nirodha *m* Kontrolle, Beherrschung; Beruhigung, Hinderung.

nirriti *f* Niedergang, Zerstörung, Auflösung; die Gottheit des Todes, der Zerstörung und Auflösung.

nirukta *n* Etymologie, Worterklärung; dies ist einer der *Vedāngas* und dient hauptsächlich der Erklärung schwieriger Worte des *Veda*. Der Autor *Yāska* benutzt die bereits vorhandenen älteren Wortlisten (*nighantu*) und kommentiert diese.

nirvāna *n wörtl.*: „Verlöschen"; Beruhigung aller geistigen Unruhe; dieser Begriff beschreibt den Zustand der Befreiung insbesondere im Buddhismus; es ist der völlig ausgewogene Geisteszustand, der von der Dualität von Gut und Böse nicht berührt wird. Durch *nirvāna* wird der Mensch von Leiden, Tod, Wiedergeburt und allen anderen Formen weltlicher Bindungen befreit. Dieses transzendentale Bewußtsein wird in der *Bhagavadgītā brahmanirvāna* genannt, in den *Upanishaden turīya*, im *Vedānta nirbījasamādhi* und im Yoga *nirvikalpasamādhi*, wobei zu bedenken ist, daß diese unterschiedlichen Begriffe auch qualitativ andere Aspekte der Befreiung beschreiben.

nirvicāra *adj* ohne Unterscheidung, Prüfung, Ergründung; ohne Überlegung, ohne Analyse, ohne gedankliche Durchdringung; im *Yoga*: Bezeichnung einer Bewußtseinsebene ohne Unruhe, mit großer Stille.

nirvikalpa *adj* ohne alle Sinnestätigkeit; ein Bewußtseinszustand, in dem man Beherrschung über die Sinne gewonnen hat. Gemeint ist insbesondere im *Yoga* eine Stufe von *samādhi*, die frei von aller relativen Aktivität ist und den Geist beständig und unwandelbar in der letzten Wirklichkeit verankert sein läßt.

nirvikalpamauna *n* Stille, Schweigen ohne jede Sinnestätigkeit.

nirvikalpasamādhi *m* der *samādhi* ohne Sinnestätigkeit; in der *Yoga*-Philosophie eine Bezeichnung für den höchsten transzendentalen Bewußtseinszustand, die Verwirklichung des Satzes: „Ich bin *brahman*"*(vgl. mahāvākya)*, bei der es weder Denken noch Dualität noch Subjekt-Objekt-Beziehung gibt. Es ist ein Zustand des erleuchteten Bewußtseins, der Befreiung von Leiden, Tod und Wiedergeburt beinhaltet.

nirvikāra *adj und m* ohne Verwandlung, ohne Veränderung; eine Bezeichnung des höchsten Herrn, der beständig gleich bleibt.

nirvishaya *adj* verbannt, vertrieben, ohne Stütze, inhaltslos; von der objektiven Welt abgewandt, ohne Gegenstand, ungebunden; gemeint ist oft der Zustand des Geistes, der sich von aller Objektgebundenheit freigemacht hat.

nirvishesha *adj* eigenschaftslos, ohne Wesenszüge; undifferenziert, gleich.

nirvitarka *adj* ohne Debatte, ohne Begründung, ohne Argumentation; Bezeichnung einer Bewußtseinsstufe im *Yoga* auf dem Weg zu *nirvikalpasamādhi*. Gemeint ist ein Zustand, in dem schon eine gewisse Ruhe in den Geist eingekehrt ist und dieser sich nicht ständig in fruchtlosen Gedankenspielen verliert.

nirvittimārga *m* fehlerhaft für *nivrittimārga*.

niryogakshema *adj* besitzlos, sich nicht um Besitz kümmernd; nicht sorgenvoll damit befaßt, weltliches Glück zu erringen und zu behalten, sondern sich vielmehr ruhig und vertrauensvoll den eigentlichen Pflichten des Menschseins zuzuwenden.

nishad *adj* sitzend.

nishcala *adj* nicht schwankend, befestigt, unbewegt, unbeweglich, von Veränderungen nicht betroffen.

nishcalabhāva *m* der nicht schwankende Geisteszustand; eine standhafte Haltung, Gefaßtheit; der Zustand, in dem man nicht von äußeren Einflüssen erschüttert wird.

nishcaya *m* feststehender Entschluß, feste Meinung; Sicherheit, Gewißheit.

nishedha *m* Hindernis, Beschränkung, Abwehr, Verbot, Verneinung.

nishka *m* Münze, Goldmünze, Gold.

nishkala *adj* ungeteilt, keine Teile habend.

nishkāma *adj* ohne Verlangen, wunschlos.

nishkāmakarman *n* Handlung (*Karma*) ohne jeden Wunsch nach den Früchten der Handlung, ohne die geringste Beachtung eines möglichen Vorteils; wunschloses Tun, Entsagung gegenüber dem Erfolg der Handlungen; Tätigwerden als Hingabe und Anbetung; Tätigkeit, die notwendig ist und gleichzeitig gern ausgeführt wird.

nishparigraha *adj und m* ohne Besitz, besitzlos; Bezeichnung für einen Wandermönch, der alle Besitztümer und Bindungen aufgegeben hat.

nishreyasa *n* der beste Zustand, Erlösung, Erleuchtung, Befreiung.

nishthā *f* Vollendung, Gipfel; Standpunkt, Ende, Tod, Basis, Grundlage; Festigkeit, Hingabe, die ganz zielgerichtet ist.

nishumbha *m* Name eines Dämons, der von *Durgā* getötet wurde.

nisvārtha *adj* keine eigenen Zwecke verfolgend, frei von egoistischen Motiven, uneigennützig.

nīti *f* Betragen, richtiges Verhalten; Diplomatie, Staatskunst; moralischer Grundsatz, Prinzip.

nītishāstra *m* Bezeichnung für Schriften der Ethik, die weises, moralisches Verhalten zum Inhalt haben. Die Methode, mit der solche Verhaltensweisen gelehrt wurden, war die Benutzung von Allegorien, Märchen, Fabeln und Legenden, die meist in Prosa geschrieben waren. Besonders beherzigenswerte Maximen wurden in Versform eingeflochten.

nītishataka *n* Name eines Werkes von *Bhartrihari*, welches sich mit dem richtigen Verhalten befaßt.

nitya *adj, m und n* ewigwährend; unvergänglich, unbeeinflußt durch die Zeit; unveränderlich, ewig, zeitlos, gegenwärtig, beständig, unzerstörbar; das, was von den Beschränkungen durch Raum, Zeit und Objektwerdung unberührt bleibt. Bildhaft zeigt sich das gleichbleibende Element von *nitya* als Faden, auf den als Perlen die Einzelwesen (*jīva*) aufgefädelt sind. *Nitya* ist eine Qualität des höchsten Herrn, der über allen Veränderungen steht. Als neutraler Begriff ist die letzte Wirklichkeit, das ewige Absolute gemeint; wer mit dieser letzten Wirklichkeit eins geworden ist, wird *nityamukta* genannt, ein für immer Befreiter und Erlöster; wer mit *nitya* eins geworden ist und trotzdem zum Wohle der Menschen wieder zur Erde geht, wird *nityasiddha*, ein ewig Vollkommener, genannt. Zu ihnen zählt man *Nārada* und *Shukadeva*.

nitya-avatāra *m* vgl. *avatāra*.

nityakalyāna *n* ewiges Glück, ewige Freude; immerwährendes Glücklichsein; das ewige Gute.

nityakritya *adj* obligatorisch, unvermeidlich; ständig auszuführen, zu tun.

nityamukta *adj* für ewig befreit.

nityānanda *m* (*nitya-ānanda*) beständige, ewige Glückseligkeit.

nityānityaviveka *m* (*nitya-anitya-viveka*) Unterscheidung zwischen dem Veränderlichen und dem Unveränderlichen, dem Beständigen und dem Vorübergehenden. Dies ist eine der Grundvoraussetzungen für ein richtiges Verständnis der *Vedānta*-Philosophie.

nityasattvastha *adj* immer in der Reinheit (*sattva*) gefestigt; ständig tugendhaft seiend.

nityashānti *f* ständiger Friede, unerschütterliche Ruhe; Friede, der nicht gestört werden kann.

nityasiddha *m* ein ewig Vollkommener; ein befreiter Mensch, der sich freiwillig dazu entschließt, zur Erde zu gehen, um der Menschheit in ihrer Entwicklung weiter zu helfen.

nityasvayamprakāsha *adj* (*nitya-svayam-prakāsha*) ewig selbstleuchtend.

nityavibhūti *f* Manifestation des Ewigen.

nivarinī *f* Beschützerin, Bewahrerin.

nivāsa *m* Haus, Wohnort; Ruheplatz, Fluchtpunkt, Zuflucht; Kleidung.

nivritti *f* Rückkehr, Aufhören, Sichenthalten; Sichzurückziehen, Ablösung. *Nivritti* bezeichnet den Weg der Umkehr, den Weg heraus aus immer neuen *Karma*-Verstrickungen, die Hinwendung nach innen; *nivritti* zu praktizieren heißt, sich ernsthaft auf den spirituellen Pfad zu begeben.

nivrittimārga *m* der Weg der Rückkehr; der Weg nach innen, zur spirituellen Selbstbesinnung; der Weg, auf dem man sich in keine neuen Bindungen und Verstrickungen mehr einläßt.

nivrittisatya *n* die Wahrheit der Umkehr; die innere Wahrheit.

niyama *m* Notwendigkeit, Regel, Versprechen, Gelübde, religiöse Pflicht; innere geistige Disziplin; *niyama* ist das zweite der Glieder des *Ashtāngayoga*, bestehend aus: 1. Reinheit, 2. Zufriedenheit, 3. spirituelle Praxis, 4. Studium der heiligen Schriften und 5. Hingabe an Gott.

niyamastha *adj* in den Tugenden von *niyama* gegründet, gefestigt.

niyamayoga *m* der *Yoga*, der besonderen Wert auf die Kultivierung innerer Qualitäten legt. Zu diesen gehören spirituelle Praxis (*tapas*), Zufriedenheit (*samtosha*), Bewußtsein der inneren Gegenwart Gottes (*āstikyabuddhi*) u. a..

nrisimha *m* der *Avatar Vishnus* in Gestalt des Mannlöwen; vgl. *Narasimha*.

nūtana *adj* neu, frisch, jung, modern.

nyāsa *m* Plazieren, Einpflanzen; Eindruck, Markierung, Stempel; Bezeichnung einer Methode der Meditation speziell im *Tantra*, bei der an bestimmten Stellen des Körpers die dort residierenden Gottheiten visualisiert und verehrt werden. Oft wird diese Praxis von den entsprechenden Gesten (*mudrā*) begleitet.

nyāya *m* Norm, Regel, Methode, Logik; Wissenschaft der Logik; andere Namen sind *Vādavidyā* (Wissenschaft der Diskussion) oder *Tarkavidyā* (Wissenschaft der Beweisführung). *Nyāya* ist der Name eines der sechs klassischen Philosophiesysteme Indiens (*darshana*), als dessen Begründer *Gotama gilt*, der zwischen dem 6. und 3. Jh. v. Ch. gelebt haben soll. *Nyāya* ist die Wissenschaft des logischen Beweises und bietet eine Methode der philosophischen Untersuchung von Objekten und dem Subjekt der menschlichen Erkenntnis. Seine Anhänger, die Naiyāyikas, bezeichnen *Nyāya* als Mittel zur wahren Erkenntnis der Seele und des Zieles der Menschen, wie es den Gesetzen der Natur entspricht. *Nyāya* bedeutet, durch analytische und logische Erforschung einer Sache auf den Grund zu gehen. Der Anfang dieses Prozesses ist der Zweifel. Gemeint ist dabei nicht der quälende, irritierende Zweifel, sondern das Aufwachen zu neuen Fragen.

nyāyabhāshya *n* Name eines bedeutenden Kommentars zum *Nyāyasūtra* von *Vātsyāyana*.

nyāyasūtra *n* der Leitfaden der logischen Erkenntnis; Name des Hauptwerks von *Gotama*, dem Begründer der *Nyāya*-Philosophie.

O

ojas *n* Kraft, Lebenskraft; Licht, Glanz; *ojas* kann man an strahlenden Augen und an einem sanften Glanz erkennen, der entsteht, wenn der Körper vergeistigt wird. Im *Āyurveda* bezeichnet *ojas* das feinste Produkt des Verdauungsprozesses, welches aber selbst nicht mehr materieller Natur ist.

ojasvin *adj* stark, voller Lebenskraft, vital, energetisch, glänzend.

om *indekl* Repräsentation des Urklangs, der ersten Schwingung der Schöpfung, der Essenz des *Veda*. *OM* ist eines der umfassendsten und bedeutungsvollsten Symbole; denn es ist der lautliche Ausdruck der Urschwingung, aus der das Universum hervorgegangen ist. *OM* kann als eine Bezeichnung des universellen *brahman* oder als eine Klanginkarnation des Herrn verstanden werden. Das *pranava*, wie *OM* auch genannt wird, existiert als eine ewige Schwingung und ist gewissermaßen der Knotenpunkt zwischen der absoluten und der relativen Welt. Oft wird es als A-U-M ausgesprochen: „A" steht dabei für den Wachzustand (*jāgrat*), „U" für den Traumzustand (*svapna*), „M" für den Tiefschlaf (*sushupti*). Manchmal wird auch dem A der Schlafzustand und dem U das Wachen zugeordnet. Wie beim Singen des A-U-M sich die Laute von A nach M hin wandeln, aber der Atem gleich und unverändert bleibt, so wechseln auch die Bewußtseinszustände vom Wachen zum Träumen und zum Tiefschlaf; das Selbst (*ātman*) aber ist stets gegenwärtig. Dieses Selbst ist die Stille, die als viertes Element zwischen dem Verklingen des einen *OM* und dem Neuerklingen des nächsten *OM* liegt. In manchen Texten werden die drei Laute des *OM* mit den drei *Veden* (*Rig-*, *Sāma-*, *Atharvaveda*) identifiziert, oder es wird eine Entsprechung zu *Vishnu* (= A), *Shiva* (= U) und *Brahmā* (= M) hergestellt. Diese Silbe ist kein magisches Wort und wird auch nicht als Wort betrachtet, sondern ist eine Manifestation der spirituellen Kraft, die in der Versenkung erfahren werden kann. Erklärung des Schriftzeichens (Darstellung auf S. 1): Die Welt des Grobstofflichen, Geistigen und des Feinstofflichen werden in dem Schriftzeichen *OM* durch drei Kurven dargestellt; das höchste Bewußtsein entspricht dem Punkt darüber, der die drei anderen erleuchtet. Alle Linien sind Umwandlungen des einen Bewußtseins, nehmen in unterschiedlichen Graden an seinem Wesen teil und sind auf diese Weise miteinander verbunden. Der Halbkreis unter dem Punkt ist nicht geschlossen, er bezeichnet die Unendlichkeit und deutet damit an, daß das begrenzte Denken die Natur des Punktes nicht zu erfassen vermag. In der Einzeldeutung kann man folgendes formulieren: 1. Kurve: Die materielle Welt des Wachbewußtseins, die Ebene der äußeren Aktivität und somit die greifbarste, wird durch die größere, untere Kurve symbolisiert. 2. Kurve: Die Ebene des Traumzustandes, die nicht von äußeren Objekten, sondern von inneren Bildern stimuliert wird, wird durch die zweite, kleinere Kurve symbolisiert, die zwischen Wachen und Schlafen steht. 3. Kurve: Die obere Kurve symbolisiert das Unbewußte des Tiefschlafes und ist das Bindeglied in Bezug auf den Punkt; denn sie liegt diesem am nächsten.

om iti ekāksharam brahma *wörtl.:* „Diese eine Silbe *OM* ist *brahman*, die göttliche Wirklichkeit".

om keshavāya namah *wörtl.:* „*OM*, Verneigung dem *Keshava*"; *OM*, ich verneige mich vor *Krishna* in seiner Gestalt als *Keshava*.

om namo nārāyanāya *wörtl.:* „*OM*, Verneigung dem *Nārāyana*"; dieser Satz dient auch als eine traditionelle Grußform unter *sādhus* und Heiligen oder wird als *Mantra* benutzt.

om tat sat *wörtl.:* „*OM*, das, seiend"; dieser kurze Ausdruck steht für die Grundhaltung eines Menschen, der in der göttlichen Realität gegründet ist und einen festen Glauben an die Existenz des Herrn besitzt (*āstika*). Er ist Ausdruck für die Erkenntnis, daß diese vielheitliche Welt auf einem absoluten Sein beruht und dieses die eigentliche Essenz alles Seienden darstellt. Gottes Sein ist das wahre Sein in den Dingen.

omkāra *n* Singen, Aussprechen, Rezitieren, Zur-Schwingung-Bringen des *OM*; insbesondere das gemeinsame frühmorgendliche Singen von *OM*.

oshadhi *f* Heilkraut, Heilpflanze.

P

pāda *m* Pfeiler, Säule; Viertel, Versviertel, Kapitel.

pada *n* Schritt, Tritt, Fußstapfen; Zeichen, Merkmal; Standort, Stelle, Platz; Würde, Rang; Fuß; Wort; der *pada*-Text eines vedischen Werkes bietet die Auflösung aller im *Sanskrit* vorhandenen Wortverbindungen und läßt somit jedes einzelne Wort erkennen.

padanamaskāra *m* Verehrung der Lotosfüße, Verneigung vor den Lotosfüßen eines Heiligen.

padārtha *m* Wortsinn, Bedeutung eines Wortes; Objekt, Ding; Kategorie.

padasakta *adj* angehaftet an die Lotosfüße (des Herrn); den Lotosfüßen hingegeben.

padasevana *n* Verehrung der Füße; den Füßen des Herrn oder des spirituellen Meisters Dienen; dies kann sich auf alle Handlungen des Lebens beziehen, die dem Herrn dargebracht werden, und beinhaltet völlige Hingabe.

padmā *f* ein Name für Lakshmī.

padma *n* Lotos, Lotosblume; Bezeichnung in einigen *Yoga*-Traditionen für die Zentren feinstofflicher Energie im Energieleib des Menschen (*Cakra*). Das Lotosblatt wird als Sinnbild der Bindungslosigkeit angesehen: Es schwimmt im Wasser, ohne vom Wasser benetzt zu werden; so sollte der spirituell Strebende in der Welt leben, ohne von ihr berührt zu werden. Oft werden Heilige oder Gottheiten auf einer Lotosblüte sitzend dargestellt. Wie der Lotos sich durch den Schlamm der Welt und des Nichtwissens unbefleckt über die Wasserfläche erhebt, so ist das wahre Selbst des Menschen (*ātman*) immer rein. Auf bildlichen Darstellungen erscheint der Lotos und insbesondere die Lotosblüte als Symbol für Heiligkeit und Schönheit. Die Augen und Füße der Heiligen werden deshalb oft als „Lotosaugen" und „Lotosfüße" bezeichnet.

padmanābha *m* wörtl.: „der, aus dessen Nabel ein Lotos wächst"; ein Name für *Vishnu*. *Vishnu* wird oft dargestellt, wie er auf der Schlange der Unendlichkeit (*anantashesha*) liegt, aus seinem Nabel wächst eine Lotosblume, auf der der Schöpfer *Brahmā* sitzt und einen neuen Schöpfungszyklus beginnt.

padmanamaskāra *n* Verehrung der Lotosfüße.

padmapada *adj* lotosfüßig; mit Lotosfüßen.

padmapāda *m* Name eines Schülers von *Shankara*.

padmapurāna *n* Name eines *Purāna*, welches zur *Vaishnava*-Tradition gehört. In diesem Text erklärt *Shiva* seiner Gattin *Pārvatī* die Natur und die Eigenschaften *Vishnus* und die Formen seiner Verehrung.

padmāsana *m* Lotossitz mit gekreuzten Beinen, der insbesondere zur Meditation eingenommen wird.

padmāvatī *f* die einen Lotos Besitzende; ein Name für *Lakshmī*.

padmavyūha *m* die Struktur des Lotos; die Anordnung der Lotosblütenblätter.

pādukā *f* Sandale, Schuh. Wie der Fußabdruck eines Gottes oder Heiligen kann auch der Schuh Gegenstand der Verehrung sein. Der Schuh steht symbolisch für Gottes Gegenwart und Gnade.

pāhi *wörtl.:* „Schütze!" (Imperativ des Verbs „pā" schützen, bewahren, bewachen).

pāhi mām *wörtl.:* „Schütze mich!".

paippalāda *m* Name einer Traditionslinie des *Atharvaveda*.

paishāca *adj* dämonisch, höllisch; vgl. *Pishāca*.

paishācī *f* Bezeichnung für eine Sprache, die der Dämonenwelt entspricht; eine niedrige, grobe Form der Sprache.

paksha *m* Seite, Flügel, Hälfte, halber Mondzyklus; Meinung, These.

pāla *m* Beschützer, Hüter, Wächter;

pālana *n* Schützen, Bewahren; Nähren, Fördern.

pampā *f* Name eines Flusses in Südindien.

pānaka *n* Getränk.

pancabhūta *n* die fünf grobstofflichen Elemente: Raum oder Äther (*ākāsha*), Luft (*vāyu*), Feuer (*agni*), Wasser (*āpah*) und Erde (*prithivī*).

pancadoshās *Pl.* wörtl.: „die 5 Fehler"; Bezeichnung für die 5 Sinne.

pancagama *adj* die fünf erreichend; gemeint sind die fünf Sinne, die die fünf Elemente wahrnehmen.

pancagavya *n* die fünf Produkte der Kuh: Milch, Joghurt, geklärte Butter, Urin und Dung. Die Heilighaltung der Kuh kann man besser verstehen, wenn man sich der Vielzahl der von der Kuh kommenden Produkte bewußt wird; diese haben in einer ländlich-natürlichen Umgebung eine große Bedeutung.

pancāgni *m* die fünf Feuer, die nach der Lehre des *Āyurveda* im Körper existieren.

pancajana *m* die fünf Völker (der Menschheit); die fünf Arten von Wesen; Name eines Dämons, der sich in eine Muschel verwandelt hatte und von *Krishna* getötet wurde.

pāncajanya *adj und m* von *Pancajana* stammend; Name des Muschelhorns von *Krishna.*

pancaka *adj* aus fünf bestehend; Bezeichnung für verschiedene aus fünf bestehende Gruppen.

pancakāra *n* Bezeichnung für die geistigen Fähigkeiten, welche aus dem Raumelement (*ākāsha*) entstanden sind.

pancakoshāh *m pl* die fünf Hüllen, die das Selbst (*ātman*) umgeben; 1. Nahrungshülle, die den physischen Körper bildet; 2. Lebenshülle, die den physischen Körper belebt; 3. Gedankenhülle, die das Denken und die Emotionen umfaßt; 4. Einsichtshülle, ein noch feinstofflicherer Körper, der mit dem höheren Denken und der Intuition verbunden ist; 5. Glückseligkeitshülle, dies ist die feinste aller Hüllen, die feiner als alle gedanklichen Gesichtspunkte ist. Man sollte erkennen, daß das, was in der fünffachen Umhüllung wohnt, das wirkliche „Ich" ist. Um diese eigene Wahrheit zu entdecken, muß man die fünf Hüllen, die *pancakoshāh*, durchdringen. Die *koshas* werden speziell in der *Vedānta*-Philosophie beschrieben.

pancāksharī *f* die fünf Silben Besitzende; Bezeichnung für einen fünfsilbigen *Mantra.*

pancāla *m* Name eines Volkes, sowie der Name ihres Landes und Königs.

pancalakshana *adj* fünf Kennzeichen habend; vgl. *Purāna.*

pāncālī *f* ein Name für *Draupadī*, die *Pancāla*-Prinzessin.

pancaloha *adj und n* aus fünf Metallen bestehend; eine Legierung aus fünf Metallen: Kupfer, Messing, Zinn, Blei und Eisen

pancalohaka *n* die fünf Grundmetalle: Gold, Silber, Kupfer, Zinn und Blei, denen eine besondere Wirkung zugesprochen wird.

pancama *adj* der, die, das fünfte.

pancamahābhūta *n* die fünf grobstofflichen Elemente; vgl. *pancabhūta.*

pancamo vedah *wörtl.:* „Der fünfte *Veda*"; Bezeichnung für das *Mahābhārata* und andere Texte, welche, obwohl sie traditionell nicht zu den Offenbarungsschriften (*shruti*) zählen, eine besondere Heiligkeit besitzen.

pancānana *m* wörtl.: „der fünfköpfige"; ein Name für *Shiva.*

pancānga *adj und n* aus fünf Teilen, Gliedern bestehend.

pancaprānāh *m pl* die fünf Lebenshauche (*prāna*) des Menschen, die den Körper erhalten, anregen und beleben. Diese Lebenshauche werden bereits in den *Upanishaden* beschrieben und spielen auch im System des *Āyurveda* eine besondere Rolle bei der Beschreibung der Funktionsweise des Körpers.

pancatanmātra *n* die fünf feinstofflichen Elemente, die in der *Sānkhya*-Philosophie beschrieben werden. Sie entsprechen den inneren Erlebnissen, die man bei der Tätigkeit der fünf Sinne haben kann.

pancatantra *n wörtl.:* „Die fünf Lehrbücher"; Name eines berühmten Werkes über die Staats- und Regierungskunst, welches viele Geschichten und Fabeln enthält; diese haben sich im Laufe der Jahrhunderte nahezu in der ganzen Welt ausgebreitet.

pancatattva *n* die 5 Elemente.

pancavatī *f* Name des Waldes, in dem *Rāma* während seiner Verbannung lebte.

pancavimshabrāhmana *n* Name eines *Brāhmana* des *Sāmaveda.*

pancavriksha *m* die fünf himmlischen Bäume.

pancendriyāh *Pl.* die fünf Sinne.

pancīkrita *adj* zu einer Fünfheit gemacht; Bezeichnung für einen Bewußtseinszustand, in dem die Elementarebene, d. h. der Bereich der fünf Elemente, durchdrungen und erkannt wird.

pāndava *m wörtl.:* „Von *Pāndu* abstammend"; Bezeichnung für die Söhne von König *Pāndu*, die fünf *Pāndava*-Prinzen, die zu den Hauptpersonen des *Mahābhārata* gehören. Sie stellen eine Verkörperung der Rechtschaffenheit, bzw. der fünf Aspekte Rechtschaffenheit, Wahrhaftigkeit, Friedfertigkeit, Liebe und Gewaltlosigkeit dar; dies zeigt sich darin, daß der Kampf gegen die *Kauravas* erst begonnen wurde, nachdem alle anderen Bemühungen gescheitert waren. *Yudhishthira*, *Bhīma* und *Arjuna* waren Söhne der *Kuntī*, *Nakula* und *Sahadeva* Söhne der *Mādrī*. Sie wuchsen in *Hastināpura* unter *Bhīshmas* Fürsorge auf.

pāndita *m* (*Hindi: pāndit*) Gelehrter; insbesondere ein vedischer Gelehrter, der den in seiner Tradition überlieferten Text auswendiggelernt hat und frei rezitieren kann. Die *pānditas* haben die Texte zwar bewahrt, teilweise aber deren inneren Gehalt aus den Augen verloren. Ein heiliger Text verlangt nicht nur scharfe Analyse, sondern auch spirituelle Praxis.

pānditya *n* Gelehrsamkeit, Klugheit.

pāndu *adj und m* weiß, bleich, blaß; Name eines Königs, des Bruders von *Dhritarāshtra*. *Pāndu* war König von *Hastināpura*, dem Reich, um das der große Krieg, der im *Mahābhārata* beschrieben wird, entbrannte, und der Vater der fünf *Pāndavas*, deren Schicksal das Epos ausführlich schildert.

pānduranga *m* Führer der *Pāndavas*; ein Name für *Krishna*; *ranga* heißt wörtl.: „Schauspieler, Tänzer"; Gott führt die Menschen durch sein göttliches Spiel (*līlā*).

pani *m* Geizhals, ein geiziger Mensch, ein Mensch, der nicht bereit ist, etwas zu geben; Name einer Gruppe von Dämonen, die auf ihren Schätzen sitzen.

pāni *m* Hand.

pānini *m* Name des berühmtesten *Sanskrit*-Grammatikers. Er lebte wahrscheinlich im 4. Jh. v. Ch. Sein Hauptwerk ist die *Ashtādhyayī*, die noch heute ein Standardwerk der *Sanskrit*-Grammatik darstellt. Sie wird so sehr verehrt und geachtet, daß man davon ausgeht, sie sei durch göttliche Inspiration entstanden. *Pānini* wird deshalb zu den *Rishis* gezählt. Seine Grammatik ist in Form von *sūtras* verfaßt, die ausgesprochen kompliziert sind und für deren Verständnis ein besonderes Studium erforderlich ist.

pankeja *n wörtl.:* „Im Schmutz geboren"; Lotos.

pāpa *adj, n und m* schlimm, böse, frevelhaft; Böses, Sünde, Übel, Unheil, Leid, Bosheit, Vergehen (gegen das Gesetz); Sünder, Bösewicht. *Pāpa* ist eine allgemeine Bezeichnung für Verstöße gegen das göttliche Gesetz, die karmische Folgen nach sich ziehen.

pāpabhīti *f* Furcht vor der Sünde.

pāpapurusha *m* eine Verkörperung der Sünde; ein Mensch, der durch negative Eigenschaften gekennzeichnet ist.

pāpavimocana *adj und m* von der Sünde, der Negativität befreiend; der Befreier von der Sünde.

pāpin *m* Sünder, Übeltäter.

pappu *(Telugu)* gekochte Linsen.

para *adj, n und m* über, oberhalb, jenseits; das Höchste, das Absolute; eine Bezeichnung für *brahman*; der Höchste.

parabhakti *f* Hingabe an den Höchsten oder höchste Hingabe. Wenn sich die Liebe zu Gott (*bhakti*) entfaltet, wird ein bestimmter Seinszustand (*bhāva*) erfahren, der die Beziehung des Hingegebenen (*bhakta*) zu Gott offenbart. Der höchste Zustand wird als *parabhakti* bezeichnet. In diesem Zustand vergißt der Gotthingegebene die Welt um sich herum und sogar seinen eigenen Körper. Es ist ein völliges Eingetauchtsein in die Gegenwart des Herrn, das frei von aller Relativität ist.

parabrahmamaya *adj* vom höchsten *brahman* durchflutet, durchdrungen.

parabrahman *n* das höchste *brahman*, das frei von allem Relativen ist; das universale Absolute in seiner reinen Form.

parabrahmasvarūpa *m* Verkörperung des höchsten *brahman*, des höchsten Seins.

paradharma *m* der höchste *dharma.*

paradūshana *adj und n* das Höchste zerstörend, verderbend, nicht achtend, angreifend; die Zerstörung, die Nichtachtung des Höchsten. Selbstverständlich kann das Höchste nicht angegriffen oder zerstört werden; aber ein Mensch, der sich nicht um spirituelle Entwicklung kümmert, blockiert das Offenbarwerden des göttlichen Funkens in sich, zerstört die Möglichkeit der Gotteserkenntnis, für die das menschliche Leben geschaffen ist.

parahimsā *f* die Verletzung des Höchsten; vgl. *paradūshana.*

parakarman *n* Dienstleistung; eine Handlung, die als Dienst für andere durchgeführt wird; ein Akt der Nächstenliebe; solch eine Handlung – mit der richtigen inneren Einstellung ausgeführt – ist auch gleichzeitig ein Dienst für den Höchsten.

parākrama *m* Mut, Tapferkeit; Kraft, Stärke; ein Name für *Vishnu*.

parama *adj* höchster, bester, fernster.

paramahamsa *m* der höchste Schwan etc.; man sagt vom *hamsa*, daß er voller Freude auf der Oberfläche des Wassers schwimmt, ohne naß zu werden oder unterzutauchen. Genauso ist der *paramahamsa* jemand, der im *saccidānanda*-Bewußtsein weilt, ohne von der Welt berührt zu werden. Es ist ein gottverwirklichter Mensch, der immer in Glückseligkeit lebt.

paramajyotis *n* das höchste Licht; gemeint ist ein immaterielles Licht, zu welchem die Dunkelheit keinen Gegensatz mehr bildet; denn es ist jenseits der Dunkelheit und heller als tausend Sonnen. Es ist die Ausstrahlung des höchsten Herrn, die oft mit *brahman* gleichgesetzt wird.

paramākshara *n* die höchste Silbe; gemeint ist *OM*.

paramānanda *m* (*parama-ānanda*) höchste Seligkeit; die Glückseligkeit, die der Gotteserfahrung entspringt.

paramapada *n* der höchste Schritt, die letzte Stufe, der höchste Zustand, die endgültige Erlangung des absoluten Bewußtseins. Der höchste Schritt *Vishnus* ist nach vedischer Überlieferung die transzendente Welt, die frei von allen Bedingtheiten ist. Die schon im *Rigveda* erwähnten drei Schritte *Vishnus* tauchen beim *Vāmanāvatāra* wieder auf.

paramapreman *m und n* die höchste Liebe; die Liebe zum Höchsten, zu Gott; die höchste Form der bedingungslosen Liebe.

paramapurusha *m* die allerhöchste Person, das höchste Selbst, der höchste Herr; der allumfassende Gott.

paramarshi *m* höchster *Rishi;* großer *Rishi*.

paramārtha *adj und m* das höchste (*parama*) Ziel (*artha*); die höchste Wirklichkeit, Realität, der höchste Zweck; transzendentale Entität; die Wirklichkeit, die nicht durch den Körper und die Sinne begrenzt wird.

paramārthikasatya *n* die Wahrheit, die sich auf die höchste und ewige Wirklichkeit bezieht.

paramasukha *n* das höchste Glück.

paramasukhada *adj* das höchste Glück gebend, schenkend.

paramātman *m* das höchste Selbst, der allerhöchste *ātman*; die ewige Seele, die nicht durch Raum und Zeit begrenzt ist; der Herr, der als *paramātman* im Herzen eines jeden weilt, der göttliche Funke. Weil er in den Menschen eingegangen ist, kann er ihn in seinem Inneren finden. Das höchste Selbst ist ewig, rein, intelligent, befreit, erleuchtet, zufrieden, bewußt und trägt die göttliche Vollkommenheit in sich.

paramātmatattva *n* das Wesen des höchsten Selbstes, die Wirklichkeit des höchsten Selbstes.

paramavivahāsakti *f* Anhaftung an den Höchsten, sobald eine Trennung empfunden wird; Sehnsucht nach dem Herrn, sobald er nicht wahrgenommen wird.

paramavyoman *n* der höchste Himmel; der Bereich der transzendenten Wirklichkeit.

parameshthin *adj und m* an der Spitze stehend; der Höchste; Gott.

parameshvara *m* (*parama-īshvara*) der höchste Herr; der höchste, sich jeder Beschreibung entziehende Herr allen Seins, der durch die spirituelle Kontrolle über seine eigene Natur sich selbst in seiner universalen Kraft manifestiert und dadurch die Weltzyklen und die natürliche Entwicklung der Geschöpfe in diesen Zyklen entfaltet. Er ist der Ursprung, er ist Vater und Mutter zugleich, er ist der Urgrund des Selbstes und des Kosmos.

parameshvarī *f* die höchste Herrin; dies ist die weibliche Form von *Parameshvara*; ein Name für *Pārvatī*, *Durgā* und *Sītā*.

paramparā *f* Folge, Traditionslinie; insbesondere eine Tradition der Lehrer-Schüler-Nachfolge, in der das Wissen von Generation zu Generation weitergegeben wird.

parapurusha *m* = *paramapurusha.*

parārtha *m* das höchste Gut; das Interesse für einen anderen; das Erblicken der Bedürfnisse des Nächsten; eine Handlung, die für jemand anderen ausgeführt wird, eine selbstlose Handlung; vgl. *paramārtha.*

parārthapreman *n* Liebe, die uneigennützig ist.

parasaukhya *n* höchste Freude; die Freude, die aus der Erfahrung des Höchsten, der Transzendenz entsteht.

parashakti *f* die höchste Kraft; die göttliche Energie, die dem Mikro- und Makrokosmos innewohnt. Der höchste Aspekt der göttlichen Mutter (*Shakti*), die hinter der ganzen Schöpfung steht.

parāshara *n* Name eines Weisen; er gilt als der Vater von *Vyāsa*, bekannt ist er als Autor einer *Smriti* und eines Werkes über *Jyotisha.*

parashu *m* Axt, Streitaxt; Waffe; Donnerkeil.

parashurāma *m Rāma* mit der Axt; er ist der sechste *Avatar Vishnus*, der erschienen ist, um die Tyrannei des Kriegerstandes (*kshatriya*) zu brechen. Nach dem *Mahābhārata* hat *Parashurāma Arjuna* den Waffengebrauch gelehrt und einen Kampf mit *Bhīshma* ausgefochten, der unentschieden endete. Er kam vor *Rāma*, dem siebenten *Avatar Vishnus*, auf die Welt, lebte aber in etwa zur selben Zeit. Das *Rāmāyana* berichtet, daß *Parashurāma* als Anhänger *Shivas* ärgerlich wurde, als *Rāma Shivas* Bogen zerbrach. Deshalb forderte *Parashurāma Rāma* zum Zweikampf auf, bei dem *Parashurāma* allerdings eine Niederlage erlitt.

parāt para *m* derjenige, welcher höher als das Höchste ist; der höchste Herr.

paratattva *n* höchste Wahrheit, Realität, Essenz; das höchste Wesen, die höchste Wirklichkeit.

paravāni *m* Richter; Jahr; Name des Pfaus von *Kārttikeya*.

paravidyā *f* höchstes Wissen; Wissen vom höchsten Prinzip, von der höchsten Wirklichkeit. Gemeint ist ein absolutes Wissen, welches über dem Gegensatz von Wissen und Nichtwissen steht. Sobald der Geist im *brahman*-Bewußtsein gegründet ist, verschwindet die irrige Auffassung, daß die relative Welt ein Sondersein besitzt. Alles kann dann im ewigen Licht geschaut werden. Es herrscht nicht länger ein Wissen vor, welches die Vielheitlichkeit in den Mittelpunkt stellt (*aparavidyā*), sondern der ganze Bereich der *aparavidyā* hat sich in *paravidyā* verwandelt.

parāyana *adj* hingezogen, zugehörig, hingegeben, gänzlich auf etwas ausgerichtet; zum Höchsten strebend.

parigraha *m* Umfassen, Nehmen, Erhalten, Hilfe, Unterstützung, Annehmen.

pārijāta *m* Name eines wunderbar duftenden Baumes in *Indras* Himmel, der bei der Quirlung des Milchmeeres (vgl. *kūrma*) entstanden war. Später wurde er von *Krishna* geraubt und seiner Gattin *Satyabhāmā* geschenkt.

parīkshā *f* genaue Betrachtung; Herausfinden, Versuch, Suche, Untersuchung, Test.

parikshit *m* Name eines Königs; er war der Sohn von *Abhimanyu* und der Enkelsohn von *Arjuna*. Unter seiner Herrschaft begann das *kaliyuga*; denn er war der direkte Nachfolger *Yudhishthiras* auf dem Thron. Nachdem er von einem Knaben verflucht und dazu verurteilt worden war, innerhalb von 7 Tagen durch einen Schlangenbiß zu sterben, begab er sich auf die Suche nach Weisheit, hörte sieben Tage lang bis zu seinem Tod das *Bhāgavatapurāna* von *Shukadeva* und erreichte so die Vollkommenheit.

parināma *m* Evolution, Entwicklung; Wandel, Umwandlung.

parināmavāda *m* Entwicklungslehre; diese bildet einen wesentlichen Teil des *Sānkhya*. Danach ist die Wirkung schon latent in der Ursache vorhanden und braucht nur noch einen auslösenden Faktor, um sie in Erscheinung treten zu lassen. Die Ursache ist nur der unentwickelte Zustand der Substanz, die sich auf der Wirkungsebene zeigt. Alle Erzeugung und Entstehung ist Ent-Wicklung, alle Zerstörung ist (Wieder-)Einwicklung oder Verschwinden in der Ursache.

pariprashna *m* Frage, Erkundigung; eine umfassende Frage, eine Frage, die auf die grundlegenden Probleme des Lebens ausgerichtet ist.

paripūrna *adj und m* vollkommen; vollständig, vollständig gefüllt; selbstgenügsam, zufrieden; der Selbstgenügsame; ein Name für Gott, der von nichts und niemand anderem abhängig ist, da er im Innern aller Wesen wohnt.

parishad *f* Versammlung; Gruppe; insbesondere eine Gruppe von *Brahmanen*, die den *Veda* studieren.

parishishta *n* Überrest; Anhang, Ergänzung.

parishthiti *f* Wohnort, Aufenthaltsort; Festigkeit.

paritrānah sādhūnām *wörtl.:* „Die Bewahrung der Tugendhaften"; „die Errettung der *sādhus*", die Bewahrung der Gotthingegebenen vor innerem Unfrieden (*ashānti*), der durch einen Mangel an Erkenntnis der Vergeblichkeit rein weltlichen Strebens verursacht wird.

parivrājaka *m* Wanderer, Wandermönch; *samnyāsin.*

parjanya *m* Regen; der Gott des Regens, insbesondere des intensiven, von Sturm und Gewitter begleiteten Regens.

parna *n* Flügel; Blatt.

parnashālā *f* eine Hütte, welche aus Blättern gebaut worden ist; eine Einsiedelei.

paroksha *adj und n* außer Sicht, unsichtbar, sinnlich nicht wahrnehmbar; Unsichtbarkeit, eine Bezeichnung für die absolute Wirklichkeit.

parokshajnāna *m* indirektes Wissen; das Gefühl, die Meinung, das Göttliche sei weit entfernt, getrennt vom Menschen.

paropakāra *m* Dienst am anderen; Wohltätigkeit, Akt der Nächstenliebe; Wohlwollen, Gutherzigkeit.

pārtha *m* der von *Prithū*, d. h. *Kuntī*, Stammende; ein Name insbesondere für *Arjuna.*

parthimahesha *m* der große Herr, der große Gott, der sich in *Puttaparthi* inkarniert hat.

parthimaheshvara *m* = *Parthimahesha.*

parthīsha *m* der Herr von *Puttaparthi*, der in *Puttaparthi* erschienen ist.

parthīshvara *m* = *Parthīsha.*

pārthivī *f* die von der Erde (*prithivī*) Abstammende; ein Name für *Sītā.*

parvan *n* Gelenk, Knoten; Abschnitt, Absatz, Kapitel; Zeitabschnitt

pārvatī *adj und f* dem Gebirge zugehörend; ein Name für die Gemahlin *Shivas*, die göttliche Mutter (*Shakti*). Sie ist die Tochter des *Himavat.*

pāsha *m* Seil, Tau, Strick, Fessel, Schlinge.

pāshava *n* Herde.

pāshavanātha *m* der Hüter der Herde; der Herr, der Führer für alle Seelen (*jīva).*

pāshavya *adj* tierisch, viehisch; Bezeichnung für einen Menschen, der ganz in der Sinnenlust aufgeht, ohne sich höheren Dingen zuzuwenden. Solch ein Mensch hat fast alle Aktivitäten mit der tierischen Lebensform gemein.

pashcāttāpa *m* die Pein, der Schmerz, der danach kommt; Reue, Entschluß zur Besserung; Bedauern der begangenen Fehler; Trauer nach Kriegsende, nach Erleiden eines Verlustes.

pashu *m* Vieh, Tier, Kuh; wildes Tier; Lebewesen, die individuelle Seele.

pashubala *n* die Kraft der tierischen Natur, der Instinkte.

pashukala *n* Grobheit, Häßlichkeit, die sich in tierischem Verhalten zeigt.

pāshupata *m* ein Verehrer *Shivas* in seiner Gestalt als „Herr der Tiere und aller Lebewesen".

pashupati *m* Herr, Hüter der Tiere, des Viehs; Herr aller Seelen (*jīva*); ein Name für *Shiva.*

pashutā *f* das Tiersein, tierische Natur.

pashutva *n* das Tiersein, das Tierische.

pashyantī *f* wörtl.: „die Sehende"; Bezeichnung für eine feine Ebene der Sprache. Gemeint ist der Bereich, in dem die Worte und Begriffe entstehen; wer auf dieser Ebene bewußt wird, wird zu einem „Sehenden", der die innere Wirklichkeit der Dinge erfaßt.

pāta *m* Absteigen, Fallen; Niedergang, Zerstörung

pata *m und n* Stoff, Kleidung; Schleier.

patala *n* Dach, Hülle, Umhüllung, Schleier, Haufen; eine Bezeichnung für das Unterbewußte; von dort kommen alle Arten von Instinkten, Eindrücken und Erinnerungen, die auf das Denken und Handeln Einfluß nehmen können, ohne daß man sich ihres Ursprungs bewußt ist.

pātāla *n* Unterwelt; in den *Purānas* werden meist sieben Unterwelten beschrieben, in denen verschiedene Wesen wohnen und in denen alle möglichen Arten von Sinnengenuß erfahren werden können. Sie sind nicht mit den darunterliegenden Höllen (*naraka*) gleichzusetzen, sind aber durch ihren bindenden Einfluß äußerst gefährlich. Die *Pātālas* drücken sich im Streben vieler Menschen aus, ohne daß diese sich dessen bewußt sind.

pātaliputra *m* Name einer Stadt.

pātalu *(wohl Telugu)* Lied.

patamga *m* Vogel; Sonne; Motte; Spielball; Quecksilber; ein Name für *Krishna.*

patanjali *m* Name des Autors der *Yogasūtras* (ca. 2. Jh. v. Chr.); er gilt als der Begründer des Systems des *Rājayoga*, welches auf dem *Sānkhya* basiert. Dieser *Yoga* ist eines der sechs klassischen Philosophiesysteme (*darshana*), die jeweils eine bestimmte Sicht der Wirklichkeit präsentieren. *Patanjali* beschreibt den *Yoga* als eine methodische Praxis zur Erlangung von Vollkommenheit durch die bewußte Durchdringung der verschiedenen Ebenen der menschlichen Natur, der physischen und der psychischen. Das Zentrum ist dabei der Zugang zur inneren Stille, zum Selbst (*ātman*); denn nur von dort aus ist wahre Herrschaft über die Sinne etc. möglich. Transzendentales Bewußtsein (*samādhi*) ist das Zentrum seines *Yoga* und erschließt alle anderen Möglichkeiten der Entwicklung. Der physische Körper, der aktive Wille und das wahrnehmende Denken müssen Diener des Selbstes werden. *Patanjali* lehrt bestimmte Übungen, deren Sinn es ist, Körper und Geist von ihrer Rastlosigkeit und Unreinheit zu befreien. Wenn diese Übungen die Vitalität stärken, sowie die Jugend und das Leben verlängern, so geschieht dies im Interesse der Verwirklichung spiritueller Erfahrung. *Patanjali* geht es darum, den praktischen Weg zur Erlösung und Befreiung aufzuzeigen.

pātha *m* Vortrag, Rezitation; Studium, Lesen; bestimmte Form eines Textes, die durch die Art der Rezitation bestimmt wird.

pathana *n = pātha.*

pāthashālā *f* Studienhaus; ein Ort, an dem heilige Schriften studiert werden.

pati *m* Ehemann, Meister, Herr.

patita *adj* gefallen, in den Zustand der Täuschung hineingelangt; vom geistigen Weg abgewichen.

patitapāvana *adj* die Gefallenen reinigend, heiligend, rettend.

pativratabhakti *f* Hingabe, bei der man sich einem Herrn weiht; gemeint ist dabei die gläubige und beständige Benutzung eines Namens und einer Erscheinungsform Gottes für die Verehrung.

pātra *n* Topf, Becher, Glas; Behälter.

pātradhārin *m* der Träger des Behälters.

pattana *n* Stadt.

pattra *n* Blatt, Blütenblatt; Brief, Dokument; Blütenblätter werden oft als Opfergabe bei Zeremonien und Feiern verwendet.

paunddha *m* Name eines Landes; Name des Muschelhorns von *Bhīma.*

paundraka *m* Name eines Gegners von *Krishna*, der diesen nachzumachen versuchte.

paurāna *adj* aus den *Purānas* stammend; sich auf die *Purānas* beziehend.

paurava *m* Nachkomme des *Puru.*

paurusha *adj und n* kräftig, tapfer; zum *purusha* gehörig; die Lebenskraft, Vitalität des Menschen; Heldentum, Abenteuer, mutiges Streben.

pāvaka *m* Reiniger; jemand, der reinigt; Name für das göttliche Feuer.

pāvamāna *adj* sich läuternd, sich reinigend; ein Beiname des *Soma*; vgl. *amrita.*

pāvana *adj, m und n* reinigend, läuternd, heiligend; m: Feuer; n: Reinigung, Läuterung.

pavana Reiniger; Wind, Windgott; Atem.

pavitra *adj und n* reinigend, rein, heilig; Reinigungsmittel.

pāyu *m* Ausscheidungsorgan, Anus.

peddalu kādu gaddalu *(wohl Telugu) wörtl.:* „Sie sind nicht ehrenhaft, sie sind Aasgeier“.

phala *n* Frucht; Wirkung, Ergebnis (einer Handlung).

phalabhogavairāgya *n* Verzicht auf den Genuß der Früchte der Tätigkeiten.

phalabhogavirāga *m* Nichtgebundensein (*virāga*) an das Genießen (*bhoga*) der Früchte des Handelns (*phala*); Aufgeben des Wunsches nach den Früchten des Handelns.

phālguna *m* Name eines Monats (Februar – März); ein Name für *Arjuna*.

phullābjāksha *adj* Augen wie ein aufgeblühter Lotos habend; Augen habend, die so wunderschön sind wie der Lotos in voller Blüte.

pinda *adj und n* kompakt, fest, dicht; Klumpen, Kloß, Erdklumpen; speziell ein Reisbällchen, welches den Ahnen geopfert wird; der irdische, materielle Körper.

pindānda *n wörtl.:* „Das feste Ei"; Stärke, Kraft, Macht; das Ei ist oft ein Symbol für den Urzustand eines Universums, aus dem heraus sich alles entwickelt hat (*hiranyagarbha*).

pindapradāna *n* das Opfern der Nahrung für die Eltern und Ahnen, insbesondere an deren Todestag.

pingala *adj und m* rötlich, braun, gelblich; Name eines Weisen, der ein Lehrbuch über die Metrik verfaßt hat.

pingalā *f* Name eines feinstofflichen Energiekanals, der rechts der *sushumnā* verläuft.

pippala *m* der heilige Feigenbaum.

pippalāda *m* Name einer Sehers des *Atharvaveda*.

pishāca *m* Name einer Dämonenklasse, die in den *Veden* und anderen Texten erwähnt wird.

pishācaloka *m* die Welt der *Pishācas*.

pīta *adj* gelb; getrunken, absorbiert, gefüllt, gewässert.

pitā *m* Vater; im Plural „Ahnen" (*pitarah*); dieses Wort bezieht sich zum einen auf die Ahnen, denen zu bestimmten Zeiten Nahrung und Wasser dargebracht werden, und zum anderen auf die zehn *Prajāpatis*, die die ersten Hüter der Weltordnung sind.

pitāmaha *m* Großvater väterlicherseits; ein Name für *Brahmā*.

pītāmbara *m* jemand, der gelbe Kleidung trägt; ein Mönch; ein Name für *Vishnu*.

pitarah *m Pl* die Ahnen; vgl. *pitā*.

pītha *n* Sitz, Basis; Altar; Sitz einer Einrichtung, Organisation.

pīthasthāna *n* Bezeichnung der 51 Orte, an denen die Körperteile von *Satī* nach ihrem Tod niedergefallen sind.

pitridevo bhava *wörtl.:* „Der Vater soll wie Gott für dich sein" (Zitat aus den *Upanishaden*). Mit dieser Formulierung wird auf die Ehrerbietung hingewiesen, die der älteren Generation entgegengebracht werden sollte.

pitriloka *m* die Welt der Ahnen.

pitrinām rina *n* die Verpflichtung gegenüber den Ahnen.

pitripati *m* Herr der Ahnen; ein Name für *Yama*.

pitrivākyaparipālana *adj* auf das Wort des Vaters hörend.

pitriyajna *m* Opfer (*yajna*) für die Vorfahren; das Opfern von Nahrungsmitteln oder geheiligtem Wasser im Namen der Verstorbenen.

pitta *n* Galle, Feuer; eines der drei dynamischen Prinzipien im Körper (*dosha*), die im *Āyurveda* gelehrt werden; Bitterkeit (als eine der Gemütsarten).

plava *adj und n* schwimmend, vergänglich; Boot.

poshana *n* Nähren, Erhalten, Unterstützen.

prabhava *adj und m* hervorragend, bedeutsam, übertreffend; Ursprung, Ursache, Geburtsort.

prabhu *adj und m* mächtig, stark, kraftvoll; Herrscher, Herr, Meister, Bezeichnung für *Vishnu*, *Shiva*, *Brahmā*, *Indra*.

prabhutā *f* = *prabhutva*.

prabhutva *n* Regierung, Herrschaft; das Herrsein.

pracāra *m* Umherwandern, Pilgern; Brauch, Verhalten.

pracaraka *m* Wanderlehrer, der gegen Lohn aus den heiligen Schriften rezitiert und diese erläutert.

pracetana *m* Bewußtsein, das Erwachen des höheren Bewußtseins.

pracetas *n und m* Bewußtsein, Bewußtheit; ein Name für *Varuna*; Name eines Weisen.

praciti *f* Untersuchung, Erforschung.

pradakshinā *f* das Umschreiten; das rituelle Umschreiten eines Gegenstandes, einer Bildgestalt Gottes, eines Altars, Tempels oder heiligen Ortes. Dies geschieht immer von links nach rechts, so daß die rechte Körperseite der Mitte zugewendet bleibt.

pradakshina *m und n* = *pradakshinā*.

pradātā *m* jemand, der etwas gibt, verteilt, schenkt; Geber, Schenker.

pradatta *adj* gegeben, geschenkt.

pradāyaka *adj und m* gebend, schenkend; Geber, Schenker.

pradhāna *adj und n* wichtig, bedeutsam, das Beste; Hauptsache, Hauptursache; eine Bezeichnung für *prakriti*.

pradyu *m* = *Pradyumna*.

pradyumna *m* Name eines Sohnes von *Krishna* und seiner Gemahlin *Rukminī*. Er gilt als eine Inkarnation von *Kāma*, dem Liebesgott. Als der Knabe sechs Tage alt war, wurde er von dem Dämon *Shambara* entführt; denn ihm war geweissagt worden, daß *Pradyumna* ihn töten würde. *Shambara* warf ihn ins Meer, wo er von einem Fisch verschluckt wurde. Später wurde dieser Fisch gefangen und in *Shambaras* Haus gebracht. Beim Ausnehmen des Fisches kam ein wunderschönes Kind hervor und *Māyādevī*, die Herrin des Hauses, nahm es in ihre Obhut. Von dem heiligen *Nārada* erfuhr sie, wer dieses Kind war. Als *Pradyumna* heranwuchs, verliebte sich *Māyādevī* in ihn und klärte ihn über seine Herkunft auf. Nach schwerem Kampf erschlug er den Dämon *Shambara* und floh mit *Māyādevī* zum Palast seines Vaters *Krishna*.

prahlāda *m wörtl.:* „Innere Freude"; *Prahlāda* war der Sohn des Dämonenkönigs *Hiranyakashipu*. Aufgrund des Aufenthalts seiner Mutter bei einem Heiligen hatte *Prahlāda* bereits im Mutterleib so viel vedische Weisheit gehört, daß er nicht seinen Vater, sondern *Vishnu* als höchsten Herrn anerkannte. Als dies der Vater bemerkte, versuchte er zuerst, ihn umzuerziehen, doch ohne Erfolg. Daraufhin unternahm *Hiranyakashipu* viele Mordversuche, doch da *Prahlāda* in die innere Schau des Herrn vertieft war, konnte selbst das stärkste Gift ihm nichts anhaben. In seiner immer größer werdenden Wut klopfte *Hiranyakashipu* eines Tages gegen eine Säule und rief: „Wenn dein Gott allgegenwärtig ist, dann soll er doch hervorkommen!" Das war die Aufforderung für den Herrn, in Gestalt von *Narasimha* zu erscheinen und *Hiranyakashipu* zu töten. *Prahlāda* wurde der Nachfolger seines Vaters und erbat die Erlösung für dessen Seele. *Prahlāda* ist das Idealbild für einen Gläubigen, der selbst in der schwierigsten Situation nicht zweifelt und sich von Gottes allmächtiger Hand beschützt weiß.

prajā *f* Zeugung, Geburt; Nachkommenschaft, Geschöpf; das Volk, die Leute.

prajākāma *adj* sich Nachwuchs wünschend.

prajāpati *m* Herr der Geschöpfe; Herr des Universums. *Prajāpati* wird insbesondere in den *Brāhmana*-Texten als Gottheit bedeutsam und wird später zu einem Namen für *Brahmā*. Gewöhnlich werden zehn *Rishis*, die als geistgeborene Söhne *Brahmās* gelten, die zehn *Prajāpatis* genannt, und zwar: *Marīci*, *Atri*, *Angiras*, *Pulastya*, *Pulaha*, *Kratu*, *Vasishtha*, *Pracetas* oder *Daksha*, *Bhrigu* und *Nārada*. Nach anderen Quellen gibt es nur sieben *Prajāpatis*, die identisch mit den sieben großen *Rishis* sind.

prājna *adj* intelligent, weise; Bezeichnung des Kausalkörpers (*kāranadeha*), der dem Zustand des Tiefschlafs zugeordnet ist.

prajnā *f* Bewußtsein, Weisheit, Intuition; höhere Erkenntnis; Bewußtsein als Wesen des Selbstes (*ātman*).

prajnāmāndya *n* Stumpfheit des Verstandes, Trübung der Erkenntnisfähigkeit in spirituellem Sinn; Dumpfheit, wodurch man die Unterweisungen der Weisen nicht verstehen kann.

prajnāna *n* Weisheit, Intuition, höheres Wissen; die reine ungetrübte Schau der Weisen, die höhere Erkenntnis; *prajnāna* meint eine existentielle Verwirklichung der Weisheit und bewirkt, daß die inneren Gefühle sowie die vielen Schichten des Bewußtseins gelenkt werden können.

prajnānam brahma *wörtl.: Brahman* ist Bewußtsein"; die höhere, alles überschauende Weisheit ist *brahman*; dies ist einer der großen Lehrsätze (*mahāvākya*) des *Veda* und erscheint in der Aitareya-upanishad des *Rigveda*. Es bereitet dem Verstand Schwierigkeiten, sich vorzustellen, daß Bewußtsein mit *brahman* identisch ist, da er Bewußtsein mit der Aktivität des Denkens verbindet. Im *Vedānta* wird der Unterschied zwischen Denkbewußtsein und dem absoluten Bewußtsein klar herausgestellt und erläutert, daß Denkbewußtsein nur im Wachen und Träumen, nicht aber im Tiefschlaf und im *samādhi* existiert; deshalb kann dies nicht endgültig wirklich sein. Absolutes Bewußtsein ist hingegen in allen vier Zuständen (Wachen, Träumen, Tiefschlaf und *samādhi*) vorhanden. Anfangs ist man dessen im Tiefschlaf nicht gewahr, wohl aber im *samādhi*.

prajnāpāramitā *f* Name einer Textgattung von *Sūtras* aus der buddhistischen Tradition des *Mahāyāna*.

prakāma *m* Wunsch, Verlangen; Erfüllung; Befriedigung.

prakāmya *adj* dem Wunsch entsprechend, wunschgemäß.

prakānti *f* der herrlichste Glanz, die größte Helligkeit; die Herrlichkeit des spirituellen Lichts.

prakāra *m* Art, Sorte, Gattung, Stil.

prakarana *n* Schaffung, Schöpfung; Ausarbeitung, Erklärung, Diskussion, Buch, Kapitel.

prakarsha *m* Intensität, hohes Maß, Exzellenz, hervorragende Eigenschaft; die Fähigkeit, Anziehungskraft auf andere zu übertragen.

prakāsha *adj und m* hell, scheinend, glänzend; Glanz, Schimmer, Licht.

prakatana *n* Manifestation, das Manifest-werden.

prakriti *f* Natur, Urnatur; Konstitution, Zustand; Ursache, Ursprung; im *Sānkhya* ist es die Urmaterie, aus der das Universum entsteht. Ihre Struktur wird von drei Eigenschaften (*guna*: *tamas*, *rajas* und *sattva*) bestimmt. Nach diesem Philosophiesystem ist sie ein ewiges Prinzip, und aus ihr entsteht durch ihre Nähe zum *purusha* das gesamte Universum mit all seinen Schichten. Für den *Advaitavedānta* hat die Urmaterie keine eigene, getrennte Wirklichkeit; denn der Standpunkt des *Vedānta* geht vom alles umfassenden Urprinzip *brahman* aus. *Vedānta* und *Sānkhya* sind zwei komplementäre Sichtweisen der Wirklichkeit. Mit *prakriti* kann auch ihre Manifestation, d. h. diese mit den Sinnen erfaßbare Welt, die Schöpfung, der Bereich von Name und Form (*nāmarūpa*), die Vielfalt dieser ganzen Schöpfung gemeint sein. Sie ist die Natur um uns, das Wunder des Herrn, der Ausdruck seiner Herrlichkeit; und gleichzeitig ist sie das Prinzip hinter dem Gesehenen, gehört dem höchsten Selbst (*paramātman*) an und ist nur für dieses da. Im *Āyurveda* bezeichnet *prakriti* die individuelle Konstitution, den Konstitutionstyp eines Menschen.

prakritibhāva *m* die Existenzform der *prakriti*.

prakritidharā *f* diejenige, die die Natur trägt und erhält.

prakritidharma *m* die Ordnung der Welt.

prakritilakshana *n* das Kennzeichen der Urnatur; das Siegel der Welt.

pralamba *m* Name eines Dämons der von *Krishna* getötet wurde.

pralaya *m* Zerstörung, Auflösung, Vermittlung; wenn ein Weltenzyklus (*kalpa*) zu Ende geht, löst sich die manifestierte Welt auf, geht in einen anderen, den unmanifestierten, potentiellen Zustand über, aus dem sich wieder eine neue Welt manifestieren kann. Die Schöpfung ist in dieser Betrachtungsweise nicht einmalig, sondern ein sich zyklisch wiederholender Wechsel von Manifestation und Nichtmanifestiertsein.

pralayakāra *m* die Auflösung verursachend; ein Name für *Shiva*, den Zerstörer der drei Welten.

pramā *f* Basis, Grundlage; Maß.

pramāda *m* Unaufmerksamkeit, Nachlässigkeit, Vernachlässigung.

pramāna *n* Maßstab, Norm, Erkenntnismittel, Mittel zur Erlangung richtiger Erkenntnis wie Sinneswahrnehmung (*pratyaksha*), logischer Schluß (*anumāna*), Vergleich (*upamāna*), Zeugnis der *Veden (shabda)* etc.; Beweis, Beweismittel, heilige Schrift, Autorität; das Maß, das an alles anzulegen ist; ein festgelegtes, anerkanntes Maß.

pramātā *m* derjenige, der etwas mißt; der Untersuchende; Autorität, Wissender.

prameya *n* das, was untersucht wird, Objekt der Untersuchung; ein Gegenstand, der untersucht werden soll; Thema, Diskussionsziel.

pramlocā *f* Name einer himmlischen Nymphe, die von *Indra* geschickt wurde, um den Weisen *Kandu* von seiner Askese abzubringen.

pramoda *m* die höhere Freude, Jubel; die Freude, die empfunden wird, wenn man der Erkenntnis der wahren Wirklichkeit näher kommt.

pramodana *adj und m* erfreuend, angenehm, froh machend; der Erfreuende, ein Name für *Vishnu*.

prāna *m* Atem, Lebensodem; Lebenskraft; die den Körper durchdringende kosmische Energie, die ihn erhält und am deutlichsten als Atem in Erscheinung tritt. Im *Yoga* des *Patanjali* befaßt sich das vierte Glied (*anga*) mit *prāna* im Kontext der Atemübungen, die auch ein fester Bestandteil des *Hathayoga* sind. Es werden fünf verschiedene *prānas* unterschieden: 1. *prāna*; 2. *vyāna*; 3. *samāna*; 4. *apāna*; 5. *udāna*.

pranāma *m* Verneigung, ehrfürchtige Begrüßung, indem man die Handflächen zusammenlegt oder erst die Füße des anderen und danach die eigene Stirn berührt oder sich niederwirft.

prānamāna *m* Selbstvertrauen, das auf die Lebenskraft gegründet ist; Vertrauen in die eigene Kraft.

prānamaya *adj* aus Lebenskraft bestehend.

prānamayakosha *m* Bezeichnung der aus Lebenskraft bestehenden Hülle (*kosha*); die Hülle der fünf *prānas*, die nach dem sichtbaren Körper die zweite, bereits feinstoffliche Schicht darstellt. Es ist dies eine Vitalhülle, die Körper und Denken belebt und zusammenhält. Solange sie im Organismus vorhanden ist, bleibt er am Leben. Ihre grobe Manifestation ist der Atem.

prānasamyama *m* Atemregulierung.

pranava *m* Bezeichnung für *OM*, den kosmischen Urklang, die Klangrepräsentation Gottes, die Lebensschwingung, die das Universum erfüllt und ohne Anstrengung aus der Stille hervorkommt.

pranavajapa *m* Rezitation von *OM*.

pranavashabda *m* der Klang des *OM*, des kosmischen Urlauts, der von einem verfeinerten Bewußtsein wahrgenommen werden kann.

pranavasvarūpa *adj und m* den *pranava* verkörpernd; eine Verkörperung des *pranava*, des *OM*.

prānavāyu *m* lebensspendender Atem, Wind.

pranavopāsanā *f* der geistige Weg, die Form der Gottesverehrung, die sich auf *OM* ausrichtet.

prānāyāma *m* die Praxis der Atemregulierung; die Übung (*sādhana*), bei der der *prāna* harmonisiert wird; das Verfahren, die fünf verschiedenen Lebenshauche, nämlich *prāna*, *apana*, *vyāna*, *udāna* und *samāna*, ins Gleichgewicht zu bringen. Dabei unterscheidet man drei verschiedene Arten: *recaka*, *pūraka* und *kumbhaka*. *Recaka* ist der reinigende Atem, der die Ausatmung betont; *pūraka* richtet das Augenmerk auf die Einatmung; *kumbhaka* übt die Fähigkeit, in der Atemstille zu verweilen.

pranipāta *m* Verneigung, ehrfurchtsvoller Gruß; die Ehrerbietung, die man erweist, indem man sich zu Boden wirft.

prapanca *m* Manifestation, Entwicklung, Verschiedenheit; die erschaffene Welt, die physische Realität in Gestalt der fünf Elemente (*pancabhūta*): Erde, Wasser, Feuer, Luft und Raum.

prapancavyāpti *f* die Universalität der Manifestationen, d. h. die gleichberechtigte Existenz verschiedener Kulturformen; Weltkultur.

prapanna *adj* Gott hingegeben, Zuflucht genommen, sich Gott versprochen habend.

prapatti *f* Hingabe, der Zustand absoluter Selbsthingabe, wahre Gottesliebe. *Prapatti* ist eine innere Haltung, deren Heimat weit jenseits der Emotionen sich befindet und die Ausdruck einer existentiellen Umwandlung der menschlichen Natur ist.

prāptaprāpti *f* das Erlangen dessen, was schon vorher zu einem gehört hat, was de facto schon vorher erlangt war; es ist, als ob man einer Sache gewahr wird, die man bei sich trägt, aber vorher hegte man die Meinung, sie nicht zu haben oder zu besitzen.

prāpti *f* Erlangen, Erhalten, Gewinnen; Gewinn, Profit; Ankunft; Anteil; Glücksfall.

prārabdha *adj* begonnen, angefangen.

prārabdhakarman *n* das aktivierte *Karma*; die Wirkung von Handlungen aus früheren Geburten, die sich im gegenwärtigen Leben auswirken. Außer dem *prārabdhakarman* gibt es noch *āgāmikarman* und *sancitakarman*.

prārthanā *f* = *prārthana*.

prārthana *n* Bitte, Gebet, Wunsch; ein Gebet, in welchem der Betende noch Ziele hat.

prasāda *m* Klarheit, Reinheit, Schönheit; Friedlichkeit, Gelassenheit, heiteres Wesen; Erweisung der Gnade; Freundlichkeit, Hilfe, Geschenk; göttliche Gnade; Bezeichnung für die Gott geopferten Nahrungsmittel bzw. die von einem spirituellen Meister gewährten Opfer- oder Nahrungsreste; bei großen Feiern werden diese an die Gläubigen verteilt. Solche Speisen sind keine materielle Nahrung, sondern – wie der Name sagt – göttliche Gnade, die in Freude und Dankbarkeit empfangen wird. In der *Bhagavadgītā* und anderen vedischen Schriften wird empfohlen, daß man nur Nahrung zu sich nehmen sollte, die vorher geopfert worden ist oder die man selbst geopfert hat. Dazu eignen sich alle Nahrungsmittel, welche die Eigenschaft der Reinheit (*sattva*) im Menschen stärken, also z. B. Früchte, Nüsse, Milch und Milchprodukte, Gemüse und Getreide.

prasannavadana *adj und m* ein klares, reines Gesicht habend; lächelnd, ein freundliches Gesicht habend; Gott in seinem milden, gnadenreichen Aspekt.

prashānti *f* höchster Friede, ungestörter, ungetrübter, tiefer innerer Friede; der höhere spirituelle Friede, Friede im Geist; Gleichmut, höchster Gleichmut. Gemeint ist der wirkliche Friede, der das Fehlen von Begierde und Zorn, Habgier und Haß beinhaltet; der höchste Gleichmut, in dem alle Dualität überwunden ist, in dem der Mensch die überwältigende Freude ruhiger Ausgeglichenheit gewinnt, unberührt vom Auf und Ab, von Schmerz und Lust, der eintritt, wenn die Wogen der Unruhe sich geglättet und die Stürme der Leidenschaft sich gelegt haben.

prashānti nilayam Ort des höchsten Friedens; Name des Haupt-*Ashrams* von *Shrī Sathya Sai Baba*, der an seinen Geburtsort *Puttaparthi* angrenzt (im südindischen Andhra Pradesh ca. 180 km nördlich von Bangalore).

prashantinilayasambandha *m* Freundschaft, Beziehung, Verbindung, Verbundenheit mit dem Ort des höchsten Friedens; dies beinhaltet auch die innere Erfahrung des Friedens, der ins Herz einzieht, wenn der Kampf gegen sich selbst aufgehört hat.

prashāntividvānmahāsabhā *f* die große Gemeinschaft der Wissenden, die auf den höchsten Frieden ausgerichtet sind; Name einer von *Sathya Sai Baba* begründeten Gemeinschaft von *Veda*-Gelehrten.

prashna *m* Frage, Nachforschung, Erkundigung.

prashna-upanishad *f* Name einer *Upanishad*.

prashnottara *n* die Antwort auf eine oder mehrere Fragen.

prasthānatraya *n* die Dreiergruppe, welche das Fundament bildet; gemeint sind die *Upanishaden*, das *Vedānta-sūtra* und die *Bhagavadgītā*, welche als Grundlage für die Weltanschauung der Periode nach *Shankara* betrachtet werden; viele Philosophen haben deshalb Kommentare zu diesen Werken verfaßt.

prasūti *f* Name einer Tochter des *Manu* und Gattin von *Daksha*.

pratardana *m* Name eines Königs.

prathama *adj* der, die, das erste, uranfängliche

pratibhā *f* Intuition, Geistesgegenwart; Verständnis, Blick; Licht, Glanz.

pratibimbana *n* Abbild, Bild, Reflexion, Widerspiegelung, Widerschein. In den vedischen Schriften wird das Selbst oft mit einem Vollmond verglichen, der unwandelbar scheint, dessen Lichtschein aber von einer Wasseroberfläche gespiegelt wird. Erst wenn der Geist, d. h. die Wasseroberfläche, ruhig geworden ist, wird ein deutliches Spiegelbild sichtbar. Vorher können nur verzerrte Aspekte des Selbstes wahrgenommen werden. Alle Intelligenz, alle Kreativität, die ein Mensch besitzen mag, ist nur eine Widerspiegelung des Lichtes, das von dem göttlichen Funken ausstrahlt.

pratīkopāsanā *f* Form der Gottesverehrung, die auf eine Bildgestalt Gottes gerichtet ist. Diese Form der Verehrung beinhaltet die Möglichkeit, daß sich der Gläubige bei der Verehrung der transzendenten Realität, die sich in der Bildgestalt offenbart, bewußt wird.

pratirūpopāsanā *f* = *pratīkopāsanā*.

prātishākya *n* Name einer Textgattung; die *Prātishākyas* behandeln die Lautregeln und Lautveränderungen, die für eine bestimmte *Veda*-Tradition (*shākhā*) kennzeichnend sind.

pratishedha *m* Verbot; Verneinung, Negation, Widerspruch.

pratishthā *f* Festigkeit; Basis, Grundlage; Stabilität, Dauerhaftigkeit; Stärke, Festigkeit; Haus, Wohnung, Residenz.

pratishthāna *n* Basis, Grundlage; Ort, Position, Situation; Bein, Fuß; Stadtgründung.

pratyagātman *m* das innewohnende Selbst, der innere oder der einzelne *ātman* (vgl. *jīvātman*).

pratyāhāra *m* Rückzug, Zurückziehen, Vernichtung; das Nach-innen-Lenken der Aufmerksamkeit; Vertiefung in das eigene innere Bewußtsein. Das meint, daß die Sinne von der äußeren, dinglichen Welt abzogen und auf Gott, der im Herzen weilt, gerichtet werden; dies ist kein zwanghafter Prozeß, da die *ānanda*-Natur des Selbstes eine immer stärker werdende Anziehung ausübt, wenn man sich auf den Weg begibt. *Pratyāhāra* ist das fünfte Glied des *Rājayoga*, dessen Praxis dazu führt, daß das Denken nicht mehr abgelenkt wird, sondern sich ungestört auf das Objekt der Meditation richten kann.

pratyaksha *adj und n* direkt vor Augen, offenkundig, deutlich, ausdrücklich; das, was direkt wahrgenommen werden kann; das Gesehene, Wahrnehmbare, das Unmittelbare; das, was sich mit den fünf Sinnen erfassen läßt. Dies ist für die Materialisten (*cārvāka*) das einzige Mittel richtiger Erkenntnis (*pramāna*), während sich die vedischen philosophischen Schulen nicht nur auf die Wahrnehmung der Sinne verlassen, sondern weitere Erkenntnismittel einsetzen.

pravacana *n* Lehrvortrag, Ausführung, Verkündigung, Lehrgespräch; heiliger Text.

pravāha *m* Strom, Fluß; Kontinuität, ununterbrochene Folge.

pravāhakasatya *m* die fließende, dynamische Wahrheit, die voranbringende Wahrheit.

pravartana *n* Beginnen, Durchführen, Ingangsetzen; Übung, Praxis.

pravesha *m* Annäherung; Eintritt, Eintreten; Durchdringung.

praveshtum *inf* eingehen, eins werden.

pravritti *f* Fortschritt, Beginn, Fluß (der Worte etc.); Tat, Handlung, äußere Tätigkeit, Verhalten.

pravrittimārga *m* das aktive, weltliche Leben; gemeint ist der Weg, welcher zu immer neuen Manifestationen und Verstrickungen führt; der Gegenbegriff dazu ist *nivritti*.

pravrittisatya *n* die weltliche Wahrheit, die äußere Wahrheit.

prayāga *m* Name einer heiligen Stadt am Zusammenfluß von *Gangā* und *Yamunā*.

prāyashcitta *n* Buße, Sühne.

prema sai *wörtl.:* „Die Liebe der göttlichen Mutter“; Name für die Form, in der *Sathya Sai Baba* acht Jahre, nachdem er den jetzigen Körper aufgegeben hat, wieder erscheinen wird.

premabhakti *f* Hingabe, die ganz von Liebe erfüllt ist; vgl. *bhakti*.

premabhāva *m* die Gemütsstimmung der Liebe, der liebevollen Zuwendung zu Gott.

premacakshus *n* das Auge der Liebe.

premadrishti *f* die Schau der universellen Liebe; die Fähigkeit, die universelle Liebe überall zu entdecken.

premāgni *m* das Feuer der göttlichen Liebe.

preman *m und n* (oft steht auch die Nom. Sg.-Form: prema) Liebe, reine Liebe, Liebe ohne den Makel der Bindung; Liebe, die unwandelbar, aufrichtig und rein ist; unbefleckte, unerschütterliche, allumfassende Liebe für alle Wesen, selbstlose, bedingungslose Liebe.

premanetra *n* das Auge der Liebe.

premapāsha *m* das Seil der Liebe, welches den Menschen zu Gott hinzieht.

premarasa *m* der Geschmack, die Essenz der Liebe; das Eingetauchtsein in den Strom der göttlichen Liebe.

premasāgara *m* der Ozean der Liebe.

premasvarūpa *adj und m* die Gestalt der Liebe selbst habend; die Verkörperung der Liebe; ein Name für *Sathya Sai Baba*.

premasvarūpalāra *(Telugu) wörtl.:* „Ihr, die ihr eurer Natur nach Liebe seid“; dies ist eine Anrede, die *Sathya Sai Baba* oft in seinen Vorträgen benutzt.

prematattva *n* das Wesentliche, das Wesenhafte, die wahre Natur der Liebe; das Prinzip vollkommener Liebe.

premayoga *m* der *Yoga*, der auf der Liebe zu Gott beruht; vgl. *Bhaktiyoga*.

preta *m* Geist, Gespenst.

preyas *adj und n* lieber als; das, was einem lieber ist, weltlicher Gewinn, der Gewinn von Macht, Stellung oder Reichtum.

preyomārga *m* der weltliche Weg; der Weg, nach immer mehr Annehmlichkeiten zu streben.

prishni *adj und f* klein, zart, fein; Ferse, Hacke; Licht, Lichtstrahl.

prishnigarbha *m* der zarte Keim, der feine Keim; vgl. *hiranyagarbha*.

prīta *adj* erfreut, froh, glücklich; geliebt.

prithā *f* ein Name für *Kuntī*.

prithak *indekl* einzeln, getrennt, gesondert.

prithivī *f* Erde, das Element der Erde, die Welt; die Göttin der Erde.

prithu *adj und m* breit, weit; Name eines berühmten Königs; er gilt als der erste König und gab der Erde ihren Namen.

prithvī *f* = *prithivī*

prīti *f* Freude, Glück; Freundlichkeit; Liebe, Zuneigung; Name der Gattin des Liebesgottes.

priya *adj und n* lieb, wert, angenehm, erfreulich, nett; liebevolles Empfinden, Freundlichkeit, Gunst.

priyam vada *wörtl.:* „Sprich liebenswürdig"; „sprich angenehm!"; Zitat aus den *Upanishaden*, das darauf hinweist, daß mit dem Äußern von Wahrheit niemand anderes verletzt werden sollte.

priyanamrasakhi *m* (Nom. Sg.: – sākhā) ein geliebter (*priya*) enger (*namra*) Freund (*sakhi*).

priyasakhāyah *wörtl.:* „Liebe Freunde!"

priyavrata *m* Name eines Sohnes von *Brahmā*.

pūjā *f* Verehrung, Zeremonie, Gottesdienst; Ritual. In Indien gibt es zahlreiche Formen der *pūjās*, die dem spirituellen Meister oder Gott in einer bestimmten Gestalt gewidmet sind. Meist werden dabei Früchte, Blumen, Räucherwerk u. a. geopfert.

pūjārī *m* Priester, Tempelpriester; derjenige, der eine Opferhandlung ausführt.

pulaha *m* Name eines der Söhne von *Brahmā*.

pulastya *m* Name eines der Söhne von *Brahmā*.

punar *indekl* wieder; zurück; von neuem, noch einmal.

punarvasu *m* Name des 7. Mondhauses; ein Name für *Vishnu* oder *Shiva*.

punkhavalla *m* ein Diener, der Luft zufächelt.

punya *adj und n* heilig, rein, gut, tugendhaft, Glück bringend; eine gute, verdienstvolle oder tugendhafte Handlung; Verdienst, der durch gute Handlungen erworben wurde; die gute Auswirkung einer Tätigkeit.

punyakshetra *n* heiliger Ort, Wallfahrtsort.

punyashlokā *f* wörtl.: „diejenige, die mit glückverheißenden, heiligen Versen gepriesen wird; ein Name für *Sītā* und *Draupadī*.

punyashloka *m* wörtl.: „der, der mit glückverheißenden, heiligen Versen gepriesen wird"; ein Name für *Krishna* und *Yudhishthira*.

pur *f* Stadt, Burg.

pura *n* befestigte Stadt, Burg, Festung; Leib, Körper, der physische Körper.

pūraka *adj und m* auffüllend; Name einer Methode beim Ausüben von *prānāyāma*.

purāna *adj und n* uralt, urtümlich; *Purāna* ist der Name einer Literaturgattung, deren Texte zu den klassischen heiligen Schriften zählen. Im Gegensatz zu den Epen (*Itihāsa*), welche die Handlungen menschlicher Helden beschreiben, behandeln die achtzehn Haupt-*Purānas* (*Mahāpurāna*) und die ihnen untergeordneten 18 Neben-*Purānas* (*Upapurāna*) die Berichte über das göttliche Wirken auf der Erde. In ihnen stehen des Wirken des persönlichen Gottes (*īshvara*) und die Liebe zu ihm (*bhakti*) im Mittelpunkt; die einzelnen Texte werden jeweils der *Vaishnava-*, *Shaiva-* und *Brāhma*-Tradition zugeordnet. Die sechs *Vaishnavapurānas* sind: *Vishnu-*, *Bhāgavata-*, *Padma-*, *Nārada-*, *Garuda-* und *Vārāhapurāna*. Die sechs *Shaivapurānas* sind: *Mātsya-*, *Linga-*, *Skānda-*, *Kūrma-*, *Shiva-* und *Agnipurāna*. An die Stelle des *Agnipurāna* tritt mitunter auch das *Vāyupurāna*. Die sechs *Brāhmapurānas* sind: *Brāhma-*, *Brahmavaivarta-*, *Vāmana-*, *Brahmānda-*, *Mārkandeya-* und *Bhavishyapurāna*. Die berühmtesten aller *Purānas* sind das *Vishnu-* und *Bhāgavatapurāna*; letzteres erzählt die Lebensgeschichte *Krishnas* und hat starken Einfluß auf den Glauben der Menschen ausgeübt. Jedes *Purāna* soll fünf Charakteristika (*pancalakshana*) haben, und zwar soll es folgende Themen behandeln: 1. Schöpfung; 2. Zerstörung und Erneuerung der Welt; 3. Geschlechterfolge der Götter und Helden; 4. die Herrschaft der verschiedenen *Manus* in den verschiedenen Stadien menschlicher Entwicklung; 5. Leben und Werke der Nachkommen der *Manus*, insbesondere der Könige der Sonnen- und Monddynastien. Einzelne Texte enthalten aber auch philosophische und wissenschaftliche Betrachtungen, sowie eingeschobene Erzählungen. Sie sind damit der epischen Literatur nicht unähnlich. Ebenso wie ein *Avatar* eine sichtbare göttliche Inkarnation ist, sind die *Purānas* die Exemplifizierung der spirituellen Wahrheiten in Gestalt von existentiell berührenden Schicksalen und Lebenssituationen.

purānavairāgya *n* zunichte gewordene Entsagung; gemeint ist die kurze Begeisterung für Entsagung und spirituelles Leben, die jemand empfindet, der einem religiösen Vortrag folgt und diesen jedoch bald wieder in Vergessenheit geraten läßt.

purandara *m* wörtl.: „der, der die Festungen zerstört"; Name für *Indra*, Name für *Shiva*. Gott zerstört die Festungen des Bösen und der Unwissenheit.

purandaradāsa *m* Diener des *Purandara*; Name eines von Gottesliebe erfüllten Dichters und Sängers.

puranjaya *m* der Eroberer der Stadt; Name eines Königs der Sonnendynastie, der den Göttern auf das Geheiß *Vishnus* bei der Vernichtung der Dämonen half. Zu diesem Zweck ging *Vishnu* mit einem Teil seiner Kraft in ihn ein.

purātana *adj* alt, uralt; vergangen.

purendra *m* der Herr der Burg; ein Name für *Indra*.

purī *f* Name eines bekannten Pilgerortes am Golf von Bengalen, in dem der berühmte *Jagannātha-Tempel* steht. Berühmt ist der Ort für das Wagenfest, zu dem oft Hunderttausende von Menschen kommen.

pūrna *adj* voll, gefüllt, ganz, vollständig; erfüllt, zufrieden.

pūrnāavatāra *m* vgl. *pūrnāvatāra*.

pūrnacandra *m* Vollmond.

pūrnāhuti *f* Opfer, das mit einem vollen Löffel dargebracht wird.

pūrnajnānin *m* jemand, der in vollem Umfang Erkenntnis (*jnāna*) erlangt hat.

pūrnam adah pūrnam idam *wörtl.:* „Fülle ist jenes, Fülle ist dieses“; (Zitat aus den *Upanishaden*); die transzendente Wirklichkeit ist Fülle, und die relative Welt hier ist Fülle.

pūrnamāsa *m* Vollmondopfer.

pūrnatva *n* Fülle; Vollsein, Erfülltsein; Vollständigkeit, Ganzheit.

pūrnāvatāra *m* eine göttliche Inkarnation, die alle Füllen des Herrn manifestiert, die nicht nur eine Teilmanifestation (*amshāvatāra*) darstellt.

pūrnimā *f* Tag des Vollmondes, Vollmondnacht; Bezeichnung vieler Feste, die an einem solchen Tag gefeiert werden, z. B. *gurupūrnimā*.

purocana *m* Name des Boten der *Kauravas*, der versuchte, die *Pāndavas* in ihrem Haus zu verbrennen. Er wurde von *Bhīma* in seinem eigenen Haus verbrannt.

purodāsha *m* Opferspende, Opfergabe; speziell ein Reisopfer, welches in Töpfen dargebracht wird.

purohita *m* der Ernannte, der Ausgewählte; Bezeichnung für den Priester der Familie, der alle Riten für diese ausführt.

pūrta *adj* gefüllt, erfüllt; vollständig, vollendet.

puru *m* Name eines Königs aus der Monddynastie, dem Bruder von *Yadu*.

purūravas *m* Name eines Prinzen, der die himmlische Nymphe *Urvashī* heiratete, aber von ihr wieder verlassen wurde.

purusha *m* Mensch; der ursprüngliche, ewige Mensch; die Essenz des Menschen; das höchste Wesen, göttliche Persönlichkeit; *purusha* ist eines der beiden ewigen Prinzipien der *Sānkhya*-Philosophie, in der er das

Selbst, das absolute und reine Bewußtsein, bezeichnet; er ist der Zuschauer, der den Wandlungen in der Natur (*prakriti*) unbeteiligt zuschaut, obgleich er der eigentlich Handelnde, das eigentliche Subjekt des Weltprozesses ist. In manchen Texten wird *purusha* synonym mit *ātman* und somit auch mit *brahman* benutzt. Er ist die Urperson, von der die Vielfalt der Namen und Formen ausgegangen ist, der Schöpfer des Universums, der auch in diesem wohnt; in den *Upanishaden* wird das Wort deshalb als „puri shaya" – „in der Stadt ruhend" erklärt. Der *purusha* ist klar, fleckenlos, unzerstörbar, strahlend und sich nicht verändernd. Auch wenn in vielen Texten solch universale Attribute dem *purusha* gegeben werden, finden sich Unterschiede in der Auffassung, ob es nur einen oder viele *purushas* gibt. Bedeutsam ist auch das Konzept des *virātpurusha*, des riesigen ausgedehnten *purusha*, der das ganze Universum erfüllt und so schon im *Rigveda* gepriesen wird.

purushakāra *m* menschliches Bemühen und Streben, Heldentat, Menschenwerk.

purushalakshana *n* das Kennzeichen des Menschen; Zeichen, Merkmal des höheren, wahren Menschen.

purushaprayatna *m* Bemühung, die auf den *purusha* ausgerichtet ist; individuelle Anstrengung, die für das Ziel unternommen wird, den *purusha* zu erkennen.

purushārtha *m* (*purusha-artha*) Ziel des Menschen; gemeint sind oft die vier verschiedenen Ziele, auf die das menschliche Leben gerichtet sein kann: Wunscherfüllung (*kāma*), Wohlstand (*artha*), Rechtschaffenheit (*dharma*), Befreiung (*moksha*).

purushasūkta *n* Bezeichnung einer Hymne des *Rigveda (10.90)*, die den *purusha* in seiner universalen Gestalt preist. Nach dieser Hymne ist das ganze Universum aus der Aufteilung dieses Urwesens entstanden.

purushottama *m* die höchste Person; der höchste Geist, die höchste Seele; eine Bezeichnung für das höchste Selbst. Selbst und Natur, Sein und Werden, Schweigen und Aktivität usw. können als Selbstwahrnehmung des *purushottama* beschrieben werden; alles ist demnach die Manifestation seiner Energie. Er ist größer als das Unwandelbare (*akshara*) und das Wandelbare (*kshara*) und schließt dennoch diese Gegensätze ein.

purushottamaprapatti *f* das Erreichen des Herrn, des höchsten *purusha*; Hingabe an den höchsten Herrn.

pūrva *adj* früher als, beginnend mit; in der *Sanskrit*-Literatur findet man häufig die beiden Begriffe *pūrva* und *uttara* (später als, folgend auf, besser, höher). Sie beschreiben zunächst eine zeitliche Abfolge, beinhalten jedoch eine systematische Bedeutung. Die *pūrva*-Texte beziehen sich oft auf die Vorbereitung zur Erlangung höherer Erkenntnis, die dann in den *uttara*-Texten gelehrt wird. Beide Aspekte sind für die spirituelle Entwicklung notwendig.

pūrvamīmāmsā *f* Erörterung, Prüfung, Betrachtung des vorderen Teils (der *Veden*); *Pūrvamīmāmsā* ist eines der sechs klassischen Philosophiesysteme (*darshana*) und befaßt sich mit der tieferen Bedeutung des Rituals. Sie geht der *Uttaramīmāmsā* voraus, nicht nur zeitlich, sondern auch in dem Sinne, daß das Ritual durch seine Läuterungswirkung eine Vorbereitung zum Streben nach Erkenntnis (dem Inhalt der *Uttaramīmāmsā*) ist (vgl. *mīmāmsā*). Als Begründer der *Pūrvamimāmsā* gilt der Weise *Jaimini*; ein anderer Name dieses Systems ist *Karmamīmāmsā*.

pūrvapaksha *m* die vorhergehende Meinung, die andere Seite; mit diesem Begriff wird oft der „Gegner" in einer philosophischen Diskussion bezeichnet, dessen Standpunkt widerlegt werden soll.

pūrvapakshin *m* derjenige, welcher die entgegengesetzte Meinung vertritt; der Opponent.

pūrvapunya *n* Verdienst aus einem früheren Leben; die positive Auswirkung guter Handlungen aus einem früheren Leben.

pūrvatāpa *m* wörtl.: „die Pein, die vorher da ist"; Bezeichnung für das unangenehme Empfinden, welches da ist, wenn man nicht jcdcm Handlungsimpuls unmittelbar folgt, sondern die Handlung gründlich bedenkt und abwägt; vgl. das Gegenteil *pashcāttāpa*.

pūshan *m* Name einer vedischen Gottheit.

pushkara *n* ein blauer Lotos; Name eines berühmten Teiches; Name eines der *dvīpas*.

pushpa *n* Blume, Blüte; gemeint ist manchmal die Blume, der Lotos des Herzens.

pushpadanta *m* wörtl.: „der, der Blumenzähne hat"; Name eines Dieners von *Shiva*, der heimlich eine Unterhaltung zwischen *Shiva* und *Pārvatī* belauschte und davon anderen erzählte. Als Strafe mußte er sich auf der Erde inkarnieren.

pushpagiri *m* der Berg der Blumen.

pushpaka *n* Name eines fliegenden Palastes, der *Kubera* von *Rāvana* geraubt wurde; *Rāma* flog nach gewonnenem Kampf damit zurück in sein Königreich und gab ihn dann an *Kubera* zurück.

pushpakavimāna *m* das Luftfahrzeug *Pushpaka*.

pushti *f* leibliche Gesundheit, Nahrung; Pflege, Zucht; Wohlstand, Gedeihen, Wohlergehen.

pustaka *m und n* Buch, Manuskript.

pūtanā *f* Name einer Dämonin, einer Tochter von *Bali*; sie wollte *Krishna* bereits im Säuglingsalter töten, indem sie sich ihm als Amme darbot. *Krishna* sog aber so stark an ihr, daß er ihr alle Lebenskräfte nahm und sie damit tötete.

putra *m* Sohn.

putrakāmyeshti *f* ein Ritual, eine Opferhandlung mit dem Ziel, einen Sohn zu erlangen und damit die Familientradition fortzuführen.

puttaparthi *(Telugu)* Name eines Dorfes im südindischen Bundesstaat Andhra Pradesh; Geburtsort von *Sathya Sai Baba*, in dem auch der Haupt-*Ashram Prashānti Nilayam* entstanden ist.

pyār *m* (*Hindi*) Liebe, Anziehung, Zuneigung.

R

rabhas *n* Stärke, Intensität, Kraft; Gewalt, Rohheit.

rādhā, rādhikā *f* Name der ewigen Gefährtin *Krishnas*; die bekannteste der *gopīs* von *Brindāvana*. Das zarte Liebesspiel (*rasalīlā*) zwischen *Rādhā* und *Krishna* findet sich als Motiv in vielen Werken und gibt eine vollendete Beschreibung aller Aspekte der Hingabe (*bhakti*). Es ist das ewige Spiel der Liebe zwischen der individuellen Seele und Gott, das in der Mystik fast aller Religionen zu finden ist. Es ist der Weg der liebevollen Hingabe (*Bhaktiyoga*) und Erhebung der Gefühle der weltlichen Liebe und Hingabe zur Liebe und Hingabe an Gott.

rādhājīvana *adj und m* die Lebenskraft von *Rādhā* seiend; ein Name für *Krishna*.

rāga *m* Färbung, Farbe; die rote Farbe; Leidenschaft, Bindung; das Gefühl, man müsse ein Objekt unbedingt besitzen, selbst wenn man es nur für eine kurze Zeit haben kann; Gefühl, Emotion; Liebe, Zuneigung; Ärger, Zorn; Freude, Genuß; Schönheit; musikalische Stimmung. In der klassischen Musik Indiens gibt es eine ganze Reihe von festgelegten Tonfolgen, die eine bestimmte Stimmung ausdrücken und oft den Tages- bzw. Jahreszeiten zugeordnet sind. Über diese *rāgas* wird dann improvisiert.

rāgabhakti *f* Hingabe, die auf Zuneigung beruht oder die noch von Bindung beeinflußt wird; vgl. *bhakti*.

rāghava *m* Nachkomme des *Raghu*; ein Name für *Rāma*.

raghu *m* Name eines Königs der Sonnendynastie.

raghukula *adj* aus dem Geschlecht der *Raghus* kommend.

raghupati *m* der Herr der *Raghus*; ein Name für *Rāma*.

raghuvamsha *m* das Geschlecht der *Raghus*; Name eines Werkes von *Kālidāsa*.

raghuvīra *m* der Held der *Raghus*; ein Name für *Rāma*.

rāginī *f* Gefährtin eines *Rāga*.

rahita *adj* verlassen, zurückgelassen; frei von, ohne; allein, einsam.

rāhu *m* Name eines Dämons; als nach der Quirlung des Milchmeeres (vgl. *kūrma*) der Unsterblichkeitsnektar (*amrita*) getrunken werden sollte, nahm *Rāhu* die Gestalt einer Gottheit an, um in den Genuß des Nektars zu kommen. Doch Sonne und Mond entdeckten seine List und informierten *Vishnu*, der daraufhin den Kopf *Rāhus* abtrennte, bevor der Nektar den Magen erreichen konnte. Da der Trunk aber bereits in seinen Mund gelangt war, blieb der Kopf unsterblich und verschlingt noch heute von Zeit zu Zeit Sonne und Mond, um Rache zu nehmen. In der indischen Astrologie (*Jyotisha*) entspricht *Rāhu* dem aufsteigenden Mondknoten.

rāhukāla *m* die Zeit des *Rāhu*, die als ungünstig angesehen wird.

raibhya *m* Name eines Weisen.

raivata *m* Name eines Königs.

rājagriha *m* Name einer Stadt.

rājaguhya *m* das königliche Geheimnis.

rājakārya *n* Politik, Staatsangelegenheit.

rājan *m* (oft steht auch der Nom Sg: rājā) König.

rājarshi *m* königlicher Weiser, ein Seher (*Rishi*) aus dem *kshatriya*-Stand, aus einem königlichen Geschlecht (*rājan*); ein Heiliger aus dem Kriegerstand, ein *kshatriya*, der durch sein heiliges Leben auf Erden zu einem *Rishi* wurde.

rajas *n wörtl.*: „Staub“; der zweite der drei *gunas*, der sich als Aktivität zeigt, im menschlichen Leben insbesondere als Streben, Gier, Leidenschaft, Ruhelosigkeit und Wagemut; es ist die Kraft, welche die Trägheit (*tamas*) überwinden kann. Dynamische Veränderung ist das Wesen von *rajas*, und so ist für alle Entwicklungsprozesse eine gewisse Menge *rajas* notwendig. Einzig der Geist des Menschen sollte ganz von Leidenschaftlichkeit frei werden.

rājasa *adj* von *rajas* bestimmt, leidenschaftlich, aktiv, kummervoll, von leidenschaftlichen Eigenschaften bestimmt.

rājasa anna *n* Nahrung, die von *rajas* bestimmt ist; diese ist zu salzig, zu süß, zu scharf, zu sauer, zu stark gewürzt. Solche Nahrung peitscht auf und erzeugt eine leidenschaftliche Trunkenheit.

rājasa jnāna *n* Wissen, das von *rajas* bestimmt ist; es ist das Stadium, in dem man sich mit allen Gegensätzen, d. h. den Unterschieden zwischen Mann und Frau, Freude und Schmerz usw. auseinandersetzt.

rājasa mārga *m* ein geistiger Weg, der von *rajas* bestimmt ist, der von Verlangen nach den Früchten der eigenen Handlungen erfüllt ist. Wenn die Ergebnisse ausbleiben, dann läßt sich der Strebende (*sādhaka*) allmählich von

Nachlässigkeit und Widerwillen bestimmen; seine meditative Praxis (*japa* und *dhyāna*) versiegt langsam.

rājasa tapas *n* von *rajas* bestimmte Askese; Menschen, die einfach den Körper quälen, ohne die Sinneseindrücke zu dämpfen und die Gefühle in den Griff zu bekommen, üben *rājasa tapas* aus. Sie forschen nicht nach Erkenntnis und meditieren nicht über das Wesen des Selbstes (*ātmatattva*), sie bemühen sich um leibliche Askese.

rājasūya *m* Königsweihe; das Ritual der Einsetzung eines Königs.

rājasūyayāga *m* die Opferzeremonie, die zur Königsweihe gehört; das Ritual der Königsweihe.

rajavāsanā *f* Neigung zur Leidenschaftlichkeit; ein Impuls, der einem leidenschaftlichen, selbstsüchtigen Wesen entspringt.

rājavidyā *f* die königliche Wissenschaft; der Königsweg zur spirituellen Verwirklichung, die königliche Weisheit; ein Name für den *Rājayoga*.

rājayoga *m* der königliche *Yoga*, der einer der vier wichtigsten *Yoga*-Wege ist. Der *Rājayoga* ist das System, welches *Patanjali* in seinen *Yogasūtras* ausgearbeitet hat. Dieser besteht aus acht Gliedern, die erst zusammen den Körper des *Yoga* bilden: 1. *yama* (Beachtung der Lebensgesetze); 2. *niyama* (innere Kultivierung); 3. *āsana* (Körperhaltung); 4. *prānāyāma* (Atemregulierung); 5. *pratyāhāra* (das Zurückziehen der Sinne); 6. *dhāranā* (Ausrichtung der Aufmerksamkeit); 7. *dhyāna* (Meditation); 8. *samādhi* (die Erfahrung der Transzendenz).

rājayogashāstra *n* die Lehre, das Lehrbuch vom königlichen *Yoga*; gemeint sind die *Yogasūtras* des *Patanjali.*

rājayogī *m* jemand, der den Weg des *Rājayoga* geht bzw. vollendet hat.

raji *m* Name eines Königs, der den Göttern zum Sieg verholfen hat.

rājīva *n* eine blaue Lotosblüte.

rājnī *f* Königin.

rajoguna *m* die Grundeigenschaft *rajas*, die sich in Begierde, Egoismus und Anhaftung zeigt. Ein Zeichen von *rajoguna* ist das Verlangen nach den Früchten der Handlungen; solche Handlungen mögen aus dem Antrieb erwachsen, anderen Dienst zu erweisen, sind aber von eigennützigen Motiven gefärbt und lassen das Verlangen nach sinnlichem Genuß keimen.

rājyalakshmī *f* die Göttin des königlichen Gedeihens und Wohlstands; vgl. *Lakshmī.*

raksha *adj und m* sichernd, schützend; Wächter, Beschützer.

rakshaka *m* Beschützer.

rākshasa *adj und m* böse, dämonisch, teuflisch; Dämon, böser Geist. Im menschlichen Leben zeigen sich die *Rākshasas* als böse, negative Eigenschaften.

rākshasaloka *m* die Welt der *Rākshasas.*

rākshasī *f* Dämonin; weibliche Form von *Rākshasa.*

rakta *adj und n* rot, gefärbt; verliebt, angenehm; Blut.

raktavīja *m* Name eines Dämons, der von *Durgā* besiegt wurde. Aus jedem Tropfen seines Blutes entstand ein neuer Dämon.

rakti *f* Bindung; Zuneigung, Liebe; insbesondere die Liebe zu Gott.

rām *m* (*Hindi*) Kurzform von *Rāma*.

rāma *m* Name der siebenten Inkarnation (*Avatar*) von *Vishnu*; er gilt als die Verkörperung von Rechtschaffenheit (*dharma*), insbesondere in seiner Eigenschaft als gerechter König, dessen Vorbild immer wieder beschworen wird. Man kann den Namen *Rāma* mit: „Entzücken, die Quelle aller Freude" übersetzen. *Rāma* erschien am Ende des *tretāyuga*. Seine Bedeutung als *Avatar* wird oft darin gesehen, daß er die *sattva*-Qualität im Menschen entwickelt. *Rāma* und seine Gemahlin *Sītā* werden auch als Ideale einer Ehebeziehung verehrt, in der beide sich unverbrüchliche Treue halten. *Rāmas* Lebensgeschichte wird von *Vālmīki* in seinem Epos *Rāmāyana* erzählt. *Rāma* wurde als ältester Sohn des Königs *Dasharatha* in *Ayodhyā* geboren und hatte drei Brüder. Eines Tages besuchte er zusammen mit diesen den Hof des Königs *Janaka*. Dieser besaß einen Bogen, der ursprünglich von *Shiva* stammte, und wer ihn spannen konnte, sollte seine Tochter *Sītā* zur Frau bekommen. *Rāma* war als einziger in der Lage, den Bogen zu spannen und ihn sogar zu zerbrechen, so daß *Sītā* seine Gemahlin wurde. Als er den Thron besteigen sollte, zettelte seine Stiefmutter *Kaikeyī* ein Komplott gegen ihn an, das ihren Sohn *Bharata* auf den Thron und *Rāma* in die Verbannung brachte, wohin *Sītā* und sein Halbbruder *Lakshmana* ihm folgten. Dort wurde *Sītā* von dem Dämonenkönig *Rāvana* geraubt und nach *Lankā* entführt. In dem daraufhin ausbrechenden Krieg, bei dem *Rāma* von dem Heerführer der Affen, *Hanumān*, unterstützt wurde, gelang es *Rāma*, *Lankā* einzunehmen, *Rāvana* zu töten und *Sītā* zu befreien. *Rāma* wurde nach der Verbannungszeit König von *Ayodhyā*; denn sein Bruder *Bharata* betrachtete sich nur als seinen vorübergehenden Stellvertreter und ließ ihn den Thron wieder einnehmen. Die spirituelle Dimension des Geschehens wird insbesondere im *Yogavāsishtha* herausgearbeitet. – Auch *Parashurāma*, die sechste Inkarnation *Vishnus*, und *Balarāma*, *Krishnas* ältester Bruder, werden gelegentlich nur *Rāma* genannt.

rāmacandra *m* *Rāma* der Mond; ein Name für *Rāma*; *Rāma* in seiner Eigenschaft als höchster Herr, der ruhig, kühl und strahlend wie der Mond den ruhelosen Geist reinigt.

rāmadūta *m* Bote, Diener *Rāmas*; ein Name für *Hanumān*.

rāmakrishna *m* Name eines bedeutenden Heiligen aus Bengalen (1836 – 1886). Sein berühmtester Schüler war *Vivekānanda*, der Begründer der *Rāmakrishna*-Mission. Beide betonten insbesondere die innere Einheit der Religionen.

ramana *adj* bezaubernd, erfreuend, entzückend.

ramana maharshi *m* Name eines indischen Heiligen der Neuzeit (1879 –

1950). Seine Methode der Unterweisung bestand darin, den Fragenden auf sein wahres Selbst zu verweisen. Er empfahl, immer wieder die Frage zu stellen: „Wer bin ich?“

rāmanāman *n* (Hindi: *rāmnām*) der Name *Rāma*; *Rāma* als ein Name Gottes; Name einer Feier mit alten Gesängen, die die Gegenwart von *Rāma*, *Sītā* und *Hanumān* beleben. Sie findet in der Regel an einem *ekādashī*-Tag statt (der elfte Tag nach dem Neumond oder Vollmond).

rāmanavamī *f Rāmas* Geburtstag, der am 9. Tag des Monats *Chaitra* gefeiert wird.

rāmānuja *m* Name eines Philosophen und *Vaishnava*-Heiligen Südindiens (ca. 1055–1137), der Begründer der Philosophie des *Vishishtādvaitavedānta* (qualifizierter Nicht-Dualismus); sein höchstes Lebensideal war die Liebe zu Gott (*bhakti*) und die Erkenntnis, daß alle Wesen und auch alle unbelebten Dinge „Formen Gottes“ sind.

rāmarāja *m* der König *Rāma*.

rāmarasa *m* der Geschmack von *Rāma*, die Süße des *Rāma*-Namens.

rāmasetu *m Rāmas* Brücke; Name einer Brücke, die der Überlieferung nach von dem Affenhäuptling *Nala* für *Rāma* gebaut wurde, damit er vom indischen Subkontinent nach *Lankā* gelangen und *Rāvana* besiegen konnte. In westlicher Benennung heißen die Felsen, die in der Meerenge zwischen Indien und Shrī Lankā liegen, „Adamsbrücke“.

rāmatattva *m* das Wesen, die Natur, die Wirklichkeit *Rāmas*, des Herrn, der Freude und Glückseligkeit schenkt.

rāmāyana *n* die Geschichte, der Lebenslauf des *Rāma*; Name eines Epos der *Sanskrit*-Literatur; als Autor gilt der Heilige *Vālmīki*. Das Werk besteht aus mehreren Abschnitten (*kānda*) und ist in Versform verfaßt worden; der Umfang beträgt ca. 24.000 Doppelverse. Das *Rāmāyana* schildert das Leben *Rāmas* und *Sītās*, die Entführung *Sītās* durch *Rāvana*, den Krieg mit den Dämonen, ihre gemeinsame Rückkehr nach *Ayodhyā*, ihren Tod und Aufstieg in den Himmel. Die Abenteuer, die das *Rāmāyana* dramatisch schildert, sowie die Beschreibung der Charaktere, die darin auftreten, haben das Werk – neben dem *Mahābhārata* – zu einem der bedeutendsten Epen der Weltliteratur gemacht.

ramayatīti rāmah *wörtl.:* „Er, der erfreut, ist *Rāma*“.

rambhā Name einer *Apsara*, die von *Rāvana* geraubt wurde.

rāmcaritmānas *n* (*Hindi*) Name eines Werkes von *Tulsīdās*, in welchem die Lebensgeschichte *Rāmas* in der Form erzählt wird, daß von Anfang an seine Natur als *Avatar* deutlich wird. Das *Rāmcaritmānas* gehört zu den Klassikern der *Hindi*-Literatur und hat eine große Verbreitung erfahren.

rāmdās *m* (*Hindi*) der Diener *Rāmas*.

rāmeshvara *m* Name eines berühmten *Shiva-Tempel*s und Pilgerortes an der Südspitze Indiens. Hier soll *Rāma* das große *linga* mit dem Namen *Rāmeshvara* errichtet haben.

rāmnām *n* (*Hindi*) = *rāmanāman.*

rāmopākhyāna *n* die Geschichte von *Rāma.*

ranga *m* Tänzer, Sänger, Schauspieler; ein Name für *Krishna.*

ranganātha *m* der Herr der Schauspieler; der Herr derjenigen, welche in dieser Welt ihre Rolle zu spielen haben.

rānī *f* vereinfachte Form von *rājnī* = Königin.

ranjana *adj* färbend, entzückend, erfreuend.

rantideva *m* Name eines frommen und großzügigen Königs.

rasa *m* Saft, Flüssigkeit; Quecksilber; Geschmack, Genuß; Leidenschaft, Wunsch, Liebesverlangen; Freude, Glück, Charme; Gefühl, Emotion; die Erfahrung übersinnlicher Freude in einem Zustand ekstatischer Vereinigung mit Gott, im Erleben der Nähe zu Gott. Dieser Zustand kann nicht mit der Freude an Sinnesobjekten verglichen werden und entzieht sich der Beschreibung durch den Verstand.

rasakrīdā *f* Spiel, Liebesspiel; der *rasa*-Tanz von *Krishna* in seiner Jugendzeit mit den Hirtinnen (*gopī*) von *Brindāvana.*

rasalīlā *f* das Spiel der Liebe; vgl. *rasakrīdā.*

rasashakti *f* die Kraft des Quecksilbers, dem in der Alchemie und den von der Alchemie beeinflußten *Ayurveda*-Texten eine besondere Wirksamkeit zugeschrieben wird.

rasashāstra *n* ein Lehrwerk der Alchemie; die Wissenschaft der Alchemie; andererseits kann *rasashāstra* auch Texte bezeichnen, die die Stufen der Hingabe an Gott (*bhakti*) beschreiben.

rasāsvādana *n* das Schmecken, die Wahrnehmung von *rasa*; wenn das Nachaußengehen (vgl. *kshaya*) und die Unruhe des Geistes (*vikshepa*) überwunden sind, erlangt man die Seligkeit der höchsten Subjekt-Objekt-Beziehung (*savikalpānanda*). Dieses Stadium wird *rasāsvādana* genannt und beinhaltet das Erfülltsein von dieser Wonne. Dies ist allerdings eine Stufe, die es zu überschreiten gilt; denn das eigentliche Ziel, die Überwindung der Schlange der Unwissenheit, geschieht erst im *nirvikalpasamādhi.* Außerdem wird *rasasvādana* im Kontext der *bhakti* benutzt, um unterschiedliche Aspekte der Erfahrung zu beschreiben.

rasātalaloka *m* Name einer der unteren Welten (*loka*).

rasavilola *adj und m* den *rasa* anregend; den *rasa* intensivierend; ein Name für *Krishna.*

rasāyana *n* Bezeichnung für Mittel, die die Lebenskraft stärken; Lebenselixier; von vielen *rasāyanas* wird gesagt, daß sie das Leben verlängern können und sogar eine verjüngende Wirkung haben. In den *Āyurveda*-Klassikern wird aber darauf hingewiesen, daß eine richtige Lebensweise – sowohl was den Körper als auch das Denken angeht – einerseits selbst ein *rasāyana* ist, andererseits die Wirkung der Mittel sich nur auf der Grundlage von Reinheit entfalten kann.

rasāyanashāstra *n* die Lehre von den *rasāyanas*.

rāshi *m* Haufen, Masse, Menge.

rāshtra *n* Königreich, Staat.

raso vai sah *wörtl.*: „*Rasa* fürwahr ist er"; „Gott ist der Nektar selbst", „er ist Süße".

rata *adj* erfreut, glücklich.

ratha *m* Wagen; der Körper wird oft als Wagen der Seele bezeichnet.

rathayātrā *f* Wagenfest. Bei einem *rathayātrā* wird eine Bildgestalt Gottes, die sich normalerweise nur im Tempel befindet, von den Gläubigen in einem Wagen gezogen. Vergleichbar ist dieses Fest den großen Prozessionen im Rahmen des Christentums. Besonders berühmt ist das Wagenfest in *Purī*.

rati *f* Gunst, Liebe, Zuneigung, Bindung; Name der Göttin der Liebe; sie ist die Gattin von *Kāma*.

ratna *n* Edelstein, Juwel, wertvoller Stein; das Beste von einer Art, Gruppe oder Gattung. So kann z. B. gesagt werden: „ein Juwel unter den Königen".

ratnakara *adj und m* Edelsteine schaffend; ein Name für *Kubera* und der ursprüngliche Name von *Vālmīki*.

ratnākara *m* Edelsteinmine, ein Hort guter Eigenschaften (oft in Verbindung mit *Rāma* benutzt).

ratnāvalī Halskette aus Edelsteinen; Name eines Dramas.

rātri *f* Nacht.

raudra *adj und n* von *Rudra* stammend, sich auf *Rudra* beziehend; wild, schrecklich; Wildheit.

raukshya *n* Rauheit, Grobheit; Trockenheit.

rāvana *m* Name eines Dämonenkönigs; er herrschte über die Insel *Lankā*, von der er seinen Halbbruder *Kubera* vertrieben hatte. Im großen Epos *Rāmāyana* ist er der Gegenspieler *Rāmas*.

ravi *m* Sonne, Sonnengott.

raya *m* Strömung, Strom; Geschwindigkeit, Kraft, Dynamik.

rayi *m* Habe, Besitz; Kleinod.

recaka *adj* Name einer Methode beim Ausüben von *prānāyāma*.

rekhā *f* Strich, Linie; Tradition, ununterbrochene Abfolge, Serie.

renukā *f* Name der Mutter von *Parashurāma* und Gattin des *Jamadagni*. Aufgrund der Tatsache, daß unreine Gedanken in sie eingedrungen waren, befahl ihr Gatte ihren Söhnen, ihr den Kopf abzuschlagen. Drei Söhne folgten dieser Anordnung nicht und wurden in einen geistig verwirrten Zustand versetzt. Nur *Parashurāma* leistete dem Befehl Folge und schlug seiner Mutter den Kopf ab. Sein Vater war über den Gehorsam seines Sohnes so erfreut, daß er ihm alle Wünsche erfüllen wollte, die er hätte. *Parashurāma* wünschte sich u. a., daß seine Mutter – ohne eine Erinnerung an den Vorfall zu haben – wiederbelebt würde; auch seine Brüder sollten wieder in den normalen Zustand versetzt werden.

retra *n* Samen, Sperma; Quecksilber.

revanta *m* Name eines Sohnes von *Sūrya.*

revatī *f* Name der Gattin des *Balarāma.*

ribhu *adj und m* geschickt, klug; Name eines Sohnes von *Brahmā.*

ric *f* Vers des *Rigveda; Hymne.*

riddhi *f* Gedeihen, Wohlstand; Name der Gattin des *Kubera.*

rigveda *m* das in Versen (*rig* = *ric*) niedergelegte Wissen (*Veda*); der *Rigveda* ist die älteste der vier vedischen Textsammlungen und zugleich das älteste Zeugnis der indischen Literatur überhaupt. Er gilt als die göttliche Uroffenbarung, welche die spirituelle Ganzheit des Wissens über den Kosmos darstellt. Das in zehn Liederkreise (*mandala*) gegliederte Werk umfaßt 1028 Hymnen mit 10.580 Versen. Die meisten Hymnen sind mit dem Namen eines bestimmten Sehers (*Rishi*) verbunden, der diese im göttlichen Urgrund schaute. Der *Rigveda* enthält diejenigen Hymnen, welche der *hotā* (der Rufer), einer der vier Hauptpriester, bei der Opferhandlung rezitiert, um die Götter zum Opfer einzuladen.

rijutva *n* Offenheit, Untadeligkeit, Ernsthaftigkeit; die Übereinstimmung von Handlung, Wort und Gedanken. *Rijutva* kann sowohl auf weltliche als auch auf spirituelle Tätigkeiten bezogen werden und ist eng verbunden mit dem Freisein von Eitelkeit (*adambhitva*).

rik *f* eine andere Lautform von *ric.*

rina *n* Schuld, Verpflichtung.

rishabha *m* Name des Vaters von *Bharata*, einem König der Vorzeit.

rishi *m* (dt.* Rishi) Seher, inspirierter Dichter; gemeint sind insbesondere die Seher, denen die Hymnen der *Veden* offenbart wurden. Ein *Rishi* kann nur jemand werden, der ein Leben ohne Verlangen führt und dessen Geist im Selbst (*ātman*) gegründet ist. Sein Bewußtsein des *ātman* kommt in jedem Aspekt seiner Persönlichkeit voll und strahlend zum Ausdruck; denn sein Denken (*manas*) und seine Unterscheidungskraft (*buddhi*) sind durch meditative Praxis (*japa* und *dhyāna*) gereinigt worden. Auf diese Weise ist es ihm möglich, die Urimpulse der Schöpfung klar wahrzunehmen und diese richtig wiederzugeben. Berühmt sind die sieben großen *Rishis*, die oft als geistgeborene Söhne *Brahmās* bezeichnet werden. In den Texten werden allerdings verschiedene Namen aufgezählt; das *Shatapathabrāhmana* als eine alte Quelle gibt die folgenden: *Gotama, Bharadvāja, Vishvāmitra, Jamadagni, Vasishtha, Kashyapa, Atri*. Die sieben *Rishis* werden am Himmel durch die sieben Sterne des „Großen Bären" repräsentiert.

rishikula *n* eine Gemeinschaft von Sehern; Einsiedelei; ein Geschlecht, eine Familientradition von Sehern.

rishipatnī *f* die Gattin eines Sehers.

rishirna *n* die Verpflichtung, die man gegenüber den alten Sehern hat; die Schuld gegenüber den *Rishis*; gemeint ist das Studium der Schriften und die existentielle Verwirklichung ihrer Inhalte.

rishiyajna *m* ein Opfer für die Seher, zu Ehren der Seher.

rishta *n* Verletzung, Gewalt; Unglück; Zerstörung, Verlust, Sünde.

rishya *m* Antilopenmännchen.

rishyamūka *m* Name eines Berges.

rishyashringa *m* Name verschiedener Personen.

rita *n* göttliche Ordnung, kosmisches Gesetz, höchste Wahrheit; der Gegenbegriff dazu ist *anrita*; *rita* steht in enger Beziehung zu *satya*, der Wahrheit. Die intuitive Erkenntnis wird von *rita*, der göttlichen Urordnung, inspiriert und ins Herz eingepflanzt.

ritambharā prajnā *f* Erkenntnis, die reiner Ausdruck des kosmischen Gesetzes ist; mit diesem Begriff wird in den *Yogasūtras* des *Patanjali* ein Bewußtseinszustand umschrieben, der von einer vollständigen Klarheit des Geistes gekennzeichnet ist, in dem es keine Fehler und Negativität mehr gibt und der deshalb die Möglichkeit bietet, die Gesetze der kosmischen Ordnung zu erkennen und nach ihnen zu handeln.

ritu *m* Jahreszeit; Opferzeit; die richtige Zeit für ein Ritual.

rituparna *m* Name eines Königs, der für *Nala* hilfreich war.

ritvij *adj und m* der Vorschrift und dem Zeitenlauf entsprechend opfernd; Priester.

roga *m* Leiden, Krankheit, Kummer; *roga* kann sowohl für körperliche Leiden als auch für die Krankheiten des Geistes stehen; die Abwendung vom Selbst (*ātman*), der eigentlichen spirituellen Identität des Menschen, wird oft als die grundlegendste Krankheit angesehen.

rogin *m* eine kranke Person, jemand, der von Krankheit geplagt wird.

rohinī *f* eine rote Kuh; Name des 4. Mondhauses; Name der Mutter von *Balarāma*.

rohita *adj und m* rot; ein rotes Pferd; Name eine Sonnengottheit; Name verschiedener Personen.

romaharshana *m* = *lomaharshana*.

romāmca *m* der Zustand, wenn jemandem die Haare zu Berge stehen; dies kann einerseits durch eine starke Erregung (Schrecken, Überraschung), andererseits durch eine spirituelle Erfahrung geschehen.

romāmcakārin *adj* verursachend, daß die Haare zu Berge stehen; in Ekstase versetzend, erhebend, inspirierend.

roman *n* Körperhaar.

ruci *f* Licht, Glanz, Helligkeit, Lichtstrahl; Schönheit; Geschmack; Wunsch, Verlangen; Name der Gattin des Sonnengottes.

rudhira *n und m* Blut, Safran; die rote Farbe, ein Name für den Mars.

rudra *adj und m* schrecklich, heulend, klagend; Name einer Gottheit, die bereits in den *Veden* mit später für *Shiva* charakteristischen gegensätzlichen Eigenschaften wie zerstörend – heilbringend etc. beschrieben wird. Später steht

Rudra für *Shiva* in seinem zerstörerischen Aspekt.

rudrabhūmi *f* der Ort des *Rudra*; gemeint ist eine Verbrennungsstätte für die Toten.

rukmin *m* Name des Bruders von *Rukminī*.

rukminī *f* Name von *Krishnas* Hauptgemahlin. Ursprünglich sollte *Rukminī* auf Geheiß ihres Bruders *Rukmin*, der ein Freund *Kamsas* war, den König *Shishupāla* heiraten; doch im letzten Augenblick konnte *Krishna* sie noch rauben und mit ihr in *Dvārakā* die Hochzeit feiern. Sie gebar ihm zehn Söhne und eine Tochter.

rūmā *f* Name der Gattin von *Sugrīva*.

rūpa *m* Form, Aussehen, Gestalt, Bild; Farbe; Schönheit; charakteristische Eigenschaft, Essenz; Symbol.

rūpaka *n* Form, Figur; Manifestation, Repräsentation. In der *Sanskrit*-Poetik bezeichnet *rūpaka* die sprachliche Ausschmückung in Form einer Metapher.

rūparahita *adj* die Form aufgegeben habend; ohne Form, formlos.

S

sa *pron* (oft steht auch der Nom. Sg. *sah*) er; mit diesem Pronomen wird oft auf den höchsten Herrn verwiesen; da er sich jeder begrenzenden Definition entzieht, benutzen viele vedische Texte einfach das eine hinweisende Funktion erfüllende Pronomen, um auf seine Wirklichkeit aufmerksam zu machen. Ist eine Göttin gemeint, steht die weibliche Form: sā.

sab *adj* (*Hindi*) alle, jeder; ganz vollständig; *sab* entspricht dem *Sanskrit*-Wort *sarva*.

sabhā *f* Versammlung, Rat, Gruppe; Versammlungshalle, Gerichtshof.

sabhājana *n* Verehrung, Respekt; Begrüßung; Höflichkeit; Dienst.

saccidānanda *m* (*sat-cit-ānanda*) Sein, Bewußtsein, Glückseligkeit; diese drei Begriffe beschreiben die drei Eigenschaften der höchsten transzendenten Wirklichkeit, wie sie sich in der Erfahrung von *samādhi* zeigen. Es ist ein reines Sein, gleichzeitig ein Bewußtsein ohne Subjekt-Objekt-Spaltung und unendliche Freude, die nicht mit relativen Freuden vergleichbar ist. Diese Eigenschaften erscheinen sowohl beim unpersönlichen als auch beim persönlichen Aspekt des Höchsten.

saccidānandasvarūpa *adj und m* die Gestalt von *saccidānanda* habend; eine Verkörperung von Sein-Bewußtsein-Glückseligkeit.

saccintana *n* ein Gedanke, der vom Guten durchdrungen ist; Kontemplation über das Seiende, die Existenz.

sad *adj und n* = sat.

sadā *indekl* immer, ewig, unvergänglich.

sadācāra *m* richtiges Verhalten, moralisches Handeln; eine angenehme Gewohnheit, gutes Verhalten.

sadānanda *m* immerwährende Glückseligkeit; Name eines Autors der *Advaitavedānta*-Tradition; sein bekanntestes Werk ist der *Vedāntasāra*.

sadasat *adj* (*sat-asat*) seiend und nichtseiend; wahr und unwahr; wirklich und unwirklich.

sadāshivalinga *n* das Symbol des ewigen *Shiva*; vgl. *linga*.

sadbhāva *m* Sein, Existenz, Realität; gute Disposition, gute Anlage, gute Eigenschaft; Rechtschaffenheit; Güte.

sadbodha *m* eine gute Lehre.

sadbuddhi *f* klares Unterscheidungsvermögen, Urteilskraft; die Kraft zu ruhiger, besonnener Einschätzung.

saddharmācarana *n* das Handeln im Einklang mit der wahren Rechtschaffenheit, die Ausübung des wahren *dharma*.

sadgati *f* der gute, richtige Gang, Fortschritt; Wohlbefinden, Glück.

sadguna *adj und m* gut, tugendhaft; Tugend, gutes Benehmen, gute Eigenschaft, ein guter Charakter.

sadgunakrānta *adj* gute Eigenschaften erlangt habend, besitzend.

sadguru *m* der wahre Lehrer, Meister; der vollkommene *Guru*, der die Erleuchtung erlangt hat und eins mit der göttlichen Realität geworden ist. Er ist fähig, den Weg zu weisen, der zur Verwirklichung der Wahrheit führt. Ihm sind die Hindernisse bekannt, die sich auf diesem Weg einstellen können; denn er ist selbst durch alle Stufen der Erfahrung gegangen.

sādhaka *adj und m* wirkungsvoll, effizient, hervorbringend, erfüllend, vollendend, vervollkommnend; ein Strebender, ein Schüler, ein Gottsuchender, der sich ernsthaft um Fortschritt bemüht; der sich darin übt, seinen Egoismus und seinen Besitztrieb zu meistern, das Gefühl von „ich" und „mein" zu überwinden und der dabei ist, sich aus den Fesseln des Materiellen zu lösen. Im allgemeinen ist ein *sādhaka* jemand, der zu einer regelmäßigen spirituellen Praxis gefunden hat.

sādhana *n* die spirituelle Praxis, Bemühung, Übung, Methode; ein Mittel zur Vervollkommnung; ganz allgemein steht *sādhana* für eine regelmäßige und mit Ernsthaftigkeit durchgeführte Praxis, die unterschiedliche Schwerpunkte haben kann; dazu gehören verschiedene Aspekte von *Yoga*, *japa* und *dhyāna*, sowie die Arbeit an der charakterlichen Entwicklung, die gleichzeitig vom Bemühen um richtiges Handeln begleitet sein sollte.

sādhanacatushtaya *n* die vier Prinzipien von *sādhana* (spiritueller Übung).

sādhanamārga *m* der Weg der spirituellen Praxis.

sādhu *adj und m* gut, tugendhaft; ein tugendhafter Mensch, ein Weiser, ein Hingegebener, ein Heiliger; oft handelt es sich um einen Menschen, der die Lebensweise des Mönches gewählt hat.

sādhuguna *m* eine tugendhafte Eigenschaft.

sādhutva *n* Güte, Tugendhaftigkeit; Reinheit.

sādhvīmani *f* ein Juwel unter den tugendhaften Frauen.

sādhya *adj und m* erreichbar, verwirklichbar; Name einer Götterklasse, die

die *yajnas* und Gebete der *Veden* repräsentiert.

sādrishya *n* Ähnlichkeit, Gleichheit mit der göttlichen Natur.

sadvākya *n* eine richtige Aussage; das Aussprechen einer Wahrheit.

sadvicāra *m* richtige Nachforschung; die Ergründung des Seins, die Suche nach der wahren Wirklichkeit.

sadvritta *n* gutes Verhalten, vorbildliches Verhalten; ein Verhalten, wie es von guten Menschen gepflegt wird.

sadyas *indekl* heute; sofort, sogleich, jetzt.

sadyomukti *f* augenblickliche Befreiung, sofortige Erlösung.

sadyuga *n = satyayuga.*

sāgara *m* Meer, Ozean; oft ist der Ozean der irdischen Existenz (*bhāvasāgara*) gemeint.

sagara *m* Name eines Königs der Sonnendynastie.

saguna *adj* mit Attributen, Eigenschaften versehen oder ausgestattet; mit guten Eigenschaften versehen, tugendhaft; oft ist der persönliche Aspekt Gottes gemeint, der sich in Allmacht, Allwissenheit usw. zeigt.

sagunabhakta *m* der Gläubige, der Gott Hingegebene, der Gott unter Berücksichtigung bestimmter Eigenschaften verehrt.

sagunabhakti *f* Hingabe, die sich an bestimmte Eigenschaften Gottes knüpft.

sagunabrahman *n brahman*, welches mit Eigenschaften versehen ist, dem Eigenschaften zugeschrieben werden; im *Vedānta* werden zwei Aspekte *brahmans* unterschieden: *nirgunabrahman*, das höhere, eigenschaftslose *brahman* und das niedere, attributhafte *sagunabrahman*, welchem Eigenschaften (*upādhi*) beigefügt sind. Solange das Bewußtsein von relativen Aspekten kontaminiert ist, sollte es sich immer wieder mit *nirgunabrahman* identifizieren. Wenn dann die Verbindung mit der höchsten Wirklichkeit stabil geworden ist, erscheint die relative Welt nicht mehr als eine getrennte Realität, sondern als ein Aspekt der spirituellen Ganzheit, des *brahman*. Wertungen wie z. B. höher und niedriger verlieren in einem solchen Bewußtseinszustand ihre Bedeutung. Es sollte daher nie vergessen werden, daß *brahman* eine unteilbare Einheit ist, *saguna* und *nirguna* also nur zwei Seiten einer Münze darstellen. Auch wenn *nirgunabrahman* keine relativen Eigenschaften mehr besitzt, so heißt das nicht, daß ihm überhaupt keine Eigenschaften zugeschrieben werden können.

sagunanirākāra *adj* mit Eigenschaften versehen und formlos. Mit diesem in sich widersprüchlichen Ausdruck wird auf die transzendentale Herrlichkeit des Herrn verwiesen, die ganz frei von relativen Formen ist, aber gleichzeitig göttliche Eigenschaften besitzt.

sagunopāsanā *f* (*saguna-upāsanā*) Anbetung, Verehrung, die sich auf bestimmte Eigenschaften Gottes richtet.

sah *pron* vgl. *sa.*

sahadeva *m* Name des jüngsten der fünf *Pāndava*-Prinzen.

sahaja *adj* eingeboren, innewohnend, natürlich zugehörend.

sahajabhakti *f* Hingabe, die natürlich ist, die von innen kommt; direkte *bhakti*.

sahajadharma *m* der ursprüngliche, natürliche *dharma*; die innewohnende Lebensaufgabe, die deutlich wird, wenn man sich selbst und seine Stellung im Universum erkannt hat.

sahajajnāna *n* angeborenes, innewohnendes, von Natur aus vorhandenes Wissen.

sahajakarman *n* innewohnendes *Karma*.

sahajalakshana *n* natürliche Eigenschaft, innewohnende Eigenschaft; die ureigenste Natur.

sahajamārga *m* der eigene, innewohnende Weg; der spirituelle Weg, der der ureigensten Neigung des Menschen entspricht und seine eigentlichen Sehnsüchte erfüllt.

sahajānanda *m* innewohnende Glückseligkeit; die Freude, die ewig im inneren Selbst wohnt.

sahajasādhana *n* verinnerlichtes, natürliches *sādhana*, die Durchführung spiritueller Übung, die so selbstverständlich und automatisch abläuft, daß sie Bestandteil des täglichen Lebens wird.

sahajasamādhi *m* der innewohnende *samādhi*; der Zustand reinen Bewußtseins, der im Innern gegenwärtig ist.

sahajasvabhāva *m* die ureigenste Natur, das innere Wesen.

sahana *n* Gleichmut, Geduld, Toleranz; Toleranz gegenüber allen Menschen, allen Dingen, allen Ereignissen, speziell gegenüber denjenigen, die andere Meinungen vertreten und andere Einstellungen haben; die Kraft, sich mit etwas abfinden, es dulden, es ertragen zu können; die Fähigkeit, eine Niederlage hinzunehmen oder ganz allgemein die Welt der Gegensätze ohne Verlust des inneren Gleichgewichts aushalten zu können; im mitmenschlichen Bereich zeigt sich *sahana* als ruhiges Dulden auch von negativen Erfahrungen, ohne an Vergeltung zu denken. Dieses Dulden hat nichts mit Resignation zu tun, sondern ist ein Ausdruck innerer Seelenstärke.

sahas *m* Kraft, Stärke, Macht, Sieg, Herrschaft; die Unabhängigkeit von Gefühlen der Freude oder des Kummers im Auf und Ab des Lebens.

sahasrāksha *adj* tausendäugig; tausend Augen besitzend. Dieses Adjektiv wird bereits im *Rigveda* benutzt, um die kosmische Gegenwärtigkeit des *purusha* auszudrücken; ein Name *Indras* u. a..

sahasralingārcana *adj* die 1000 *lingas* des *Shiva* verehrend.

sahasranāman *n* die tausend Namen (Gottes); im *Mahābhārata* werden insbesondere die tausend Namen *Vishnus* aufgezählt.

sahasranāmārcana *adj* die 1000 Namen rezitierend.

sahasrapād *adj* tausendfüßig.

sahasrāracakra *n* das tausendblättrige *Cakra*; Name des höchsten *Cakra*, welches sich oberhalb des Scheitels befindet. Dieses Zentrum ist nicht mehr innerhalb des physischen Körpers und ist das Tor zur spirituellen Welt. In seiner Funktion ist es mit dem Einströmen göttlicher Gnade verbunden. In der *Tantra*-Tradition gilt es als Sitz *Shivas*, zu dem die nach oben steigende *Kundalinīshakti* hinstrebt.

sahasrashīrsha *adj* tausendköpfig.

sahāya *m* Freund; Gefährte.

sāhitya *n* Freundschaft, Gemeinschaft; Komposition, insbesondere ein literarisch gestaltetes Werk; Rhetorik, Dichtkunst.

sāhityadarpana *n* der Spiegel der Dichtkunst; Name eines Werkes.

sai *f* (eigentlich: sāī) ein Name der göttlichen Mutter.

sai baba *m* (eigentlich: sāī bābā) dieser Name kann folgendermaßen erklärt werden: „*sa*" entspricht der universalen Ausdehnung, und „ayī" bedeutet „Mutter", so daß Sai bedeutet „die höchste Mutter von allem". *Sa* kann außerdem auch für den tausendfältigen Lotos (*sahasrāracakra*) stehen. *Bābā* bedeutet Vater. *Sai Baba* bedeutet also: „Derjenige, welcher ebenso Vater wie Mutter ist".

sai deva *m* ein Name für *Sai Baba*.

sai krishna *m* ein Name für *Sai Baba* – mit der Bedeutung, daß dieser *Sai-Avatar* wesensmäßig nicht vom *Krishna-Avatar* verschieden ist.

sai nātha *m Sai*, der Herr.

sai rām *m* ein Name für *Sai Baba* – mit der Bedeutung, daß dieser *Sai-Avatar* wesensmäßig nicht vom *Rāma-Avatar* verschieden ist. Dieser Name wird von seinen Schülern oft als Grußformel verwendet. Seinem Wesen nach ist er ein kurzes Gebet.

saīsha, saīshvara *m* (*sai-īsha*) der Herr und die göttliche Mutter als Einheit betrachtet.

saitattva *n* das Wesen, die eigentliche Realität von *Sai*.

sajjana *adj und m* tugendhaft, rechtschaffen; ein rechtschaffener Mensch.

sakala *adj* alle, alles, vollständig, mit allen Teilen versehen.

sakalaishvarya *n* Allmacht, Herrschaft über alles.

sakāmakarman *n* Handlung, die von den eigenen Wünschen und Begierden bestimmt wird, die im Bestreben ausgeführt wird, deren Früchte zu ernten und zu genießen; Handlung, deren Hauptmotiv das Ergebnis, die erzielte Wirkung ist.

sākāra *adj* Form, Gestalt besitzend, mit Form, Gestalt versehen; dieser Begriff dient zur Bezeichnung der relativen Existenzformen oder des begrenzten Ich.

sakhi *m* Freund, Kamerad.

sākhya *n* Freundschaft, freundschaftliche Beziehung.

sākhyabhāva *m* das Gefühl der Kameradschaft, Freundschaft. In diesem Empfinden (vgl. *bhāva*) kann Gott als der nahe und vertraute Freund erfahren werden, dem der Mensch volles Vertrauen entgegenbringt.

sākshātkāra *m* Erkenntnis, Wissen, Einsicht; gemeint ist insbesondere das direkte Erkennen, die direkte Erfahrung oder Schau Gottes. *Sākshātkāra* ist eine nichtsinnliche, spirituelle Erfahrung, die vollständig von Zweifel befreit ist, und stellt einen Höhepunkt menschlicher Evolution dar.

sākshātkāracitra *n* der Glanz, den die direkte Erfahrung beinhaltet.

sākshibhūta *adj* zum Zeugen geworden, in die Situation gekommen, sich als Zeuge zu erfahren.

sākshin *m* Zeuge, unbeteiligter Beobachter; gemeint ist meist der selbst sich nicht wandelnde Sehende oder Zeuge, das wirkliche Selbst (*ātman*) des Menschen.

sakthi *f* fehlerhaft für *shakti*.

sakti *f* Bindung, Anhaftung, Verbundenheit.

sakuni *(Telugu)* Wind.

sālokya *n* das Sich-in-der-gleichen-Welt-Befinden, das Bewohnen der gleichen Himmelssphäre. Vor der endgültigen Befreiung hält die Seele sich in der Zeit zwischen Tod und neuer Geburt in verschiedenen Welten auf. Alle, die sich zu einer Zeit in einer Sphäre befinden, werden mit *sālokya* bezeichnet.

sālokyamukti *f* Befreiung im Hinblick auf eine (mit einer bestimmten göttlichen Ebene) vereinte Existenz. Insbesondere, wenn jemand mit einem Menschen verwandt oder in Kontakt ist, der schon eine hohe Stufe der Entwicklung erreicht hat, ist es möglich, durch dessen Segen oder Fürsprache auf dieselbe Ebene wie dieser erhoben zu werden und damit eine Chance für spirituellen Fortschritt zu erhalten.

sama *adj* gleich, ähnlich, gleichmäßig, gleichbleibend; gut, ehrlich, leidenschaftslos.

samabhāva *m* Gleichheit, gemeinsame Natur.

samacitta *adj und n* einen gleichmütigen, ruhigen Geist habend; ein ruhevoller Geist, ein ruhevolles Bewußtsein.

samadarshin *adj und m* alles als gleich ansehend, überall dieselbe göttliche Gegenwart erblickend; jemand, der alles als gleichwertig betrachtet.

samādhāna *n* das Zusammenfügen; Festigkeit, Beständigkeit, Gegründetheit; tiefe Meditation; Kontemplation, die sich auf das Wesentliche richtet; eine Versenkung, welche die Stille wirklich erreicht.

samādhi *m* Sammlung, Einheitserfahrung, reines Bewußtsein; *samādhi* bezeichnet einen Bewußtseinszustand, der über Wachen, Träumen und Tiefschlaf hinausgeht, und beinhaltet ein völliges Aufgehen im Objekt, die Überwindung der Trennung in Bezug auf den Gegenstand der Wahrnehmung, über den oder mit dem meditiert wurde, sei es nun ein Klang, ein göttlicher Name oder ein Bild. Es gibt verschiedene Stufen von *samādhi*, von denen die höchste *nirvikalpasamādhi* ist. Durch *samādhi* erwacht die Weisheit, die alles als Erscheinungsform des Göttlichen ansieht. All die verschiedenen Energien, die im

Inneren des Menschen wohnen, werden bewußt und können im Dienst des Höchsten verwendet werden. Die Erfahrung von *samādhi* kann als ein Zustand des Geistes beschrieben werden, der frei ist von allen Impulsen und Aktivitäten, in dem vollkommene Ruhe eingetreten ist, in dem der Meditierende einfach nur still bei sich selbst ist und doch gleichzeitig bewußt. *Samādhi* tritt ein, wenn man alle Dualität hinter sich läßt, wenn der Meditationsinhalt verschwindet und man sogar sich selbst in seiner körperbezogenen Form vergißt, gleichzeitig aber bewußt bleibt. Der *samādhi*-Zustand ist gekennzeichnet durch Glückseligkeit, Ausgewogenheit, Stille und Wachheit und bewirkt Gleichmut angesichts von Hitze und Kälte, Freude und Leid, Schmerz und Lust, Ablehnung und Begeisterung. Die körperlichen Funktionen beruhigen sich bei längerem *samādhi*, d. h. der Atem, das Herz usw. erlangen einen anderen Funktionsstatus. *Samādhi* ist die Einheitserfahrung schlechthin und kann von jedem Menschen erlangt werden. Ohne *samādhi* ist eine spirituelle Verwirklichung nicht möglich. Wenn ein spirituell hochentwickelter Meister freiwillig und bei vollem Bewußtsein seinen Körper endgültig verläßt, spricht man von *mahāsamādhi*. Der Begriff *samādhi* kann dann auch das Denkmal oder Grab einer solchen hervorragenden Persönlichkeit bezeichnen.

samadrishti *f* die gleichbleibende Schau; die Wahrnehmung, der alles gleich (wertvoll) erscheint.

samāja *m* Gesellschaft, Vereinigung; eine Gemeinschaft, in der Gleichmut und Friede herrschen, die sich auf ein Gefühl der Einheit gründet.

samājasevā *f* Dienst an der Gemeinschaft, der dem Empfinden der inneren Zusammengehörigkeit entspringt.

samājikadharma *m* der *dharma* der Gesellschaft; die Aufgabe, die der einzelne gegenüber der Gesellschaft hat.

samāna *adj* gleich, ähnlich; tugendhaft.

samānatva *n* Gleichheit.

sāmānya *n* gleich, ähnlich, nichtunterschieden; Gemeinsamkeit, Allgemeinheit, Ähnlichkeit, Identität, Gleichheit, Übereinstimmung.

sāmānyadharma *m* Rechtschaffenheit, die sich darin zeigt, daß man das Gemeinsame, Verbindende hervorhebt.

samāpti *f* Ende, Abschluß, Finale, Schlußakt (gemeint ist manchmal der letzte Teil einer religiösen Feierlichkeit); Vollendung, Perfektion, Erfüllung; das Erreichen des wahren Lebensziels.

samarasa *m und adj* Gleichmut, Eintracht, Gleichheit; sich in dem gleichen Empfindungszustand befindend.

sāmārthya *n* Fähigkeit, Kraft, Stärke; Angemessenheit, Gleichheit.

samashti *f* das Ganze, die Totalität, die Gesamtheit; *samashti* kann auch die Erscheinung Gottes als eine allgegenwärtige Realität bezeichnen.

samashtivishvarūpa *n* die Ganzheit und Allgestaltigkeit der Welt; die in sich vollständige Gestalt der Welt.

samasta *adj und n* verbunden, vereinigt; alles, ganz, vollständig; Organisation, Verbindung.

samatva *n* Gleichmut, Gelassenheit, innere Stabilität, die durch äußere Einflüsse nicht erschüttert werden kann.

samatvasthiti *f* das Gegründetsein im Zustand des Gleichmuts, des inneren Friedens in Freude und Leid, Wohlergehen und Not, Glück und Unglück.

sāmaveda *m* Name des zweiten *Veda*; der *Veda* der Lieder, mit denen der *udgātā*, einer der vier Hauptpriester, die Darbringung des Opfers (*yajna*) begleitet. Das Werk besteht zum größten Teil aus Versen des *Rigveda*, die aber anders angeordnet sind. Das Besondere am *Sāmaveda* sind die Melodien und die teilweise komplexen Mustern folgenden Silbenwiederholungen oder Silbeneinschübe.

sāmba *adj und m* (aus *sa - ambā*) mit der göttlichen Mutter, zusammen mit der göttlichen Mutter; ein Name *Shivas*.

sambandha *m* Verbindung, Beziehung, Verwandtschaft; Freundschaft.

sāmbāshiva *Shiva* zusammen mit der göttlichen Mutter.

sambhāra *m* Zubereitung, Requisit, Zutat; Name einer scharfen indischen Gemüsesoße; Menge, wesentlicher Teil; Fülle, Reichtum, Überfluß.

sambhāshana *n* Gespräch, Unterredung, Unterhaltung; das gemeinsame Sprechen, das Sprechen in Einmütigkeit; ein Gespräch, das vom Geist der Gemeinsamkeit getragen wird.

samdarbha *m* Sammlung, Zusammenstellung, Komposition; eine strukturierte Ordnung; Name bestimmter philosophischer Texte.

samdeha *m* Zweifel, Risiko, Gefahr.

samdesha *m* Information, Mitteilung, Neuigkeit; Botschaft, Hinweis; Anweisung, Unterweisung.

samdhāna *n* Vereinigung, Verbindung, Kombination; Allianz, Freundschaft, Frieden.

samdhi *m* Verbindung, Gelenk, Übergang.

samdhyā *f* Vereinigung, Gelenk; Dämmerung. Die Dämmerung, die die Verbindung zwischen dem Dunkel und dem Licht bildet, wird als eine heilige Zeit betrachtet, die der spirituellen Praxis gewidmet sein sollte. *Samdhyā* wird als eine Tochter von *Brahmā* und als Gattin von *Shiva* betrachtet.

samdhyābala *adj und m* in der Dämmerung stark; eine Bezeichnung für Dämonen; deshalb sollte die Dämmerung spirituellen Aktivitäten geweiht werden.

samdhyāvandana *n* Morgen- und Abendgebet; Gottesdienst, Verehrung zur Zeit der Morgen- und Abenddämmerung.

samdīpana *adj und m* entflammend, erregend; Name eines der Pfeile des Liebesgottes.

samdoha *m* das Melken; Menge, Haufen, Masse; Ansammlung.

samgama *m* Vereinigung, Verbindung; Zusammenfluß.

samhāra *m* Zurückziehen, Sammeln; Ende, Abschluß; Zerstörung, Zerstörung des Universums am Ende eines Zeitenzyklus.

samhitā *f* Sammlung; Vereinigung, Verbindung; Kompendium, Textsammlung; die geordnete Komposition eines Textes.

samīpa *adj und n* nahe; Nähe, Nachbarschaft.

samīpa jnāna *n* das nächstliegende Wissen; das Wissen um die Nähe (zu Gott).

sāmīpya *n* Nähe, Nachbarschaft; Nähe zu Gott.

sāmīpyamukti *f* Befreiung, die sich aus der Nähe zu Gott ergibt.

samiti *f* Versammlung, Gemeinschaft, Rat, Zusammenschluß; Vereinigung, Organisation.

samitpāni *adj* das Feuerholz für ein Opfer (*yajna*) in der Hand haltend, das rituelle Brennmaterial haltend. Wenn jemand in vedischen Zeiten Schüler eines Meisters werden wollte, ging er mit Brennholz in der Hand zu diesem hin und verneigte sich. Symbolisch steht das Feuerholz in der Hand für die Bereitschaft, sich ganz der göttlichen Kraft hinzugeben und sich von ihr durchglühen zu lassen.

samkalpa *m* Entschlossenheit, Wille, Wunsch, Ziel, Gedanke, Entschluß; wenn die Qualität von *samkalpa* im Bewußtsein lebendig ist, dann sind beherrschte, selbstgewollte Gedankenbewegungen vorhanden, im Gegensatz zu Zweifel und falschen Vorstellungen (*vikalpa*), die spontan, unwillkürlich und verursacht von den verborgenen Neigungen früherer Erfahrungen (*samskāra*) auftauchen; *samkalpa* steht auch oft für den freien und kausal nicht erklärbaren Ratschluß Gottes.

samkarshana *n und m* das Herbeiholen, das Zusammenbringen; das Sichangezogenfühlen; das Pflügen; ein Name für *Balarāma*, den Bruder *Krishnas*.

sāmkhya *n* = *sānkhya*.

samkīrtana *n* das Rezitieren, das Singen; insbesondere das gemeinsame Singen des göttlichen Namens; das Lobpreisen des Herrn in einer Gruppe.

samkrānti *f* Transit.

sammata *n* Einverständnis; Zustimmung.

sammati *f* Zustimmung, Übereinkunft; richtiges Wissen, wahre Erkenntnis.

sammoha *m* Verwirrung, Irritation, Unwissenheit; Tumult, Schlacht.

sammohana *n und m* Faszination, Irritation; Name eines der Pfeile des Liebesgottes.

samnidhāna *n* Zusammenfügung, Kombination, Aggregat; Sinnesobjekt; Nähe, Gegenwart, Nachbarschaft.

samnyāsa *m* Entsagung, das Aufgeben, das vollständige Loslassen aller Bindungen in vollkommenem Gottvertrauen; Bezeichnung der vierten und letzten Lebensstufe (*āshrama*), auf der man alle irdischen Dinge losläßt und alle ichbezogenen Interessen aufgibt. Das ganze Streben ist auf Befreiung (*moksha*) und das Einswerden mit Gott gerichtet. Jeder, der aus spiritueller Erkenntnis der Welt entsagt, um Gott zu finden, wird zum *samnyāsin.*

samnyāsin *m* (Nom. Sg.: samnyāsī) ein Mensch, welcher der Welt entsagt hat und in völliger Besitzlosigkeit lebt; ein *samnyāsin* ist nicht mehr Teil der Gesellschaft, transzendiert also die sozialen Funktionen und ist nur auf die Verwirklichung der Befreiung (*moksha*) ausgerichtet. Gott zu suchen und zu finden ist seine Bestimmung. Die Besitzlosigkeit des *samnyāsin* schließt nicht nur die vollständige materielle Armut ein, sondern auch das, was in der christlichen Mystik die „Armut im Geiste" genannt wird, d. h. die Freiheit von dualistischen Vorstellungen wie Gut und Böse, von Ab- und Zuneigung, Angst und Gier usw., dieser Zustand ist aber nicht bloß ein gedankliches Konzept, sondern eine Erfahrungsrealität, die auf der Verwirklichung von *samādhi* beruht.

sampāka *adj und m* klein, fein, subtil; nachdenkend, überlegt; Vervollkommnung, Vollendung.

sampanna *adj* reich, erfolgreich, glücklich; perfekt, vollendet, beendet.

sampannashabda *m* ein vollendeter Laut; das vollkommene Wort.

sampatti *f* Gelingen, Erfolg, Erfüllung; Wohlstand, Reichtum; gutes Schicksal; Erreichen, Vorteil; Segnung.

sampradāya *m* Tradition, Traditionslinie der Überlieferung; Glaubensgemeinschaft, die Gott in einer bestimmten Gestalt verehrt.

samrakshaka *m* der Beschützer von allen.

samsāra *m* Wanderung; Kreislauf; die Flut des Wandels, Wandel; die objektive Welt, die weltliche Existenz; der Prozeß des Lebens, der sich in Zeit und Raum verändert und wendet; *samsāra* bezeichnet insbesondere den endlosen Kreislauf von Geburt und Tod, in dem der Mensch bleibt, solange er sich mit dem Körper und dem Handeln identifiziert, d. h. solange er in Nichterkenntnis seiner wahren Identität lebt und die geistig-göttliche Realität nicht erkannt hat.

samshaya *m* Zweifel, Ungewißheit. Einerseits ist der Zweifel Ausdruck eines Mangels an innerer Gewißheit, andererseits bildet er nach der *Nyāya*-Philosophie den Anfang des Erkenntnisprozesses; denn erst wenn bestimmte Dinge und Selbstverständlichkeiten des alltäglichen Lebens in Frage gestellt werden, kann eine vertiefte Betrachtung der Lebenspraxis und der Lebensziele erfolgen.

samshayātmā vinashyate *wörtl.:* „Wer innerlich zweifelt, kommt zu Schaden, wird vernichtet".

samskāra *m* Verfeinerung, Kultivierung, Erziehung; Eindruck, Nachwirkung; Fähigkeit, Neigung; im *Yoga* sind die Tendenzen des Geistes gemeint, die durch Handlungen und Gedanken in früheren Zeiten oder Geburten entstanden sind. Die Gesamtsumme der *samskāras* bildet den Charakter des Menschen. *Samskāra* heißen auch die religiösen Zeremonien, die regelmäßig oder bei besonderen Gelegenheiten (z. B. Geburt oder Hochzeit) auszuführen sind; denn diese sollen dem Leben Verfeinerung und Kultivierung schenken.

samskrita *adj und n* (*dt.* Sanskrit*) verfeinert, veredelt, kultiviert, zurechtgemacht; die *Sanskrit*-Sprache; der Name ist so zu verstehen, daß das *Sanskrit* eine verfeinerte Sprachform darstellt, die in erster Linie nicht die materiellen Gegebenheiten beschreibt, sondern von der geistigen Realität kündet. Sie ist dazu da, um die Schau der Seher (*Rishi*) ausdrücken zu können. Aus dem Urklang entfalten sich die Laute und Silben (*Mantra*), die im Innern wahrgenommen werden und sich zum gesprochenen Wort manifestieren. Jeder heilige Text (vgl. *Veda*, *shruti*) ist eine Klangrepräsentation der kosmischen Ordnung (*rita*) und ist somit unvergänglich. Klang und Bedeutung sind im *Sanskrit* viel unmittelbarer miteinander verbunden als in anderen Sprachen (vgl. *shabda*), so daß man – auch ohne den Inhalt zu verstehen – eine Wirkung spüren kann. Jedes *Sanskrit*-Wort besitzt also eine direkte Wirkung auf das Bewußtsein des Zuhörers.

samskriti *f* Vorbereitung; Vollendung; Weihe; ein Name für *Krishna*.

samtāpa *m* Hitze, Entzündung; Qual, Leiden; Leidenschaft.

samtosha *m* (= *santosha*) Glücklichsein, Zufriedenheit; Freude, die aus innerer Gelassenheit entspringt.

samtushti *f* vollständige Erfüllung; innere Erfülltheit; dies ist eine Geistesverfassung, die von der Erfüllung oder Nichterfüllung irgendeines einzelnen Wunsches unabhängig ist.

samvatsara *m* Jahr.

samyagbhāva *m* das rechte Empfinden; der Zustand, in dem das Empfinden klar und rein die Wirklichkeit erfaßt.

samyagdarshana *n* die richtige Schau; die Vision der Wahrheit.

samyagjnāna *n* die richtige, korrekte Erkenntnis (*jnāna*).

samyakkriyā *f* das rechte Handeln; der Zustand, in dem das Handeln spontan richtig ist.

samyakshravana *n* das rechte Hören; der Zustand, in dem das Ohr für das göttliche Hören geöffnet ist.

samyama *m* Sammlung, Gesammeltheit, Konzentration; Ausgerichtetheit des Geistes; Selbstbeherrschung, Herrschaft, Kontrolle, Zügelung; Bezeichnung für eine spirituelle Praxis des *Rājayoga*.

samyoga *m* Einheit, Vereinigung, enge Verbindung.

sanaka *m* Name eines der 4 Söhne *Brahmās*.

sananda *m* Name eines der 4 Söhne *Brahmās*.

sanātana *adj und m* ewig; uralt, urtümlich; dauerhaft, fest, stabil; der Ewige; ein Name für *Vishnu*, *Shiva*, für einen der vier Söhne *Brahmās* u. a.

sanātana dharma *m* die ewige Ordnung, das ewige Gesetz; die ewige Religion oder Wahrheit. *Sanātana dharma* ist die Eigenbezeichnung der in Indien entstandenen philosophischen und religiösen Traditionen, die auf dem *Veda* beruhen; der Überlieferung nach wurde die zeitlose Wahrheit den Sehern (*Rishi*) offenbart; auf diesen Offenbarungen (*shruti*) beruhen die anderen heiligen Schriften der Tradition (*smriti*).

sanātana sārathi *wörtl.*: „Der ewige Wagenlenker"; Name einer in *Puttaparthi* von den „Sri Sathya Sai Books" herausgegebenen Zeitschrift. Der ewige Wagenlenker ist die spirituelle Seele, ist der göttliche Funken im Innern des Menschen, der den Wagen des Körpers in Wirklichkeit lenkt.

sanātana vidyā *f* die ewige Weisheit, das ewige Wissen.

sanātha *adj* einen Herrn habend, gemeinsam mit dem Herrn.

sanatkumāra *m* Name eines der 4 Söhne *Brahmās*.

sancāra *m* Gehen, Wandern, Reisen; Reise, Lebensweg, Lebensreise.

sancaya *m* Haufen, Ansammlung, Lager.

sancitakarman *n* angesammeltes, aufgehäuftes *Karma*; die angesammelten Charaktertendenzen (*samskāra*), die ein Mensch in vergangenen Leben geschaffen hat und die darauf warten, sich in einem zukünftigen Leben auszuwirken. Im gegenwärtigen Leben ist das *sancitakarman* nicht aktiv, sondern in einem Samenzustand; durch spirituelle Praxis, insbesondere durch *samādhi*, können diese Samen geröstet und damit ihrer Wirksamkeit beraubt werden.

sandeha *m* Zweifel, Unsicherheit, Risiko.

sandhyā *f* = samdhyā.

sandhyāmsha *m* die Zeitperiode am Ende eines Zeitalters (*yuga*).

sandhyāvandana *n* = *samdhyāvandana*; das Gebet für die Zeit der Dämmerung; Anbetung, die bei Tagesanbruch und während der Abenddämmerung dargebracht wird.

sāndīpani *m* Name des Waffenlehrers von *Krishna* und *Balarāma*. Als Lohn befreite *Krishna* dessen Sohn aus den Händen eines Dämons.

sanga *m* Zusammenkommen, Treffen, Kontakt; Freundschaft; Bindung, Anhaftung, Gebundenheit.

sangha *m* Gruppe, Herde; Gemeinschaft, Gesellschaft.

sanghanīti *f* das richtige Verhalten in der Gemeinschaft.

sanghikā *f* Gemeinschaft; Zusammengehörigkeit, Assoziierung.

sangrāma *m* Krieg, Kampf, Schlacht.

sanjaya *m* jemand, der den Sieg errungen hat, der seine Sinne vollkommen beherrschen kann; Name des Wagenlenkers von König *Dhritarāshtra*.

sanjnā *f* Bewußtsein, Wissen, Erkenntnis; Name, Bezeichnung, Benennung. *Sanjnā* ist ein Name für den *Gāyatrīmantra* und der Name einer Tochter von *Vishvakarman*, die die Frau des Sonnengottes wurde. Um die Hitze und den Zorn ihres Gatten nicht mehr aushalten zu müssen, schuf sie aus ihrem Schatten eine ihr gleiche Vertreterin. Nachdem die Sonne in ihrer

Glut reduziert worden war, kehrte sie jedoch zurück.

sankalpa *m* = *samkalpa*.

sankalpabala *n* Willenskraft, Entschlußstärke.

sankalpashakti *f* Willenskraft, Entschlußstärke.

sankata *n* Gefahr, Schwierigkeit; Trauer.

sankatavimocana *n* Befreiung aus dem Griff der Trauer, der Enge, der Schwierigkeit.

sankhyā *f* Zahl, Nummer; Rechnung, Kalkulation; Verstand, Reflektion.

sānkhya *n* Name eines der sechs klassischen Philosophiesysteme Indiens, dessen Begründer der Überlieferung nach *Kapila* gewesen sein soll. Nach seiner Lehre entsteht aus der Urnatur (*prakriti*) unter dem Einfluß des geistigen Selbst (*purusha*) das Universum; beide werden als ewige Prinzipien betrachtet: Der *purusha* ist der stille Zeuge, unter dessen Blick sich aus der *prakriti* in einer stufenweisen Evolution die Welt entfaltet. Außer dem *purusha* wird alles als unintelligent betrachtet, auch die Gedanken und Gefühle, die nur ein schwacher Abglanz der eigentlichen Intelligenz des *purusha* darstellen. Das *Sānkhya*-System ist eine philosophische Formulierung der Erfahrung von *kaivalya*, der Kontinuität des Bewußtseins, in dem man sich als getrennt von der Handlung erfährt. Die Lehre von den drei *gunas*, welche sich im Urzustand der *prakriti* noch im Gleichgewicht befinden und deshalb noch nichts Konkretes in Erscheinung treten lassen, ist ein integrierter Bestandteil des *Sānkhya*. Nach Auffassung dieser Philosophie gibt es so viele Seelen und Bewußtseinseinheiten (*purusha*), wie es Lebewesen gibt, letztlich unendlich viele. Seine Entwicklungslehre trägt den Namen parināmavāda.

sānkhyajnāna *n* die Weisheit des *Sānkhya*; die Erkenntnis der in diesem System gelehrten Prinzipien.

sānkhyakārikā *f* Name eines Grundwerkes der *Sānkhya*-Tradition. Ihr Verfasser ist Īshvarakrishna.

sānkhyasūtra *n* Name eines *Sānkhya*-Textes, der *Kapila* zugeschrieben wird. Aus historischer Sicht handelt es sich bei dem jetzt vorliegenden *Sānkhyasūtra* um einen relativ späten Text, der jünger als die *Sānkhyakārikā* ist.

sankīrtana *n* = *samkīrtana*.

sanmārga *m* (*sad-mārga*) der richtige Weg, das richtige Verhalten, Betragen.

sanmati *f* = *sammati*.

sannidhi *f* = *samnidhāna*.

sannyāsin *m* = *samnyāsin*.

Sanskrit *(dt.*)* = *samskrita*.

santosha *m* Zufriedenheit, Genügsamkeit; Glücklichsein; eine der fünf Tugenden des zweiten Gliedes (*niyama*) des *Rājayoga*, die in den *Yogasūtras* des *Patanjali* gelehrt werden. Die anderen vier sind Reinheit (*shauca*), spirituelle Praxis (*tapas*), Studium der heiligen Schriften (*svādhyāya*) und Hingabe an Gott (*īshvarapranidhāna*).

santripti *f* vollständige Zufriedenheit.

saptāh samudrāh *adj und m* die sieben Ozeane, die nach Vorstellung der *Purānas* die Erde ringförmig – jeweils abwechselnd mit einem ringförmigen Landbereich – umgeben.

saptāha *m* Woche; Name eines religiösen Festes.

saptarishimandala *n* die Konstellation der 7 *Rishis*, das Sternbild des großen Bären.

saptasindhavah *f Pl.* die sieben heiligen Flüsse.

sāra *m* Essenz, Quintessenz, Hauptsache, Zentrum.

sārabhanga *m* Verlust an Kraft.

saramā *f* Name der Hündin von *Indra*.

saranyu *m* Luft, Wind; Wolke.

sārashakta *adj* allmächtig.

sarasvatī *f* Name eines unterirdischen Flusses, der bei Prayāga mit der *Gangā* und der *Yamunā* zusammenfließen soll; Name einer Göttin, die in engem Bezug zu dem Fluß steht; sie gilt als die Gemahlin *Brahmās* und ist die Göttin des Redeflusses, der Beredsamkeit, Gelehrsamkeit und Intuition, des göttlichen Wortes. Ihr wird die Entstehung des *Sanskrit* und seiner Schrift (*devanāgarī*) zugeschrieben. Sie ist auch die Schutzherrin der Künste, insbesondere der Musik. Die *Sarasvatī* ist der unterirdische, nicht sichtbare Strom der Weisheit, der sich durch alle Zeiten hindurch erhält und den Menschen, die bereit sind, den Weg zur Gotteserkenntnis weist.

sārathi *m* Wagenlenker, Fahrer; unbeteiligter Zeuge, eine Bezeichnung für das Selbst des Menschen (*ātman*).

sāravant *adj* fest, stark, widerstandsfähig, wertvoll, kostbar.

sarga *m* Entlassen, Hervorkommen, In-Erscheinung-Treten; die Schöpfung; der Prozeß (uranfänglicher) Schöpfung.

sāri *m* (*Quelle?*) Bezeichnung eines langen Tuches oder Gewandes, das die indischen Frauen tragen. Im Durchschnitt ist es etwa sechs Meter lang und einen Meter breit. Die Art und Weise, wie ein *Sāri* getragen oder gewickelt wird, ist sehr unterschiedlich.

sārna *adj* mit Buchstaben bzw. Silben versehen.

sārnga *m* Name von *Krishnas* Bogen.

sarpis *n* Butterschmalz, geklärte Butter, Ghee.

sārūpya *n* Gleichheit, Ähnlichkeit, Angleichung; wenn ein *sādhaka* sich gewissermaßen die Form des Göttlichen zu eigen macht, d. h. in den Bereich spiritueller Erfahrung eintaucht, kann man sagen, er ist wie ein Bruder oder naher Verwandter des Königs berechtigt, eine Robe und alles, was dazugehört, zu tragen.

sārūpyamukti *f* Befreiung, die der Angleichung (an das Göttliche) entspringt; Eingetauchtsein in Gottesbewußtsein.

sarva *adj* alle, alles; ganz, vollständig.

sarvabhūtadayā *f* Mitgefühl mit allen Wesen.

sarvabhūtahiterana *adj* bewirkend, was günstig für alle Wesen ist.

sarvabhūtāni *n Pl.* alle Wesen.

sarvabhūtāntaratā *f* das Innewohnen in allen Wesen; die Tatsache, daß der Herr in allen Wesen wohnt, um ihnen Lebenskraft zu schenken und ihr Wohlsein zu fördern.

sarvabhūtāntarātman *m* das Selbst, das im Innern aller Wesen wohnt; die geistige Wirklichkeit allen Seins; die Seele, die in allen wohnt.

sarvadā sarvakāleshu sarvatra haricintanam *wörtl.:* „Überall, zu jeder Zeit, unter allen Umständen (möge man) über *Hari*, über Gott nachsinnen, ihn im Gedächtnis behalten".

sarvadaivatvasvarūpa *adj* die Form habend, die alle Gottheiten beinhaltet; in der universalen Form des Herrn befinden sich alle Gottheiten, die die Vorgänge im Universum leiten und lenken.

sarvadarshanasamgraha *m* Name eines Werkes, in welchem ein Überblick über die unterschiedlichen Philosophiesysteme gegeben wird. Der Text beginnt mit den Systemen, welche nach Ansicht des Autors am weitesten von der Wahrheit abweichen und steigt zu immer höher bewerteten Systemen auf.

sarvadevanamaskāra *m* Ehrerbietung allen Göttern gegenüber. Auch wenn die *Devas* jeweils nur einen begrenzten Herrschaftsbereich haben, sollten sie nach Auffassung vieler Schriften nicht mißachtet werden. Andererseits sollte man aufgrund der Beschäftigung mit ihnen nicht den höchsten Herrn vergessen.

sarvādhāra *m* die Basis, Grundlage von allem.

sarvadharma *m* Rechtschaffenheit in allen Lebenssituationen; im Pl.: alle Religionsformen, alle religiösen Wege (sarvadharmāh).

sarvadharmān parityajya *wörtl.:* „Alle Religionsformen aufgebend"; dieser Ausdruck stammt aus *Bhagavadgītā* 18.66 und macht darauf aufmerksam, daß jede Religionsform Begrenzungen enthält, die den Sucher von seinem eigentlichen Ziel, Hingabe an den höchsten Herrn, ablenken können.

sarvadharmapriya *adj* 1. allen religiösen Traditionen lieb; gemeint ist der eine Gott, dem sich alle Traditionen anzunähern versuchen. 2. alle religiösen Traditionen liebend; gemeint ist der eine Gott, der alle Wege, die zu ihm hinführen, akzeptiert und gutheißt.

sarvadhī *adj* alles im Bewußtsein habend.

sarvagunasamāyukta *adj* mit allen guten Eigenschaften ausgestattet.

sarvajana *m* alle Wesen.

sarvajanapriya *adj und m* allen Wesen lieb; jemand, der allen Wesen lieb ist, oder: jemand, der alle Wesen liebt.

sarvajanasamānapreman *n* gleiche Liebe für alle Wesen.

sarvajit *adj* alles besiegend; alles erlangend; Name für ein Opferritual (*yajna*).

sarvajīvatiraskāra *m* Loslösung von allem, was verkörpert ist.

sarvajna *adj* allwissend, alles kennend; sich der Vergangenheit, Gegenwart und Zukunft, der innersten Gedanken und Geheimnisse bewußt seiend.

sarvajnānasamāyukta *adj* mit allem Wissen ausgestattet.

sarvajnānasampanna *adj* mit allem Wissen ausgestattet; alles Wissen erlangt habend; im Schatz allen Wissens gegründet seiend.

sarvakarmasamnyāsa *m* das Aufgeben aller weltlichen Aktivitäten, das Sichbefreien von der Vorstellung, irgend etwas selbst bewirken zu wollen; das Konzept von *sarvakarmasamnyāsa* beinhaltet die Erfahrung von *samādhi*, in der sich das Selbst als getrennt von allen Handlungen erfährt.

sarvakriyāparityāga *m* das vollständige Aufgeben aller Aktivitäten, der Zustand, in dem man sich von allem weltlichen Tun gelöst hat.

sarvam brahmamayam *wörtl.:* „Alles besteht aus *brahman*"; „*brahman* wohnt in allem"; „alles, was da ist, ist seinem eigentlichen Wesen nach *brahman*".

sarvam brahmātmakam *wörtl.:* „Alles hat *brahman* als Selbst im Innern".

sarvam sajīvam *wörtl.:* „Alles ist mit Leben ausgestattet, alles lebt".

sarvam vishnumayam jagat *wörtl.:* „Die ganze Welt besteht aus *Vishnu*"; „die Welt ist erfüllt vom in ihr wohnenden Gott".

sarvamangala *n* vollständiges Glück; Freude an allem.

sarvamataikastūpa *m* eine Säule, ein Denkmal, welches alle Glaubensauffassungen zusammenfaßt und deren Einheit symbolisiert.

sarvanāmadhara *adj* alle Namen tragend.

sarvanāman *n* alle Namen (Gottes); Gott wird mit unzählig vielen Namen und Eigenschaften gepriesen; alle diese Aspekte künden von einer Facette seiner Größe und sind deshalb verehrenswert und heilig.

sarvāntaryāmin *m* der innere Lenker von allem, von allen Aktivitäten, die sich in der Psyche des Menschen abspielen können; von ihm kommt die innere Antriebskraft, die zu jeder Zeit wirksam werden kann.

sarvārambhaparityāgin *adj* auf alle Handlungen, Aktivitäten verzichtend, alle Ansprüche auf Anerkennung hinter sich lassend.

sarvarī *f* Name einer frommen Frau, die sich danach sehnte, *Rāma* zu sehen.

sarvasākshin *m* der Zeuge von allem.

sarvasamānabhāva *m* das Gefühl der Verwandtschaft mit allen Wesen; die Fähigkeit zu sehen, daß alles durch das höchste Selbst (*paramātman*) beseelt und bewegt wird.

sarvasamānatā *f* die Gleichheit, Einheit von allem.

sarvasangaparityāga *m* der Verzicht auf alle Bindungen, das Aufgeben aller Bindungen, aller Anhaftungen.

sarvasangaparityāgin *m* jemand, der auf alle Wünsche und Bindungen verzichtet.

sarvashakta *adj* allmächtig, alles könnend.

sarvasya dhātā *m* der Schöpfer von allem; der Erhalter, Unterstützer von allem.

sarvatah pāni pāda *wörtl.:* „Überall Hände und Füße".

sarvātmasvarūpa *n* die Verkörperung des Selbstes von allem.

sarvavyāpti *f* das Allgegenwärtigsein, die Durchdringung von allem.

sarvesha *m = sarveshvara*

sarveshvara *m* der Herr von allem, Herr über alles, der höchste Herr.

sarveshvaracintana *n* Kontemplation über den Herrn von allem; die Erfahrung, die Gegenwart des allmächtigen Herrn ständig zu fühlen.

sashivanāma *adj* mit einem segensreichen Namen versehen; mit *Shivas* Namen versehen.

sat *adj und n* (oft auch *sad*) seiend, existierend, wirklich; gut, tugendhaft, weise; Wahrheit, Wirklichkeit, Existenz, Sein; das absolute, unwandelbare Sein; die zugrundeliegende Seinsrealität des Universums; die Existenz an sich, die im Tiefsten der individuellen Persönlichkeit wohnt.

satata *adj* ewig, beständig.

satcarita *n* die Lebensgeschichte, die ein Ausdruck des Seins ist; Titel einer Biographie über *Shirdi Baba.*

sat-cit-ānanda *m* Sein-Bewußtsein-Glückseligkeit; vgl. *saccidānanda.*

sathya *m* andere Schreibweise für *satya* beim Namen von *Shrī Sathya Sai Baba.*

sathyanārāyana raju *m* der Geburtsname von *Sathya Sai Baba.*

satī *f* Frau, insbesondere eine tugendhafte Frau; eine Frau, die das Sein verwirklicht.

satkarman *n* (Nom. Sg.: satkarma), gute, tugendhafte Arbeit, Tat, Aktivität; nützliches Werk, gerechte Handlung, Aktivität, die nicht von eigennützigen Motiven bestimmt wird.

satkārya *n* gute Handlung; richtiges Verhalten; ein segensreiches Ritual; die Ausführung Nutzen stiftender Pläne.

satkāryavāda *m* die Lehre, die davon ausgeht, daß der Effekt bereits in der Ursache vorhanden ist. Der Entstehungsprozeß ist demnach nur ein In-Erscheinung-Treten einer Realität, die bereits vorher existierte.

satkīrti *f* ein guter Ruf.

satkriti *f* Tugend, Gastfreundschaft; letztlich zielt *satkriti* auf die Gastfreundschaft im Sinne von Offenheit und Bereitsein für die göttliche Wirklichkeit.

satpravartana *n* guter Beginn, gutes Verhalten, gute Einstellung; eine Weltanschauung, die von der Existenz eines absoluten Seins ausgeht; das Inangriffnehmen guter Taten, verbunden mit einem Nachsinnen über das Wohlergehen aller.

satpurusha *m* das Selbst, welches das wahre Wesen eines jeden ist; ein gotterfüllter Mensch; ein Mensch, der seine eigentliche Natur erkannt hat.

satsamkalpa *m* der richtige Entschluß, der gute Entschluß; der Entschluß, das Wahre und Gute zu verwirklichen.

satsanga *m* Gemeinschaft, Gesellschaft der Guten, der Gotthingegebenen, der Weisen; gute Gesellschaft oder guter Umgang; Kontakt mit den weisen und tugendhaften Menschen. *Satsanga* ist für den *sādhaka* eine wichtige Hilfe auf dem Weg der Entwicklung; denn die Menschen, mit denen man zusammen seine Zeit verbringt, haben bis in das Innere hinein einen tiefgreifenden Einfluß. Im *satsanga* ist durch die gebündelte Kraft der Gemeinschaft ein Fortschritt möglich, der allein sehr schwerfallen würde, wenn nicht sogar unmöglich wäre. Letztlich geht es um das Erleben des Seins (*sat*), welches die grundlegende Wahrheit des Universums ist. So kann die Gegenwart eines Heiligen bewirken, daß der Funke der göttlichen Intuition von ihm auf die Anwesenden überspringt, während die Gemeinschaft mit anderen Gottsuchenden durch die gegenseitige Inspiration ebenfalls eine große Hilfe sein kann. Deshalb wird dem spirituell Strebenden der *satsanga* empfohlen.

sattva *n* Sein, Existenz; Natur, Essenz, Konstitution; Leben, Vitalität, Bewußtsein; Substanz; Güte, Tugend, Wahrheit; Stärke, Energie. Im Kontext der Lehre von den drei *gunas* ist *sattva* die Qualität der Ausgewogenheit, der Reinheit und Klarheit, welche die Fähigkeit besitzt, das Sein (*sat*) sichtbar werden zu lassen. Personen mit dieser Eigenschaft haben keine egoistischen Wünsche oder Bedürfnisse und sind frei von Leidenschaften. Sie sind bereit, in die Erkenntnis des Selbstes (*ātman*) hineinzutauchen. *Sattva* beseitigt die Ursachen von Kummer und Sorge, führt den Menschen auf den Pfad echter Freude und wirklichen Glücks. Viele Praktiken und Observanzen auf dem spirituellen Weg dienen dazu, den Grad von *sattva* zu erhöhen, z. B. die Auswahl der Nahrungsmittel (Meiden von Fleisch, Alkohol, Tabak, Kaffee, Tee etc.), das frühe Aufstehen usw.

sattvabuddhi *adj und f* einen reinen Intellekt habend; eine klare Unterscheidungskraft besitzend; Unterscheidungskraft, die nur noch von *sattva* bestimmt ist, in der alle Beimengungen von *rajas* und *tamas* verschwunden sind und die damit zu einem klaren Spiegel für das Selbst (*ātman*) wird.

sattvaguna *m* die Grundeigenschaft von *sattva*.

sāttvika *adj* von *sattva* erfüllt, bestimmt; rein, gut, fromm, ruhig, unbewegt, gesammelt, gelassen. Sprechweise und Verhalten sind dann nicht mehr durch Leidenschaften wie Haß und Stolz getrübt. Bedeutsam ist die Anwendung des *sāttvika*-Prinzips auf die Nahrung. Diese stört den durch *sādhana* erworbenen Gleichmut nicht; es ist Nahrung, die förderlich für Liebe,

Tugend, Stärke und Ausgewogenheit, sowie für Milde und Bescheidenheit ist. Sie besteht u. a. aus Früchten, Nüssen, Getreide, Milch, Honig und Yoghurt. Die Nahrung sollte nicht zu salzig, zu scharf, zu bitter, zu süß, zu sauer sein. Sie sollte nicht zu heiß gegessen werden. Nahrung, die den Durst entfacht, sollte man vermeiden. Gleichzeitig sollte auch die Nahrungsmenge beschränkt werden.

sāttvika jnāna *n* reine, klare Erkenntnis; Erkenntnis, die das göttliche Sein als Wirklichkeit erfaßt und nicht durch irgendwelche äußeren Einflüsse beeinträchtigt werden kann.

sāttvika mārga *m* der reine, von *sattva* bestimmte Weg; der Weg der Meditation, auf dem man *japa* und *dhyāna* ganz selbstverständlich ausführt und regelmäßig in seiner Praxis ist. Der spirituelle Weg ist kein Selbstzweck mehr, wenn er von *sattva* bestimmt wird. Man will für sich nichts erreichen, sondern nur ein guter Diener werden. Man wünscht für alle nur das Gute und verhält sich anderen gegenüber liebenswürdig; man verbringt seine Zeit unverwandt im Gedenken an den Herrn und in Meditation. Man verlangt nicht nach den Früchten von *japa* und *dhyāna*, sondern überläßt alles dem Herrn.

sāttvika tapas *n* spirituelle Bemühung, die auf das Erkennen der wahren Realität ausgerichtet ist. *Sāttvika tapas* beinhaltet zwar auch Disziplin und Mut, ist aber frei von jeder Selbstzerstörung und Selbstverneinung; denn durch diese würde man letztlich den Herrn selbst, der im Herzen wohnt, quälen.

satya *adj und n* wahr, echt, tugendhaft, ehrlich, aufrichtig; Wahrheit, Echtheit, Treue, Aufrichtigkeit; *satya* ist eine der fünf Tugenden des ersten Gliedes (*yama*) des *Rājayoga*, die im *Yogasūtra* des *Patanjali* beschrieben werden und das für alle Entwicklungsstufen geltende Lebensgesetz (*mahāvrata*) bilden. Die übrigen vier sind: Nichtverletzen (*ahimsā*), Nicht-Stehlen (*asteya*), reine Lebensführung (*brahmacarya*) und Nichtergreifen (*aparigraha*). Wenn sich im innersten Herzen, im Selbst, ein klarer Impuls bildet und dann als sprachlicher Ausdruck erscheint, so kann man einen solchen Impuls als eine Manifestation der Wahrheit (*satya*) bezeichnen. Diese innere Wahrheit erscheint, wenn der Mensch wahrhaft auch sich selbst gegenüber ist. Jede innere Wahrheit sollte jedoch anhand der heiligen Schriften (*shāstra*) geprüft werden. Ein Leben ohne Wahrheit wird zum Unterschlupf von Kummer und Streit. Es gibt nichts Größeres als Wahrheit, nichts Dauerhafteres. Wahrheit ist der allesbeschützende Gott.

satyabhāmā *f* Name einer von *Krishnas* Gemahlinnen; sie hatte zehn Söhne und war *Krishna* sehr lieb; für sie holte er aus *Indras* Himmel den *Parijāta*-Baum auf die Erde.

satyācāra *m* echtes, wahres, aufrichtiges Verhalten; eine Lebensführung, welche sich an der Wahrhaftigkeit orientiert.

satyadhriti *m* Name des Enkels des Weisen *Gautama*.

satyajīvin *adj und m* in der Wahrheit lebend; jemand, der in der Wahrheit lebt, d. h. das Sein als transzendente Realität, als die Wahrheit aller Dinge erkennt.

satyajnāna *n* das Wissen um die Wahrheit, das Erkennen der Wahrheit.

sātyaki *m* Name des Wagenlenkers von *Krishna*.

satyakīrti *f* der Glanz der Wahrheit; der gute Ruf, der durch Wahrhaftigkeit entsteht.

satyaloka *m* die Welt der Wahrheit; Name der höchsten relativen Welt, der Welt *Brahmās*; es heißt in manchen Schriften, daß derjenige, der zu dieser Welt aufsteigt, nicht mehr dem Kreislauf von Geburt und Tod unterworfen sei.

satyam brūyāt, priyam brūyāt *wörtl.:* „Sprich die Wahrheit, sprich aber gleichzeitig liebenswürdig!" Zitat aus dem *Mānavadharmashāstra*. Diese Regel besagt, daß eine Wahrheit, wenn sie wirklich eine Wahrheit sein will, den anderen Menschen nicht verletzen sollte.

satyam eva jāyate nānritam *wörtl.:* „Aus Wahrheit wird die Welt geboren, nicht aus Unwahrheit".

satyam jnānam anantam brahma *wörtl.:* „*Brahman* ist Wahrheit, Erkenntnis, Unendlichkeit".

satyam shivam sundaram *wörtl.:* „Wahrheit, Güte, Schönheit".

satyam vada *wörtl.:* „Sprich die Wahrheit!".

satyam vada dharmam cara *wörtl.:* „Sprich die Wahrheit und folge der göttlichen Ordnung!" Dies beinhaltet, daß Sprechen und Handeln in Einklang miteinander stehen sollten; dem *dharma* zu folgen ist nur möglich, wenn vorher die Eigenschaft der Wahrhaftigkeit gefestigt worden ist.

satyam vada, priyam vada *wörtl.:* „Sprich die Wahrheit, sprich liebenswürdig".

satyān nāsti paro dharmah *wörtl.:* „Es gibt keine höhere Pflicht als die Wahrheit, keinen höheren *dharma* als die Wahrheit".

satyapadārtha *m* die Kategorie der Wahrheit; Wahrheit als eine Grundgegebenheit, als eine fundamentale Wirklichkeit.

satyasankalpa *m* ein von Wahrheit getragener Entschluß.

satyasvarūpa *m* die Verkörperung der Wahrheit, die Wahrheit selbst.

satyasya satyam *wörtl.:* „Die Wahrheit der Wahrheit"; die Essenz der Wahrheit, zu der es nicht mehr den Gegensatz der Unwahrheit gibt.

satyavān *m* Name des Gatten von *Sāvitrī*.

satyavatī *f wörtl.:* „Diejenige, welche von Wahrheit erfüllt ist"; Name der Mutter von *Vyāsa*.

satyāveshaka *m* ein Wahrheitsuchender, ein nach Wahrheit Strebender.

satyavrata *adj und m* ehrlich, sich an eine Abmachung haltend; ein Name für den siebenten *Manu* (*Vaivasvata*); Name eines Königs der Sonnendynastie.

satyayuga *n* Name des goldenen Zeitalters, welches das erste im Zyklus der vier Weltzeitalter (*yuga*) ist; es wird auch *kritayuga* genannt.

saubhāgya *n* Glück, Freude; gute Partnerschaft; Gesegnetheit; Fülle, Überfluß; Schönheit, Charme, Anmut.

saubhari *m* Name eines Weisen.

saukhya *n* Glück, Fülle, Zufriedenheit, Frohsein.

saumya *adj* schön, angenehm; sanft, mild; glückverheißend; zum Mond, bzw. zu *Soma* gehörig.

saunanda *m* Name einer Keule von *Balarāma*.

saundarya *n* Schönheit, Eleganz, Lieblichkeit.

saundaryalaharī *f* die Woge der Schönheit; Titel eines Werkes aus der *Tantra*-Tradition.

saura *adj und m* zur Sonne (*sura*) gehörend; ein Verehrer des Sonnengottes *Sūrya*.

savarnā *f* Name für die Gattin des Sonnengottes.

savicāra *adj* mit genauer Betrachtung versehen; *savicāra* bezeichnet eine Stufe von Versenkung, die noch nicht die völlige Stille erreicht hat, jedoch bereits eine klare Sicht feinerer Zusammenhänge ermöglicht.

savikalpa *adj* mit Unterscheidungen versehen; (vgl. *savikalpasamādhi*); dies bezeichnet eine der Arten des *samādhi*, bei der die dreifache Natur von Erkennendem, dem Erkenntnisprozeß und dem Erkannten noch besteht.

savikalpānanda *m* die Seligkeit des höchsten Subjekt-Objekt-Kontaktes. Wenn die Stufe von *savikalpasamādhi* erreicht wird, erscheint die Dualität nicht mehr als bedrohlich, sondern wird bereits vom Göttlichen durchstrahlt und erleuchtet. Dies ist eine sehr freudvolle Erfahrung; trotzdem sollte man sich nicht an diese Ebene binden, sondern weiter zur vollständigen Stille voranschreiten.

savikalpasamādhi *m* Bezeichnung einer Versenkungsstufe im klassischen *Yoga*; es ist ein Bewußtseinszustand, in dem man das Selbst (*ātman*) bereits erkennt, schon mit ihm verbunden ist, aber in der Subjekt-Objekt-Beziehung zu ihm verbleibt. Im Gegensatz zum *nirvikalpasamādhi* bleibt noch eine Spur von Dualität, die ein vollständiges Aufgehen verhindert.

savikāra *adj* Transformation, Veränderung besitzend; mitsamt den Umwandlungen oder Ableitungen.

savishesha *adj* mit Unterscheidungen, Unterschieden versehen, qualifiziert.

savitā *m wörtl.:* „Der Beweger", „der, welcher inspiriert"; in den *Veden* ist *Savitā* ein Name für diejenige Gottheit, die alles belebt, in Bewegung versetzt und inspiriert. *Savitā* ist einer der *Ādityas* und mit der morgendlichen Sonne verbunden.

savitarka *adj* mit Argumentation, Begründung versehen; nachdenklich, voller Gedanken. *Savitarka* kennzeichnet die erste Stufe von *samādhi*, die noch von relativ starker Gedankenaktivität begleitet ist. Wenn man diese Bewegungen des Geistes nach und nach hinter sich läßt, gelangt man zu *nirvitarka*, zu dem Zustand, der nicht mehr von unwillkürlichen Gedanken gestört wird. Die dritte Stufe ist dann *savicāra*.

sāvitrī *f* Name eines heiligen Verses des *Rigveda (3*.62.10), der auch als *Gāyatrī* bekannt ist; Name der Gemahlin von *Brahmā*, die als Personifizierung des Verses betrachtet wird; Name der Tochter des Königs Ashvapati und Gemahlin von *Satyavān*. Obwohl ein *Rishi* sie gewarnt hatte, daß er nur noch ein Jahr zu leben hätte, heiratete sie *Satyavān*. An dem angegebenen Tag folgte *Sāvitrī* ihm, und als er sterbend niedersank, sah sie sich der Gestalt *Yamas*, des Todesgottes, gegenüber, der ihren Gatten holen wollte. Sie folgte ihm unermüdlich, als er *Satyayān* davontrug, und ließ sich nicht beirren. Sie bat aber nicht direkt um ihren Gatten, sondern pries nur immer wieder die Größe und die Rechtschaffenheit von *Yama*. *Yama* gefiel ihre Hingabe, und so gewährte er ihr nach und nach drei Wünsche, nur nicht, daß ihr Gatte am Leben bliebe. *Sāvitrī* dachte bei den ersten Wünschen nicht an sich und folgte ihm weiterhin, so daß schließlich *Yama* ihrem Gatten das Leben zurückgab und gleichzeitig ihre anderen uneigennützigen Wünsche erfüllte.

savyasācin *m* wörtl.: „derjenige, der den Bogen auch mit der linken Hand führen kann"; ein Name für *Arjuna* und auch für *Krishna*.

sāyana *m* Name eines berühmten Kommentators der *Veden* aus dem 14. Jh..

sayujya *adj* verbunden, vereinigt; zur selben Gruppe gehörig.

sayūthya *adj wörtl.:* „Zur selben Familie, bzw. Herde gehörig"; gemeint ist eine Erfahrung, in der dem Menschen die göttliche Natur bewußt wird, die in seinem Herzen wohnt; ihm wird klar, daß er nicht diese begrenzte Persönlichkeit ist, für die er sich lange Zeit gehalten hat; vielmehr erscheint nun das Selbst (*ātman*) als ein Zeuge (*sākshin*), der nicht in die Handlungen verstrickt ist. In der Identifikation mit dem Selbst wird das Bewußtsein erlangt, ein göttlicher Funke zu sein, die Qualität des Feuers zu besitzen und der göttlichen „Herde" anzugehören.

setu *m* Brücke, Damm, Barriere.

setubandha *m Rāmas* Brücke.

sevā *f* Dienst, Hilfe, Dienstbereitschaft; Dienst am Nächsten; Verehrung, Anbetung, Gottesdienst; Hingabe, Anziehung; Praxis, Regelmäßigkeit, Übung; der Dienst, der für andere ausgeführt wird, sollte gleichzeitig als Gottesdienst ausgeführt werden. Dabei wird keine Gegenleistung vom anderen erwartet, sondern einzig und allein zur Verherrlichung des Höchsten gehandelt. Das Dienen ist dann ein Ausdruck der Verehrung Gottes in allen Wesen.

sevādal(a) *m und n* eine Gruppe, die sich den Dienst am Nächsten zum Ziel gesetzt hat und diesen als Gottesdienst praktiziert.

sevaka *m* Diener, Verehrer; jemand, der sich dem selbstlosen Dienst widmet.

sevana *n* Dienen, Verehren.

sevita *adj* verehrt, verherrlicht; den Dienst empfangend und annehmend.

shabara *m* Name des Kommentators der *Mīmāmsā-sūtras*.

shabarī *f* Name einer Frau.

shabda *m* Ton, Klang, Schwingung; Wort, Name, Substantiv; *shabda* bezeichnet eigentlich die Einheit von Bedeutung und Klang eines Wortes, welche entsprechend der sprachphilosophischen Tradition charakteristisch für das *Sanskrit* ist. Zusätzlich sind zwei Aspekte zu unterscheiden: der gröbere sinnlich hörbare Klang und das feinere Klangelement, außerdem läßt sich als drittes von einer transzendenten Klangschwingung sprechen. Dieser innere Gehalt des Klanges ist der eigentliche *shabda*; er erhebt sich mit erleuchtender Kraft (*shakti*) aus dem Unbewegten, Ewigen. Wenn das gesprochene Wort (*dhvani*) als sein Gefährt innerlich und äußerlich in vollkommener Weise erklingt, versetzt es die innere Kraft in Schwingung, die in der Lage ist, Einsicht bis zur Erleuchtung zu vermitteln (vgl. *Mantra*).

shabdabrahman *n* das *brahman*, das sich als Wort offenbart, das die Gestalt des Wort-Klangs besitzt; gemeint ist damit der *Veda*, der von den *Rishis* wahrgenommene Urklang, der in der Tiefe des inneren Schweigens wohnt. *Shabdabrahman* ist eine einheitliche Realität, die sich in verschiedene Klänge ausfalten kann; die Repräsentation dieser Wirklichkeit ist *OM*.

shacī *f* Sprache, Rede; Energie, Kraft, Stärke; Name der Gattin von *Indra*; Name der Mutter von *Caitanya*.

shacīnandana *m* die Freude der *Shacī*; derjenige, welcher das Herz der *Shacī* erfreut; ein Name für *Caitanya*.

shaddarshana *n* die sechs Sichtweisen; Name für die 6 klassischen Philosophiesysteme; vgl. *darshana*.

shadripu *m* die sechs Feinde; vgl. *arishadvarga*.

shaibyā *f* Name der Gattin von *Shatadhanu*.

shaiva *adj und m* zu *Shiva* gehörig; Bezeichnung für die Verehrer *Shivas*. Dies ist eine der drei großen Richtungen der Gottesverehrung auf dem indischen Subkontinent, die beiden anderen sind *Vaishnava* und *Shākta*. Die *Shaivas* sehen in der Gestalt *Shivas* das höchste Wesen und verehren ihn in vielfältigen Gestalten und unter verschiedenen Namen. Für sie ist er der Schöpfer, Erhalter und Zerstörer des Weltalls, der höchste Herr von allem.

shaivāgama *m* (*shaiva-āgama*), Bezeichnung für einen *Tantra*-Text oder ein anderes Werk, das sich mit der Verehrung *Shivas* und seiner *Shakti* befaßt.

shaivapurāna *n* ein zur Tradition der *Shaivas* gerechnetes *Purāna*.

shaivasiddhānta *m wörtl.:* „Das höchste Ziel der *Shaivas*“, d. h. der *Shiva*-Verehrer; Bezeichnung für die südindische *Shaiva*-Tradition, die der qualifizierten Einheitslehre (*Vishishtādvaitavedānta*) des *Rāmānuja* insofern ähnelt, als sie weder die absolute Identität noch die absolute Verschiedenheit von Gott, Seele und Welt postuliert.

shākhā *f* Zweig; Zweig des *Veda*, *Veda*-Schule. Die Texte des *Veda* wurden mündlich von Generation zu Generation übermittelt. Dabei entstanden die vielen Schultraditionen, die jeweils eine bestimmte Fassung eines *Veda* überlieferten. Jede *shākhā* hat ihre eigene *Samhitā*, ihr eigenes *Brāhmana*, das aus Anleitungen (*vidhi*), Erklärungen (*arthavāda*) usw. der verschiedenen vedischen Opferhandlungen (*yajna*) bestand, und auch einen eigenen *Vedānta*-Text, d. h. eine *Upanishad*.

shākinī *f* Bezeichnung für die Dienerinnen *Durgās*.

shakra *m* ein Name für *Indra*.

shākta *adj* zur *Shakti* gehörend, ein Verehrer der *Shakti*; dies ist eine der drei großen Richtungen der Gottesverehrung auf dem indischen Subkontinent, die beiden anderen sind *Vaishnava* und *Shaiva*. Prinzipiell ist die Verehrung *Shaktis* in jeder Traditionslinie in Form der Gattin eines Gottes vorhanden; bei den *Shāktas* wird hingegen die höchste göttliche Realität selbst als weiblich aufgefaßt und dementsprechend verehrt. *Shakti* ist für sie die Kraft, die alles Leben ermöglicht und das Universum erhält. Sie ist die grundlegende Schöpferkraft, die sich in ursprünglicher Weise als die die Grundpolarität männlich/weiblich vereinende und neues Leben hervorbringende Sexualkraft zeigt. Deshalb ist die Symbolik der *Shākta*-Traditionen oft sexueller Natur (vgl. *yoni*, *linga*); und Gottheiten werden oft in sexueller Vereinigung dargestellt. Als Weg zur Erfahrung der letzten Wirklichkeit dienen den *Shāktas* Techniken zur Transformation der sexuellen Energie, von denen man einen Abglanz auch im *Kāmasūtra* finden kann. Dazu treten Übungen des *Kundalinīyoga*. In manchen Formen der *Shākta*-Tradition wird deutlich, daß die sexuellen Ausdrucksformen Symbole innerer meditativer Prozesse sind; die Vereinigung wird hier auf geistiger, nicht mehr auf körperlicher Ebene vollzogen.

shakti *f* Kraft, Macht, Fähigkeit, göttliche Energie, Stärke; unter *Shakti* wird oft die ewige Kraft des Werdens verstanden, die wesensmäßig untrennbar mit der höchsten göttlichen Persönlichkeit verbunden ist. In Gott verschwinden die relativen polaren Gegensätze; er umfaßt beide Prinzipien und offenbart in *Shakti* das unendliche Spiel seiner Energien. *Shakti* ist in speziellerem Sinn oft ein Name der Gattin *Shivas*.

shaktipāta *m* das Herabsteigen göttlicher Energie.

shakuni *m* Name des Bruders von *Gāndhārī*, der Gattin des *Dhritarāshtra*. Er entwickelte mit *Duryodhana* gemeinsam viele hinterlistige Pläne gegen die *Pāndavas* und führte unter Verwendung betrügerischer Mittel das Glücksspiel gegen *Yudhishthira* aus.

shakuntalā *f* Name einer himmlischen Nymphe (*Apsarā*), der Mutter des Königs *Bharata*. Die Geschichte ihrer Liebe zu dem König *Dushyanta* ist der Inhalt des berühmten Dramas *Shakuntalā* von *Kālidāsa*. Der Inhalt ist kurz umrissen folgender: *Shakuntalā* lebte bei einem *Rishi* in dessen Einsiedelei. König *Dushyanta* kam in diesen Wald, und als er sie erblickte, verliebte er sich in sie. Er bewegte sie zu einer Heirat in Form einer einfachen gegenseitigen Erklärung der Ehe und gab ihr, bevor er sich verabschiedete, einen Ring als Pfand. Nach seinem Fortgehen war *Shakuntalā* in Gedanken an *Dushyanta* versunken und versäumte es, einem heiligen Gast der Einsiedelei gebührende Achtung zu erweisen. Dieser verfluchte sie, von ihrem Geliebten vergessen zu werden, fügte aber das Versprechen hinzu, daß der Fluch aufgehoben würde, wenn der König den Ring sähe. Sie machte sich auf den Weg zum König und badete unterwegs in einem See. Dabei verlor sie den Ring, der dann von einem großen Fisch verschluckt wurde. Ein Fischer jedoch fing diesen und verkaufte ihn an den König. Erst als er den Ring im Bauch des Fisches fand, erinnerte der König sich wieder an *Shakuntalā*. Er nahm sie nun endgültig als seine Gemahlin zu sich, zusammen mit *Bharata*, ihrem Sohn, den sie inzwischen geboren hatte.

shālā *f* Raum; Haus; Baumstamm; Stall; Sitz einer Organisation, eines Instituts.

shālagrāma *m* Name eines Steins, der *Vishnu* repräsentiert und daher in den *Vaishnava*-Traditionen verehrt wird.

shalya *m* Name eines Königs; er war der Bruder von *Mādrī*, der zweiten Frau von *Pāndu*.

shama *m* Stille, Beruhigung, Friede; Leidenschaftslosigkeit, Gelassenheit; *shama* ist die erste Qualität der sechs Schätze (*shatkasampatti*).

shamadamādishatka die Sechsheit von *shama*, *dama* usw...

shāmba *m* Name eines Sohnes von *Krishna*.

shambara *adj und m* exzellent, sehr gut; Name eines Dämons, der von *Pradyumna* getötet wurde.

shambhu *adj und m* (Vok. shambho), Freude bringend, erfreuend; derjenige, welcher glücklich macht, welcher das Gute verteilt, welcher der Ursprung des Guten ist; ein Name für *Shiva*, *Brahmā* oder *Vishnu*.

shamī *f* Name einer Holzart, die im vedischen Ritual benutzt wird, um durch Reibung Feuer zu erzeugen.

shamsa *m* Lobpreis, Anrufung, Hymne; Rezitation eines vedischen Textes.

shāndilya *m* Name eines Weisen.

shani *m* Saturn; der Gott, der die Einflüsse des Saturns lenkt.

shanīshvara *m* der Herr des Saturn.

shankara *adj und m* Heil, Frieden (sham) bringend (kara); Name eines der größten Heiligen und Philosophen Indiens (ca. 788–820), welcher der Hauptvertreter des *Advaitavedānta* war. Trotz seines kurzen Lebens hat der

Schüler von *Gaudapādas* Schüler Govindapāda zahlreiche Schriften verfaßt. Als wichtigste gelten seine Kommentare zu den *Vedāntasūtras*, einigen *Upanishads* und der *Bhagavadgītā*; außerdem die ihm zugeschriebenen *Ātmabodha*, *Tattvabodha*, *Upadeshasāhasrī* (welche mit großer Sicherheit von *Shankara* selbst verfaßt worden ist) und *Vivekacūdāmani*. Der Titel seines *Vedāntasūtra*-Kommentars ist *Shārīrakabhāshya* („Erörterung in Bezug auf die Seele, welche der wahre Bewohner des Körpers ist"). In Indien wird *Shankara* aber nicht nur als ein kühler Philosoph betrachtet, sondern auch als ein Heiliger, der von *bhakti* beseelt war; deshalb werden ihm eine ganze Reihe Hymnen zum Lobe verschiedener Gottheiten zugeschrieben. *Shankara* gilt als der Erneuerer der vedischen Traditionen, nachdem diese zeitweise vom Buddhismus verdrängt worden waren. Sein Wissen und seine Heiligkeit waren so groß, daß man ihn als eine Inkarnation *Shivas* betrachtete. *Shankara* ist auch sonst ein Name für *Shiva*.

shankarācārya *m* der Meister *Shankara*; Titel für große Lehrer der auf *Shankara* aufbauenden Traditionslinie; die *Shankarācāryas* stehen jeweils einem der vier von *Shankara* begründeten Sitze des Wissens vor.

shankaravijaya *m* wörtl.: „der Sieg des *Shankara*"; Name einer Biographie *Shankaras*.

shankarī *f wörtl.:* „Die, welche Segen bringt"; dies ist die weibliche Form von *Shankara* und ein Name für *Pārvatī*.

shankha *m und n* Seemuschel, Muschelhorn; viele Gottheiten haben ein Muschelhorn als Attribut, auf welchem auch geblasen werden kann; auch im Kultus findet das Muschelhorn Verwendung; Name eines von *Vishnu* getöteten Dämons.

shanku *m* Speer, Spitze, Nagel; stechender Schmerz; Name eines Dämons; ein Name für *Shiva* oder *Kāma*; Name eines Gelehrten am Hof des Königs *Vikramāditya*.

shanmukhanātha *m* der sechsgesichtige Herr; ein Name von *Subrahmanya*, dem Sohn *Shivas*.

shāntā *f* Name der Gattin des *Rishyashringa*.

shānta *m* Frieden, Stille; Leidenschaftslosigkeit, Gleichmut.

shāntabhakti *f* tiefe, friedvolle Hingabe; Hingabe, die durch eine ruhige, gleichmäßige Beziehung zu Gott gekennzeichnet ist.

shāntabhāva *m* der Zustand der Stille, des Friedens.

shāntakāra *adj* zur Ruhe, Stille gebracht, geführt; in absolutem Frieden sich befindend.

shāntanu *m* Name eines Königs aus der Monddynastie; er war der Vater von *Bhīshma*.

shāntasvarūpalāra *(Telugu) wörtl.:* „Ihr, deren wahre Natur Stille ist".

shānti *f* innere Stille, Gelassenheit, Gleichmut, Frieden, Leidenschaftslosigkeit; das Ruhen der Sinne, der Leidenschaften, Gefühle, Empfindungen und Impulse. Gemeint ist meist ein Friede, den man durch die spirituelle Erkenntnis erlangt, daß man nicht der sterbliche Körper, sondern unvergängliches Bewußtsein ist. Nur dieser Friede kann durch äußere Einflüsse nicht mehr gestört werden.

shāntiparvan *n* das Kapitel über den Frieden; Name des zwölften und längsten Buches des *Mahābhārata*; dieses besteht aus Geschichten und Vorträgen zur Beruhigung des verzweifelten Geistes *Dhritarāshtras*, des blinden Königs der *Kauravas*, nachdem er alle seine Verwandten im Krieg gegen die *Pāndavas* verloren hatte.

shāntivedikā *f* Altar des Friedens.

shara *m* Pfeil.

sharabhanga *m* Name eines weisen Einsiedlers, den *Rāma* und *Sītā* während ihrer Verbannung besuchten.

sharadā *f* Herbst; Jahr; Name der Göttin des Jahreslaufes.

sharana *n* Schutz, Hilfe, Zuflucht; Zufluchtsstätte, Haus, Heiligtum.

sharanāgatatrāna *n* der Schutz derjenigen, die vollständige Zuflucht beim Herrn gesucht haben.

sharanāgati *f* das Schutzsuchen, die vollkommene Hingabe; das Erkennen der vollständigen Abhängigkeit von Gott und die Bereitschaft, alles seinem Willen zu überlassen. Es ist eine absolute, unbegrenzte Unterwerfung, die nur möglich ist, wenn man die Identifikation mit den eigenen Handlungen aufgegeben hat.

sharanyū *f* Name der Tochter von *Tvashtā*, die den Sonnengott heiratete.

sharīra *n* Körper, Leib, Hülle, vergängliche Form.

sharīracintā *f* Sorge um den Körper, das Denken an den Körper, Körperbewußtsein; dies bezeichnet den Zustand der Identifikation mit dem Körper, in dem die Wahrnehmung der ewigen Seele verloren gegangen ist.

shārīrakabhāshya *n* Name des Kommentars von *Shankara* zu den *Vedāntasūtras*.

sharīrin *adj und m* verkörpert, inkarniert; jemand, der einen Körper besitzt; die verkörperte Seele.

shasha *m* Hase.

shashin *m* Mond; der Name rührt davon her, daß man im Mond die Gestalt eines Hasen gesehen hat.

shashtyabda *m* 60 Jahre; Bezeichnung des sechzig Jahre währenden Zyklus des Jupiter, daher auch das 60. Jubiläum eines guten und / oder erhebenden Ereignisses.

shāshvata *adj, n und m* ewig, beständig; Ewigkeit; ein Name für *Shiva*.

shāstra *n* Gebot, Befehl, Regel, heilige Schrift, Lehrbuch, Kompendium; die *shāstras* gehen oft auf alte Seher, Weise und Heilige zurück und besitzen daher eine große Autorität. Der spirituell Strebende sollte seine persönlichen Erfahrungen und Schlußfolgerungen immer anhand von *shāstras*, egal welcher Tradition sie entstammen, prüfen, um auf seinem Weg nicht in die Irre zu gehen.

shastra *n* Waffe; Instrument, Werkzeug; Hymne, vedische Rezitation. Wer sich nicht unter den Schutz von *shāstra* stellt, wird u. U. die Gewalt von *shastra* zu spüren bekommen.

shāstrabala *n* die Kraft der heiligen Schriften und Lehrbücher; diese Kraft kann als eine direkte Wirkung und Inspiration erfahren werden, wenn man die Texte studiert (vgl. *shabda*); die Kraft, die durch das Studium erlangt wurde.

shāstranetra *n* das Auge der Schriften; jeder sollte bestrebt sein, die Welt mit dem Auge der heiligen Texte wahrzunehmen und dadurch zu spiritueller Klarheit zu gelangen.

shatadhanu *m* Name eines Königs; er war der Gatte von *Shaibyā* und ein frommer Verehrer *Vishnus*.

shataghni *adj und f* hundert tötend; Name einer Waffe von *Krishna*.

shatapathabrāhmana *n wörtl.:* „Das *Brāhmana* der 100 Wege“; Name des *Brāhmana* des weißen *Yajurveda*. Es wird dem *Rishi Yajnavalkya* zugeschrieben und ist eines der bedeutendsten *Brāhmanas*. Zur gleichen *Veda*-Schule gehört die *Brihadāranyakaupanishad*.

shatarūpā *f* wörtl.: „die, die 100 Formen besitzt“; Name für die Gattin des *Brahmā*, die er schuf, indem er sich in eine männliche und weibliche Hälfte teilte; vgl. *Sāvitrī*.

shatavadana *adj* auf 100 antwortend; die Fähigkeit besitzend, auf 100 Fragen zu antworten, die von 100 Personen gestellt werden; dies ist ein Zeichen außerordentlicher Konzentrationsfähigkeit.

shatkasampatti *f wörtl.:* „Die sechs Schätze“; diese werden in *Shankaras* Kommentar zu den *Vedāntasūtras* und u. a. auch im *Tattvabodha* als eine der vier Vorbedingungen aufgezählt, die ein Schüler des *Vedānta* erfüllen muß. Die drei anderen sind das Verlangen nach Befreiung (*mumukshutva*), Unterscheidungsvermögen (*viveka*) und Leidenschaftslosigkeit (*vairāgya*). Die sechs großen Schätze sind: 1. innere Gelassenheit, ruhiges, klares Arbeiten des Geistes (*shama*); 2. Herrschaft über die Sinnesorgane (*dama*); 3. Erfüllung der eigenen Pflichten (*dharma*); 4. das geduldige Ertragen aller Gegensatzpaare (*titikshā*); 5. Glaube (*shraddhā*); 6. die Fähigkeit zur Sammlung und zur Kontemplation (*samādhāna*). Diese Bedingungen zeigen, daß die Einheitsphilosophie des *Vedānta* nicht von einer rein mentalen Ebene aus angemessen zu verstehen ist, sondern daß dafür eine spirituelle Verwirklichung erlangt werden muß.

shatru *m* Feind, Widersacher, Gegner.

shatrughna *m* derjenige, welcher die Feinde erschlägt; Name des Halbbruders von *Rāma*.

shatsampatti *f* = *shatkasampatti*.

shauca *n* Reinigung; Reinheit, Reinlichkeit; diese kann sich auf innere und äußere Aspekte beziehen: innere Reinheit ist die Abwesenheit von Heuchelei und Haß, von Wunsch und Unzufriedenheit, Begierde und Zorn und die Anwesenheit guter Eigenschaften. Für jeden Aspekt des Menschen gibt es ein entsprechendes Reinigungsmittel: Wasser reinigt den Körper, Wahrheit reinigt den Geist, Wissen reinigt die Fähigkeiten der Vernunft. *Shauca* ist ein Aspekt des zweiten Gliedes (*niyama*) von *Patanjalis Rājayoga*.

shaunaka *m* Name eines vedischen Sehers (*Rishi*).

shauri *m* ein Name für *Krishna* oder *Vishnu* (von *shūra* = tapfer, mächtig).

shava *n* Leichnam.

shavasakti *f* Verbindung, Berührung mit einem bzw. den Toten.

shavo 'ham *wörtl.:* „Ich bin tot", „ich bin ein Leichnam".

shayana *n* Schlafen, Ruhen, Liegen; Bett.

shāyin *adj* liegend, ruhend, sich ausstreckend.

shesha *m und n* Name einer Schlange, und zwar der Weltenschlange, die tausend Köpfe besitzt und auf der *Vishnu* während des Weltenschlafes ruht; Rest, Überrest; Ende, Ziel, Tod.

sheshashāyin *adj und m* auf der Schlange *Shesha* ruhend; ein Name *Vishnus*.

shibi *m* Name eines Königs. *Agni* in Gestalt einer Taube flog zum ihm, um Schutz vor einem Falken (*Indra*) zu suchen. Als der Falke die Taube als seine rechtmäßige Speise forderte, schnitt *Shibi* so viel Fleisch aus seinem Körper, wie die Taube wog.

shikhā *f* Bezeichnung einer Haarlocke, die am Scheitelpunkt des Kopfes stehen gelassen wird.

shikhandī *m* wörtl.: „der, der eine Locke trägt"; bei der Mönchsweihe wird häufig eine Locke stehen gelassen; insofern bezeichnet *shikhandī* jemanden, der nach Erlösung strebt; ein Name für *Vishnu*, für *Krishna*; Name des Sohns von *Drupada*, der als Frau geboren und durch einen Fluch in einen Mann verwandelt wurde. Im *Mahābhārata*-Krieg besiegte *Shikhandī Bhīshma*.

shikshā *f* Phonetik, Lautlehre; Name eines der *Vedāngas*; die Wissenschaft, die sich mit der richtigen Aussprache und Betonung beim Rezitieren der *Veden* befaßt.

shikshakavarga *m* die Gruppe der Lehrer.

shikshana *n* Lernen, Erwerben von Erkenntnis, Üben des richtigen Umgangs mit den Sinnen und Gefühlen; Belehrung, Unterricht.

shīla *n* Charakter, Natur, Gewordenheit, Verhalten; Tugend, tugendhaftes Verhalten.

shilpashāstra *n* Lehrbuch der Kunstfertigkeit, des Kunsthandwerks; Name eines Werkes über Architektur.

shiras *n* Kopf, Haupt; Spitze, der höchste Punkt.

shirdi Name einer Stadt im Staate Mahārāshtra (Nordindien), in der Sathya Sai Baba in seiner vorherigen Inkarnation gelebt hat.

shirdi sai baba *m* Name eines Heiligen, der vorherigen Inkarnation von *Sathya Sai Baba*. Er wird als einer der größten indischen Heiligen der Neuzeit verehrt und ist in Indien sehr bekannt. Zu seinen Verehrern gehörten und gehören Hindus ebenso wie Moslems; er selbst stand jenseits der Religionen und lebte und handelte aus unmittelbarer Erfahrung der letzten Wirklichkeit. Sein Lebensstil hatte viel von dem eines heiligen Narren, weshalb er orthodoxen Gläubigen öfters unheimlich erschien.

shiromani *m* Stirnjuwel; ein Schmuckstück, welches am Kopf getragen wird; Titel für einen Gelehrten.

shīrsha *n* Kopf.

shishumāra *m* Bezeichnung für eine Himmelssphäre, in deren Mitte *Vishnu* residiert.

shishupāla *m* Name eines Cousins von *Krishna*, der aber gegenüber diesem eine große Feindschaft hegte; denn *Krishna* hatte *Rukminī* entführt, welche *Shishupāla* heiraten sollte.

shishya *m* Schüler, Student; speziell jemand, der einen spirituellen Weg geht und bewußt an seiner geistigen Entwicklung arbeitet, der nicht nur Bücher liest, sondern sein Leben in ein spirituelles Leben verwandelt.

shishyarakshana *adj* die Schüler schützend.

shīta *adj und n* kühl, kalt; dumpf, apathisch, träge; Kühle, Kälte; Wasser.

shītāgni *m* das kalte Feuer.

shiva *adj und m* gütig, freundlich, gnädig, segensreich; der Gütige, der Freundliche; der Gnadenvolle, Gnädige; *Shiva* wird in den *Shaiva*-Traditionen als der höchste Herr verehrt; er gehört zu der Trinität (*trimūrti*) *Brahmā*, *Vishnu* und *Shiva*, in der er der Gott der Auflösung, Umwandlung und Zerstörung ist; seine Wirksamkeit als Zerstörer der Unwissenheit (*avidyā*) zeigt aber seine segensvolle Natur. Nichtsdestoweniger enthält er viele Wesenszüge, die einer oberflächlichen Betrachtung abschreckend erscheinen mögen; so ist sein bevorzugter Aufenthaltsort der Leichenverbrennungsplatz, und seine Gestalt ist weiß, da sein Körper von Asche bedeckt ist usw. Sein Symbol ist das *linga*, welches oft zusammen in Vereinigung mit der *yoni*, dem Symbol seiner Gemahlin *Shakti*, dargestellt wird. *Shiva* besitzt viele Namen u. a.: *Shambhu*, *Shankara*, *Īshāna*, *Vishvanātha*, *Kedārnātha* und *Natarāja*, der Herr des Tanzes, als der er oft in der bildenden Kunst dargestellt wird. Er reitet auf *Nandi* und wird oft als *Guru* aller *Gurus* verehrt, als Zerstörer aller Weltlichkeit, der Weisheit gewährt und die Verkörperung von Entsagung und Mitleid ist. In dieser Funktion ist er auch der Herr des *Yoga* (*Yogeshvara*), der durch nichts in seiner unerschütterlichen Ruhe gestört werden kann.

shivalinga *n* das Zeichen, Symbol *Shivas*, welches seine Schöpferkraft symbolisiert (vgl. *linga*).

shivānanda *m* die Glückseligkeit *Shivas*; Name eines spirituellen Lehrers.

shivānandalaharī *f* die Woge der Glückseligkeit des *Shiva*; Name einer Schrift, die *Shankara* zugeschrieben wird.

shivanandana *m* die Freude *Shivas*; ein Name für *Ganesha*.

shivapurāna *n* Name eines *Purānas*, welches der *Shaiva*-Tradition zugerechnet wird.

shivarātri *f* die Nacht *Shivas*; die Neumondnacht, die *Shiva* heilig ist und mit spiritueller Aktivität verbracht werden sollte; vgl. *mahāshivarātri*.

shivarātrisamdesha *m* Unterweisung für *Shivarātri*.

shivashakti *f Dual Shiva* und *Shakti*; der göttliche Vater und die göttliche Mutter zusammen; Bewußtsein und Kraft in einer Einheit. *Shiva* verkörpert in diesem Paar den ewigen Geist, die letzte unvergängliche Wirklichkeit, und *Shakti* die göttliche Energie und Dynamik.

shivatva *n* das Wesen *Shivas*, die Wirklichkeit *Shivas*; die Tatsache, daß die göttliche Wirklichkeit in jedem Menschen ist.

shivi *m* Name des Sohnes von *Ushīnara*; er schnitt aus seinem eigenen Körper ein Stück Fleisch heraus, um eine Taube vor einem Falken zu retten.

shivo 'ham *wörtl.: „Shiva* (bin) ich"; dieser *Mantra* bezeichnet die Identifikation des relativen, begrenzten Bewußtseins mit dem absoluten, reinen Bewußtsein.

shleshman *m wörtl.:* „Schleim"; ein anderer Name für *kapha*, einen der drei *doshas* in der Lehre des *Āyurveda*.

shloka *m* Vers, Hymne, Ruf, Schall, Strophe; der *shloka* ist eines der wichtigsten Versmaße in den *Sanskrit*-Klassikern (z. B. *Mahābhārata*, *Rāmāyana*). Es wurde wahrscheinlich von *Vālmīki* eingeführt und ergibt eine Strophenform aus zwei Verszeilen zu je zwei Gliedern (*pāda*) zu je acht Silben, besitzt also insgesamt 32 Silben.

shobhā *f* Licht, Glanz, Herrlichkeit.

shodashakalāh *f Pl.* die 16 Teile der Mondscheibe.

shraddhā *f* Glaube, Vertrauen; *shraddhā* meint in der Regel nicht das intellektuelle Fürwahrhalten bestimmter Dogmen, sondern meint eine innere Gewißheit, die existentieller Natur ist. *Shraddhā* bedeutet, daß man fähig ist, sein Herz ganz hinzugeben, und das ist nur möglich, wenn wirkliches Vertrauen vorhanden ist. Dies schließt auch den Glauben an das, was die heiligen Schriften lehren, das Vertrauen, daß sie die Wahrheit verkünden, mit ein; *shraddhā* ist einer der „sechs Schätze" (*shatkasampatti*), welcher nach *Shankara* für ein rechtes Verständnis des *Vedānta* notwendig ist.

shraddhāvān labhate jnānam *wörtl.:* „Wer festes Vertrauen besitzt, gewinnt Weisheit", d. h. nur derjenige, der Vertrauen hat, ist in der Lage, bestimmte Sachverhalte des spirituellen Lebens richtig zu verstehen; denn es geht dabei nicht um rein objektive Fakten, sondern um existentielle Erfahrungen, die die Befindlichkeit und die Funktionsweise des Geistes prägen. Wenn dieser immer wieder von Zweifel und Unruhe erschüttert wird, kann das innere Licht nicht zum Leuchten gebracht werden.

shrama *m* Anstrengung, Plage; Bemühung, Streben; Bürde, Last; Müdigkeit, Erschöpfung. *Shrama* kann insbesondere den Zustand beschreiben, der entsteht, wenn man die Bemühung um geistige Entwicklung vernachlässigt und sich statt dessen zu sehr in den Daseinskampf verstrickt hat.

shramana *m* Asket, Mönch, Wandermönch, Bettelmönch; jemand, der beim Beschreiten des geistigen Weges keine Mühen scheut.

shramikavarga *m* die Gruppe der spirituell Strebenden; die Gruppe der Mönche.

shrauta *adj und n* zur *shruti* gehörig; ein vedisches Ritual.

shrautasūtra *n* Name einer Textgattung, die sich im *sūtra*-Stil mit den großen vedischen Opferzeremonien (*yajna*) befaßt. Die kleineren Zeremonien werden in den *Grihyasūtras* behandelt.

shrāvana *m* Name eines Monats (Juli – August).

shravana *n* Hören, Horchen, Lernen; Studium; dies ist die erste der drei Stufen, die der *Vedānta* zur Erlangung spiritueller Erkenntnis als notwendig erachtet. *Shravana* besteht darin, von der höchsten Wahrheit zu hören, über sie zu lesen und sie aus den heiligen Schriften zu lernen. *Shravana* meint aber gleichzeitig eine Schulung der inneren Wahrnehmungsfähigkeit, die für das Empfangen direkter Einsichten erforderlich ist. Die weiteren Stufen sind *manana* und *nididhyāsana*.

shreyas *adj und n* besser, höher; am besten, am wünschenswertesten; Tugend, Verdienst; spiritueller Wert; Glück, Freude, Wohlbefinden, Segnung.

shreyokarman *n* eine Handlung, die zum Höheren führt; *Karma*, das keine bindende Wirkung auf den Menschen ausübt, sondern befreit; solche Handlungen entspringen reinen Motiven und sind durch Konzentration auf die Handlung charakterisiert, ohne daß man an den Gewinn denkt, der aus der Handlung gezogen werden kann.

shreyomārga *m* der Weg, der nach oben führt, der auf das Gute ausgerichtet ist.

shrī *f* Reichtum, Überfluß; Majestät, Würde; Schönheit, Anmut, Glanz; ein Name für *Lakshmī*; Ehrentitel, Bezeichnung, die einer Person Heiligkeit und höhere Erkenntnis zuschreibt; *Shrī* wird bei Heiligen, Gottheiten und göttlichen Inkarnationen verwendet.

shrī hari ein Name für *Vishnu*.

shrīdhara *m* Name eines Autors, speziell eines Kommentars zur *Bhagavad-Gītā*.

shrīkāra *adj und m* Überfluß schenkend, erzeugend; die Silbe *shrī* als Segenszeichen.

shrīmadbhāgavatam *n* das glanzvolle Werk, welches sich auf den göttlichen Herrn bezieht"; eine Bezeichnung des *Bhāgavatapurāna*.

shrīmayī *f* die aus Glanz Bestehende.

shrināthа *m* Gemahl der *Shrī*; ein Name für *Vishnu*; Name eines Dichters.

shringārarasa *m* das Gefühl der Liebe, Anziehung, Zuneigung (vgl. *rasa*).

shrīpati *m* der Gatte der *Shrī*, ein Name für *Vishnu* als Herr der Fülle.

shrīranga *m* ein Name für *Vishnu* oder *Shiva*; Name einer Stadt.

shrīshaila *n* Name einer der *Shrī* geheiligten Stadt.

shrīvatsa *m* derjenige, der der *Shrī* lieb ist; ein Name für *Vishnu*; Bezeichnung einer Haarlocke auf *Vishnus* oder *Krishnas* Brust.

shrīyantra *n* das Diagramm der Göttin *Shrī*, es ist eines der wichtigsten Diagramme (*yantra*) der *Tantra*-Tradition. Es besteht aus neun sich überlagernden Dreiecken, die um einen Punkt (*bindu*) konzentriert sind. Die fünf mit der Spitze nach unten gerichteten Dreiecke stellen *Shakti dar*, die vier nach oben gerichteten Dreiecke *Shiva*.

shrotriya *adj und m* in der *shruti* bewandert; gegründet in der heiligen Offenbarung.

shrutadevā *f* Name der Schwester von *Kuntī*.

shrutadeva *m* jemand, der ein Gott im Hinblick auf sein heiliges Wissen ist, jemand, der sehr tiefgehendes Wissen des *Veda* besitzt; Name eines Sohnes von *Krishna*.

shrutadevī *f* die Göttin des heiligen Wissens; ein Name für *Sarasvatī*.

shruti *f* das Hören, das Gehörte, der Klang; das Ohr; die heiligen Schriften der vedischen Tradition werden in *shruti* und *smriti* unterteilt. Zur *shruti* werden alle Schriften gerechnet, die direkter Ausdruck göttlicher Offenbarung sind und deshalb unbedingte Autorität besitzen. Es sind die *Veden*, deren ewiger, heiliger Klang von den *Rishis* „gehört" wurde. Allerdings zählen von den vedischen Texten nur die *Samhitās*, *Brāhmanas*, *Āranyakas* und *Upanishaden* zur *shruti*.

shubha *adj und n* leuchtend, strahlend; schön; glückverheißend, Segen bringend; glücklich, froh; gut, tugendhaft, gelehrt; Glück, Wohlbefinden, Reichtum, Segen.

shubhamārga *m* der zum Guten führende Weg.

shubhānana *adj und m* schöngesichtig; ein Name für *Ganesha*; denn er ist derjenige, welcher durch seinen segenspendenden Anblick Glück verheißt.

shubhāngī *f* wörtl.: „die, die schöne Glieder hat"; Name für die Gattin des *Kāma*.

shubhavāsanā *f* zum Guten führende Charaktertendenz, wohltätiger Impuls; ein solcher ist charakterisiert durch Aktivitäten wie: Streben nach geistiger Erkenntnis; Verehrung der Weisen, Gespräche mit ihnen, Befolgung ihrer Anweisungen, Nächstenliebe, Tapferkeit, Liebe, Geduld, Wahrheit, Mut, Enthaltsamkeit usw..

shuci *adj und m* rein, sauber; klar; weiß, hell; leuchtend; Reinigung, Reinheit; Unschuld, Tugendhaftigkeit, Güte, Aufrichtigkeit; Genauigkeit, Korrektheit.

shuddha *adj* rein, gereinigt; heilig, fehlerlos; unschuldig, einfach, ursprünglich; wohltätig, ehrlich.

shuddhādvaita *n* die gereinigte Nichtzweiheit.

shuddhādvaitavedānta *m* der *Vedānta* der gereinigten Nichtzweiheit; Name einer *Vedānta*-Tradition, die von *Vallabha* begründet worden ist. Die Bezeichnung *shuddhādvaita* weist darauf hin, daß in dieser Lehre die vielheitliche Welt keine „Verunreinigung" der Ureinheit darstellt, sondern ganz in ihr aufgehoben ist. Die höchste Realität ist für *Vallabha Krishna.*

shuddhasattva *n* gereinigtes *sattva*; reines Bewußtsein, klare Unterscheidungskraft.

shuddhi *f* Reinigung; Reinigungsritual; Reinheit, Unschuld.

shūdra *m* Bezeichnung eines Mitglieds des vierten Standes (*varna*); es sind diejenigen, welche die Grundlage für menschliches Wohlergehen durch dienende Tätigkeiten bilden und die dazu notwendigen Eigenschaften besitzen; ebenso wie alle anderen Stände können sie Erleuchtung erlangen, wenn sie dem Weg der Wahrheit folgen.

shuka, shukadeva *m* Papagei; Name eines großen Heiligen, welcher der Sohn des *Vyāsa* und Erzähler des *Bhāgavatapurāna* gewesen sein soll. Er gilt als das Ideal des *samnyāsin* und wird zu den *nityasiddhas* gezählt.

shukla *adj* weiß, hell, rein.

shuklamārga *m* der helle, klare Weg, der weiße Weg.

shuklāmbaradhara *adj* weiße Kleidung tragend; ein Name für *Vishnu.*

shuklapaksha *m* die helle Hälfte, die hellen vierzehn Tage; der halbe Monat, in dem das Licht des Mondes Tag für Tag zunimmt.

shuklayajurveda *m* der weiße *Yajurveda*; zu dieser Traditionslinie gehört das *Shatapathabrāhmana.*

shukra *m* Samen; Venus; Name eines Ratgebers der Dämonen.

shukrācārya *m* der Lehrer *Shukra*, der die Dämonen unterwies.

shulvasūtra *n* Name einer Textgattung; die *Shulvasūtras* befassen sich mit dem Ausmessen des Opferplatzes und des Altars.

shumbha *m* Name eines Dämons, der von *Durgā* getötet wurde.

shunahshepa *m* Name eines vedischen Sehers (*Rishi*).

shūnya *adj und n* leer, nicht existierend, einsam; Leere, Vakuum.

shūnyatva *n* Leere, Vakuum.

shūnyavāda *m* die Lehre der Leere; die Auffassung, daß es keine reale absolute Wirklichkeit gibt, daß alles leer sei; diese Auffassung ist insbesondere in buddhistischen Traditionen gepflegt worden. Es ist aber zu bedenken, daß „leer" gleichsam eine Metapher für eine Realität sein kann, die mit dem normalen Erkenntnisvermögen nicht wahrgenommen und deshalb nicht in begriffliche Kategorien eingezwängt werden kann.

shūra *adj und m* tapfer, mutig, mächtig; Held, Krieger.

shūrpanakhā Name der Schwester von *Rāvana*. Sie verliebte sich in *Rāma*, wurde aber von diesem zurückgewiesen. Als sie drohte, *Sītā* zu fressen, wurden ihr von *Lakshmana* die Ohren und die Nase abgeschnitten. Daraufhin stiftete sie ihren Bruder an, *Sītā* zu rauben.

shvāsa *m* Atem; Luft, Wind; Asthma.

shveta *adj* weiß.

shvetaketu *m* Name eines Heiligen, über dessen Belehrung durch seinen Vater *Uddālaka Āruni* in der *Chāndogya-upanishad* berichtet wird. Die Unterweisungen über das Selbst und *brahman* enden alle mit dem Ausdruck: „Das bist du" (*tat tvam asi*). *Shvetaketu* hatte zwölf Jahre bei einem Lehrer die *Veden* studiert und war stolz auf seine Gelehrsamkeit. Als er heimkehrte, prüfte sein Vater sein Wissen und fragte, wodurch das Unhörbare gehört, das Unsichtbare gesehen und das Unerkennbare erkannt werde. Als *Shvetaketu* darauf keine Antwort wußte, belehrte ihn sein Vater, indem er verschiedene Beispiele erläuterte, die alle mit den Worten schließen: „Das ist die Wahrheit. Das ist das unsichtbare Wesen aller Dinge. Das ist das Selbst. Und das, o *Shvetaketu*, das bist du!".

shvetāshvatara-upanishad *m* Name einer *Upanishad* des schwarzen *Yajurveda*.

shyāma *adj und m* dunkel, schwarz, blau; ein Name für *Krishna*.

shyāmā *f* die Dunkle; ein Name für *Devī*.

shyāmasundara *adj und m* eine wunderschöne dunkle Hautfärbung besitzend; ein Name für *Krishna*.

siddha *adj und m* erreicht, erlangt, vollendet, vollkommen; eine Person, die das wahre Selbst erkannt oder Selbsterkenntnis erreicht hat. Die *Siddhas* sind auch eine bestimmte Klasse von Wesen, die in den feinstofflichen Bereichen des Universums leben. Ein *Siddha* ist jemand, der alle Möglichkeiten, die im Menschen vorhanden sind, im Dienste Gottes nutzen kann.

siddhānta *m* Schlußfolgerung, Lehrsatz, etablierte Wahrheit; feststehender Lehrsatz eines philosophischen Systems.

siddhāntin *m* Astronom, Astrologe.

siddhapurusha *m* jemand, der das Selbst erlangt hat; der das höchste Ziel des spirituellen *sādhana* erlangt hat; ein Vollendeter, ein Weiser.

siddhārtha *m* jemand, der sein Ziel erreicht hat; ein Vollendeter; ein Name für *Buddha* oder *Shiva*.

siddhāshrama *m* der Aufenthaltsort der Vollendeten; Name einer Einsiedelei im Himalaya, in der *Vishnu* sich während seiner Zwerg-Inkarnation aufhielt.

siddhi *f* Erfolg, Erfüllung, Vollendung; verborgene Kraft; Verwirklichung, Befreiung. Mit dem Begriff *siddhi* werden in den *Yogasūtras* des *Patanjali* Fähigkeiten bezeichnet, die über die normal üblichen Fähigkeiten des Menschen hinausgehen und daher oft als wunderbar beschrieben werden. Für den *Yoga* sind diese Kräfte nichts Übernatürliches, sondern Teil der Schulung und dienen der Stabilisierung von *samādhi*; der Praktizierende sollte sich allerdings hüten, sich an diese Fähigkeiten zu binden, dann werden sie nämlich zu Hindernissen.

siddhisvarūpa *m* die Verkörperung der Erfüllung; Gott in seiner Eigenschaft, alle Wünsche zu erfüllen.

siddhivināyaka *m* derjenige, welcher den Erfolg zunichte macht; ein Name für *Ganesha*, der, wenn er nicht beachtet wird, den Erfolg verhindern kann.

sīman *f* Grenze, Begrenzung.

sindhu *f* Fluß, Strom, Ozean; der Fluß Indus.

sindūra *m* rotes Pulver, mit welchem eine verheiratete Frau ihren Scheitel färbt.

sinha *m* Löwe.

sinhikā *f* Name einer Tochter von *Daksha* und Gattin des *Kashyapa*; Name einer Dämonin, die von *Hanumān* besiegt wurde.

sita *adj* weiß; gebunden, befestigt, umringt.

sītā *f* Ackerfurche; Name der Gattin *Rāmas*. Im *Rāmāyana* wird berichtet, daß *Sītā* die Tochter des Königs *Janaka* gewesen ist. Er beschrieb ihre übernatürliche Herkunft folgendermaßen: „Als ich mein Feld pflügte, entdeckte ich hinter dem Pflug ein Mädchen, welches deshalb den Namen *Sītā*, die Furche, erhielt. Das Mädchen kam aus der Erde und wuchs als meine Tochter auf.“ *Sītā* wurde *Rāmas* Gemahlin, und zwar erhielt er sie zur Frau, weil er *Janakas* Bogen, den dieser von *Shiva* erhalten hatte, spannen konnte. Als *Rāma* von seinem Thron verbannt wurde, folgte sie ihm in die Wildnis und wurde dort von *Rāvana* geraubt. Nachdem *Rāma* sie endlich wiedergefunden, den deshalb ausgebrochenen Krieg gewonnen und sie zurückerobert hatte, kehrte er glücklich mit ihr in sein Königreich zurück. Im Lande wurden aber Zweifel an der Reinheit *Sītās* laut, da sie im Hause eines anderen geweilt hatte; deshalb verstieß *Rāma* sie, obwohl ihre Reinheit in einer Feuerprobe bewiesen worden war. Sie lebte daraufhin mit ihren Kindern in einer Einsiedelei, bis diese 15 Jahre alt waren. Zu diesem Zeitpunkt trafen sie wieder mit *Rāma* zusammen; *Sītā* fühlte sich durch die Verstoßung jedoch so verletzt, daß sie ihre Mutter, die Erde, um Hilfe und Beweis ihrer Reinheit anrief. Der Boden öffnete sich, und sie kehrte dorthin zurück, woher sie gekommen war. *Sītā* verkörpert in höchstem Maße das Ideal der treuen Gattin, die ihrem Gemahl durch alle Schwierigkeiten hindurch folgt. Gleichzeitig repräsentiert *Sītā* die ewige Gefährtin des göttlichen *Avatars* *Rāma* und ist deshalb nie von diesem getrennt. So wird in manchen Texten berichtet, daß nicht die tatsächliche *Sītā* geraubt worden war, sondern nur ihre Schattengestalt. Die wahre *Sītā* weilte in der Obhut des Feuergottes, und bei der Feuerprobe ging die Schattengestalt in das Feuer ein, und die echte *Sītā* kam wieder heraus. Als Tochter der Erde heißt sie auch: *Bhūmijā*, *Dharanisutā* und *Pārthivī*.

sitā *f* Zucker, Mondlicht, eine schöne Frau.

skambha *m* Säule, Stütze.

skanda *m* ein Name für *Subrahmanya*, den Sohn von *Shiva*; er gilt als Gott des Krieges und besitzt gewaltige Kräfte, mit denen er die Dämonen und negativen Kräfte besiegen kann. Er wird in einer Gestalt mit sechs Köpfen dargestellt und reitet auf einem Pfau.

skāndapurāna *n* Name eines *Purānas*, welches der *Shaiva*-Tradition zugerechnet wird.

smarana *n* Tradition, Erinnerung; gedankliches Verweilen; *smarana* bezeichnet einen geistigen Prozeß, einen ständigen Strom des Bewußtseins, in dem Gott immer gegenwärtig ist und nie vergessen wird. Es ist das Gewahrsein der Gnade des Göttlichen; *smarana* bezeichnet auch die stille Wiederholung des göttlichen Namens (*Mantra*).

smārta *adj* zur *smriti* gehörig.

smriti *f* Erinnerung; Tradition; Gesetzbuch; die vedische Tradition unterteilt ihre heiligen Schriften in *shruti* (Offenbarung) und *smriti*; letztere werden zwar auch heilig gehalten, haben als Verfasser aber Menschen und sind damit Gegenstand der Erinnerung und Tradition, wohingegen die *shruti* als ewig und ungeschaffen bezeichnet wird. *Smriti*-Texte gelten nur als verbindlich, wenn anzunehmen ist, daß sie auf eine *shruti* zurückgehen oder mit ihr im Einklang sind. Hauptsächlich gehören zur *smriti* die *Vedāngas*, die *Shrautā* und *Grihyasūtras*, die *Manusmriti* und andere Gesetzbücher, das *Mahābhārata*, das *Rāmāyana*, die *Purānas*, die *Nītishāstras* (Lehrbücher über das richtige Verhalten) sowie die sechs philosophischen Systeme (*darshana*).

snāna *n* Bad, Baden, Reinigung, Baderitual.

snātaka *m* Bezeichnung für einen *Brahmanen*, der in die Lebensphase des Haushälters eingetreten ist.

snātakotsava *m* das Fest des *snātaka*; der feierliche Abschluß der Ausbildung, bei dem der Lehrer seinen Schüler in das aktive Leben entläßt.

sneha *m* Öl, Fett; Fettigkeit.

so *pron* andere Lautform für *sah*.

so 'ham *wörtl.:* „Er (ist) ich"; in diesem *Mantra* steht nicht das „Ich", sondern „Er" an erster Stelle; damit wird ein Bewußtseinszustand beschrieben, in dem sich die begrenzte Persönlichkeit dem ewigen Selbst, welches im innersten Herzen wohnt, überantwortet hat. Die spirituelle Seele ist an sich ewig mit Gott verbunden; dieser *Mantra*, der eine der heiligen Formeln des nichtdualistischen *Vedānta* ist, beschreibt die Bewußtwerdung dieser ewigen Verbindung. *So 'ham* ist eine Repräsentation des Prozesses von Ein- und Ausatmung und geht bei einer Vertiefung in *Om* über.

sodara sodarinamanulāra *(Telugu)* Brüder und Schwestern.

soma *m* Preßtrank, Nektar, Unsterblichkeitstrank; der Mond; Name einer vedischen Gottheit. *Soma* ist der heilige Trank, der den Göttern dargebracht wird und diesen Kraft und Unsterblichkeit verleiht. Im *Rigveda* wird er im 9. Liederkreis (*mandala*) gepriesen. Es gibt eine lange Diskussion darüber, auf welcher pflanzlichen Grundlage der *Soma*-Trank beruht, selbst halluzinogene Drogen wurden vorgeschlagen. Aus einer spirituellen Sicht bezeichnet *Soma* eine Erfahrungsdimension, die im Lauf der Bewußtseinsentwicklung erwachen kann. Dabei ist er das Symbol für das Ersetzen gewöhnlicher Sinnesfreuden durch göttliche Seligkeit (*ānanda*).

somaka *m* Name eines Königs; Name des Sohnes von *Krishna*.

somanātha *m* Herr des Mondes; Name eines heiligen Ortes, in dem *Shiva* verehrt wird.

somya *adj* sanft, zart, mild, angenehm.

spandanashakti *f* die Kraft des Pulsierens; Lebenskraft.

sparsha *m* Berührung, Kontakt, Einfluß; Tastsinn.

sparshana *n* Berührung, Kontakt; der Kontakt mit dem Göttlichen; das Berühren einer großen Persönlichkeit; solch einer Berührung wird große segenspendende Kraft zugeschrieben; es sollte allerdings immer die Zustimmung dieser Persönlichkeit eingeholt werden.

sphatika *m* Kristall.

sphatikamālā *f* eine Kette aus Kristallperlen (vgl. *japamālā*).

srī *f* fehlerhaft für *shrī*.

srishti *f* Schöpfung, Entstehung, Erschaffung; Entfaltung von etwas, was in einer Ursache verborgen lag. Das Wort wird hauptsächlich für die Entwicklung des Universums aus seinem Keimzustand benutzt.

srishtikartā *m* der Schöpfer des Universums.

stamba *m* Haufen; Busch.

stambha *m* Festigkeit; Bewegungslosigkeit; Verwunderung, Erstarren; Säule, Stamm.

sthairya *n* Festigkeit, Stabilität, Standhaftigkeit, festes Vertrauen.

sthāna *n* das Stehen, Feststehen; Zustand; Platz, Ort, Haus; Land, Stadt; Objekt, Ding, Ursache.

sthāpatyaveda *m* das Wissen der Baukunst; der *Veda*, welcher sich mit Architektur im weitesten Sinn beschäftigt.

sthavira *adj und m* fest, fixiert, stabil; alt; ein alter Mensch, Greis.

sthira *adj* fest, permanent, bleibend; unbeweglich, still, dauerhaft, ewig.

sthirasukham āsanam *wörtl.:* „*Āsana* ist eine stabile und angenehme Körperhaltung“; es ist eine Sitzhaltung, in der man von der äußeren Welt am unberührtesten ist (Zitat aus dem *Yogasūtra*).

sthitaprajna *adj und m* eine sichere, feste Urteilsfähigkeit besitzend, unbeirrt; unbewegt durch die Aufregung der Gefühle und Emotionen, unerschüttert durch die Stürme des Schicksals, durch Gut oder Böse; ein Mensch, der in der Weisheit gefestigt ist; jemand, der weder durch Freude froh erregt noch durch Sorgen niedergedrückt wird; *sthitaprajna* bezeichnet nicht ein stoisches Ausharren mit zusammengebissenen Zähnen, sondern das Erwachen einer inneren Erkenntnis, die nicht mehr durch äußere Einflüsse beeinträchtigt werden kann; letztlich weist *sthitaprajna* auf einen Menschen, der im Bewußtsein des *ātman* gegründet ist.

sthiti *f* Stehen, Bleiben; Kontinuität, Bewahrung, Erhaltung; Festigkeit, Zustand, Bedingung.

sthūla *adj* grob, massiv, materiell, fest.

sthūlabuddhi *f* die grobe, rauhe, wenig differenzierte Unterscheidungskraft; oder: die Unterscheidung des Groben.

sthūladeha *m* der grobstoffliche Körper, welcher der Wahrnehmung des Wachbewußtseins zugeordnet wird; *sthūladeha* entspricht in manchen Texten *annamayakosha*.

sthūladrishti *f* die Schau des Groben, Materiellen; die Wahrnehmung des Grobstofflichen.

sthūlākāsha *m* der grobe *ākāsha*.

sthūlarūpa *n* die grobe Form; eine große Form, Gestalt.

sthūlasharīra *n* der physische, grobstoffliche Körper; die äußerste Hülle, die das Selbst (*ātman*) umgibt.

stoma *m* Lobeshymne, Lobpreis; Opfer, Opferritual; Opfergabe.

stotra *n* Lob, Lobpreis; Hymne, Gesang zur Preisung des Höchsten.

strī *f* Frau.

strīdharma *m* der *dharma* der Frau.

strītattva *n* die weibliche Natur, das Wesen des Weiblichen, der Frau.

stūpa *m* Haufen, Hügel; rundes, kuppelförmiges Bauwerk; heiliges Denkmal, das insbesondere in der Tradition des Buddhismus für Reliquien benutzt wird.

su *indekl* (*su* wird meistens als Vorsilbe benutzt) gut, schön, richtig.

subala *m* Name des Vaters von *Gāndhārī*.

subhadrā *f* Name der Schwester *Krishnas*, die *Arjunas* Gemahlin wurde. Sie wird insbesondere beim berühmten Wagenfest in *Purī* geehrt, welches *Krishna* in seiner Form als *Jagannātha* gewidmet ist.

subhānu *m* Name eines Sohnes von *Krishna*.

subodhakhadga *m* das Schwert des Erwachens.

subrahmanya *m* Name des zweiten Sohnes *Shivas*, des Bruders von *Ganesha*. Er ist der Heerführer der göttlichen Armee. In spiritueller Sicht gilt er als die Verkörperung des höchstmöglichen

Zustandes, zu dem das Gesetz der Evolution führt. Der Name bedeutet dann: Derjenige, welcher den Geist und das Wachstum der Strebenden hütet. Ihn in allen seinen Aspekten zu kennen, bedeutet, die spirituellen Möglichkeiten, die im Menschen verborgen sind, zu kennen.

sucāru *m* Name eines Sohnes von *Krishna.*

sūdana *adj und n* zerstörend, vernichtend; Zerstörung, Vernichtung, Massaker.

sudarshana *n* die Vision, Schau dessen, was gut für den Gotthingegebenen ist; heilige Vision.

sudarshanacakra *n* das Rad, welches schön anzuschauen ist; Name der gefährlichsten Waffe des *Vishnu*; die Waffe des heiligen Blickes Gottes.

sudhā *f* Nektar, Unsterblichkeitstrank.

sudhāpāni *adj und m* den Unsterblichkeitstrank in der Hand haltend; ein Name für *Dhanvantari.*

sudhī *adj und f* gute Intuition (besitzend), klarer Geist; Intelligenz, die von Güte bestimmt ist und überall das Gute zu sehen vermag.

sudhījana *m* ein Mensch mit guter Intuition, eine Person, die *sudhī* als Fähigkeit entwickelt hat.

sudyumna *m* Name eines Sohnes von Manu *Vaivasvata*; er war zuerst eine Frau, wurde dann in einen Mann verwandelt, dann wieder zurück verwandelt, und schließlich doch wieder in einen Mann verwandelt.

sughosha *adj und m* einen schönen Klang habend; Name des Muschelhorns von *Nakula.*

sugrīva *adj und m* einen schönen Hals habend; Name des Königs eines Affengeschlechts; *Rāma* verhalf *Sugrīva* wieder zu seinem rechtmäßigen Thronrecht, und im Gegenzug half er *Rāma*, *Sītā* von *Rāvana* zurückzugewinnen; sein Feldherr war der berühmte *Hanumān.*

suguna *m* gute Eigenschaft.

suhrid *adj und m* ein gutes Herz habend, gutherzig; Freund, Kamerad, guter Begleiter.

sujnāna *n* richtige, gute Erkenntnis; Weisheit.

sujnānin *adj und m* gute Erkenntnis besitzend; eine gelehrte Persönlichkeit, ein Weiser.

sukha *n* Freude, Glück, Wohlbefinden. *Sukha* bezeichnet einerseits relative Freude und ist dann Gegenbegriff zu *duhkha*, kann aber auch spirituelle Freude oder göttlichen Segen bezeichnen.

sukhasvabhāva *adj* eine glückliche Natur habend; einen Charakter besitzend, der von Freude bestimmt ist; Freude als eigentliche Natur habend; letzteres trifft auf jeden Menschen zu.

sūkshma *adj* fein, klein; kunstvoll, exakt, präzise; feinsinnig, feinstofflich.

sūkshmadeha *m* der feine, feinstoffliche Körper.

sūkshmahridayakosha *m* die Hülle, die den feinstofflichen Aspekt des Herzens bildet; diese ist eine feine Hülle der Seele, die im Herzen wohnt, und kann mit einem Himmelsgewölbe verglichen werden.

sūkshmarūpa *n* die feine, feinste Form.

sūkshmasharīra *m* der feine, feinstoffliche Körper; dieser umfaßt *prānamayakosha*, *manomayakosha* und *vijnānamayakosha*; im *Vedānta* ist dies die zweite feinstoffliche Hülle, die das Selbst (*ātman*) umgibt.

sūkta *adj und n* gut gesagt; Hymne, Lobpreis; speziell: Hymne aus dem *Rigveda*.

sulabha *adj* erreichbar, gut zu erlangen, leicht zu bekommen; passend, bereit für.

sulabhā *f* Name einer Heiligen.

sumanas *adj und n* gutmütig, gute Eigenschaften besitzend; tugendhaft; ein geläuterter Geist; ein tugendhafter Mensch; ein Student des *Veda*; ein Gelehrter.

sumangala *adj* sehr glückverheißend, gutes Schicksal bringend.

sumangalī *f* eine Frau mit gutem Schicksal; eine Frau, deren Mann noch lebt.

sumantra *m* einem guten Rat folgend; Name für einen Freund und Ratgeber *Rāmas*; Name verschiedener Personen.

sumati *adj und f* sehr weise; Freundlichkeit, Wohlwollen; ein guter Charakter; Segnung.

sumeru *m* der schöne *Meru*.

sumitrā *f* Name einer der Gattinnen von *Dasharatha* und Mutter von *Lakshmana* und *Shatrughna*.

sumukha *adj und m* ein schönes Gesicht habend; ein Name für *Garuda*.

sunāman *adj und m* einen guten Namen habend; Name für den Bruder von *Kamsa*.

sundara *adj und m* schön, anmutig; ein Name des Liebesgottes (*Kāma*).

sunetra *adj* gute Augen habend; schönäugig.

suprabhāta *n* das gute Erwachen, die glückverheißende Morgendämmerung; Name einer Hymne, die zur Zeit der Morgendämmerung rezitiert wird.

supriya *adj und m* sehr lieb; Name des Herrschers der *Gandharvas*.

suputra *m* ein guter Sohn.

surā *f* vergorenes Getränk, Wein; Bezeichnung eines Meeres aus Wein (einer der sieben Ozeane, vgl. *sāgara*); aus spiritueller Sicht steht *surā* für eine Erfahrung der Gottrunkenheit, die alle relativen Bande zerreißen kann.

sura *m* Gott, Gottheit; Name des Sonnengottes; ein Weiser, Heiliger.

sūra *m* Name des Großvaters von *Krishna*.

surabhi *adj* süß duftend, zart, angenehm.

surabhī *f* Name der Kuh der Fülle, des Überflusses; sie kam beim Quirlen des Ozeans (vgl. *kūrma*) zum Vorschein und besitzt die Fähigkeit, alle Wünsche zu erfüllen. Sie soll dem Heiligen *Vasishtha* gehört haben.

suradāsa *m* der Diener des *Sura*; ein Verehrer *Krishnas*.

surājan *m* ein guter König.

surasā *f* Name einer Dämonin, eines weiblichen Ungeheuers; sie war eine Verwandte *Rāvanas* und versuchte während des Kampfes gegen *Rāmas* Armee, *Hanumān* zu verschlingen.

surdās *m* (*Hindi* = *suradāsa*); Name eines nordindischen Heiligen (1483–1563); der Überlieferung nach war er von Geburt an blind; gleichwohl entwickelte er die innere Kraft des Sehens und durfte eine Schau *Krishnas* erleben.

sureshvara *m* Name eines Schülers von *Shankara* und Autors in der *Advaitavedānta*-Tradition.

sūrya *m* Sonne, Name des Sonnengottes, welcher im *Veda* oft beschrieben und gepriesen wird: Er fährt in seinem strahlenden Wagen, der von sieben Pferden gezogen wird, über das Firmament und erleuchtet die ganze Welt. Nichts bleibt ihm verborgen, und deshalb gilt er als das Auge des Hüters der Weltordnung *Varuna*. Der berühmte Sonnentempel in Konarak gibt ein beredtes Zeugnis von der Verehrung, die *Sūrya* entgegengebracht wurde. Noch heute gibt es Familien, die die Tradition der *Sūrya*-Verehrung aufrechterhalten.

sūryaloka *m* die Region des Sonnengottes.

sūryanamaskāra *m* Verneigung vor der aufgehenden Sonne; Name einer *Yoga*-Übung.

susharman *m* Name eines Königs, der von *Bhīma* besiegt wurde.

sushena *m* Name eines Sohnes von *Krishna*.

sushruta *m* Name eines berühmten Autors aus der *Āyurveda*-Tradition, der sich insbesondere mit Chirurgie beschäftigte.

sushrutasamhitā *f* die Sammlung des *Sushruta*; Name eines Grundwerkes der *Āyurveda*-Tradition.

sushumnā *f* Name eines Kanals feinstofflicher Energie im menschlichen Körper; die *Sushumnā* spielt insbesondere im *Kundalinīyoga* eine Rolle.

sushupti *f* Schlafzustand, tiefer traumloser Schlaf, in dem weder Denken noch Ichwahrnehmung vorhanden sind, in dem man sich weder seines Körpers noch der Außenwelt bewußt ist. *Sushupti* ist von Bewußtlosigkeit zu unterscheiden, gehört zu den vier Bewußtseinszuständen (*avasthā*) und wird im *Vedānta* auch *prājna* genannt.

sūta *m* Wagenlenker.

sutalaloka *m* Name einer der unteren Welten (*loka*).

sutīkshna *adj und m* sehr scharf, sehr brennend; Name eines Weisen, der der Bruder des *Agastya* war.

sūtra *n* Faden, Strick, Leitfaden; Bezeichnung für eine kurze Regel oder einen Aphorismus. Die *Kalpasūtras* stellen z. B. die Regeln für das richtige Ausführen des Gottesdienstes dar. Die wichtigsten *sūtra*-Texte in der alten Zeit sind: 1. die *Shrautasūtras*, die auf der göttlichen Offenbarung (*shruti*) beruhen und die Durchführung großer

Opfer betreffen; 2. die *Grihyasūtras*, welche die häuslichen Gebräuche u. a. bei Geburt, Hochzeit und Tod regeln; 3. die *Dharmasūtras*, die die Pflichten der Stände und Lebensstadien festlegen. Aus ihnen sind die späteren Gesetzesbücher (z. B. des *Manu*) hervorgegangen. Auch alle Grundwerke der klassischen Philosophiesysteme (*darshana*) sind im *sūtra*-Stil verfaßt. Die bekanntesten sind die *Vedānta*- oder *Brahmasūtras* und *Patanjalis Yogasūtras*. Das Bedeutsame an einem *sūtra* ist die Tatsache, daß es eine Fülle von Information in kurzer Form enthält und damit leicht auswendiggelernt werden kann; zusätzlich kann sich der Gehalt eines *sūtra* dem geöffneten Bewußtsein direkt offenbaren.

sūtradhārin *m wörtl.:* „Der, welcher die Fäden hält, mit denen die Puppen bewegt werden, und sie ihre Rollen spielen läßt"; Puppenspieler.

suvarloka *m = svarloka.*

suyajna *m* vgl. *yajna.*

sva *pron,adj und m* eigen; zu einem selbst gehörend, innewohnend, als natürliche Eigenschaft besitzend; Selbst, Seele; Verwandter; ein Name für Vishnu.

svabhāva *m* die eigene Natur, Konstitution; die wesentliche Qualität, die wesentliche Natur; die natürliche Disposition; *svabhāva* bezeichnet insbesondere die dem Menschen innewohnende Disposition, göttliches Bewußtsein zu entfalten, und verweist damit auf das Wesen der göttlichen Seele, des höchsten Selbst.

svadhā *f* Opfergabe.

svadharma *m* der eigene *dharma*, der *dharma*, der sich auf das Selbst (*ātman*) bezieht, d. h. das eigene innere Gesetz, das Denken und Handeln bestimmt und in Harmonie mit dem göttlichen Willen ist. *Sva* bedeutet „das eigene" und meint in diesem Zusammenhang die innerste Wesensnatur (*brahmatattva*), und *dharma* bedeutet „richtiges Verhalten".

svādhishthāna *n* Name eines der sechs feinstofflichen Energiezentren des Körpers (*Cakra*).

svādhyāya *m* Selbststudium, Studium; Rezitation des *Veda*, heiliges Studium. Damit die heiligen Schriften sich besser einprägen, sollen sie regelmäßig wiederholt und auswendig gelernt werden. Die *Veden* sind anfänglich, wie viele andere heilige Schriften, ausschließlich mündlich von dem Lehrer an den Schüler weitergegeben worden, der sie deshalb auswendig lernte. *Svādhyāya* ist einer der fünf Aspekte des zweiten Gliedes (*niyama*) des *Rājayoga*. Wenn man davon ausgeht, daß der *Veda* eine ewige Realität darstellt, die auch im inneren Selbst wohnt, meint *svādhyāya* im tiefsten Sinn ein Studium des Selbst.

svāgatam *indekl* Willkommen!

svāhā *indekl* dieses Wort wird bei der Ausführung eines vedischen Rituals gesprochen und besitzt eine segensreiche Klangschwingung; es dient als ein bestärkender Opferruf.

svajana *m* das eigene Volk.

svākāra *m* die eigene Form, die volle Manifestation dessen, was im Menschen angelegt ist.

svakarman *n* die eigene Handlung; die eigene Pflicht.

svāmī *m* (*dt.* * *Swami*, eigentlich: svāmin) Herr, Meister, Eigentümer; selbstverwirklichter Meister; Ehrentitel für spirituelle Persönlichkeiten.

svaphalka *m* Name eines Heiligen.

svapna *m* Traum, der Traumzustand während des Schlafes. In ihm agieren das Denken und das Vorstellungsvermögen gewissermaßen unabhängig vom Körper und der Außenwelt; die Erfahrungen im *svapna*-Zustand werden vom Wachzustand für unwirklich, für eine Form der Täuschung gehalten. *Svapna* ist einer der vier Bewußtseinszustände (*avasthā*) und wird im *Vedānta taijasa* genannt. Die spirituelle Entwicklung kann sich u. a. auch darin zeigen, daß die Träume klarer werden. Allerdings sollte alles im Traum Wahrgenommene mit dem Wachbewußtsein und dem Auge der Schriften (*shāstranetra*) geprüft werden.

svar *indekl* vgl. *svarloka.*

svara *m* Ton, Geräusch, Stimme, Klang; Musik, Note.

svarāj *m* Herrschaft über sich selbst, Selbstbeherrschung; Freiheit des Geistes; *svarāj* bezeichnet eine Qualität, die eigentlich nur dem Selbst zukommt; denn nur dieses ist wirklich unabhängig und frei.

svārājya *n* Selbstbeherrschung, Selbstmeisterung, Unabhängigkeit; politische Unabhängigkeit, Freiheit vom demütigenden Joch eines äußeren Herrschers; Freiheit von der erniedrigenden Abhängigkeit von Leidenschaften und Gefühlen; dies beinhaltet die Erkenntnis des höchsten Selbstes, welche die Grundlage für jede Selbstbeherrschung bildet.

svarga *m* Himmel.

svarita *indekl und m* Auf Wiedersehen!; Bezeichnung eines bestimmten vedischen Akzents.

svarloka *m* Name für die Himmelswelt *Indras* und die Welt des Lichts, der reinen Gedanken und Gefühle; diese Welt gehört noch in den relativen Bereich der Existenz, bezeichnet jedoch bereits einen reinen Bewußtseinszustand, der bedeutsam auf dem Pfad der Vervollkommnung ist.

svārtha *adj* selbstbezogen, eigene Ziele verfolgend.

svārthapreman *n* eigennützige Liebe.

svarūpa *adj und n* ähnlich, gleich; die eigene Form, das eigene Wesen, die eigene Beschaffenheit; Form als Verkörperung eines geistigen Prinzips.

svarūpanāsha *m* das Verschwinden, die Zerstörung der Erregungen des Geistes und der Ausgleich ihrer Muster und Formen. Wenn *svarūpanāsha* eintritt, werden die Dinge nicht mehr durch den Filter der persönlichen Vorstellungen und Empfindungen wahrgenommen, sondern so, wie sie eigentlich sind.

svasampādya *adj* selbst zu erreichen, zu erlangen; selbst zu erwerben.

svāsthya *n* Gesundheit, gutes Befinden; der Zustand, bei sich selbst zuhause zu sein.

svasti *indekl.* Grußwort mit der Bedeutung: „Wohlergehen möge mit dir sein!“

svastika *m* Name eines Segenszeichens in Form eines Kreuzes mit zu einer Seite gebogenen Enden. Es wird vermutet, daß es das Sonnenrad symbolisiert.

svasvarūpa *n* die wirklich eigene Form; die wahre Form des Göttlichen.

svatantra *adj* frei, unabhängig, ungebunden.

svavimarsha *m* Betrachtung des Selbstes; Reflektion über das Selbst; Selbsterforschung.

svayam *indekl* selbst, von einem selbst.

svayambhu *m* der aus sich selbst Seiende; ein Name für *Brahmā*, *Shiva* oder *Vishnu*.

svāyambhuva *m* der von dem aus sich selbst Seienden Abstammende; Name des ersten *Manu*.

svayamjyotis *n* das aus sich selbst strahlende Licht.

svayamsevaka *m* ein Freiwilliger, ein Helfer, der aus freien Stücken dient.

svayamvara *m* Selbstwahl; Auswahl des Bräutigams durch die Braut, das Fest für die Wahl des Bräutigams.

svecchā *f* der selbständige Wille; der eigene Wille, der nicht von äußeren Einflüssen hin und her getrieben wird, der im Einklang mit dem Willen des Herrn ist; der freie Wille des Selbstes (*ātman*).

svedaja *adj und m* schweißgeboren, ein „schweißgeborenes“ Wesen, ein aus Wärme entstandenes Wesen; gemeint sind die Insekten.

Swami *m* (*dt.**) = *svāmī*.

T

tad *pron* = *tat*.

tadbhakta *adj* dem (Einen) hingegeben; sich der absoluten Wirklichkeit ganz anheimgebend.

tadyājin *adj* das (alles) opfernd, hingebend.

taijasa *adj* lichtvoll, glanzvoll; im *Vedānta* bezeichnet *taijasa* den Traumzustand. Der Name deutet an, daß auch der Traumzustand eine Bewußtheit besitzen kann, die über das normale Traumerleben, in dem Tagesereignisse verarbeitet werden, hinausgeht. Im Traum ist der Geist aktiv, aber nicht so eng an das Körperbewußtsein gekoppelt; daher ist die Bereitschaft größer, feinere Aspekte der Wirklichkeit wahrzunehmen, und es kann zu Wahrträumen oder visionären Träumen kommen; diese sollten aber vom Wachbewußtsein überprüft werden. Eine andere Bezeichnung für *taijasa* ist *svapna*.

taila *n* Öl.

taittirīya *m* Name einer Traditionslinie des *Yajurveda*, nach welcher eine *Samhitā*, ein *Brāhmana*, eine *Upanishad* benannt sind. Zahlreiche *sūtra*-Texte gehören ebenfalls zu dieser Tradition.

taittirīya-upanishad *f* Name einer *Upanishad*, die zur Tradition des schwarzen *Yajurveda* gehört. Sie ist in drei Abschnitte (*vallī*) unterteilt: 1. Die Shikshāvallī befaßt sich mit den spirituellen Grundlagen der Phonetik. 2. Die Ānandavallī beschreibt den Weg zur Selbsterkenntnis und betont die immer größer werdende Freude auf diesem Weg (*ānanda*). 3. Die Bhriguvallī enthält die Belehrung *Bhrigus* durch seinen Vater *Varuna* über die Wege, die zur Erkenntnis *brahmans* führen.

takshaka *m* wörtl.: „Zimmermann"; ein Name für *Vishvakarman*; Name des Sohnes von *Bharata* und Neffen von *Rāma*.

takshashīlā *f* Name einer Stadt im Punjab, in der *Takshaka* herrschte.

tāla *m* die musikalische Zeit, Zeitmaß, Rhythmus, Takt; gleichförmiges Temperament, Gleichmut.

tālaketu *m* ein Name für *Bhīshma* oder *Balarāma*.

talavakāra-upanishad *f* ein anderer Name der *Kena-upanishad*.

tamahshakti *f* die Kraft der Dunkelheit; die Eigenschaft der Dumpfheit, Trägheit.

tamas *n* Finsternis, Verblendung, Unwissenheit; *tamas* ist einer der drei *gunas*, die die Struktur der Urnatur (*prakriti*) bilden. Es umfaßt die dumpfen, inaktiven Kräfte in der Natur, die sich als Nichterkenntnis, Trägheit, Unfähigkeit, Unklarheit und Dunkelheit manifestieren. *Tamas* bildet den materiebezogenen Aspekt der drei *gunas*, und ein von *tamas* bestimmtes Bewußtsein kann die Wirklichkeit nicht adäquat erfassen. Dieses hat die Neigung, Dinge falsch zu verstehen und das Falsche als wahr anzunehmen. Ein solches Bewußtsein führt die Menschen zu Nachlässigkeit und Irrtum. Es bindet, statt zu befreien. Diese negative Wertung von *tamas* bezieht sich auf den Bereich des Geistes, wo *tamas* überwunden werden sollte. Im materiellen Bereich selbst ist *tamas* ein notwendiges Schöpfungsprinzip, das der Materie Stabilität verleiht.

tāmasa *adj* von trägen Eigenschaften bestimmt, träge. In einem solchen Zustand verlangt man nach passiv machendem Sinnengenuß und Konsum. Nahrung, die von *tamas* bestimmt ist, führt zu Dumpfheit, Depression und Krankheit.

tāmasa jnāna *n* Erkenntnis, die von Dunkelheit (*tamas*) bestimmt ist; dies ist das Gegenteil des *sattva*-Zustandes: Eine solche Wahrnehmung verliert die Einheit aus dem Blickfeld, mißt der Verschiedenheit unberechtigte Bedeutung bei und kümmert sich nicht darum, was hinter den Erscheinungen existiert.

tāmasa mārga *m* der dunkle Weg; eine Lebensführung, die durch Bindung an Sinnesbefriedigung, durch Gier, Zorn usw. bestimmt ist und den Menschen in immer dunklere und schwierigere Gegebenheiten hineinführt; Bezeichnung für eine spirituelle Praxis, die von Dunkelheit (*tamas*) bestimmt ist und den Menschen in seiner Entwicklung nicht weiterführt.

tāmasa tapas *n* Askese, spirituelle Praxis, die von niederen Motiven, von *tamas* bestimmt wird; man versucht, die Götter für Begünstigungen geneigt zu machen und benutzt dann diese Vergünstigungen als Instrument, um ichgebundene Ziele zu verwirklichen und die Welt auszunutzen.

tamasah parastāt *wörtl.:* „Jenseits der Dunkelheit"; die Eigenschaft des *purusha*, ein Licht auszustrahlen, zu welchem die Dunkelheit keinen Gegensatz mehr bildet. (Zitat aus den *Upanishaden*).

tamaso mā jyotir gamaya *wörtl.:* „Von der Dunkelheit führe mich in das Licht" (Zitat aus den *Upanishaden*).

tāmbūla *n* Betelnuß.

tamoghna *adj und m* die Dunkelheit vertreibend, vernichtend; Bezeichnung für Sonne, Mond oder verschiedene Gottheiten.

tamoguna *m* die Grundeigenschaft der Dunkelheit, der Dumpfheit; der *guna tamas*.

tamovana *n* der Wald der Dunkelheit, der Garten der Faulheit.

tāndava *m und n* Tanz; der Name von *Shivas* kosmischem Tanz.

tanmanas *adj* einen ausgerichteten Geist habend, mit einem auf ein Ziel gerichteten Geist; zielgerichtet, vertieft; einen Geist habend, der ganz auf die absolute, göttliche Wirklichkeit (*tat*) ausgerichtet ist.

tanmātra *n wörtl.:* „Das Wesentliche von"; Bezeichnung der Grundprinzipien oder feinen Elemente, aus denen sich die groben Elemente (*mahābhūta*) entwickeln. Es gibt fünf *tanmātras*: 1. *shabda* (Klang); 2. *sparsha* (Berührung); 3. *rūpa* (Sehen, Gestalt); 4. *rasa* (Geschmack); 5. *gandha* (Geruch). Die fünf groben Elemente sind: 1. *ākāsha* (Raum, Äther); 2. *vāyu* (Luft); 3. *tejas* (Feuer); 4. *āpah* (Wasser); 5. *prithivī* (Erde). Die groben Elemente 2–5 sind nach Auffassung der *Vaisheshika*-Philosophie atomar aufgebaut, aber *ākāsha* als Feinstes der *mahābhūtas* ist nicht mehr in dieser Form strukturiert, sondern eine Einheit. Die feineren Elemente sind demnach nicht als materielle Substanzen zu verstehen, die man physikalisch nachweisen kann, sondern eher als eine feine Form von Energie.

tanmayatva *n* das Darausbestehen; *tanmayatva* bezeichnet den Zustand, in dem das *brahman* als die alles durchdringende Essenz realisiert ist; das Erreichen dieses Zustandes zeigt sich als eine überwältigende Erfahrung des Verschmelzens, Aufgehens und Einswerdens.

tantra *n* Gewebe, Zusammenhang, Kontinuum; Hauptpunkt, System; Lehrbuch; außer vielen eher wissenschaftlich orientierten Schriften, die *Tantra* genannt werden, gibt es auch religiös orientierte *Tantra*-Traditionen, die sich sowohl im Kontext des Hinduismus als auch des Buddhismus entwickelt haben; neben dem *Veda*, den *Upanishaden*, den *Purānas* und der *Bhagavadgītā* haben die tantrischen Texte große Bedeutsamkeit erlangt und es gibt wohl im heutigen Indien kaum einen Bereich religiösen Lebens, der von ihnen nicht beeinflußt worden wäre. Ein zentrales Thema dieser Schriften ist die göttliche Energie und Schöpfungskraft (*Shakti*), welche die jeweilige weibliche Form des Gottesaspektes als dessen Gemahlin darstellt, insbesondere als Gemahlin *Shivas*. Entsprechend *Shivas* verschiedenen segensreichen oder furchterregenden Formen nimmt auch die *Shakti* segensreiche Gestalten wie *Maheshvarī*, *Umā*, *Gaurī* oder furchterregende wie *Kālī* und *Durgā* an. Die tantrische spirituelle Praxis, die noch kaum erforscht ist, wird im Westen oft mit erotischen Praktiken in Verbindung gebracht; tatsächlich ist sie aber kaum etwas für Menschen, die nicht gewillt sind, sich einer strengen Disziplin zu unterwerfen. Zwei tantrische Richtungen haben sich herausgebildet: 1. der gefahrvolle Weg des *vāmācāra* („Linke-Hand-Weg"), der sich u. a. mit einer direkten Umformung der Sexualkräfte (vgl. *Kundalinī*) befaßt. 2. der *dakshinācāra* („Rechte-Hand-Weg") mit einem läuternden Ritual und strenger spiritueller Disziplin, die absolute Hingabe an die göttliche Mutter in ihren mannigfachen Formen fordert. Die überlieferten Texte sind meistens in Form eines Dialogs zwischen *Shiva*, dem göttlichen Herrn, und seiner *Shakti*, der göttlichen Kraft, geschrieben. Es gibt aber auch tantrisch orientierte Schriften im Kontext der *Vaishnava*-Tradition. Die tantrischen Traditionen wollen den Menschen zu göttlicher Vollkommenheit erheben, indem sie deutlich machen, daß er ein Mikrokosmos ist, in dem alle göttlichen Kräfte wohnen; diese können durch besondere Riten und Meditationen erweckt werden.

tāpa *m* Glut, Hitze; Leiden, Schmerz, Pein.

tapas *n* Hitze, Glut, Erhitzung; spirituelle Praxis, Disziplin, auch Askese; eine Praxis, die eine höhere spirituelle Energie erzeugt; gemeint sind insbesondere disziplinierte spirituelle Übungen zur Kontrolle und Koordination der Körperfunktionen, strenge Einfachheit, Opfer und Kasteiung. Im 17. Kapitel der *Bhagavadgītā* werden verschiedene Formen von *tapas* in Bezug auf die drei *gunas* unterschieden. Eine reine Form von *tapas* umfaßt die ernsthafte Arbeit an sich selbst, das Handeln aus edlen Motiven heraus, das Bereuen vergangener Fehler, feste Entschlossenheit, tugendhaft zu sein, Selbstkontrolle, die Kultivierung von Gleichmut, sowohl angesichts des Erfolges als auch des Versagens usw. Die Hitze von *tapas* brennt die Sünde aus und reduziert *Karma* zu Asche. Nur das *tapas* kann als richtig bezeichnet werden, welches als Ziel das Erkennen *brahmans*, das Erreichen des höchsten Wissens und Gotteserfahrung hat. Diese Art des *tapas* wird als einzige von den autoritativen Schriften (*shāstra*) gut geheißen.

tapasvin *m* eine Person, die *tapas* praktiziert.

tāpatraya *n* das dreifältige Leiden, das aus der Gebundenheit an die drei *gunas* erwächst.

tapoloka *m* die Welt der spirituellen Kraft; ein Name für die himmlische Welt, die sich „unterhalb" von *satyaloka* befindet.

tapovana *n* ein Wald, in dem *tapas* geübt wird; Büßerwald; Einsiedelei.

tapoyajna *m* das Opfer (*yajna*), das darin besteht, den spirituellen Weg konsequent zu gehen.

tapoyukta *adj* mit *tapas* versehen; die Fähigkeit besitzend, *tapas* auszuüben; die Glut von *tapas* besitzend.

tapta *adj* erhitzt, heiß, durchglüht; gequält.

tārā *f* ein Fixstern; Name einer Göttin, einer göttlichen Energie; Name der Gattin von *Brihaspati*.

tāraka *adj* hinüberführend, rettend.

tārakā *f* Name einer Dämonin, die von *Rāma* besiegt wurde.

tarana *m* Floß, Boot; das Boot, welches den Menschen über den Ozean von Geburt und Tod trägt; dieses Boot ist die stetige Ausrichtung auf den höchsten Herrn.

taranopāya *m* ein Mittel, um das Meer der Täuschung zu überqueren.

tarka *m* philosophische Untersuchung, Logik, Argumentation; philosophisches System, in sich schlüssige Lehre. Im *Yoga* bezeichnet *tarka* eine bestimmte Form geistiger Aktivität, die auf dem Weg zu *samādhi* transzendiert werden sollte.

tarkajnāna *n* Erkenntnis, die durch logisches Folgern (*tarka*) erlangt wird.

tarkavidyā *f* die Wissenschaft der Beweisführung; ein anderer Name für das *Nyāya*-System.

tarkika buddhi *f* die Unterscheidungskraft, welche von Argumentation bestimmt wird, aber noch nicht von ihrer eigentlichen Fähigkeit, der intuitiven Schau; ein Intellekt, der gern unentwegt argumentiert. Dies wird vom *Vedānta* abgelehnt, da für jedes Argument ein Gegenargument gefunden werden kann und der Geist dadurch auf einer bestimmten Stufe des Verständnisses festgehalten wird. An der eigentlichen spirituellen Erfahrung kann man beim Argumentieren leicht vorbeigehen.

tasmād jāgrata, jāgrata *wörtl.:* „Deshalb seid wach, seid wach!"

tat *pron* das. In den vedischen Texten wird *tat* häufig benutzt, um auf das unaussprechliche Seinsprinzip, das unergründliche Geheimnis des unendlichen Absoluten hinzuweisen. Es ist die wortlose Geste, die auf das Unbeschreibliche, das Namenlose zeigt und das Bewußtsein zu dieser Realität erhebt. Wenn Meister ihre Schüler in die letzten Erkenntnisse des *Vedānta* einweihen wollten, haben sie ihnen gesagt: „*tat tvam asi*" („Das bist du"); d. h. das, was dieser unaussprechliche Urgrund allen Seins (*brahman*) ist, das ist deine wahre Natur, das ist identisch mit deinem Selbst (*ātman*). Dies ist einer der bekanntesten und bedeutendsten Lehrsätze (*mahāvākya*) der *Vedānta*-Philosophie und entstammt der *Chāndogya-upanishad.* Es ist bemerkenswert, daß in den *Upanishaden* mal der unpersönliche Ausdruck (z. B. *tat*) und mal die persönliche Benennung (z. B. *sah*) steht. Dies weist darauf hin, daß die göttliche Wirklichkeit beide Aspekte umfaßt: Das Unpersönliche bewahrt den Menschen davor, seine begrenzte Persönlichkeit in Gott hineinzuprojizieren und einen Götzen aus ihm zu machen. Das Persönliche weist darauf hin, daß man aus Gott kein Objekt machen kann, daß er ein persönliches Gegenüber ist, dem man sich mit Liebe und Hingabe (*bhakti*) zuwenden kann. In vielen Traditionen der Mystik finden sich solch anscheinend gegensätzliche Beschreibungen Gottes oder der höchsten Wirklichkeit.

tat sat *wörtl.:* „Das ist das Sein, die wahre Realität".

tat tvam asi *wörtl.:* „Das bist du", d. h. deine wahre Realität ist göttlicher Natur; dies ist eines der *mahāvākyas*; vgl. *tat*.

tatratishthat *adj* dort stehend, sich befindend.

tatsvarūpa *adj* das (vgl. *tat*) als eigene, innewohnende Form habend.

tattva *n* Wahrheit, wahres Wesen, Grundprinzip; *tat* (das) bezeichnet das Wesentliche in allen Dingen und *tattva* die „Istheit" oder das wirkliche Sein. Viele Philosphie-Systeme betrachten eine gewisse Zahl von *tattvas* (Grundprinzipien) als Fundament ihres Denksystems. So gibt es in der *Sānkhya*-Philosophie 25 fundamentale Prinzipien (*tattva*): *purusha*, *prakriti* und die aus der letzteren sich entfaltenden *buddhi*, *ahamkāra*, *manas*, die Erkenntnis- und die Tatsinne (*indriya*), sowie die fein- und grobstofflichen Elemente (*tanmātra* und *mahābhūta*).

tattvabhrānti *f* Mißverständnis, Täuschung in bezug auf das wahre Wesen der Dinge.

tattvabodha *n* das Erwachen zum Wesentlichen; die Erkenntnis der Wahrheit; Name eines klassischen Werks über die Philosophie des *Advaita-vedānta*, welches *Shankara* zugeschrieben wird.

tattvajnānadarshana *n* die Schau der Erkenntnis des Wesenhaften; die Einsicht, daß wahre Erkenntnis darin besteht, das Wesentliche in allen Wesen zu erkennen, die Dinge so zu sehen, daß die Schau deren eigener Wirklichkeit gerecht wird.

tat-tvam-asy-ādi-lakshya *adj* jemand, der die Wahrheit von „Das bist Du" und anderen Weisheitslehren verwirklicht hat.

tattvena *indekl.* tatsächlich, wahrhaftig, wirklich; der wahren Natur einer Sache entsprechend.

tava *pron* dein.

tavaivāham *wörtl.:* „Dein fürwahr (bin) ich" (tavāevāaham); dieser Satz beschreibt die Grundhaltung, die sich aus wirklicher Hingabe entwickelt.

tejas *n* Erleuchtung, Glanz, Licht, Klarheit; innerer Glanz; Schärfe, Hitze; Feuer.

tejobala *n* die Kraft der Glut.

tejorūpa *adj* die Gestalt des Glanzes, des Lichtes habend, Glanz besitzend.

tikta *adj* bitter.

tila *m* Sesam.

tilaka *m* Stirnzeichen, Stirnpunkt (aus Sandelpaste etc.); die Zugehörigkeit zu einer bestimmten Tradition der Gottesverehrung (*Vaishnava*, *Shaiva* oder *Shākta*) bestimmt das Zeichen, welches der Gläubige auf die Stirn oder andere Körperteile aufträgt, um den Körper als Tempel Gottes zu schmücken. Auf der Stirn ist es das Symbol für das dritte Auge, welches auf das innere Auge der Weisheit verweist.

tilka *m* Anführer.

timira *adj und n* dunkel; Dunkelheit.

tirogata *adj* verschwunden.

tīrtha *n* Treppe zu einem heiligen Fluß, Badestelle, heiliger Badeplatz.

tithi *m und f* Stufe (Abschnitt) im Zu- oder Abnehmen des Mondes; Mondtag.

titikshā *f* Duldsamkeit, Geduld, Gleichmut angesichts von Gegensätzen; *titikshā* meint nicht einfach nur ein geduldiges passives Hinnehmen von allem, sondern bezeichnet einen Zustand innerer Stärke, der von außen nicht ins Wanken gebracht werden kann.

tittiri *m* Rebhuhn; Name eines Sehers, der der Begründer der *Taittirīya*-Tradition ist.

torana *m und n* Tor, Portal; Bogen.

tosalaka *m* Name eines Ringkämpfers, der von *Krishna* besiegt wurde.

tosha *m* Zufriedenheit.

totaka *m* Name eines berühmten Schülers von *Shankara*, der durch seine Hingabe zur Erleuchtung gelangte.

toya *n* Wasser.

tra *adj* (nur am Ende eines Wortes) rettend, haltend, beschützend).

trāna *n* Schutz, Rettung, Hilfe; Zuflucht; Schützen, Bewahren.

trayī *f* die dreifache (Wissenschaft – *vidyā*); gemeint sind *Rig-*, *Sāma-* und *Yajurveda*, welche die Verse und Sprüche für die Opferrituale (*yajna*) enthalten. Der Ausdruck *trayīvidyā* bezeichnet den Kernbereich vedischen Gedankenguts und verweist auf die Möglichkeit einer stufenweisen Läuterung des Menschen.

trayīvidyā *f* die dreifache Wissenschaft; vgl. *trayī*.

tretāyuga *n* Name eines der vier Weltzeitalter (*yuga*).

tribhuvana *n* die drei Welten, vgl. *triloka*.

tridandin *m* Bezeichnung für einen *samnyāsin*, der drei Stöcke trägt, die zu einem zusammengebunden sind.

tridosha *n* eine Krankheit, bei der alle drei Grundprinzipien (*dosha*) des Körpers gestört sind.

trigunarahita *adj* die drei *gunas* verlassen habend; ohne relative Eigenschaften.

trijatā Name einer Pflanze (Aegle Marmelos); Name einer Dämonin, die zu *Sītā* während ihrer Gefangenschaft sehr freundlich war.

trikālajnānin *m* ein Kenner der drei Zeiten. Wenn jemand die Zeit überschreitet und in die Dimension der Ewigkeit eintaucht, kann er die Vergangenheit ergründen, in der Gegenwart richtig handeln und in die Zukunft sehen, d. h. er überschaut den ganzen schicksalsmäßigen Zusammenhang.

trikaranashuddhi *f* Reinigung von Geist, Körper und Zunge, d. h. den 3 Aspekten, die für das Handeln verantwortlich sind.

trikūta *m* Name eines Berges in *Lankā*, auf dem *Rāvana* seine Hauptstadt errichtet hatte.

trilocana *adj und m* drei Augen habend; ein Name für *Shiva*; sein drittes Auge ist auf der Stirn und besitzt die Kraft, durch einen Feuerstrahl zu zerstören.

triloka *m* die drei Welten; gemeint sind die drei Bereiche Erde, Luftraum und Himmel, die die drei unteren der sieben höheren relativen Welten (*loka*) sind; mit *triloka* kann auch die Einteilung in Himmel, Erdbereich und Unterwelten gemeint sein.

trimūrti *adj* dreigestaltig; die Dreiheit von *Brahmā*, *Vishnu* und *Shiva*, welche die Prinzipien von Schöpfung, Erhaltung und Zerstörung symbolisieren. Diese drei sind Aspekte der einen göttlichen Wirklichkeit, des höchsten Herrn, der transzendental über allen Wandlungsprozessen steht.

trināvarta *m* Name eines Dämons, der in Gestalt eines Wirbelwindes das Kind *Krishna* entführte aber von diesem besiegt wurde.

trinetra *adj und m* dreiäugig, drei Augen habend; ein Name für *Shiva*.

tripti *f* Zufriedenheit.

tripura *n* die dreifache Festung; Bezeichnung für drei Städte, welche von drei Dämonen (*Asura*) als Herausforderung Gottes erbaut wurden. Diese können als eine Symbolisierung der drei *gunas*, die den Menschen in der Knechtschaft der weltlichen Existenz halten, verstanden werden. *Shiva* verbrannte die drei Städte mit dem Feuer, welches aus seinem dritten Auge kam.

tripurāri *m* Feind, Vernichter der drei Städte; ein Name für *Shiva*.

tripūti *f* die dreigeteilte Manifestation, welche die Hülle der einen höchsten Wirklichkeit ist. Gemeint ist die Aufteilung in Subjekt, Objekt und die Beziehung zwischen den beiden, d. h. in den Erkennenden, das Erkannte und den Erkenntnisprozeß.

trishanku *m* Name eines berühmten Königs der Sonnendynastie.

trishiras *m* wörtl.: „dreiköpfig"; Name eines Sehers; Name eines Dämons, insbesondere eines Bruders von *Rāvana*.

trishnā *f* Durst, Verlangen, Wunsch; Gier, starkes Verlangen nach Sinnengenuß.

trishūla *n* Dreizack; ein Attribut *Shivas*, mit dem er häufig abgebildet wird. Die *sādhus*, welche *Shiva* verehren, tragen als Zeichen ihrer Zugehörigkeit zu diesem oft einen Dreizack bei sich.

trishūladhārī *adj* den Dreizack tragend; ein Name für *Shiva*.

trivenī *f* Zusammenfluß der drei heiligen Flüsse: *Gangā*, *Yamunā* und *Sarasvatī* nahe der Stadt *Prayāga* (Allāhābād). In spirituellem Sinn steht der Zusammenfluß dieser Flüsse für die Vereinigung von Hingabe (*bhakti*), richtigem Handeln (*Karma*) und Erkenntnis (*jnāna*).

trivenisanga *m = trivenī*.

trivikrama *m* derjenige, welcher drei Schritte tut; ein Name für *Vishnu* in seiner *Vāmana*-Inkarnation.

tryambaka *adj und m* dreiäugig; ein Name für *Shiva*. Mit zwei Augen betrachtet er das physische Universum; sein drittes Auge ist das Auge der Weisheit und des spirituellen Bewußtseins.

tryambakam yajāmahe sugandhim pushtivardhanam *wörtl.:* „Wir wollen den Dreiäugigen, Duftenden, den Förderer von Stärke und Gedeihen verehren".

tū *pron* (*Hindi*) du (im Hindi wird *tū* zur vertraulichen Anrede benutzt).

tukārām *m* Name eines religiösen Dichters und Heiligen (1608–1649), der im westlichen Indien lebte und seine inneren Erfahrungen in der Marāthī-Sprache ausdrückte. Er entstammte einer wohlhabenden Familie von Getreidehändlern; da er sich aber ganz seinen religiösen Übungen und der devotionalen Dichtung widmete, legte er keinen Wert auf materiellen Besitz und vernachlässigte seine Geschäfte. Seine Lieder erfreuen sich noch heute großer Beliebtheit und werden vielfach gesungen.

tulasī, tulsī *f* Name einer dem Basilikum ähnlichen, heiligen Pflanze, die speziell von den *Vaishnavas* verehrt wird.

tulsīdās *m* (*Hindi*) Name eines bedeutenden religiösen Dichters (1532–1623). Als Sohn eines Brahmanen kam *Tulsīdās* in einem Dorf in der Provinz Uttar Pradesh (Nordindien) zur Welt. Wegen einer ungünstigen Konstellation der Planeten bei seiner Geburt wurde er von den Eltern verstoßen und von einem Heiligen (*sādhu*) erzogen. Er heiratete und war von einer leidenschaftlichen Liebe zu seiner Frau erfüllt. Als er ihr eines Tages unaufgefordert in ihr Elternhaus folgte, wies sie ihn mit den Worten zurück: „Wenn du nur halb so viel Liebe zu *Rāma* hättest wie zu diesem vergänglichen Körper, hätte all dein Kummer ein Ende und du würdest Erleuchtung erlangen." Durch diese herben, aber weisen Worte wurde *Tulsīdās* die Vergänglichkeit der Welt schlagartig bewußt. Er entsagte ihr und weihte sein Leben *Rāma* als seinem höchsten Herrn. Seine Hindifassung des *Rāmāyana* ist bis heute eines der verbreitetsten Bücher in Nord- und Mittelindien. Der *Rāmcaritmānas* ist keine einfache Hindi-Übersetzung von *Vālmīkis* großem *Sanskrit*-Epos, sondern eine selbständige Bearbeitung des Stoffes, welche die göttliche Natur von *Rāma* besonders herausarbeitet. *Tulsīdās* läßt *Shiva* die Geschichte von *Rāma* seiner Gemahlin *Pārvatī* erzählen. Diese Geschichte ist zunächst wie ein See in *Shivas* Innerem verborgen. Erst durch *Pārvatīs* Fragen nach dem wahren Wesen *Rāmas* tritt dieser in *Shivas* Innerem verborgene See zum Wohl der Menschheit zutage.

tum *pron* (*Hindi*) ihr (im Hindi wird die Pluralform *tum* zur vertrauten, aber gleichzeitig ehrerbietigen Anrede benutzt).

tumbara *m* Name eines *Gandharva*.

tungabhadra *m* ein störrischer Elefant.

turīya *adj und n* der, die oder das vierte; Bezeichnung des vierten Bewußtseinszustandes, die ersten drei sind Schlaf, Traum und Wachen; *turīya* geht über diese relativen Zustände hinaus und bezeichnet die Erfahrung absoluter Stille, das Eintauchen in das

Selbst (*ātman*). *Turīya* ist weder eine subjektive noch eine im materiellen Sinn objektive Erfahrung, weder Bewußtsein noch Unbewußtsein, weder Erkenntnis noch Nicht-Erkenntnis. Es ist eine letztlich unbeschreibbare Erfahrung, auf die jedoch in vielfacher Weise immer wieder hingewiesen wird. Es ist das Tor zur Erleuchtung, das Aufdämmern der „unio mystica". Anfangs wird diese Erfahrung abseits der täglichen Aktivität in der Meditation erwachen, dann aber immer häufiger auftreten, bis dieses Seinsbewußtsein kontinuierlich während des Schlafens, Träumens und Wachens erhalten bleibt. Positiv kann man die Erfahrung von *turīya* durch die drei grundlegenden Qualitäten des Selbstes, *sat-cit-ānanda*, kennzeichnen. In der *Yoga*-Tradition entspricht *samādhi* weitgehend der *turīya*-Erfahrung.

tushti *f* Zufriedenheit, Gleichmut.

tvam *pron* du.

tvam evāham *wörtl.:* „Du fürwahr (bist) Ich"; „Du allein bist die eigentliche Realität von Ich" (tvam-eva-aham). Dieser Satz bezeichnet die Erfahrung, in welcher das Ich erkennt, daß seine eigentliche Natur nicht in der Form begrenzt ist, wie das Ich es sich normalerweise vorstellt. An erster Stelle des Satzes steht das „Du", welches als primäre und wesenhafte Realität erfahren wird; gemeint ist damit die Gegenwart des göttlichen Funkens im Herzen, in der Tiefe des Bewußtseins. Das Ichbewußtsein ist nicht geschwunden, es steht aber nicht mehr an erster Stelle und sieht sich nicht mehr allein im Mittelpunkt. Vielmehr ist es zu einem wahren Diener des Herrn geworden.

tvashtā *m* Name einer Gottheit; im *Veda* wird *Tvashtā* als der göttliche Künstler verehrt, welcher als Zimmermann die Welt gestaltet.

tyāga *m* Entsagung, Loslösung; Opfer; Aufgeben aller Bindungen, Verminderung und Loslassen von Wünschen und Begierden. *Tyāga* drückt sich in einem selbstlosen Tun aus, welches nicht nach Früchten oder Ergebnissen trachtet, und kann als ein Grundprinzip des *Karmayoga* betrachtet werden.

tyāgabhāva *m* die Gemütsstimmung der Loslösung; Opferbereitschaft.

tyāgarāja *m* der Herrscher des Reiches der Entsagung; Name eines Heiligen. *Tyāgarāja* dichtete seine Lieder in Telugu; diese werden wegen ihrer Zartheit und Feinheit hoch geschätzt und verehrt und noch heute vielfach gesungen.

tyāgin *adj* verlassend, hingebend, weggebend, opfernd, verschenkend; frei von Bindung an die Sinnenwelt; beim Handeln nicht auf die Früchte schauend oder nach ihnen verlangend.

U

ubhaya *adj* beide.

ubhayabhāratī *f* Name der Gattin des *Mandana Mishra.*

uccaihshravas *m* Name eines Pferdes, das bei der Quirlung des Milchozeans (vgl. *kūrma*) entstanden ist und *Indra* gehört.

ucchishta *n* Überrest; gemeint ist das, was nach einer Opferhandlung übrigbleibt und als Segen an die Anwesenden verteilt wird. Eine solche gesegnete Speise ist nicht nur eine irdische sondern auch eine spirituelle Nahrung.

udaka *n* Wasser.

udāna *m* der nach oben gerichtete Lebenshauch; vgl. *prāna.*

udara *n* Unterleib, Bauch, Bauchhöhle; Höhle, Hohlraum.

udaraposhana *adj und n* den Bauch zufriedenstellend; der Gier nachgebend; gefräßig.

udāsīnabhāva *m* der Zustand, die Erfahrung der Unberührtheit, Gelassenheit und Wunschlosigkeit; das Empfinden der Neutralität, der Unparteilichkeit.

udāsīnatā *f* das Unberührtsein, die Gelassenheit; die Neutralität, das Unbeteiligtsein.

udātta *adj und m* hoch, erhoben; Bezeichnung eines vedischen Akzents, welcher durch den erhobenen Ton gekennzeichnet ist.

udayana *m* Name eines Prinzen.

udbhijja *adj* sprießend, wachsend.

uddālaka āruni *m* Name eines Heiligen, dessen berühmte, an seinen Sohn *Shvetaketu* gerichtete Unterweisungen über die Identität von *ātman* und *brahman* in der *Chāndogya-upanishad* enthalten sind.

uddhāra *m* Erhebung, Anhebung, Stärkung; Rettung, Befreiung; Aufhebung, Tilgung.

uddhava *m* Name des Freundes und Ratgebers von *Krishna.*

udgāta *m* Sänger; Bezeichnung des Priesters, der bei der Ausführung einer Opferhandlung (*yajna*) die Hymnen des *Sāmaveda* singt.

udupi *(Quelle?)* Name eines heiligen Ortes in Karnātaka, welcher durch die Bildgestalt *Krishnas*, die mit dem Rücken zur Eingangstür des Tempels steht, Berühmtheit erlangt hat. Folgendes wird darüber berichtet: Ein großer Verehrer *Krishnas* durfte den Tempel nicht betreten, weil er einer niederen Kaste angehörte. Daraufhin sang er mit solcher Hingabe *bhajans* hinter dem Tempel, daß sich *Krishna* im Tempel in seine Richtung drehte und bis heute so stehen blieb.

udyoga *m* Unternehmung, Aktivität, Vorbereitung; Bemühen; Arbeit, Pflicht, Amt, Beruf; Durchhaltevermögen, Standhaftigkeit.

ugra *m* wörtl.: „der Schreckliche"; ein Name für *Shiva* in seinem zerstörerischen Aspekt.

ugrasena *m* Name des Vaters von *Kamsa*, der von diesem von seinem Thron vertrieben wurde. *Krishna* setzte ihn, nachdem er *Kamsa* besiegt hatte, wieder in seine rechtmäßige Herrschaft ein.

ujjayinī *f* Name einer Stadt, welche zu den sieben heiligen Städten in Indien gehört.

uktha *n* Hymne, Vers, Lobpreis.

umā *f* ein Name für *Pārvatī*, die Gattin *Shivas*. Unter dem Namen „Umā Haimavatī" („vom *Himālaya* stammend") gilt sie als Tochter *Himavats*; man kann dies als Symbol für die Kraft, die vom höchsten Gipfel herabsteigt, verstehen. In der *Kena-upanishad* wird *Umā* als Vermittlerin zwischen *brahmān* und den *Devas* erwähnt; nach *Shankara* verkörpert sie die Weisheit, die das Höchste zu erkennen vermag.

umāpati *m* der Gatte der *Umā*; ein Name für *Shiva*.

unmīla *m* das Öffnen, Erwachen.

upa *indekl* nahe, hinzu, mit.

upacāra *m* Verehrung, Dienst, Gottesdienst, Zeremonie; Gruß, Verneigung; Bescheidenheit.

upādāna *n* das Nehmen, Erhalten, Erlangen; das Miteinbeziehen, Erwähnen; das Zurückziehen der Sinne; Ursache, Motiv, unmittelbare Ursache.

upadāna *n* Opfergabe, Geschenk.

upādānakārana *n* unmittelbare Ursache.

upadesha *m* das Hinzeigen, Hinweisen (auf die höchste Realität); Einweihung, Initiation; spirituelle Unterweisung; Lehren, Unterweisen.

upadeshasāhasrī *f wörtl.:* „Diejenige, welche tausend Belehrungen enthält"; Name eines Hauptwerkes von *Shankara*. Der Prosateil ist ein Handbuch für den spirituellen Lehrer und handelt von den Methoden, die zur Erleuchtung des Schülers führen, von der Erkenntnis des Selbstes (*ātman*) und gibt Anweisungen für die Wiederholung und geistige Durchdringung heiliger Texte. Der Versteil erklärt das Wesen des Bewußtseins, des „Zeugen" (*sākshin*) und der Denkvorgänge und endet mit einer Erklärung des Lehrsatzes: „*Tat tvam asi*" („Das bist du").

upadhāna *n* Besonderheit, Individualität; Freundlichkeit, Anziehung; eine religiöse Praxis.

upādhi *m* Hinzufügung; Erscheinung, Ersatz, Verhüllung; Eigenschaft, Attribut; Verkleidung; eine begrenzende Beifügung, die nicht wesensmäßig zu einer Sache gehört. In der *Vedānta*-Philosophie bezieht sich *upādhi* auf alle relativen Qualitäten, die auf das Selbst projiziert werden, und bezeichnet damit alle Namen und Formen der Nicht-Erkenntnis, d. h. der Erkenntnis von Vielheit und Verschiedenheit in bezug auf eine Wirklichkeit, die tatsächlich eine Einheit ist. *Upādhi* wird dem Selbst (*ātman*) aufgebürdet, wenn man sich mit dem Körper, dem Intellekt, den Sinnen und dem Ego identifiziert und damit die Natur des Selbstes überdeckt und verhüllt.

upadhi *m* Unehrlichkeit, Unaufrichtigkeit; Rechtsbeugung, falsche Aussage; Terror, Herausforderung, Drohung.

upādhyāya *m* Lehrer; spiritueller oder religiöser Lehrer.

upakāra *m* Hilfe, Assistenz, Dienst; Gunst, Vorteil; Ausschmückung.

upamāna *n* Vergleich, Ähnlichkeit, Analogie. Der Vergleich dient in einigen Traditionen der Philosophie als eines der Erkenntnismittel (*pramāna*).

upāmshu *indekl* leise, flüsternd, still; Bezeichnung für ein geflüstertes Gebet.

upāmshujapa *m* geflüsterte Wiederholung des Gottesnamens.

upanayana *n* das Herbeiführen, das Näher-Heranbringen; das Bringen oder Führen (des Jungen) zum Lehrer (*Guru*); Einführungszeremonie; Einweihung; vgl. *dvija*.

upanishad *f* sich nahe bei jemandem Niedersetzen (upa = nahe bei, ni = nieder, sad = setzen); das Sitzen zu Füßen des Meisters, um die vertrauliche Lehre über die eigentliche Identität des Menschen zu empfangen; Bezeichnung einer Klasse heiliger Schriften. Sie bilden den Schluß des offenbarten Teils der *Veden* (*shruti*) und die hauptsächliche Basis des *Vedānta*, d. h. der philosophischen Analysen und Schlußfolgerungen, die aus den *Upanishaden* abgeleitet werden. In den *Upanishaden* selbst wird keine einheitliche Philosophie gelehrt, sondern es werden in lebendigen Dialogen zwischen Lehrer und Schüler existentielle Einsichten präsentiert, die alle Facetten der einen höchsten Wirklichkeit darstellen. Was sie besonders auszeichnet und für den Wahrheitssucher so wertvoll macht, ist ihre gewaltige Gedankenfreiheit und Unmittelbarkeit, die auf die Transzendenz direkt verweist. Aus der sich vertiefenden Einsicht in die kosmischen Zusammenhänge, die in den *Brahmanas* anhand des vedischen Opferrituals (*yajna*) ausgearbeitet wurden, erhebt sich der menschliche Geist zur Frage nach dem Höchsten. Die absolute Wirklichkeit wird in den *Upanishaden* teils persönlich, teils unpersönlich gefaßt; denn sie vereinigt in sich diese Gegensätze. Im Mittelpunkt stehen immer wieder die Erläuterung der Natur von *ātman* und *brahman*, die Erkenntnis der Identität der beiden, sowie die Bedeutung der heiligen Silbe *OM*. Von den 12 bedeutendsten *Upanishaden* gehören zum *Rigveda* die *Aitareya* und *Kaushītaki*, zum *Sāmaveda* die *Chāndogya* und *Kena*, zum *Yajurveda* die *Taittirīya*, *Katha*, *Shetāshvatara*, *Brihadāranyaka* und *Īsha*, und zum *Atharvaveda* die *Prashna*, *Mundaka* und *Māndūkya*.

upaprāna *m* untergeordneter Lebenshauch.

upapurāna *n* untergeordnetes *Purāna*; zu der Reihe der *Upapurānas* zählen das Narasimha-, Vāyu-, Shivadharma-, Āshcarya-, Nārada-, Nandikeshvara-, Ushanas-, Kapila-, Varuna-, Shāmba-, Kālikā-, Kalki-, Devī-, Parāshara-, Marīci-, Bhāskara- oder Sūryapurāna u. a..

uparama *m* Aufhören, Aufgeben.

uparati *f* das Aufhören, Verschwinden, Stillwerden; die Übung des Zurückziehens der Sinne von der objektiven Welt, das Zurückziehen von den Sinnesobjekten, das Hintersichlassen der Wünsche.

upāsaka *m* Verehrer; jemand, der in die göttliche Gegenwart versenkt ist.

upāsanā *f* = *upāsana*.

upāsana *n* das Sitzen in unmittelbarer Nähe; Verehrung, Dienst, Gottesdienst. *Upāsana* bezeichnet nicht nur äußere Verehrung, sondern einen kontinuierlichen Strom der Aufmerksamkeit, der sich Gott zuwendet. Der Begriff weist auf die Tatsache hin, daß der eigentliche Standort des Menschen in der Nähe Gottes ist. Je mehr jemand sich diesem Standort nähert, desto mehr werden schlechte Eigenschaften abgelegt und göttliche Eigenschaften erworben. Bei *upāsana* handelt es sich um eine stetige Verehrung, die nach innen gerichtet ist, eine Hingabe, die in der andauernden Gegenwart Gottes, der Wahrheit oder der Liebe bleibt. Es ist ein Teilen der Freude und ein Erleben der heiligen Nachbarschaft.

upāsanākānda *m* der Abschnitt der Verehrung; gelegentlich wird der Unterteilung der Veden in *karmakānda* (Abschnitt der Handlung) und *jnānakānda* (Abschnitt der Erkenntnis) noch eine dritte hinzugefügt: der *upāsanākānda* (Abschnitt der Verehrung), der Andacht, Gebet, Meditation und liebevolle Hingabe an Gott umfaßt und für den *Bhaktiyoga* von besonderer Bedeutung ist.

upashruti *f* Bezeichnung für eine göttliche Stimme, die z. B. nach einem Gebet gehört werden kann und Rat hinsichtlich der zukünftigen Unternehmungen gibt.

upāsya *n* das zu Verehrende.

upavāsa *m* das Fasten, die Enthaltung, der Verzicht.

upaveda *m* untergeordneter *Veda*; unter dieser Bezeichnung werden wissenschaftlich orientierte Systeme verstanden, die aber auf den vedischen Lehren aufbauen. Die *Upavedas* zählen nicht zur *shruti*, sondern sind ein Bestandteil der *smriti*. Es gibt vier *Upavedas*: 1. den *Āyurveda* (über Heilkunde); 2. den

Gandharvaveda (über Musik, Tanz und Ästhetik); 3. den *Dhanurveda* (über Bogenschießen, Kriegs- und Kampfkunst); 4. den *Sthāpatyaveda* (über Architektur, Stadtplanung, etc.).

upekshā *f* das Nichtbeachten, Nichtberücksichtigen; die Freiheit von Verwicklungen; Gleichmut, Gleichgültigkeit; Verlassen, Aufgeben; Geduld, Ertragenkönnen.

upendra *m* wörtl.: „jüngerer Bruder von *Indra*"; Name für *Vishnu* oder *Krishna.*

uppu *(Telugu)* Salz.

ūrdhva *adj* hoch, aufrecht, nach oben weisend, darüber.

ūrdhvadrishti *f* der Blick nach oben, das Schauen auf das Höhere; die nach oben gerichtete Schau.

ūrmilā *f* Name der Schwester von *Sītā* und Gattin von *Lakshmana.*

uru *adj* weit, geräumig, groß.

urvashī *f* Name einer himmlischen Nymphe (*Apsarā*), welche verdammt wurde, für eine gewisse Zeit auf der Erde zu leben, und die Gattin des *Purūravas* wurde.

urvī *f* die Weite, die Große; ein Name für die Erde.

ushā *f* Morgenröte; Name der Tochter des Dämons *Bāna* und Gattin von *Aniruddha.*

ushanas *m* ein anderer Name für *Shukra.*

ushas *f* Morgenröte; die Göttin der Morgenröte, die Tochter des Himmels und Schwester der *Ādityas*. Ihr sind nur wenige Hymnen der *Veden* gewidmet, diese zählen aber zu den zartesten, schönsten und poesievollsten. *Ushas* ist die Freundin der Menschen. Sie erscheint als schöne Jungfrau, die ihre Schwester, die Nacht, ablöst und aus dem Dunst im Osten immer höher emporsteigt, um mit ihren Lichtwellen Himmel und Erde zu übergießen. Sie kommt in jedes Haus, weder die Großen noch die Kleinen verachtend und jedem Wohlstand bringend. *Ushas* symbolisiert das Aufdämmern eines höheren Bewußtseins, den Beginn des Erwachens zur göttlichen Realität.

ushna *adj und m, n* heiß, warm; scharf; leidenschaftlich; Hitze, Wärme; Sonnenschein; die heiße Jahreszeit.

ushnashakti *f* die Kraft der Hitze.

utathya *m* Name eines *Brahmanen*, dem von *Varuna* die Frau geraubt worden war. Daraufhin trank er das Meer und alle Flüsse aus.

ūti *f* Weben; Freude, Hilfe, Gunst; das Weben des Schicksals; die Auswirkung des Handelns auf Charakter und Lebenslauf.

utpāda *m* Geburt, Entstehen, Erscheinen.

utpatti *f* Entstehung, Geburt, Produktion, Erzeugung; Bewirken eines Effekts.

utsāha *m* Stärke, Willenskraft, Bemühung, Eifer, Enthusiasmus, Kraft, Vitalität, Ausdauer. Nur durch Ausdauer, beharrliches Bemühen und nicht nachlassende Eigeninitiative ist es möglich, auf dem spirituellen Weg Fortschritte zu machen; deshalb wird *utsāha* als eine bedeutsame Tugend gepriesen.

utsava *m* Fest, Festlichkeit, Jubiläum.

uttama *adj* das höchste, beste, vorzüglichste; *uttama* kann sich auf die Eigenschaften eines Gottsuchers beziehen und meint jemanden, der wirklich ernsthaft den Weg beschreitet und dieses Bemühen auch in seinen Handlungen ausdrückt, der den Weg der Selbsterkenntnis wandert, Ruhe und Mut besitzt und weiter schreitet, egal welche Widrigkeiten ihm entgegentreten oder wie hart die Straße auch sein mag.

uttamabrahman *n* das höchste *brahman.*

uttamapurusha *m* der edelste der Menschen; gemeint ist meistens das höchste Selbst.

uttamāyana *n* der höchste Weg; der Weg zum höchsten Ziel; der eigentliche Weg; gemeint ist der Weg, der keine Umwege zu anderen Zielen macht, sondern direkt auf den Herrn ausgerichtet ist.

uttānapāda *m* Name des Vaters von *Dhruva.*

uttara *adj* höher; nördlich, in nördlicher Richtung; links.

uttaramārga *m* der nach Norden führende Weg; der aufwärts führende Weg.

uttaramīmāmsā *f* die genauere Betrachtung der letzten Abschnitte des *Veda*; dies ist eine Bezeichnung für den *Vedānta.*

uttarāyana *n* das Halbjahr, in dem die Sonne nach Norden wandert.

uttarāyanamārga *m* der zum Licht der Befreiung führende Weg.

uttishthata! jāgrata! prāpyavaram nibodhata *wörtl.:* „Steht auf! Wacht auf! Hört achtsam auf das Höchste, welches ihr erreichen könnt!“.

V

vāc *f* (manchmal auch vāk geschrieben), Rede, Wort, Sprache; Ton, Stimme. In den vedischen Texten und speziell im *Rigveda* wird *vāc* als göttliche Kraft, als Trägerin der Offenbarung, als heilige Rede, als schaffende, alle Götter tragende Urkraft angesehen. *Vāc* wird oft als Göttin, als Mutter des Universums betrachtet und mit *Sarasvatī*, der Göttin der Weisheit, Gelehrsamkeit und der Sprache, identifiziert.

vācaspati *m* der Herr der Rede; ein anderer Name für *Brihaspati*.

vada *adj* sprechend, sagend.

vāda *m* Gespräch, Unterhaltung; Diskussion, Disput, Kontroverse; Erzählung, Bericht; These, Aussage; Erklärung, Erläuterung; Lehre, Philosophiesystem, Doktrin, Theorie.

vadana *n* Gesicht; Mund.

vādavidyā *f* die Wissenschaft der Diskussion; ein Name für das *Nyāya*-System.

vade nenoudu, nene vadoudu *(Telugu) wörtl.:* „Er ist ich, ich bin er."

vadha *m* Töten, Vernichten, Morden; Tod, Zerstörung; Mörder, Töter.

vāhana *n* Fahrzeug; Schiff; Fortbewegungsmittel; jeder Gottheit ist in der Ikonographie ein typisches *vāhana*, meist in Tiergestalt, zugeordnet: *Agni* – Widder; *Brahmā* – Schwan (*hamsa*); *Durgā* – Löwe oder Tiger; *Ganesha* – Ratte; *Indra* – Elefant; *Kārttikeya* – Pfau (*paravāni*); *Shiva* – Stier (*nandi*); *Varuna* – Fisch (*matsya*); *Vāyu* – Antilope; *Vishnu* – Vogel (*garuda*); *Yama* – Büffel.

vāhinī *f* Fluß, Strom; Armee, Streitmacht.

vahni *m* ein Name für *Agni*; Feuer.

vaidehī *f* die aus *Videha* Stammende; ein Name für *Sītā* oder für *Lakshmī*.

vaidhabhakti *f* = *vaidhikabhakti*.

vaidhikabhakti *f* Hingabe, die den Regeln folgt; dies ist eine vorbereitende

Stufe, auf der alle Anordnungen (*vidhi*) des Lehrers (*Guru*) zur Ausübung der *bhakti* befolgt werden. Wirkliche Hingabe ist kein rein emotionaler Zustand, sondern bedarf der Schulung und Klärung des Geistes; dafür sind Regeln und eine regelmäßige spirituelle Praxis notwendig.

vaidika *adj* auf den *Veda* bezogen; zum *Veda* gehörig.

vaidya *m* Wissender; Bezeichnung für einen *Āyurveda*-Arzt.

vaidyālaya *m* das Haus des *vaidya*; Hospital, Krankenhaus.

vaidyanātha *m* wörtl.: „Herr der Ärzte"; ein Name für *Shiva* und eines der 12 großen *lingas*.

vaidyo nārāyano harih *wörtl.*: „*Hari*, der als erstes Wesen der Schöpfung erschienen ist, ist der Arzt, (welcher die Krankheit der Unwissenheit zerstört)"; „*Hari* ist der uranfängliche göttliche Arzt".

vaijayantī *f wörtl.*: „Die Siegreiche"; Name der Halskette *Vishnus*, die aus fünf verschiedenen Edelsteinen besteht.

vaikhānasa *m* Name einer Ritualtradition des *Veda*.

vaikharījapa *m* deutlich hörbare, artikulierte Wiederholung des göttlichen Namens; vgl. *japa*.

vaikuntha *m und n* ein Name *Vishnus*, *Indras* oder des heiligen Basilikums; Himmel (*n*); Name der Himmelsebene, die *Vishnu* zugeordnet ist. Dies ist ein Bereich, in dem es keinen Schatten, keinen Gram oder Schmerz gibt. Dies ist bereits eine Wirklichkeit, welche jenseits von Geburt und Tod ist und von der es keine Wiederkehr geben muß.

vaikunthadharma *m* Rechtschaffenheit, die auf *Vaikuntha* ausgerichtet ist. Wenn jemand sein Ich Gott unterwirft, an ihn denkt und ihm allein beständig dient, so ist dies der Pfad, der „*vaikunthadharma*" genannt wird; diesem entspricht insbesondere der Weg der Hingabe (*bhakti*).

vaikunthadvāra *n* das Tor zum Himmel; das Tor zur Verwirklichung des Selbstes.

vainateya *m* ein Name für *Garuda*.

vaiparītya *n* Gegensatz, Gegensätzlichkeit, Opposition; Inkonsistenz.

vaira *n und m* Mut, Tapferkeit; Feindseligkeit, Kampf, Aggression; Name einer Götterklasse.

vairāgin *m* ein Mensch, der sich von Bindungen und Leidenschaften gelöst hat.

vairāgya *n* Gelassenheit, Losgelöstheit, innere Freiheit, Leidenschaftslosigkeit allem gegenüber; oft nicht ganz richtig mit „Entsagung" übersetzt, da für Entsagung im allgemeinen ein Zwang, eine willentliche Anstrengung notwendig ist. *Vairāgya* bezeichnet jedoch im *Vedānta* ein Herauswachsen aus den vergänglichen Dingen, weil die unvergängliche Wirklichkeit (*brahman*) gefunden und damit die Notwendigkeit einer äußeren Bindung zunichte gemacht worden ist. Es ist Loslösung, Aufgeben, Nicht-Bindung, Verzicht auf niedere Wünsche, Loslösung von der äußeren Welt, Aufgeben von Leidenschaftlichkeit (*rāga*) und bedeutet das Verlieren der Gebundenheit an die Sinneserfahrungen: Klang, Berührung, Form, Geschmack und Geruch. Es ist ein Abwerfen der Wünsche während der Lebensreise, was aber nicht bedeutet, das Haus, die vertraute Umgebung, Frau und Kinder aufzugeben, sondern dort zu bleiben und die notwendigen Pflichten zu erfüllen, indem alle Handlungen für Gott getan werden. *Vairāgya* rettet vor zu viel Bindung und bringt Erleichterung in Zeiten der Ausgelassenheit und Verzweiflung, folglich wird es helfen, die Gefühle zu verfeinern. Wer Freude am Studieren heiliger Schriften hat, braucht sich nicht zu zwingen, keine Kinderbücher mehr zu lesen. Er ist ihnen entwachsen. In *Shankaras* Werk *Tattvabodha* und anderen Texten des *Vedānta* wird *vairāgya* als eine der vier Vorbedingungen genannt, welche ein spirituell Strebender erfüllen sollte, wenn er den *Vedānta* verstehen will. Die drei anderen sind: *viveka*, *mumukshutva* und *shatsampatti*.

vairocana *m* ein anderer Name des Dämons *Bali*.

vaishampāyana *m* Name eines Weisen; er war der Schüler von *Vyāsa* und rezitierte das *Mahābhārata* für den König *Janamejaya*.

vaisheshika *adj und n wörtl.:* „Sich auf die Unterschiede (*vishesha*) beziehend"; Name eines Philosophiesystems auf vedischer Grundlage, welches zu den sechs *darshanas* gehört. Zielrichtung des *Vaisheshika* ist es, grundlegende Kategorien des Erkennens aufzustellen und mit diesen zu einer geordneten Wahrnehmung des Kosmos zu gelangen. So besitzt das *Vaisheshika* eine gewisse Verwandtschaft mit der griechischen Naturphilosophie, bezieht aber die Realität des Selbstes (*ātman*) in seine Betrachtungen mit ein.

vaisheshikasūtra *n* Name des Grundwerkes der *Vaisheshika*-Philosophie, als dessen Verfasser der Weise *Kanāda* gilt.

vaishnava *adj und m* zu *Vishnu* gehörig; ein Verehrer des *Vishnu*; Bezeichnung einer der drei Hauptrichtungen der Gottesverehrung in Indien. Hauptschriften der *Vaishnavas* sind die *Vaishnavapurānas* (vgl. *Purāna*). Unter den *Vaishnavas* gibt es verschiedene Richtungen, je nach dem Aspekt, unter welchem sie *Vishnu* verehren, und je nach der philosophischen Grundlage, die sie besitzen: Die *Rāmānujas*, die *Vishnu* in seinem erhabenen Aspekt als *Nārāyana* verehren; die *Naimbārkas* und die *Vāllabhācāryas*, Verehrer von *Krishna* und *Rādhā*; die *Mādhavas*, die *Vishnu* als höchstes Wesen verehren; die Rāmānandins, für welche die Verehrung von *Rāma* und *Sītā* im Mittelpunkt steht.

vaishnavapurāna *n* ein *Purāna*, welches zur *Vaishnava*-Tradition gerechnet wird; vgl. *Purāna*.

vaishravana *m* ein Name für *Kubera*.

vaishvānara *adj und m* allen Menschen gehörig; auf alle Menschen bezogen; im *Vedānta* bezeichnet *vaish-*

vānara den Wachzustand des Menschen im allgemeinen. Er gehört zu den vier Hauptbewußtseinszuständen (*avasthā*) und ist identisch mit *jāgrat*. Die drei anderen Bewußtseinszustände werden im *Vedānta* als *prājna* (Tiefschlaf), *taijasa* (Traumschlaf) und *turīya* (das Vierte) bezeichnet. Im *Rigveda* steht *vaishvānara* für Sonne und Feuer. Deshalb wird *Agni* gelegentlich so genannt.

vaishya *m* Bezeichnung des dritten Standes, der hauptsächlich aus Bauern, Produzenten, Händlern und Kaufleuten besteht; die *vaishyas* gelten traditionell als der Stoffwechsel des Körpers der Gesellschaft und haben wie alle anderen Stände auch die Chance, durch rechtschaffenen Wandel und spirituelle Praxis das Ziel des Lebens zu erreichen; vgl. *varna*.

vaitāna *m* Name einer Ritualtradition des *Atharvaveda*.

vaitaranī *f* wörtl.: „die zu Überquerende"; Name des Flusses, der den Beginn der Höllenregionen markiert.

vaitathya *n* Falschheit, Verlogenheit.

vaivasvata *adj* zur Sonne gehörig; sonnengeboren; der Sonnengeborene; Name des siebenten *Manu*, des *Manu* des gegenwärtigen Zeitalters. Er war der Sohn von *Vivasvat* und Vater von *Īkshvāku*, dem Gründer der Sonnendynastie der Könige und soll die *Manusamhitā* mitverfaßt haben; *Krishna* erwähnt ihn in der *Bhagavadgītā* (IV.1).

vāja *m* Pferd, Renner, ein schnelles Pferd; Raschheit; Wettkampf; Kampfpreis, Gewinn, Gut.

vājasaneyisamhitā *f* Name der *Samhitā* des weißen *Yajurveda*.

vājashravas *m* Name eines Weisen; Name des Vaters von *Naciketas*.

vājin *adj und m* schnell, heftig, mutig, stark; Man, Krieger, Held; Pferd.

vajra *m* Donnerkeil; Name der Waffe *Indras*, die aus den Knochen des *Rishi Dadhīci* gemacht worden sein soll. Der *vajra* hat aufgrund der mit ihm verbundenen Kräfte viele Namen wie „der Spalter", der „Brüllende", der „Zerstörer". *Vajra* ist auch der Name des Sohnes von *Aniruddha*; seine Mutter ist die *daitya*-Prinzessin *Ushā*. *Krishna* ernannte ihn zum König des *Yādava*-Volkes, kurz bevor er die Erde verließ.

vajranābha *m* Name für den Diskus von *Krishna*.

vāk *f* = *vāc*

vākya *n* Satz, Aussage; Regel, Vorschrift.

vākyapadīya *n* Name eines sprachphilosophischen Werkes von *Bhartrihari*.

vali *m* andere Lautform für *bali*.

vallabha *adj und m* ersehnt, geliebt; Name eines *Vaishnava* Heiligen und Philosophen des 15. Jh.. Seine Philosophie, der sogenannte *Shuddhādvaitavedānta* (*shuddha*, wörtl.: „unverfälscht, rein, ursprünglich"), steht zwischen *Shankaras Advaitavedānta* und *Rāmānujas Vishishtādvaitavedānta*. Die *Shuddhādvaita-*

Tradition geht davon aus, daß die Seele nicht unter dem Einfluß der *māyā* verändert worden ist, sondern bei ihr nur der Seligkeitsaspekt (*ānanda*) verhüllt erscheint. In ihrem ursprünglichen (*shuddha*) Zustand ist sie Teil des höchsten Herrn, der alles umfaßt. Als *Krishna*-Verehrer hielt *Vallabha* Hingabe (*bhakti*) für das Hauptmittel zur Befreiung, erkannte aber auch die Nützlichkeit der Erkenntnis (*jnāna*) an.

vallabhācārya *m* der Lehrer *Vallabha*.

vallī *f* Schlingpflanze, Ranke; Bezeichnung für einen Abschnitt eines vedischen Textes, insbesondere werden die drei Unterteilungen der *Taittrīya-upanishad* als *vallī* bezeichnet. Die Benennung *vallī* ist typisch für die Art und Weise, wie in den *Upanishaden* Gedanken vorgebracht werden; denn es wird nicht ein Gedanke logisch geradlinig entfaltet, sondern immer wieder mit neuen Ranken um das Hauptthema gekreist.

valmīka *m und n* Ameisenhügel.

vālmīki *m* Name des Verfassers des berühmten *Sanskrit*-Epos *Rāmāyana*, welches er, wie überliefert wird, durch göttliche Inspiration empfangen haben soll. Seine eigene Person wird im Gang der Erzählung so erwähnt, als hätte er an einigen Ereignissen selbst teilgenommen: So beherbergte er die verbannte *Sītā* in seiner Einsiedelei und erzog ihre Zwillinge *Kusha* und *Lava*. *Vālmīki* gilt als der erste Kunstdichter (*ādikavi*) der indischen Literatur, und wenn er auch nicht der alleinige Verfasser des gesamten *Rāmāyana* war, so verdankt es ihm der Überlieferung nach das prägende epische Versmaß des *shloka*. Bezüglich seines Lebens wird folgendes berichtet: In seiner Jugend fristete *Vālmīki* unter einem anderen Namen (*Ratnakara*) sein Leben als Straßenräuber. Eines Tages überfiel er *Nārada*, um ihn zu berauben. „Nimm alles“, sprach *Nārada*, „aber laß mich erst ein paar Fragen stellen: Warum lebst du als Räuber? Ist dir nicht klar, daß du dadurch Sünden begehst, die Strafe nach sich ziehen werden?“ „Ja“, antwortete der Mann, „aber meine Eltern und meine Familie werden meine Schuld mittragen.“ „Hast du sie je danach gefragt?“ „Nein, aber dessen bin ich sicher.“ Da forderte *Nārada* ihn auf, seine Familie zu befragen und ihn bis zu seiner Rückkehr an einen Baum zu fesseln. Als der Räuber seiner Familie erzählte, womit er ihren Lebensunterhalt verdiente, wollte keiner seine Schuld und deren Konsequenzen mittragen. Das öffnete ihm die Augen; er ging in sich, kehrte zu *Nārada* zurück, befreite ihn und begann ein intensives spirituelles Leben. Er meditierte, bis ein Ameisenhügel (*valmīka* = Ameisenhügel) um ihn emporwuchs.

vāmācāra *m* der Linke-Hand-Weg; Name einer *Tantra*-Tradition.

vāmadeva *m* Name eines vedischen Sehers (*Rishi*), der als Verfasser des vierten Liederkreises (*mandala*) des *Rigveda* gilt. *Vāmadeva* heißt auch ein Heiliger aus dem *Mahābhārata*, der zwei Pferde von sagenhafter Geschwindigkeit besaß, die *vājas* genannt wurden. Außerdem ist *Vāmadeva* ein Beiname für *Shiva* und einen der *Rudras*.

vāmana *adj und m* klein, kurz; Zwerg; Name eines *Avatars* von *Vishnu* in Zwergengestalt, welcher erschien, um die Welt von dem Dämon *Bali* zu befreien. Dies tat er, indem er in Gestalt eines kleinwüchsigen *Brahmanen* vor *Bali* erschien und diesen so in Sicherheit wiegte. Daraufhin bot ihm dieser ein Willkommensgeschenk an, das *Vāmana* sich in Form von drei Schritten Land erbat. Dies wurde ihm freudig gewährt, und er verwandelte sich daraufhin in eine riesige Gestalt (*trivikrama*), die mit zwei Schritten das ganze Universum durchmaß. Da erkannte *Bali* die Größe seines Gegenübers und bat ihn, den dritten Schritt auf seinen Kopf zu setzen.

vāmanāvatāra *m* die *Vāmana*-Inkarnation von *Vishnu*.

vamsha *m* Bambusrohr, Zuckerrohr; Gelenk, Wirbelsäule; Rohrflöte; Familientradition, Sippe, Rasse, Stamm; Menge, Gruppe, Ansammlung; ein Name für *Vishnu*.

vana *m* Wald, Urwald, Dschungel.

vanacara *adj und m* im Wald umherwandernd; Bezeichnung für Waldwesen und Waldgeister.

vānaprastha *m* Waldeinsiedler, Einsiedler; dies ist die dritte Lebensstufe und dient der Kultivierung der Abgeschiedenheit durch *sādhana*. Die vier Lebensphasen sind: 1. Stufe: *brahmacarya* – Leben eines Schülers, Ausbildung; 2. Stufe: *grihastha* – Familienvater; 3. Stufe: *vānaprastha*; 4. Stufe: *samnyāsa* – Leben in vollständiger Loslösung von allen weltlichen Bindungen. Als *vānaprastha* entwickelt der Mensch das Empfinden, daß alle dualistischen Gegensätze keine letztgültige Wirklichkeit besitzen. Er gibt alle relativen Wünsche auf, löst die Bindungen an die Welt und meidet das Leben an übervölkerten Orten. Er entwickelt eine natürliche Distanz zu dem geschäftigen Treiben und Handeln der anderen Menschen und kann damit auch zu einem wirklichen Ratgeber werden, wenn er um Hilfe gebeten wird. Zum Leben eines *vānaprastha* gehört die intensive spirituelle Praxis (*dhyāna*, *japa* etc.) und eine sehr einfache Lebensweise. In den alten Schriften werden viele diesbezügliche Regeln aufgezählt: Er nimmt nur ungekochte Nahrung zu sich, hauptsächlich Früchte und Blätter, sucht die Gesellschaft von Weisen und Heiligen, empfängt ihre Lehren und wandelt unbeirrt auf dem Pfad zur Erkenntnis des Herrn. Der *vānaprastha* sollte nicht mit verheirateten Leuten zusammenwohnen und befolgt die Gelübde, welche für jede Jahreszeit vorgeschrieben sind. Außerdem muß er sich der Zustimmung seiner Ehefrau versichern, wenn er in die Einsamkeit ziehen will, um ein Leben des *sādhana* zu führen, und er muß auch ausreichend für seine Kinder sorgen. Wenn seine Frau bereit ist, ihm zu folgen, kann er sie auf seine spirituelle Reise mitnehmen. Grundsätzlich stellt diese dritte Lebensphase eine

Möglichkeit dar, sich intensiver den eigentlichen Fragen des Lebens zuzuwenden.

vānara *adj und m* affenhaft, äffisch; Waldtier, insbesondere Affe.

vandana *n* Verehrung, Lobpreis; Begrüßung, Ehrerbietung.

vandita *adj* verehrt, gepriesen.

vanecarī *f* weibliche Form zu *vanacara.*

vanigvarga *m* die Gruppe der Kaufleute.

vānmaya *adj* aus Worten bestehend.

vara *adj und m* wählend; wertvoll, das Beste, Vorzüglichste, Wichtigste; Segen, Gunst, Belohnung; Wahl, Erwählen; Geschenk, Gabe.

varadā *f* die, die Segen spendet; ein Name für *Devī* und *Sarasvatī.*

varada *m* jemand, der Segen spendet; ein Wohltäter.

varāha *m* Eber; Name des dritten *Avatars* von *Vishnu* in Gestalt eines Ebers; dieser holte die Erde, welche von dem Dämon *Hiranyāksha* auf den Meeresgrund gebracht worden war, wieder an die Oberfläche.

varāhamihira *m* Name eines berühmten Astronomen. Er gilt als der Verfasser der *Brihatsamhitā* und wird zu den neun Juwelen am Hofe des Königs *Vikramāditya* gezählt.

vārāhapurāna *n* Name eines *Purāna*, welches zur *Vaishnava*-Tradition gerechnet wird.

vārānasī *f* der alte Name von Benares.

vararuci *m* Name eines Gelehrten, welcher zu den neun Juwelen am Hofe des Königs *Vikramāditya* gezählt wird.

varcas *n* Strahlungskraft, Licht; Lebenskraft, Energie, Aktivität; Glanz, Brillianz. Gemeint ist oft nicht ein materieller Glanz, sondern der Glanz, welcher durch richtig ausgeführten Dienst in den spirituellen Bereichen entsteht.

varga *m* Gruppe, Klasse, Gemeinschaft.

varna *m* Stand, Klasse; Hülle, Aussehen, Gestalt, Form; Charakter, Eigenart; Silbe, Laut, Ton, der Klang des gesprochenen Wortes. Es werden in der vedischen Tradition vier Stände unterschieden: 1. die *Brahmanen* (*brāhmana*), dazu gehören Priester, Philosophen, Gelehrte und religiöse Führer; 2. die *kshatriyas*, dazu gehören Politiker, Feldherren, Offiziere, Mitglieder der Verwaltung, Polizei etc.; 3. die *vaishyas*, die Händler und Bauern und alle, die eine versorgende Funktion besitzen; 4. die *shūdras*, die den Dienstleistungsbereich abdecken. Die Übersetzung „Kaste“ trifft das Grundkonzept von *varna* nicht und sollte nur in Bezug auf die vielen kleinen sozialen Gruppierungen innerhalb der indischen Gesellschaft angewendet werden. Der *varna*-Begriff intendiert eine Typologie der Menschen nach ihren Anlagen und ihrer dementsprechenden Aktivität. Aus spiritueller Sicht sollte diese Typologie aber nicht zu einer Bewertung führen;

denn jeder Mensch trägt das Potential zur geistigen Entwicklung in sich. Die *Bhagavadgītā* lehrt, daß derjenige, der die Erfüllung der Pflichten, die seine jeweilige Standeszugehörigkeit mit sich bringt, als Hingabe an Gott betrachtet, seinen Stand und alle anderen karmischen Begrenzungen überwinden kann, um spirituelle Vollkommenheit zu erreichen, die eines jeden Menschen Geburtsrecht ist. Die erste Erwähnung der Stände findet sich in einer späteren Hymne des *Rigveda* (*purushasūkta*). Daß der *Brahmanen*-Stand den obersten Rang einnimmt, zeigt, daß man Entsagung und Weisheit den Vorrang vor Kampf, Reichtum und körperlicher Tüchtigkeit gab. In früheren Zeitaltern soll es keine so strenge Ständetrennung gegeben haben; und es wird berichtet, daß die vier harmonisch zusammenarbeitenden Hauptstände über lange Zeiträume hinweg ein soziales Gleichgewicht gehalten haben sollen. In den *Purānas* werden die Degenerationserscheinungen des *varna*-Systems deutlich beschrieben und mit dem *kaliyuga* in Verbindung gebracht. Die Reformbewegungen des 19. Jh. und Gandhis Vorarbeit haben die heutige Regierung veranlaßt, das starre, inzwischen vielseitig untergliederte Kastensystem stufenweise abzubauen und auch die Unberührbaren in die Gemeinschaft einzugliedern. *Sathya Sai Baba* zieht aus diesen Bemühungen den Schluß: „Es gibt nur eine Kaste, die Kaste der Menschheit."

varnadharma *m* der Verhaltenskodex, die moralischen Verhaltensregeln, die für die vier Stände vorgeschrieben sind; es sind Einschränkungen und Regelungen, die dazu dienen, die eigenen Impulse und Instinkte zu kanalisieren und dem einzelnen die Möglichkeit zu geben, seine spezielle Aufgabe innerhalb der Gesellschaft richtig zu erfüllen.

varnāshramadharma *m* der Verhaltenscodex, die moralische Ordnung, die sich auf die Stände (*varna*) und die Lebensstadien (*āshrama*) bezieht.

varsha *m und n* Regen, Regenschauer; Jahr (*n*); Region, Land.

vārshneya *m* der, der von *Vrishni* abstammt; ein Name für *Krishna*.

vārttā *f* Lebensunterhalt; Beruf; speziell: Landwirtschaft als Beruf.

varuna *m* Name einer Gottheit; *Varuna* gehört nach Aussage der vedischen Texte zu den *Ādityas* und wird in vielfältiger Weise gepriesen: Er ist der Schöpfer und Erhalter von Himmel und Erde, der König des Universums, der Götter und der Menschen. *Varuna* wurde auch als höchste Gottheit angesehen, die die kosmische Ordnung (*rita*) bewahrt. Nach seinen Gesetzen leuchtet der Mond und erscheinen die Sterne am nächtlichen Himmel, erhebt sich die Sonne am Tag. Nichts geschieht ohne sein Wissen, keine Kreatur kann sich ohne ihn rühren. Er schaut der Wahrheit und Falschheit der Menschen zu. Als Hüter der kosmischen Ordnung (*rita*) ist er aber auch gefährlich für diejenigen, die dieser kosmischen Ordnung nicht folgen, und er packt sie mit seiner Schlinge, um sie zu bestrafen. In den *Purānas* ist er dann der Herr der Gewässer, zu denen er bereits im *Veda* eine enge Beziehung aufweist.

varunī *f* Name der Gattin des *Varuna*.

vāsanā *f* Wunsch, Neigung, Impuls; Instinkt, Charakterzug; Eindruck, geistiger Impuls; Erinnerung; Verlangen, Bindung; Tradition. Gemeint sind insbesondere ins Unterbewußtsein gesunkene und verborgene Wünsche, Neigungen und Ambitionen, sowie Eindrücke, die jederzeit wieder an die Oberfläche kommen können. *Vāsanās* sind Denkbahnen, die sich u.U. über einen langen Zeitraum hinweg eingeschliffen haben können. Die *vāsanās* sind eng verwandt mit den *samskāras*, bilden mitunter einen Bestandteil von ihnen oder sind mit ihnen identisch.

vasanta *m* Frühling.

vasishtha *adj und m* der Höchste, Beste, Reichste (Superlativ von *vasu*); Name eines berühmten Heiligen und Sehers (*Rishi*), der schon im *Rigveda* erwähnt wird. Es bestand eine große Rivalität zwischen ihm und dem Heiligen *Vishvāmitra*, der zunächst zu den *kshatriyas* gehörte. *Vasishtha* und *Vishvāmitra* vertrugen sich schließlich, nachdem letzterer durch intensive spirituelle Übungen zum *Brahmanen*-Stand aufgestiegen war. Nach *Manu* war *Vasishtha* einer der sieben großen *Rishis* und einer der zehn *Prajāpatis*.

vāstoshpati *m* der Herr, Beschützer des Hauses.

vāstu *n* Stätte, Anwesen, Platz; Gut, Besitz; Thema, Substanz, Gegenstand, Objekt.

vasu *adj, m und n* gut, exzellent, wohltuend; Name einer Götterklasse (*m*); Reichtum, Wohlstand (*n*).

vāsudeva *m* der Sohn des *Vasudeva*; ein Name für *Krishna*, welcher ihn als wahren Herrn aller Besitzgüter kennzeichnet.

vasudeva *m* Name des Vaters von *Krishna*. Seine Schwester war *Kuntī*, die Mutter der *Pāndava*-Prinzen. *Vasudeva* heiratete sieben Schwestern, deren jüngste *Devakī*, *Krishnas* Mutter, war. Nach dem Tod *Krishnas* und *Balarāmas* starb auch *Vasudeva*, und vier seiner Frauen verbrannten sich zusammen mit seiner Leiche. *Vasudeva* wurde auch *Ānakadundubhi* (dies ist der Name für eine große Trommel) genannt, da die Götter, welche wußten, daß er der Vater des göttlichen *Krishna* sein würde, bei seiner Geburt die himmlischen Trommeln ertönen ließen.

vāsudevah sarvam iti *wörtl.:* „All dies ist *Vāsudeva* (*Krishna*)"; Zitat aus *Bhagavadgītā* 7.19.

vāsuki *m* Name des Königs der Schlangen (*nāga*), die in einer Region der Unterwelt (*pātāla*) leben. Die Götter und *Asuras* benutzten *Vāsuki* als Seil, welches sie um den Berg *Mandara* legten, als sie das Milchmeer quirlen wollten (vgl. *kūrma*).

vasusena *m* ein Name für *Karna*.

vāta *m* Sturm, Wind; der Gott des Windes; *vāta* ist auch die Bezeichnung für einen der drei *doshas*, welche als Energieprinzipien im Körper wirken.

vātāpi *m* Name eines Dämons.

vatsa *m* Kalb, Junges; Kind, Nachkommenschaft.

vatsala *m* Zärtlichkeit; Feingefühl; die Zuneigung der Mutter zu ihrem Kind, Kindesliebe; dies ist eine der fünf existentiellen Beziehungen (*bhāva*), die der Gottliebende auf dem Wege des *Bhaktiyoga* erfahren kann.

vātsalya *n* = *vatsala.*

vātsalyabhāva *m* Mutter-Kind-Gefühl, die Empfindung von *vātsalya.*

vātsyāyana *m* Name verschiedener Gelehrter, insbesondere der Verfasser des *Kāmasūtra* und des *Nyāyabhāshya*, des klassischen Kommentars zu dem *Nyāyasūtra* von *Gotama.*

vāyu *m* Luft, Luftelement, Wind; der Gott des Windes bzw. der Winde. Im *Bhāgavatapurāna* wird folgende Geschichte über ihn berichtet: Der Weise *Nārada* forderte einst *Vāyu* auf, die Spitze des Berges *Meru* abzubrechen. Daraufhin entfachte dieser einen gewaltigen Sturm, der ein Jahr andauerte, aber *Garuda* schützte den Berg mit seinen Flügeln, so daß alle Sturmböen machtlos waren. *Nārada* riet ihm nun, den Berg in *Garudas* Abwesenheit anzugreifen. Er tat es, brach den Gipfel ab und schleuderte ihn ins Meer, wo er zur Insel *Lankā* wurde.

vāyupurāna *n* Name eines *Purāna.*

veda *m* Wissen; spirituelle Erkenntnis; Bezeichnung für die Gesamtheit der ältesten Texte der indischen Literatur, welche nach traditioneller Auffassung nicht von Menschen geschaffen sind, sondern denen eine ewige Realität zugeschrieben wird. Die vedische Literatur gliedert sich in vier Traditionslinien: 1. *Rigveda*, den *Veda* der Verse; 2. *Sāmaveda*, den *Veda* der Lieder; 3. *Yajurveda*, den *Veda* der Opfersprüche; 4. *Atharvaveda*, den *Veda* des *Atharvan*. Jede Tradition hat nach Inhalt, Darstellungsform und Entstehungszeit fünf verschiedene Schriftgattungen entwickelt: 1. die *Samhitā* (Sammlung); 2. das *Brāhmana* (rituelle Erklärung); 3. das *Āranyaka* (Waldtext); 4. die *Upanishad* (Weisheitstext); 5. das *Sūtra* (Leitfaden). Letztere Kategorie gehört allerdings nicht mehr zur göttlichen Offenbarung (*shruti*), sondern zur heiligen Tradition (*smriti*). Hinsichtlich seiner Aussage unterteilt man jeden *Veda* in den Abschnitt der Handlungen (*karmakānda*) und den Abschnitt der Erkenntnis (*jnānakānda*) Oft wird als dritte Einteilungskategorie auch der Abschnitt der Verehrung (*upāsanākānda*) hinzugefügt. Die vier *Veden* dienen den jeweiligen Hauptpriestern als Handbücher, welche die Hymnen und Sprüche für den Kultus enthalten, dieser symbolisiert die kosmischen Prozesse, welche durch die richtige Rezitation und die richtige Ausführung des Opfers (*yajna*) ins Gleichgewicht gebracht werden. Zu einer vollständigen Opferhandlung gehören vier verschiedene Hauptpriester: 1. der Opferer (*hotā*), welcher die Hymnen des *Rigveda* rezitiert; 2. der Sänger (*udgātā*), welcher die Melodien des *Sāmaveda* singt; 3. der ausübende Priester (*adhvaryu*), welcher die heilige Handlung vollzieht und dabei die entsprechenden Verse und Opfersprüche des *Yajurveda* spricht; 4. der Oberpriester (*atharvan*), dem die Beaufsichtigung und Leitung der ganzen Opferhandlung obliegt; er muß alle *Veden* kennen. Die *Veden* wurden mündlich von Generation zu Generation übermittelt, wobei die verschiedenen Zweige (*shākhā*) entstanden, welche verschiedene Traditionslinien und Textvarianten weiter pflegten. Traditionell werden die *Veden* als offenbarte Klangschwingungen betrachtet, welche ewig existieren. In den *Purānas* wird berichtet, daß zu Beginn eines jeden Zeitalters (*yuga*) eine Neuoffenbarung stattfindet. Die Seher des *Veda* sind die *Rishis*.

vedādhyayana *n* die Rezitation, Wiederholung des *Veda*, das Studium des *Veda*.

vedaglāni *f* Niedergang des *Veda*.

vedah kila dharmamūlam *wörtl.:* „Der *Veda* fürwahr ist die Wurzel der Rechtschaffenheit (*dharma*)".

vedamātā *f* die Mutter des *Veda*; dies ist ein Name für *Sarasvatī*, *Sāvitrī* bzw. *Gāyatrī*; sie ist die Mutter, welche mit der Stimme des *Veda* spricht und den spirituellen Reichtum enthüllt, welcher das Ziel und den Zweck des menschlichen Lebens erkennen läßt und den Menschen Schritt für Schritt zum Ziel der Selbsterkenntnis führt.

vedanā *f* Leiden, Schmerz.

vedana *n* Wahrnehmung, Wissen.

vedānga *n wörtl.:* „Glied des *Veda*"; Name für bestimmte Ergänzungsschriften zu den *Veden*, welche den Zweck haben, sie richtig lesen, verstehen, anwenden und bewahren zu können. Die *Vedānga*-Schriften sind meist im *sūtra*-Stil verfaßt und behandeln lehrbuchartig die Themen der sechs vedischen Hilfswissenschaften: 1. Phonetik (*Shikshā*); 2. Metrik (*Chandas*); 3. Grammatik (*Vyākarana*); 4. Etymologie (*Nirukta*); 5. Astrologie/Astronomie (*Jyotisha*); 6. Opferritual (*Kalpa*). Die *Vedāngas* gehören zum Schriftgut der *smriti*.

vedānta *m* das Ziel, Ende des *Veda*, des heiligen Wissens; das Wort ist eine Zusammensetzung aus *Veda* und *anta* (Ende); gemeint sind zuerst einmal die abschließenden Texte der *shruti*, d. h. die *Upanishaden*. Die in ihnen ausgedrückten Offenbarungen und tiefen Einsichten, die sich insbesondere mit *brahman* und *ātman* und dem Verhältnis der beiden zueinander beschäftigen, hat *Bādarāyana* in seinen *Vedāntasūtras* zusammengefaßt, welche die Basis der *Vedānta*-Philosophie (*uttaramīmāmsā*) bilden. Drei Hauptzweige haben sich im *Vedānta* herausgebildet: 1. der *Advaitavedānta* (Nichtzweiheit), dessen wichtigste Lehrer *Gaudapāda*, *Shankara*, *Padmapāda*, *Sureshvara* und *Vidyāranya* sind; 2. der *Vishishtādvaitavedānta* (qualifizierte Nichtzweiheit), dessen Hauptvertreter *Rāmānuja* ist; 3. der *Dvaitavedānta* (dualistischer *Vedānta*), dessen Hauptvertreter *Madhva ist*. Bedeutsam ist auch der von *Caitanya* begründete *Acintyabhedābhedavedānta*, der davon ausgeht, daß das gleichzeitige Bestehen der Getrenntheit von Gott (*bheda*) und der Einheit mit Gott (*abheda*) mit gedanklichen Mitteln nicht zu verstehen ist (*acintya*).

vedāntasāra *m* die Essenz, der Kern des *Vedānta*; Name 1. eines Werkes von *Rāmānuja; 2.* eines Werkes von *Sadānanda* (15. Jh.), welches in kurzer Form die Grundgedanken des *Vedānta* zusammenfaßt und deshalb große Verbreitung gefunden hat. Es schildert u. a. die Verhüllungskraft des Nichtwissens und die Überdeckung des Selbstes mit den grob- und feinstofflichen Hüllen, behandelt die großen Lehrsätze (*mahāvākya*) der *Veden* und den Zustand des zu Lebzeiten Erlösten (*jīvanmukta*).

vedāntasūtra *n* der Leitfaden des *Vedānta*; Name des in Aphorismen (*sūtra*) verfaßten Grundwerkes der *Vedānta*-Philosophie, als dessen Verfasser *Vyāsa* oder *Bādarāyana* gelten. Im *Vedāntasūtra* werden die in den *Upanishaden* enthaltenen Lehren über *brahman* und *ātman* und ihre Beziehung zueinander zusammengefaßt; der Entwicklungsweg der menschlichen Seele wird in systematischer Weise dargestellt, so daß man das *Vedāntasūtra* als ein Textbuch der spirituellen Wissenschaft bezeichnen kann. Der zweite Name des Werkes (*Brahmasūtra*) bezieht sich darauf, daß *brahman* in seinem Mittelpunkt steht. Die *sūtras* bestehen aus 555 meist nur zwei oder drei Worte umfassenden Aphorismen, die ohne Erklärung kaum verständlich sind; deshalb gibt es zahlreiche Kommentare dazu. Die wichtigsten stammen von *Shankara, Rāmānuja, Bhāskara, Nimbārka, Madhva* und *Vallabha*. Die Textgestalt der *sūtras* legt nahe, zwei Auffassungen von *brahman* anzunehmen: 1. *brahman* als absolute, unpersönliche Intelligenz (*nirvishesha*); 2. *brahman* mit Eigenschaften versehen (*savishesha*). Dieses Spannungsverhältnis zwischen der persönlichen und der unpersönlichen Auffassung des göttlichen Urgrundes ist schon in den *Upanishaden* angelegt und findet seine Spiegelung im Spannungsverhältnis zwischen Transzendenz und Immanenz; denn das *brahman* wird gleichzeitig als transzendente Realität und als weltenschaffende Immanenz begriffen. Beide Aspekte bilden aber letztlich eine Einheit, deren Verhältnis zueinander nur durch tiefste Einsicht erfaßt werden kann. Die *sūtras* konnten so allen *Vedānta*-Richtungen vom *Advaita-* bis zum *Dvaitavedānta* als Basis dienen. Das Werk ist in vier Kapitel eingeteilt: Das erste behandelt die Theorie von *brahman* als der zentralen Wirklichkeit; das zweite weist Einwände gegen diesen Standpunkt zurück und analysiert andere Standpunkte; das dritte zeigt Mittel und Wege zur Erlangung der *brahman*-Erkenntnis; das vierte handelt von den Früchten bzw. Auswirkungen dieser Erkenntnis.

vedāntin *m* ein Vertreter, Nachfolger, Anhänger der *Vedānta*-Philosophie; jemand, der die Wahrheit dieser Philosophie verwirklichen will.

vedaposhana *adj und m* den *Veda*

fördernd, nährend; ein Förderer des *Veda*.

vedapramāna *n* die Autorität des *Veda*; der *Veda* als ein Mittel zur richtigen Erkenntnis. In den klassischen Philosophiesystemen wird neben direkter Wahrnehmung, Schlußfolgerung, Vergleich u. a. auch der *Veda* als ein authentisches Erkenntnismittel betrachtet; Grundlage dieser Auffassung ist die Annahme, daß die vedischen Hymnen von Sehern (*Rishi*) geschaut worden sind.

vedapurusha *m* das universale Selbst des *Veda*; die göttliche Persönlichkeit, von welcher der *Veda* ausgegangen ist.

vedarakshana *adj und n* den *Veda* bewahrend; das Schützen, Bewahren, Pflegen des *Veda*.

vedārtha *m* die Bedeutung des *Veda*; der Sinn des *Veda*.

vedārthaprakasha *m* die Aufhellung der Bedeutung des *Veda*; Name des *Veda*-Kommentars von *Sāyana*.

vedasamrakshana *adj und n* den *Veda* schützend; die Bewahrung des *Veda*.

vedashāstrapathashālā *f* (*vedāshāstrāpathāshālā*) eine Schule (*shālā*), in der vedische Texte (*Veda*) und Klassiker (*shāstra*) gelehrt und rezitiert (*patha*) werden.

vedavatī *f* Name der Tochter eines Sehers, die von *Rāvana* begehrt wurde. Sie aber wollte *Vishnu* heiraten. Als *Rāvana* ihr Haar berührte, schnitt sie es ab, verfluchte ihn und ging in ein Feuer. Sie wurde als *Sītā* wiedergeboren.

vedavid *adj und m* den *Veda* kennend; eine Person, welche den *Veda* auswendig gelernt hat; eine Person, welche das vedische Wissen in sich verwirklicht, d. h. Zugang zu den Erfahrungsdimensionen der Seher erlangt hat.

vedavyāsa *m* der Sammler der *Veden*; ein Name für *Vyāsa*.

vedi *f* Altar.

vedikā *f* Altar; Opferplatz; Sitz, erhobener Platz.

vena *m* Name eines Königs, der die Opfergaben der Götter für sich beanspruchte und deshalb getötet wurde.

venkata *m* Name eines heiligen Berges in Tirupati, einem bedeutenden Tempelort in Südindien.

venkataramana *m* der geliebte (Gott) von *Venkata*.

venkateshvara *m* (*venkata-īshvara*) der Herr von *Venkata*; ein anderer Name für *Vishnu*, dessen berühmter Schrein in Tirupati steht.

venna *(Telugu)* Butter.

venu *m* Rohr, Flöte; die Flöte von *Krishna*, vgl. *muralī*.

vesha *m* Eingang; Haus; Bordell; Kleidung.

vetāla *m* Gespenst, Geist.

vetālabhatta *m* Name eines Gelehrten, der zu den neun Juwelen am Hofe des Königs *Vikramāditya* gerechnet wird.

vibhakti *f* Teilung, Differenzierung, Unterscheidung, Trennung einer Sache von einer anderen. In der Grammatik bezeichnet *vibhakti* die Kasusendungen.

vibhava *m* Kraft, Würde, Großartigkeit; Befreiung, Erlösung.

vibhavākāra *m* eine Person, welche mit einer bestimmten Herrlichkeit oder Macht ausgestattet ist; eine Person, welche Befreiung geben kann.

vibhavāvatāra *m* eine göttliche Inkarnation, die die göttliche Macht vollständig manifestiert; vgl. *pūrnāvatāra.*

vibhīshana *m* der Schreckliche; Name eines Dämonen und Bruders von *Rāvana*; er wurde durch seine Verbindung mit *Hanumān* zu einem treuen Diener *Rāmas.*

vibhu *adj und m* mächtig, kraftvoll, fähig; an oberster Stelle stehend; Herr über sich selbst seiend, selbstbeherrscht; Raum; Zeit; Seele; Herr, Meister, Herrscher; der höchste Herr.

vibhūti *adj und f* durchdringend, mächtig; Offenbarung, Macht; Bezeichnung für heilige Asche, welche ein Ausdruck göttlicher Gnade (*prasāda*) ist und zur Heilung von körperlichen und geistigen Krankheiten benutzt werden kann. *Vibhūti* ist ein Symbol für die letztendliche Realität, die übrig bleibt, wenn die Begrenzung des Ichs durch das Feuer der Erleuchtung weggebrannt wird. Sie ist ein Symbol für Loslösung, denn *Shiva* bestreicht als der große Asket seinen Körper mit Asche; er heißt dann *Vibhūtibhūshana*, der mit *vibhūti* Geschmückte. *Vibhūti* ist auch eine Bezeichnung für Fähigkeiten und Kräfte, welche aus Übungen erwachsen, wie sie im *Yogasūtra* des *Patanjali* (Kap. 3.16–55) aufgezeichnet sind, z. B. Kenntnis der Vergangenheit und Zukunft, Gedankenlesen, Kenntnis früherer Geburten und der eigenen Todesstunde usw.. Sie sind weitgehend identisch mit den *siddhis. Vibhūti* ist eine Manifestation göttlicher Kraft in Form von Erkenntnis, Liebe, Energie und Stärke. Im Menschen kann sie sich bei spirituellen Lehrern, genialen Wissenschaftlern und Künstlern finden, welche es sich zur Aufgabe gemacht haben, sich spirituell weiterzuentwickeln und der Menschheit zu helfen. Ihre Eigenschaften werden durch andere Bezeichnungen beschrieben; sie heißt *bhasman* (Asche), weil sie alle Sünden verbrennt; *bhāsita* (Glanz), weil sie den geistigen Glanz erhöht, *kshara* (Zerstörung), weil sie Gefahren fernhält; *raksha* (Behüter), weil sie eine Abwehr gegen Intrigen negativer Kräfte ist. *Sathya Sai Baba* formuliert so: „*Vibhūti* ist eine konstante Warnung, die an die Vergänglichkeit des Körpers erinnert, der während der Verbrennung zu einem Topf voller Asche reduziert wird.“

vibhūtibhūshana *adj und m* mit heiliger Asche (*vibhūti*) geschmückt; ein Name für *Shiva.*

vibhūtyabhisheka *m* (*vibhūti-abhisheka*) das Salben oder Bestreuen eines heiligen Gegenstandes oder einer göttlichen Bildgestalt mit *vibhūti.*

vicakshana *adj und n* sichtbar, klar, glänzend, klug, weise; Schärfe des Verstandes, Unterscheidung, Analyse, richtige Entscheidung.

vicāra *m* Nachforschung, Unterscheidung; stetige Selbstprüfung, Betrachtung; Verfahren, Methode. Gemeint ist oft ein gedankliches Verweilen bei den Grundfragen des Lebens: „Woher komme ich? Wohin gehe ich?" usw. Werden diese Fragen tief genug bewegt, kann der Geist den Zugang zu Bereichen finden, die jenseits der gedanklichen Betrachtung liegen.

vicarana *n = vicāra.*

vicaranamārga *m* der Weg der Nachforschung.

vicitra *adj und n* unterschieden, variierend; gefleckt, bunt; verschiedenartig; schön, wunderbar; überraschend, merkwürdig; Buntheit; Erstaunen.

vicitrālaya *m* das Haus des Besonderen, Wunderbaren; Museum, Kunsthalle.

vid *adj und f* kennend, wissend; Wissen, Weisheit.

videha *adj und m* körperlos, unkörperlich, ohne Körper, den Körper überschreitend; tot, leblos; Name eines Landstriches.

vidhi *m* Regel, Gesetz, Gebot, Statut; Aufforderung, Anweisung, ausdrücklicher Befehl.

vidhūta *adj und n* geschüttelt, in Schwingung versetzt; Name einer Waffe.

viditātman *m* eine Person, welche das Selbst erkannt hat; der Kenner des *ātman*; jemand, der in der Wirklichkeit des Selbstes gegründet ist.

vidura *adj und m* weise, klug; ein Weiser; Name des jüngeren Bruders von *Pāndu.*

vidvanmahāsabhā *f* die große Versammlung der Wissenden.

vidvatposhana *adj und m* das spirituelle Wissen fördernd; die Weisen, Gelehrten unterstützend; ein Förderer der Gelehrsamkeit.

vidyā *f* Wissen, Weisheit, Wissenschaft, Erkenntnis; *vidyā* entspricht ungefähr *jnāna*, welches zwei Aspekte besitzt: *vijnāna* (Verstehen und Analysieren des Objektiven, Wissenschaft) und *prajnāna* (die höhere Erkenntnis, die Erforschung der eigentlichen Natur des Seins und des Menschen). Oft bezeichnet die *vidyā* das vedische Wissen; vgl. *trayī*; *vidyā* im Sinne von Weisheit bezeichnet auch die intuitive, spirituelle Erfahrung selbst.

vidyābala *n* die Kraft der Weisheit, der Erkenntnis, des höheren Wissens.

vidyāranya *m* Name eines Autors der *Advaitavedānta*-Tradition. Insbesondere seine Biographie *Shankaras* hat eine große Bekanntheit erlangt.

vidyārthin *m* eine Person, welche nach Wissen (*vidyā*) strebt und Weisheit sucht; ein Wahrheitssucher.

vidyāsāgara *m* Ozean des Wissens.

vidyullekhā *f* Blitzstrahl.

vidyut *f* Blitz.

vighna *m* Hindernis, Unterbrechung, Störung, Schwierigkeit.

vighnavināshaka *m* der Beseitiger der Hindernisse; ein Name für *Ganesha.*

vighneshvara *m* der Herr (*īshvara*) der Hindernisse (*vighna*); ein Name für *Ganesha*, welcher die Hindernisse wegräumt. Bevor man etwas unternimmt, trachtet man nach seiner Gnade und seinem Segen. Er steht für die Mildherzigkeit, Weisheit und den Willen Gottes.

vigrahavān dharmah *wörtl.:* „Er ist die Verkörperung von *dharma*"; „er ist *dharma* selbst". Mit diesem Ausdruck wird *Rāma* gekennzeichnet, welcher in seinem Handeln den *dharma* beispielhaft verkörpert hat.

vihāra *m* Wegnehmen; Spaziergang; Lebensstil, Lebensführung; Sport; Park, Garten; Tempel, Kloster, Palast.

vihārālaya *m* ein Haus des Sports, der Bewegung; Sportstätte, Sporthalle.

vihita *adj und n* getan, ausgeführt, vollbracht; befohlen, vorgeschrieben; Befehl, Anweisung.

vijayā *f* die Siegende; ein Name für *Durgā.*

vijaya *m* Sieg, Erfolg; ein Name für *Arjuna* und andere.

vijayādashamī *f* Name eines Festes am 10. Tag der hellen Hälfte des Monats *Āshvina*; vgl. *Dashaharā.*

vijnāna *n* Intelligenz, Einsicht, Verstehen, Erkennen, Wissen, Unterscheidungsfähigkeit; die Fähigkeit zur Analyse; *vijnāna* bezeichnet eine Fähigkeit, welche für die Erlangung spiritueller Erkenntnis (*jnāna*) wichtig ist, nämlich die Fähigkeit, Gedanken logisch zu verknüpfen und eine wissenschaftliche Systematik aufzubauen. In bestimmten Fällen steht *vijnāna* jedoch für den höchsten Zustand spiritueller Verwirklichung, in welchem der Erleuchtete *brahman* nicht in einem gesonderten *samādhi*-Zustand, sondern mitten in der Erscheinungswelt wahrnimmt, welche für ihn nichts anderes als eine Manifestation *brahmans* ist. Der *Vedānta* nennt diese höchste Erkenntnis „*brahman* mit offenen Augen sehen".

vijnānaghana *m* der Körper der Erkenntnis; reines Wissen; die Ganzheit, die Stabilität der Erkenntnis.

vijnānamaya *adj* aus Erkenntnis bestehend; gemeint ist die vierte Hülle des Körpers, die aus der höheren Intelligenz, der Intuition besteht.

vijnānamayakosha *m* die Hülle, die aus Erkenntnis (*vijnāna*) besteht.

vijnānin *m* ein Mensch, der Einsicht besitzt, der Erkenntnis erlangt hat.

vikalpa *m* Wechsel, Unschlüssigkeit, Zweifel; falsche Vorstellung, Einbildung; im *Yoga*: ein bestimmter Anregungszustand des Geistes.

vikāra *m* Umwandlung, Anpassung, Transformation, Modifikation; Aufregung des Geistes, der schlechte Zustand des Geistes, bzw. des Körpers; Krankheit. *Vikāra* bedeutet oft die reale Umwandlung einer ursprünglichen Substanz in eine andere, z. B.

Milch in Quark. Die Urquelle aller Substanzen ist die Natur (*prakriti*), aus der durch Umwandlung die ganze Erscheinungswelt hervorgeht. *Vikāra* ist ein Konzept der Umwandlungslehre (*parināmavāda*) der *Sānkhya*-Philosophie.

vikārin *adj* veränderlich, wandelbar, feindlich, entstellend, verschlechternd.

vikarman *n* 1. eine unerlaubte, nicht den Gesetzen entsprechende Beschäftigung, Tätigkeit; 2. der Zustand, in dem keine Handlung ausgeführt wird; Freiheit von Tätigkeit.

vikāsa *m* Ausdehnung, Öffnung; Glanz; Entfaltung.

vikāsha *m* Manifestation, Ausdehnung.

vikatakavi *m* ein gewitzter Barde, Sänger; ein kluger Narr, der einen großen Einfluß am Hof hat.

vikrama *m* Schritt; Überwindung; Mut, Tapferkeit.

vikramāditya *m* Name eines berühmten Königs, der in *Ujjayinī*, einer der sieben heiligen Städte Indiens (*nagara*), herrschte. An seinem Hofe, an dem die Dichtkunst blühte, versammelte er neun erlauchte Dichter und Gelehrte, die „neun Edelsteine" (*navaratna*), um sich. Der Überlieferung nach: *Dhanvantari*, *Kālidāsa*, *Vararuci*, *Amarasimha*, *Vetālabhatta*, *Ghatakarpara*, *Shanku* und *Varāhamihira*.

vikriti *f* Veränderung, Unfall, Krankheit; Emotion, Aufregung, Affekt.

vikshepa *m* Zerstreuen, Auseinanderwerfen; Ausbreitung, Unaufmerksamkeit, Zerstreutheit, Verwirrung; Bezeichnung einer der beiden Aspekte von Unwissenheit (*avidyā*). Durch *avidyā* geschieht zweierlei: erstens wird die wahre Natur *brahmans* nicht erkannt und zweitens wird das Nichterkannte dadurch verhüllt (*āvarana*), daß etwas anderes darüber ausgebreitet wird. Dieser zweite Vorgang wird als *vikshepa* oder auch als fälschliche Überdeckung (*adhyāropa*) bezeichnet. *Shankara* illustriert ihn durch das Beispiel des Seiles, welches in der Dunkelheit nicht nur nicht als Seil erkannt wird, sondern dessen Wahrnehmung von der Vorstellung einer Schlange überdeckt wird.

vikshepashakti *f* die Kraft der Zerstreutheit; die projizierende Macht von *ajnāna* oder *avidyā*, vgl. *vikshepa*.

vilāsālaya *m* ein Haus der Unterhaltung, des Vergnügens; Theater.

vilola *adj* sich bewegend, tanzend; rollend. *Vilola* bezieht sich oft auf den ekstatischen Kreistanz, den *Krishna* mit den *gopīs* ausführt.

vimala *adj* ohne Fehler, makellos, klar, transparent, rein.

vimāna *n und m* Fahrzeug der Götter, welches sich von selbst bewegen kann; ein Luftwagen; Tempel, Thron; Maß, Proportion; eine Person, die allen Stolz und Egoismus aufgegeben hat und zum Himmel aufsteigt.

vimocana *adj und m* lösend, beseitigend; Vertreiber, Beseitiger, Entferner.

vīnā *f* Saiteninstrument, Laute; Name eines Instruments, welches in der klassischen Musik Indiens benutzt wird; es ist der Sitar ähnlich.

vināsha *m* Zerstörung, Verlust, Zugrundegehen, Auflösung.

vinatā *f* Name einer Tochter von *Daksha*; sie war mit *Kashyapa* verheiratet und die Mutter von *Garuda*.

vinaya *adj und m* wegführend, wegnehmend, zurückziehend; Führung, Leitung; Demut, Disziplin; richtiges Verhalten, Erziehung; Freundlichkeit, Höflichkeit, Bescheidenheit.

vināyaka *m* derjenige, welcher die Hindernisse beseitigt; ein Name für *Ganesha*.

vināyakacaturthī *f* Name eines Festes zu Ehren *Ganeshas*.

vinayavishrānta *adj* in der Eigenschaft der Bescheidenheit ruhend.

vindu *adj* findend, erlangend, erhaltend.

viparyaya *m* Gegenteil; Umkehrung; Veränderung; Abwesenheit, Nichtexistenz; Verlust, Vernichtung; Irrtum, Fehler, falsche Auffassung; Unglück, Schwierigkeit; Feindseligkeit, Aggression.

viparyayadurāgraha *m* das Festhalten des Irrtums; das starrsinnige Bestehen auf der Richtigkeit einer an sich falschen Auffassung.

viprāh bahudhā vadanti *wörtl.:* „(Das oder der Eine) wird vielfältig von den Weisen beschrieben“ (Zitat aus dem *Rigveda*).

vipralambha *m* Täuschung, Betrug, Unaufrichtigkeit; Uneinigkeit, Streit; Trennung, das Gefühl der Trennung von der geliebten Person.

vipralipsā *f* der Wunsch, eine Person zu besitzen; Eifersucht.

vīra *adj und m* mutig, tapfer; kraftvoll; vorzüglich; Held, Kämpfer, Krieger, Sieger.

vīrabhadra *m* Name eines Sohnes von *Shiva*, welcher geschaffen wurde, um das Opfer des *Daksha* zu stoppen.

virādha *m* Opposition; Gegnerschaft; Name eines Dämons, der in schwerem Kampf von *Rāma* und *Lakshmana* besiegt wurde. Da er die Gabe der Unverwundbarkeit erlangt hatte, wurde er lebendig begraben. An dieser Stelle erschien ein wunderschöner *Gandharva*, der verwunschen worden war und sich für seine Befreiung bei *Rāma* bedankte.

virādrūpa *n* die universale Form; vgl. *virāj*.

virāga *adj* leidenschaftslos; frei von *rāga*.

virāgin *adj* unberührt, leidenschaftslos.

viraha *m* Trennung, Verlassen, Getrenntsein.

virahabhakti *f* Hingabe, die durch ein Gefühl der Trennung gekennzeichnet ist. In der *virahabhakti* wird der Gläubige von der Sehnsucht nach der geliebten Gottheit erfüllt und verzehrt. Die Situation des Getrenntseins läßt die Sehnsucht um so stärker hervortreten, so daß der Geist von nichts anderem mehr ausgefüllt ist.

virāj *m und f* Schönheit, Glanz; Krieger; Name einer Manifestationsform des *purusha*; Name eines vedischen Versmaßes (*f*).

virakti *f* eine Veränderung des Empfindens, Fühlens; das Freiwerden von Leidenschaften; Unabhängigkeit von Wünschen; Gleichmut; Loslösung von allem, was den Geist von Gott ablenkt.

virasa *adj und m* geschmacklos, ohne Geschmack; unangenehm, schmerzlich; grausam; Name einer Waffe.

virata *adj* aufgehört, beendet.

virātpurusha *m* Bezeichnung für die männliche Schöpferkraft, die *Brahmā* aus sich selbst heraus erschaffen hat.

virocana *adj und m* scheinend, glänzend, erleuchtend; Name des Sonnengottes; Name eines Dämons. Er war der Sohn von *Prahlāda* und der Vater von *Bali*.

virodhikrit *adj* Feindschaft, Haß, Streit schaffend, erzeugend.

visarga *m* Geschenk, Gabe; Schöpfung, Erschaffung; Abschied, Trennung, Verlassen; Befreiung.

visha *n* Gift.

vishāda *m* Enttäuschung, Trauer, Abkehr, Reue, Gewissensbisse; gemeint ist oft die Erkenntnis der wahren Natur der Sinnesvergnügungen und die daraus entstehende Suche nach etwas Grundlegendem und wirklich Zufriedenstellendem.

vishaya *m* Bereich, Territorium, Sphäre, Raum; Sinnesobjekt, Objekt der Wünsche, Ziel.

vishayajnāna *n* objektives Wissen, Wissen der Welt; Vertrautheit mit weltlichen Angelegenheiten.

vishayakarman *n* Handeln, das auf die Objektwelt ausgerichtet ist; sinnenverhaftetes, bindendes Handeln, welches sich insbesondere in der Einstellung zeigt, daß man für alles, was man tut, die Erwartung nach Gewinn hegt.

vishayāsakti *f* Bindung, Anhaftung an die Sinnesobjekte; intensive Beschäftigung mit der Sinnenwelt.

vishayavāsanā *f* Bindung an Wünsche, an Sinnesobjekte, an die objektive Welt; der Wunsch nach Vergnügungen; die grundlegende Tendenz, sich immer wieder in die Sinnenwelt zu verstricken und sich in ihr zu verlieren.

vishesha *adj und m* bestimmt, besonders; Unterschied, Differenz; Unterscheidungskraft, Unterscheiden; Sorte, Art, Gattung; Individualität, Besonderheit.

visheshabhakti *f* Hingabe, die von Unterscheidungsvermögen durchdrungen ist; denn *bhakti* verlangt Reinheit des Charakters; miteinbegriffen ist das Praktizieren von Mitgefühl (*dayā*), Liebe (*prema*), Kultivierung des inneren Friedens (*shānti*), Gewaltlosigkeit (*ahimsā*) etc. und das Nachdenken über das Warum und Wofür des Menschen.

visheshadharma *m* eine spezielle Pflicht, eine besondere Disziplin;

Verpflichtung bei bestimmten Gelegenheiten oder angesichts bestimmter Situationen; Verhaltensregel für den spirituell Strebenden (*sādhaka*) und andere, die eine spezielle Aufgabe haben.

vishishta *adj und m* unterschieden, speziell, besonders; charakterisiert, versehen mit; mit Eigenschaften versehen, qualifiziert; ein Name für *Vishnu*.

vishishtādvaita *n* (*vishishta-advaita*), qualifizierte Nichtzweiheit; differenzierte Einheit.

vishishtādvaitavedānta *m* der *Vedānta* der qualifizierten Nichtzweiheit; Name einer Traditionslinie des *Vedānta*. Es ist ein *Advaitavedānta*, welcher in besonderer Weise qualifiziert ist und davon ausgeht, daß eine Pluralität auch innerhalb der Einheit Gottes besteht. Dies bezieht sich insbesondere auf die Annahme individueller Seelen als ewige, in Gott existierende Entitäten. Der Begründer dieser *Vedānta*-Tradition, *Rāmānuja*, ist der Auffassung, daß Gott wirklich und unabhängig ist, betont aber, daß die einzelnen Seelen und die Welt ebenfalls real sind; diese sind jedoch nicht unabhängig, da ihre Wirklichkeit völlig auf der Wirklichkeit Gottes beruht, von ihr abhängt und von ihr durchdrungen wird. Für den *Vishishtādvaitavedānta* ist Gott gleichzeitig das unpersönliche *brahman* und der höchste Herr (*īshvara*), welcher für *Rāmanuja Vishnu* ist, der in der transzendeten Welt (*Vaikuntha*) zusammen mit seiner Gemahlin *Shrī* thront. Die Ausrichtung auf den persönlichen Weltenherrn bedeutet für diese *Vedānta*-Richtung gleichzeitig eine größere Betonung der Hingabe (*bhakti*).

vishnu *m* der alles Durchdringende; *Vishnu* wird in den *Vaishnava*-Traditionen als der höchste Herr verehrt. Er wird als zweiter in der Dreiheit *Brahmā-Vishnu-Shiva* gezählt und gilt als der Erhalter der Schöpfung, der überall gegenwärtig ist. In dieser Funktion inkarniert er sich von Zeit zu Zeit in einer Form, um die göttliche Ordnung (*dharma*) wieder herzustellen, den Gefallenen aufzuhelfen und die Gerechten zu beschützen, die um sein Kommen beten. Im *Rigveda* wird bereits von seiner Heldentat der „drei Schritte" berichtet, mit denen er den Weltraum durchmißt (*trivikrama*). Der Kulminationspunkt, „*Vishnus* höchster Schritt", bezeichnet dort den Aufenthalt der Seligen, den höchsten Himmel, das Absolute. Während er sonst im *Rigveda* nur selten erwähnt wird, tritt er in der Folgezeit immer mehr in den Blickpunkt der Verehrung und wird auch unter den Namen *Hari* und *Nārāyana* verehrt. In den *Purānas* entwickelt sich die Vorstellung der inneren Einheit der drei Götter, die *trimūrti*, in der aber je nach Ausrichtung des Textes einer den Vorrang vor den anderen hat, bzw. als transzendent hinter den Dreien gesehen wird. Die *Vishnu*-Verehrung hat sich in unterschiedlichen Traditionslinien entfaltet, die teils *Vishnu* selbst, teils einen seiner *Avatare*, insbesondere *Rāma* und *Krishna*, als höchsten Herrn betrachten. *Vishnu* besitzt „tausend

Namen“ (*sahasranāman*), deren Wiederholung eine segensreiche und spirituell erhebende Wirkung zugeschrieben wird. Seine Gemahlin ist *Lakshmī*, sein Aufenthaltsort heißt *Vaikuntha* und sein Gefährt ist der Vogel *Garuda*. Er wird oft mit vier Armen dargestellt, welche Ausdruck seiner Kraft und Allmacht sind. In einer Hand hält er ein Muschelhorn (*shankha*), in der zweiten ein Wurfgeschoß (*Cakra*), in der dritten eine Keule und in der vierten einen Lotos. Seinen Füßen entspringt die heilige *Gangā* (Ganges). Mitunter thront er auf einem Lotos, seine Gemahlin *Lakshmī* an seiner Seite; dann wieder wird er auf der Schlange *Shesha* ruhend dargestellt, oder er reitet auf seinem gewaltigen Vogel *Garuda*. In den *Vaishnava*-Traditionen werden verschiedene Aspekte von *Vishnu* unterschieden, die unterschiedlichen Seinsebenen angehören, *Vishnus* universale Natur enthüllen und seine Gegenwart sowohl in der transzendenten Welt als auch auf verschiedenen relativen Ebenen (*loka*) veranschaulichen; vgl. auch *avatāra*.

vishnubhakti *f* Hingabe an *Vishnu*.

vishnumāyā *f* einerseits die Schöpferkraft *Vishnus*, andererseits die Täuschung der Relativität, die aus *Vishnu* hervortritt.

vishnumūrti *f* die *Vishnu*-Gestalt; die Manifestation *Vishnus*.

vishnupurāna *n* Name eines der sechs *Vaishnavapurānas*, der Haupttexte der *Vaishnava*-Traditionen.

vishnusmarana *n* Erinnerung an *Vishnu*, ständige Vergegenwärtigung *Vishnus*, seines Namens und seiner Form.

vishnutva *n* die Natur, das Wesen *Vishnus*; das *Vishnu*-Sein, welches insbesondere in seiner Eigenschaft der Allgegenwart deutlich wird und vom spirituell Strebenden aufgrund richtigen Handelns und regelmäßiger Praxis (*sādhana*) erfahren werden kann.

vishuddhacakra *n* Name eines der feinstofflichen Energiezentren des Körpers (*Cakra*).

vishva *adj und n* alles, alle, jeder; ganz, vollständig, universal; alldurchdringend, allgegenwärtig; das ganze Universum, die Schöpfung.

vishvaguru *m* der Lehrer aller Wesen; der Lehrer aller Welten, Weltenlehrer.

vishvajit *adj und m* alles erobernd; Name eines vedischen Opfers (*yajna*); Name der Schlinge *Varunas*; ein Name für *Vishnu*.

vishvakarman *adj und m* allwirkend, allerschaffend; im *Rigveda* Name einer Gottheit, welche insbesondere die Schöpfertätigkeit ausdrückt; der Allerschaffer. In den Epen und den *Purānas* wird er als Ratgeber, Bauherr und Waffenschmied der Götter verehrt, der die Wissenschaften der Architektur und der Mechanik erfand.

vishvakartā *m* der Schöpfer der Welt.

vishvāmitra *m* der Freund von allem; Name eines vedischen Sehers (*Rishi*) und berühmten Heiligen, dem der dritte Liederkreis (*mandala*) des *Rigveda* zugeschrieben wird. *Vishvāmitra* wurde als *kshatriya* geboren, stieg aber durch intensive asketische Praxis (*tapas*) in den *Brahmanen*-Stand auf und wurde einer der sieben großen *Rishis*.

vishvamūrti *adj* allgestaltig, in allen Formen gegenwärtig; allgegenwärtig.

vishvanātha *m* der Herr von allem, der Herr des Weltalls; 1. ein Name für *Shiva*; *Shiva* als eine der Hauptgottheiten in *Kāshī* (Benares) und der dortige *Shiva-Tempel* tragen diesen Namen; 2. Name verschiedener Autoren, insbesondere einer Lebensbeschreibung *Rāmas* und einer Abhandlung über die Dichtkunst.

vishvarūpa *adj* allgegenwärtig; alle Formen, Gestalten habend, besitzend; gemeint ist die universale Form Gottes in all ihrer unbegrenzten Herrlichkeit, die in den einzelnen Formen und Entitäten der Welt ihren Ausdruck findet.

vishvāsa *m* Glaube, Vertrauen; Zuverlässigkeit.

vishvasvarūpa *adj und m* die Form des Alls besitzend; die universale Form des Herrn; die eigentliche transzendente Form der Dinge.

vishvaveda *m* Name eines Weisen.

vishvavirātsvarūpa *adj* die Gestalt (*svarūpa*) der universalen Form (*virāj*) der Welt (*vishva*) besitzend; die Verkörperung der universalen Form von allem.

vishvavriksha *m* der Weltenbaum.

vishveshvara *m* (*vishvāīshvara*), der Herr von allem; der Herr des Universums.

vitalaloka *m* Name einer der unteren Welten (*loka*).

vitta *n* Besitz, Vermögen, Wohlstand.

vittacora *m* der Dieb der Reichtümer.

vittāpahārin *adj und m* Reichtum stehlend; Dieb, Räuber.

vitthala *m* ein Name für *Krishna* in seiner Erscheinungsform in der Stadt Pandharpur.

vivarta *m* Umwandlung. Im Gegensatz zur realen Umwandlung (*vikāra*) meint *vivarta* die nur scheinbare Umwandlung einer Substanz in eine andere, insbesondere die Transformation *brahmans* in die Erscheinungswelt, von der *brahman* selbst nicht berührt wird. In diesem Zusammenhang ist *vivarta* also nur eine Illusion, eine falsche Wahrnehmung, wie sie in der *Advaitavedānta*-Philosophie beschrieben wird.

vivasvat *adj und m* leuchtend, strahlend; Name für eine Sonnengottheit, welche zu den *Ādityas* gehört; *Vivasvat* ist der Vater von *Yama* und *Yamī*.

viveka *m* Unterscheidung, Unterscheidungskraft, geistige Klarheit; Weisheit, Intelligenz; analytische Fähigkeit, die Fähigkeit zu unterscheiden. Gemeint ist insbesondere die Unterscheidung zwischen wahr und unwahr, zwischen beständig und unbeständig, zwischen dem Nützlichen und dem Nutzlosen. Nicht Geschicklichkeit (cleverness) ist *viveka*, sondern die Fähigkeit, Dinge im rechten Verhältnis zu sehen, die materielle und die geistige Welt gleichermaßen zu berücksichtigen. *Viveka* führt zum Erkennen der relativen Wichtigkeit von Objekten, Idealen und Begriffen und führt im spirituellen Bereich dazu, das Wirkliche vom Unwirklichen, das Ewige vom Vergänglichen zu unterscheiden. *Shankara* nennt *viveka* als eine der vier Vorbedingungen für einen spirituell Strebenden, der den *Vedānta* richtig verstehen will. Die anderen drei sind *vairāgya*, *mumukshutva* und *shatkasampatti*.

vivekacūdāmani *m* das Stirnjuwel der Unterscheidung; Name eines Werkes der *Advaitavedānta*-Tradition, welches *Shankara* zugeschrieben wird.

vivekānanda *m wörtl.:* „Die Glückseligkeit der Unterscheidung"; Name eines Schülers von *Rāmakrishna*; er lebte von 1862–1902 und war einer der ersten, der die westliche Welt auf die Spiritualität Indiens aufmerksam machte.

viyoga *m* Trennung.

vraja *m* Menge, Gruppe, Herde; Kuhstall; Aufenthaltsort, Ruheplatz; Straße; Wolke.

vrajamandala *n* der Bereich, Distrikt „*Vraja*" (Kuhstall); Name der Gegend, in welcher *Krishna* mit den *gopīs* und *gopās* lebte.

vrata *n* Wille; Gesetz; Lebensweise, Verhältnis; Gelöbnis, Gelübde; das Sichauferlegen von Verhaltensregeln und das Befolgen von Prinzipien (z. B. das *vrata* der Wahrheit).

vriddha *adj* erwachsen, alt, ehrwürdig.

vriddhi *m* Wachstum, Entwicklung.

vrikodara *m* wörtl.: „einen Wolfsbauch habend"; ein Name für *Bhīma*.

vriksha *m* Baum.

vrindāvana *n* = *Brindāvana*.

vrishabha *m* Bulle; das Sternzeichen Stier.

vrishan *m* Bulle.

vrishni *m* Name eines Vorfahrs von *Krishna*.

vrishti *f* Regenschauer, Regen; aus spiritueller Sicht kann der Regen für das Herabströmen göttlicher Gnade, das Hervortreten erleuchtender Gedanken usw. stehen. *Vrishti* bedeutet dann, daß die Fülle des Göttlichen, die spirituelle Fülle im Leben in Erscheinung tritt.

vritra *n* Hindernis; Name eines Dämons.

vritrahan *adj und m* den *Vritra* erschlagend; ein Name für *Indra*.

vritti *f* Verhaltensweise, Beschäftigung, Tätigkeit, Arbeit; Zustand; Aufregung, Erregung des Geistes; Kontakt des Geistes mit der objektiven Welt; Aktivität, Funktion.

vrittidharma *m* die moralischen Vorschriften und Gesetze, welche für das Berufsleben gelten.

vyabhicāra *m* Weggehen, Abweichen; das Verlassen des rechten Weges; Untreue; Übertreten, Verletzen; Irrtum; Kriminalität; Sünde.

vyabhicārabhakti *f* unstete, wechselnde Hingabe; das Auswählen eines göttlichen Namens und einer göttlichen Form für die Hingabe und das Verwerfen dieser nach einiger Zeit, um sich einem anderen Namen und einer anderen Form zu widmen.

vyādhi *m* Krankheit, Leiden, Ungleichgewicht.

vyāhriti *f* Äußerung, Deklaration, Rede; Bezeichnung für die Rezitation der Namen für die verschiedenen Schöpfungsebenen: *bhūr, bhuvah, svah.*

vyākarana *n* Analyse; Grammatik, Sprachwissenschaft. *Vyākarana* ist einer der *Vedāngas.*

vyakta *adj und m* sichtbar, wahrnehmbar, offenbar, ausgedrückt, manifest, spezifisch, individuell; derjenige, welcher sich manifestiert hat; ein Name für *Vishnu.*

vyakti *f* Offenbarung, Manifestation; Unterschied, Unterscheidung; wahre Form, der wirkliche Charakter; die eigentliche Natur. Der Mensch sollte seine verborgene Göttlichkeit offenbaren, die Kraft, die in ihm ist, die göttliche Energie, die ihn motiviert, ausdrücken und im Leben verwirklichen.

vyaktidharma *m* der individuelle *dharma*; der *dharma*, der sich auf die eigentliche Natur des Menschen bezieht.

vyāmoha *m* Bewußtseinsverlust, Verwirrung, Täuschung, Verblendung.

vyāna *m* Name eines der fünf Lebenshauche; vgl. *prāna.*

vyāpāra *m* Aktivität, Beschäftigung, Arbeit, Beruf, Funktion.

vyāpārin *adj und m* aktiv, beschäftigt; der Aktive, Handelnde, Arbeitende, Beschäftigte.

vyārogyālaya *m* Krankenhaus.

vyāsa *m* Sammler, Ordner, Kompilator; diesen Namen tragen mehrere der alten Verfasser und Sammler von *Sanskrit*-Werken, vor allem *Vedavyāsa*, der als Ordner der *Veden* gilt. Außerdem soll er das *Mahābhārata* zusammengestellt, die *Vedānta*-Philosophie begründet und die *Purānas*, sowie andere Texte, gesammelt haben. Die *Purānas* selbst erwähnen achtundzwanzig *Vyāsas*, welche zu verschiedenen Zeiten auf die Erde gekommen sein sollen, um die *Veden* zusammenzustellen und zu verbreiten.

vyashti *f* Individualität, Besonderheit; das Individuum als Form des Universalen; die Erscheinung Gottes in einem Individuum, als individuelle Gestalt.

vyatireka *m* Unterschied, Unterscheidung, Trennung, Abtrennung; Gegensatz, Kontrast; logischer Widerspruch.

vyavahāra *m* übliche Praxis, Sitte, gewöhnliches Leben; das Konventionelle, das nur bedingt Wirkliche; die Betrachtungsweise der Menschen, welche sich mit dem Körper identifizieren und das relative, grobstoffliche Universum für die einzige Wirklichkeit halten.

vyāvahārika dharma *m* Ordnung, Verhaltensregel (*dharma*), welche sich auf die tägliche Routine bezieht; diese sollte auf der göttlichen Ordnung beruhen, die keinen Veränderungen unterworfen und ewig ist.

vyoman *n* Himmel; transzendente Welt.

vyūha *m* Offenbarungsform, Manifestation; Struktur, Menge, Arrangement, geordnete Anordnung von Teilen; Heeresformation. Bezeichnung für die 4 Manifestationen von *Purushottama*: *Vāsudeva*, *Samkarshana*, *Pradyumna* und *Aniruddha*.

vyūhanāman *m* der Offenbarungsname; ein Name für *Vishnu* auf der Weltenschlange.

Y

yad bhāvan tad bhavati *wörtl.:* „Wie man fühlt, zu dem wird man".

yādava *adj und m* von *Yadu* abstammend; ein Nachkomme des *Yadu*; ein Name für *Krishna.*

yadu *m* Name eines Königs und seines Königreiches. Er war der Sohn des Königs Yayāti.

yadunandana *m* die Freude des *Yadu*; ein Name für *Krishna.*

yāga *m* Opfergabe; Opfer, Opferzeremonie.

yāja *m* Name eines Weisen; er war der Vater von *Dhrishtadyumna* und *Draupadī.*

yajamāna *m* der Opferherr; derjenige, welcher ein Opfer veranstaltet.

yajna *m* Opfer, Ritual, Gottesdienst; Verehrung, Hingabe, Gebet, Lobpreis. In den vedischen Texten finden wir bereits eine ausgeprägte Lehre über die Opfer vor, welche dazu dienten, den Segen der Götter für das Leben der Gemeinschaft und des einzelnen herbeizurufen. Das Opfer wurde als ein Mikrokosmos aufgefaßt, der den Menschen in Einklang mit dem Makrokosmos bringen sollte. In den *Upanishaden* wird der Gedanke des *yajna* immer mehr spiritualisiert und auf die Kontaktaufnahme des Menschen mit dem Selbst (*ātman*) bezogen. Die hauptsächlich auf den *Purānas* beruhenden Tempelrituale Indiens haben sich aus den vedischen Opfern (*yajna*) entwickelt. Ein wirkliches Opfer darzubringen heißt, im Geiste der Dankbarkeit, Demut und Reinheit und mit Freude das zu tun, was für den Entwicklungsprozeß der Menschheit förderlich ist. *Yajna* oder *Suyajna* ist auch der Name des Sohnes von *Ruci* und der Gatte der *Dakshinā.* Er hatte den Kopf eines Hirsches und wurde von *Vīrabhadra* bei einer Opferhandlung getötet. *Brahmā* holte ihn in das Reich der Sterne und machte ihn zum Sternbild des Hirschkopfes.

yajnamaya *adj* das Opfer in sich enthaltend, aus Opferkraft bestehend.

yajnapurusha *m* die Seele (*purusha*) des Opfers; ein Name für *Vishnu*.

yajnasūtra *n* die heilige Schnur; vgl. *yajnopavīta*.

yajnavalkya *m* Name eines vedischen Sehers (*Rishi*), bzw. eines berühmten Heiligen am Hofe *Janakas*.

yajniya *adj und m* zum Opfer (*yajna*) gehörig; geeignet für das Opfer; hingegeben, fromm; Gott, Gottheit.

yajnopavīta *n* Einweihungszeremonie; Bezeichnung für die heilige Schnur, die von Zweimalgeborenen (*dvija*) getragen wird.

yajurveda *m* der Veda der Opfersprüche (*yajus*), welche der ausführende Priester (*adhvaryu*) während der heiligen Handlung (*yajna*) rezitiert. Der *Yajurveda* ist in verschiedenen Fassungen erhalten, welche zu unterschiedlichen Traditionslinien (*shākhā*) gehören. Der weiße (*shukla*) *Yajurveda* hat die *Samhitā* von der *Brāhmana*-Erläuterung vollständig getrennt; zu dieser Tradition gehören die *Vājasaneyisamhitā* und das *Shatapathabrāhmana*. Die Traditionen des schwarzen (*krishna*) *Yajurveda* bieten die Opfersprüche und die dazugehörigen *Brāhmana*-Erläuterungen gemischt in jeweils einem Werk. Als besonders alt gelten die *Samhitās* der Maitrāyanīyā und der Katha-Tradition; besonders verbreitet ist auch heute noch die Tradition der *Taittirīyas*.

yajus *n* Opferspruch, Opferformel; die *yajus*-Sprüche sind im Gegensatz zu den *Mantras* in Prosa verfaßt.

yaksha *m* Name einer Gruppe halbgöttlicher Wesen, die *Kubera* zugeordnet sind und übernatürliche Kräfte besitzen. Manchmal wird *Yaksha* auch benutzt, um mysteriöse Wesen zu bezeichnen, von denen man nicht genau weiß, wer sie eigentlich sind, manchmal auch, um negative Wesen zu benennen.

yakshinī *f* weibliche Form von *Yaksha*; Name der Gattin des *Kubera*.

yama *m* Zügel, Zügellenker. *Yama* heißt der Gott des Todes, welcher der König der Toten und der Unterwelt ist. Er hat die Aufgabe, über die Seelen zu richten und das kosmische Gleichgewicht wiederherzustellen. Außerdem ist *yama* die Bezeichnung für das erste Glied des *Rājayoga* von *Patanjali*, welches die grundlegenden Gesetze für die Veredelung der menschlichen Natur lehrt. *Yama* manifestiert sich im richtigen Handeln und ist eine spirituelle Praxis, welche das Innenleben verwandelt und sich in fünf Eigenschaften zeigt: Gewaltlosigkeit (*ahimsā*), Wahrhaftigkeit (*satya*), Nichtstehlen (*asteya*), reine Lebensweise (*brahmacarya*) und Nichtergreifen (*aparigraha*). Die fünf Aspekte von *yama* weisen alle auf einen Bewußtseinszustand, in dem die Bindung an den Körper und die Sinne aufgegeben worden ist. Alle diese Eigenschaften sollten in Gedanken, Worten und Taten verwirklicht werden.

yamadūta *m* ein Bote des Totengottes *Yama*.

yamī *f* Name der Zwillingsschwester von *Yama*; ein Name für die *Yamunā*.

yamunā *f* Name eines Nebenflusses der *Gangā*; dieser ist auch als *Yamī* bekannt, welche die Zwillingsschwester von *Yama* und die Tochter von *Vivasvat ist*.

yantra *n* Säule, Stütze; Instrument, Werkzeug; Bezeichnung für ein Diagramm, das als Symbol des Göttlichen sowie seiner Kräfte und Aspekte benutzt wird. Solche *yantras* haben meist eine geometrisch geordnete Form und sind auf einen zentralen Mittelpunkt ausgerichtet; sie ermöglichen auf diese Weise eine Sammlung und Ausrichtung des Bewußtseins. In den Meditationspraktiken des *Yoga* und des *Tantra*, speziell im *Kundalinīyoga*, dienen sie als Grundlage von Visualisierungsprozessen, bei denen sich der Meditierende einen bestimmten Aspekt Gottes in einer inneren Schau vergegenwärtigt. Das bekannteste aller *yantras* ist das *shrīyantra*.

yashas *n* Schönheit, Glanz, Ehre, Ruhm.

yashodā *f* Name der Pflegemutter *Krishnas* und Gemahlin *Nandas*; sie gilt als Behüterin der Kinder.

yashomahita *adj* bekannt wegen des Ruhmes, der von guten Handlungen ausgeht.

yāska *m* Name des Verfassers des *Nirukta*, einem Werk, welches schwierige Wörter aus den Texten der vedischen Hymnen erklärt; vgl. *Vedānga*.

yathārtha *adj* der Wirklichkeit entsprechend, im Einklang mit der Realität, mit der Wahrheit; wahr, richtig.

yathārtham rājah tathā prajā *wörtl.:* „Wie der Herrscher ist, so sind die Untertanen".

yatna *m* Bemühen, Bemühung, Anstrengung; Willensentschluß, Willensaktivität; Aufmerksamkeit, Wachheit, Sorgfalt.

yato dharmas tato jayah *wörtl.:* „Wo Rechtschaffenheit (*dharma*) ist, dort wird der Sieg errungen".

yātrā *f* Pilgerreise, Wallfahrt; Prozession, Umzug, Fest.

yauvana *n* Jugend, Jugendlichkeit, Pubertät.

yauvanasamnipāta *m* das Fieber der Jugend; das Ungleichgewicht, welches durch unüberlegtes Handeln entsteht.

yayāti *m* Name eines Königs; er war der Vater von *Yadu* und *Puru*.

yoga *m* (*dt.* Yoga*) Vereinigung, Verbindung, Kontakt; unter dem Begriff *Yoga* werden die Traditionen zusammengefaßt, welche durch Übungen, Praktiken und Disziplinen den Kontakt zum Selbst (*ātman*) oder zu Gott herstellen wollen. Bereits in der *Bhagavadgītā* werden verschiedene Formen des *Yoga* beschrieben: *Karmayoga*, *Jnānayoga* und *Bhaktiyoga*. Der *Yoga* im allgemeinen zielt auf die Umwandlung des Menschen und Reinigung aller Ebenen des Körpers und des Geistes, auf die Entwicklung einer Offenheit für Transzendenz. *Patanjali* definiert *Yoga* als Beruhigung (*nirodha*) der Bewegungen (*vritti*) des Bewußtseins (*citta*); d. h. für ihn zeigt sich *Yoga* in der Erfahrung der Stille, in der Versenkung, bei der das Selbst bei sich selbst ist und seine unendliche Natur erkennt. Der Kommentator *Vyāsa* führt dazu aus, daß *Yoga* dem *samādhi*-Zustand entspricht. Im Sinne der acht Glieder von *Patanjalis* System kann man *Yoga* als eine Integration aller Aspekte der Persönlichkeit, als die Verbindung aller Fähigkeiten, die der Mensch besitzt, verstehen. Dieser Entwicklungsprozeß dient dem einen Ziel, Selbsterkenntnis zu erlangen und Gott nahe zu kommen. Oft wird *Yoga* als Kontrolle und Zwang definiert. Auf der Ebene des relativen Geistes (*manas*) ist es jedoch nicht möglich, alle Impulse zu lenken und zu durchdringen; erst, wenn die Seligkeit absoluter Stille, der Glanz des höchsten Selbstes (*paramātman*) erfahren wird, ist wahre Selbstbeherrschung möglich. *Yoga* ist Einheit, ist Fülle, ist Gottesschau.

yogabhūmi *f* das Land, der Bereich des *Yoga*, ein Name für Indien (*bhārat*); die Grundlage des *Yoga*.

yogabuddhi *f und m* Unterscheidungskraft, die mit der Einheit verbunden ist; jemand, der seine Unterscheidungskraft durch *Yoga* gereinigt hat.

yogācārya *m* Lehrer, Meister des *Yoga*; ein Name für *Hanumān*.

yogaishvarya *m* Meisterung des *Yoga*.

yogakshema *m* die Last des Wohlergehens; die Sorge um den Besitz; die Sicherung des Wohlstands.

yogakshemam vahāmy aham *wörtl.:* „Ich werde die Bürde deines Wohlergehens tragen"; „ich werde nach dem Wohlsein aller sehen, die dem Ego entsagen und ihre Zuflucht zu mir nehmen"; dies spricht der Herr als Antwort auf die Hinwendung des Menschen zu ihm.

yogamārga *m* der Weg des *Yoga*; der spirituelle Weg, der Weg geistiger Übungen, der Weg der Gottsuche, der Gottverwirklichung.

yogānanda *m* die Glückseligkeit des *Yoga*, die aus der Erfahrung des Selbstes (*ātman*) entspringt.

yogānanda paramahamsa *m* Name eines indischen Heiligen (1893–1952). *Yogānanda* wurde in Gorakhpur in einer *kshatriya*-Familie geboren. Sein Geburtsname war Mukunda Lal Ghosh. 1914 trat er, seinen spirituellen Neigungen folgend, in einen Mönchsorden ein und nahm den Namen *Yogānanda* an. Sein spiritueller Lehrer (*Guru*) *Yukteshvar* weihte ihn ein und verlieh ihm den Titel *Paramahamsa*.

yoganidrā *f* der Schlaf des *Yoga*, der Schlaf des höheren Bewußtseins; ein Name für *Vishnus* täuschende Energie; vgl. *māyā*.

yogash cittavrittinirodhah *wörtl.:* „*Yoga* ist die Beruhigung der Anregungen des Bewußtseins." (Zitat aus den *Yogasūtras* des *Patanjali*).

yogashakti *f* die Kraft des *Yoga*; die spirituelle Energie, die aus der Yogapraxis entsteht und einen Menschen selbst zu Handlungen befähigt, die allgemein als übernatürliche Wunder gelten.

yogashāstra *n* Lehrbuch des *Yoga*; ein heiliger Text, der den Weg zur Verwirklichung des Höchsten lehrt.

yogasūtra *n* Name der Aphorismensammlung des *Patanjali*. Er begründete damit die Philosophie jenes *Yoga*, der zu den sechs klassischen Philosophiesystemen (*darshana*) Indiens gehört und heute als *Rājayoga* bekannt ist. Das *Yogasūtra* ist das älteste Textbuch des *Yoga*-Systems und besitzt vier Teile. Der erste lehrt die Funktionsweise des Geistes und den *samādhi*-Zustand, der zweite zeigt Mittel, durch die dieses Ziel erreicht wird, der dritte behandelt die Entfaltung der Fähigkeiten (*siddhi*), welche durch *Yoga*-Praxis erlangt werden können, und der vierte beschreibt die Befreiung (*kaivalya*).

yogavāsishtha *n* Name eines *Vālmīki* zugeschriebenen Werkes, in welchem der Heilige *Vasishtha* seinen Schüler, Prinz *Rāma*, darüber belehrt, wie man sein Bewußtsein zur unwandelbaren Wirklichkeit erheben kann.

yogavāsishthamahārāmāyana *n* ein längerer Name des *Yogavāsishtha*

yogayukta *adj und m* im Zustand des *Yoga* gegründet, fest in der Einheit verankert; jemand, der im *Yoga* gegründet ist.

yogayukti *f* der Zustand, in dem man ganz im Zustand des *Yoga* gegründet, ganz in das Selbst (*ātman*) eingetaucht ist.

yogeshvara *m* (*yoga-īshvara*), der Herr des *Yoga*, ein Name für *Shiva*.

yogin *m* (Nom. Sg.: yogī – dt.* Yogi) jemand, der *Yoga* praktiziert bzw. darin Vollendung erlangt hat; ein auf Gott ausgerichteter Mensch, der sein ganzes Leben in den Dienst des Höchsten stellt.

yoginī *f* weibliche Form von *yogin*; eine Frau, die *Yoga* praktiziert und dort Vollendung erlangt hat; Name einer Klasse von Dienerinnen der *Durgā*; Zauberin, Hexe, Fee.

yogīshvara *m* der Herr der *Yogis*.

yogyatā *f* das Geeignetsein, Eignung, Fähigkeit, Bereitschaft.

yojana *n* Name eines alten Entfernungsmaßes; dies entspricht ungefähr 8–9 Meilen.

yoni *m und f* Schoß, Ursprung, Quelle; Urgrund, Quelle allen Werdens. Im *Tantra* stellt ein nach unten gerichtetes Dreieck die *yoni* als Symbol für das kosmische Mysterium des Werdens dar. Allein oder in Verbindung mit dem *linga* wird das Symbol der *yoni* von den *Shāktas* (den Verehrern der *Shakti*) verehrt.

yuddha *n* Schlacht, Kampf.

yudhishthira *adj und m* fest in der Schlacht; Name des ältesten der fünf *Pāndavas*, der als gelassen, leidenschaftslos urteilend und in unbestechlicher Weise gerecht geschildert wird. Als König *Dhritarāshtra* ihn statt seines eigenen Sohnes *Duryodhana* zu seinem Nachfolger bestimmte, wurden *Duryodhana* und die anderen *Kauravas* eifersüchtig und luden *Yudhishthira* zu einem Würfelspiel ein. Ein Onkel von *Duryodhana* namens *Shakuni*, der ein Spieler und Betrüger war, brachte *Yudhishthira* dazu, seinen ganzen Besitz, sich selbst, seine Brüder und sogar seine Gemahlin zu setzen und zu verlieren. Ergebnis dieses Würfelspiels war, daß die *Pāndavas* in die Verbannung gehen mußten. Als sie später zurückkehren wollten, wurde es ihnen jedoch von den *Kauravas* verwehrt, worauf es zur Schlacht von *Kurukshetra* kam. Nach dem Sieg der *Pāndavas* wurde *Yudhishthira* wieder als Herrscher eingesetzt und regierte gerecht und gütig, so daß die Menschen ohne Furcht vor Kriegen oder Störungen lebten und sich ganz ihren religiösen Pflichten widmen konnten. Nach *Krishnas* Tod ernannte *Yudhishthira Parikshit*, einen Enkel *Arjunas*, zu seinem Nachfolger und zog mit seinen Brüdern in den *Himālaya*, um die Welt zu verlassen.

yuga *n* Joch; Generation; Zeitalter, Weltzeitalter. Es gibt in der indischen Tradition (speziell nach den Lehren der *Purānas*) vier Weltzeitalter, die gemeinsam mit ihrer Morgen- (*sandhyā*) und Abenddämmerung (*sandhyāmsha*) folgende Zeiträume umspannen: 1. *krita*- oder *satyayuga* (1 728 000 Menschenjahre); 2. *tretāyuga* (1 296 000 J.); 3. *dvāparayuga* (864 000 J.); 4. *kaliyuga* (432 000 J.) Wenn man diese vier Zeitalter zusammenzählt, ergeben sich 4 320 000 Menschenjahre. Dies nennt man ein *mahāyuga*, ein großes Weltzeitalter. Um die Menschenjahre in Götterjahre umzurechnen, ist die Anzahl der Menschenjahre durch 360 zu teilen. 2000 *mahāyugas* ergeben einen Tag und eine Nacht *Brahmās* (*kalpa*). Bei *Manu* und im *Mahābhārata* werden die vier Zeitalter wie folgt beschrieben: *Krita* ist das ideale oder goldene Zeitalter. Es gibt darin weder Haß noch Neid, Kummer, Angst oder Bedrohung. Es wird nur der eine Gott verehrt, es gibt nur einen *Veda*, ein Gesetz und einen Ritus. Die Stände haben verschiedene Aufgaben und erfüllen selbstlos ihre Pflicht. Im *tretāyuga* läßt die Rechtschaffenheit um ein Viertel nach, und man beginnt, Opferhandlungen, Riten und Zeremonien durchzuführen. Die Menschen handeln mit Absichten, erwarten Belohnungen für rituellen Gaben, und das Pflichtgefühl läßt nach. Im *dvāparayuga* ist die Rechtschaffenheit auf die Hälfte geschrumpft. Es gibt vier *Veden*, die aber nur noch von wenigen studiert werden. Die Riten nehmen überhand, nur wenige Menschen halten sich noch an die Wahrheit. Sinnenbezogene Wünsche und Krankheiten tauchen auf, das Unrecht nimmt zu. Im *kaliyuga* bleibt nur ein Viertel der Rechtschaffenheit übrig. Spirituelle Bemühungen kommen fast vollständig zum Erliegen, und viele Erkenntnisse geraten in Vergessenheit. Das Böse dominiert, Krankheiten, Erschöpfung, Zorn, Hunger, Furcht und Verzweiflung greifen um sich, und die Menschen sind ohne Ziel. Dieses Zeitalter soll 3102 v.Chr. begonnen haben.

yugadhara *adj* das Zeitalter tragend, das Zeitalter in die richtigen Bahnen führend; Bezeichnung für einen *yugāvatāra*.

yugadharma *m* die Pflicht, die spirituelle Praxis, die einem bestimmten Zeitalter entspricht. So sind die strengen Askesen, denen sich die *Yogis* in früheren Zeiten ausgesetzt haben, für den Menschen von heute kaum noch praktizierbar. Für das gegenwärtige Zeitalter wird insbesondere *nāmasmarana* empfohlen.

yugādi *m* der Tag, an dem ein Zeitalter (*yuga*) beginnt.

yugādikrit *adj* den Beginn eines neuen Zeitalters schaffend, herbeiführend.

yugāvatāra *m* die göttliche Inkarnation eines Zeitalters; ein *Avatar*, der kommt, um eine Epoche zu beschließen und eine andere einzuführen.

yukta *adj* vereinigt, verbunden, absorbiert; angemessen, richtig, förderlich; ein Mensch, der die Vereinigung mit dem Selbst (ātman, bzw. paramātman) erreicht hat und von aller Anhaftung an weltliche Dinge und Ziele befreit ist.

yuktāhāravihāra *adj* (*yukta-āhāra-vihāra*) gemäßigt, bescheiden im Essen und in der Lebensführung.

yukteshvar *m* Name eines indischen Heiligen (1855 – 1936), des Lehrers von *Yogananda Paramahamsa*; sein voller Name lautet: Jnānāvatār Svāmī Shrī Yukteshvar Giri.

yukti *f* Vereinigung, Verbindung, Vorbereitung, Sichbereitmachen; Nachdenken, Nachsinnen; Grund, Argument; Vernunft; Angemessenheit, Richtigkeit; Meditation über das höchste Wesen, Versenkung.

yuktiyuktajnāna *n* abgewogenes, angemessenes Wissen; Erkenntnis, die durch Vernunft und Erfahrung geprüft wurde.

yuvan *adj* jung, stark, gesund.

yuvarāja *m* Kronprinz

yuyudhāna *m* ein Name für *Sātyaki*.

yuyutsu *m* Name eines Sohnes von *Dhritarāshtra*; er kämpfte aber in der großen *Mahābhārata*-Schlacht auf Seiten der *Pāndavas*.

Verzeichnis der benutzten Quellen

Apte, Vaman Shivram: The Practical Sanskrit-English Dictionary, Motilal Banarsidass, Delhi 1978.

Avasthi, Pratap S.: Yoga Sutram, Punit Publishers, Hardoi 1978.

Banerji, Suresh Chandra: A Companion to Sanskrit Literature, Motilal Banarsidass, Delhi 1971.

Bertholet, Alfred: Wörterbuch der Religionen, Alfred Kröner Verlag, Stuttgart 1976.

Böhtlingk, Otto: Sanskritwörterbuch in kürzerer Fassung, Reprint: Akademische Druck- und Verlagsanstalt, Graz 1959.

Börsig, Petra: Beiträge zur Erziehung, Sathya Sai Vereinigung e.V., Bonn 1989.

Craxi, S. und A.: Einheit ist Göttlichkeit, Sathya Sai Vereinigung e.V., Bonn 1986.

Dasgupta, Surendranath: A History of Indian Philosophy, Motilal Banarsidass, Delhi 1975.

Dowson, John: A Classical Dictionary of Hindu Mythology, Oriental Reprint, New Delhi 1973.

Drucker, A.: Ich bin. Der Weg zur höchsten Wahrheit, Sathya Sai Vereinigung e.V., Bonn 1990.

Flaig, Beatrice A.: Für das Leben lernen, Sathya Sai Vereinigung e.V., Bonn 1989.

Glasenapp, Helmuth von: Die Literaturen Indiens, Alfred Kröner Verlag, Stuttgart 1961.

Glasenapp, Helmuth von: Die Philosophie der Inder, Alfred Kröner Verlag, Stuttgart 1974.

Hislop, J.: Gespräche mit Sathya Sai Baba, Sathya Sai Vereinigung e.V., Bonn 1991.

Hislop, J.: Mein Baba und ich, Sathya Sai Vereinigung e.V., Bonn 1989.

Hopkins, E. Washburn: Epic Mythology, Motilal Banarsidass, Delhi 1974.

Kalinowski, Petra von: Wer bin ich?, Sathya Sai Vereinigung e.V., Bonn 1991.

Kasturi, N.: Die Girlande aus 108 Edelsteinen, Sathya Sai Vereinigung e.V., Bonn 1988.

Kasturi, N.: Sathya Sai Baba, Sein Leben Bd. 2, Sathya Sai Vereinigung e.V., Bonn 1990.

Krystal, Phyllis: Begrenzung der Wünsche, Sathya Sai Vereinigung e.V., Bonn 1989.

Krystal, Phyllis: Sathya Sai Baba – Ziel aller Reisen, Sathya Sai Vereinigung e.V., Bonn 1991.

Lexikon der östlichen Weisheitslehren: Hrsg. von Franz-Karl Erhard, Ingrid Fischer-Schreiber und Kurt Friedrichs, Otto Wilhelm Barth Verlag, München 1986.

Macdonnell, Arthur Anthony und Keith, Arthur Berriedale: Vedic Index of Names and Subjects, Motilal Banarsidass, Delhi 1982.

Malina, Heinz: Sai Bhajans, Sathya Sai Vereinigung e.V., Bonn 1990.

Malina, Heinz: Einmal Puttapathi und zurück, Sathya Sai Vereinigung e.V., Bonn 1992.

Monier-Williams, Sir Monier: A Sanskrit-English Dictionary, Motilal Banarsidass, Delhi 1981.

Murphet, H.: Sai Baba Avatar, Sathya Sai Vereinigung e.V., Bonn 1986.

Murphet, H.: Sai Baba und seine Wunder, Sathya Sai Vereinigung e.V., Bonn 1991.

Murthy, M.: Schöpfer und Schöpfung, Sathya Sai Vereinigung e.V., Bonn 1990.

Murthy, M.: Wer ist ein Jünger des Herrn?, Sathya Sai Vereinigung e.V., Bonn 1990.

Mylius, Klaus: Wörterbuch Sanskrit-Deutsch,Verlag Enzyklopädie, Leipzig.

Oldenberg, Hermann: Die Religion des Veda, Magnus Verlag, Stuttgart o.J.

Pathak, R.C.: Bhargava's Standard Illustrated Dictionary of the Hindi Language, Bhargava Book Depot, Varanasi 1979.

Phillips, Ludger: Meditation, Sathya Sai Vereinigung e.V., Bonn 1990.

Sandweiss, S.: Der Heilige und der Psychotherapeut, Sathya Sai Vereinigung e.V., Bonn 1989.

Sastri, Alladi Mahadeva: The Bhagavad Gītā, Samata Books, Madras 1979.

Sathya Sai Baba: Besinnung auf Gott (Dhyāna Vāhinī), Sathya Sai Vereinigung e.V., Bonn 1989.

Sathya Sai Baba: Bhagavad Gītā, Sathya Sai Vereinigung e.V., Bonn 1992.

Sathya Sai Baba: Erziehung zur Selbsterkenntnis (Vidyā Vāhinī), Sathya Sai Vereinigung e.V., Bonn 1992.

Sathya Sai Baba: Gītā Vāhinī – Weisheitsstrom der Gītā incl. Prashnottara Vāhinī, Sathya Sai Vereinigung e.V., Bonn 1987.

Sathya Sai Baba: Lebe die Liebe (Prema Vāhinī), Sathya Sai Vereinigung e.V., Wien 1991.

Sathya Sai Baba: Quellen der Weisheit (Sūtra Vāhinī), Sathya Sai Vereinigung e.V., Bonn 1992.

Sathya Sai Baba: Sādhana – der Weg nach Innen, Sathya Sai Vereinigung e.V., Bonn 1990.

Sathya Sai Baba: Sathya Sai Speaks, Vol 1 ff., Sathya Sai Books and Publications Trust, Prashānti Nilayam, Indien.

Sathya Sai Baba: Sathya Sai Baba spricht, Sathya Sai Vereinigung e.V., Bonn, Bde. 1/1991, 2/1991, 4/1990, 9/1988, 11/1992.

Sathya Sai Baba: Sai Baba erzählt (Chinna Kathā), Sathya Sai Vereinigung e.V., Bonn 1990.

Sathya Sai Baba: Sommersegen in Brindāvan 1–3, Sathya Sai Vereinigung e.V., Bonn , 1/1989, 2/1987, 3/1991.

Sathya Sai Baba: Strom der göttlichen Gnade Sai's Sathya Sai Vāhinī incl. Bhāratīya Paramārtha Vāhinī, Sathya Sai Vereinigung e.V., Bonn 1988.

Sathya Sai Baba: Strom des Friedens (Prashānti Vāhinī), Sathya Sai Vereinigung e.V., Bonn 1992.

Youngs, Homer S.: Translations by Baba, Sathya Sai Baba Book Center of America, Tustin o.J.

Auch ein Wörterbuch ist ein lebendiges Wesen, das sich weiter und weiter entwickelt. Darum ist es möglich, daß Sie ein Wort nicht finden. Wenn dies der Fall ist, würden wir uns freuen, wenn Sie uns dies mit Nennung der Fundstelle oder/und des Satzzusammenhangs mitteilen würden.

So können wir mit Ihrer Hilfe dieses Wörterbuch immer vollständiger gestalten.

Wir danken für Ihre Mitarbeit.

Sathya Sai Vereinigung e. V.
Buchzentrum
Grenzstr. 43
63128 Dietzenbach

Mittwede: Spirituelles Wörterbuch
Sanskrit – Deutsch, 7. Auflage 2010

Absender: ______________________________

____

____

____

Umstehende Sanskritwörter habe ich in den genannten Titeln gefunden: (Bitte möglichst Autor, Titel, Verlag, Erscheinungsjahr oder Auflage und Seite angeben oder/und den Satzzusammenhang)

(bitte hier abschneiden)